高等院校经济管理"十二五"规划教材·营销系列

# Contemporary Marketing

# 现代营销学

## [第2版]

李东进　秦 勇◎主 编

于 洁　朴世桓　王新刚◎副主编

中国发展出版社
CHINA DEVELOPMENT PRESS

**图书在版编目（CIP）数据**

现代营销学（第2版）/李东进，秦勇主编.—北京：中国发展出版社，2012.3

（高等院校经济管理"十二五"规划教材·营销系列）

ISBN 978 – 7 – 80234 – 742 – 7

Ⅰ．现… Ⅱ．①李… ②秦… Ⅲ．市场营销学—高等学校—教材 Ⅳ．F713.50

中国版本图书馆 CIP 数据核字（2011）第 240117 号

| | |
|---|---|
| 书　　　名： | 现代营销学（第2版） |
| 主　　　编： | 李东进　秦　勇 |
| 出 版 发 行： | 中国发展出版社 |
| | （北京市西城区百万庄大街 16 号 8 层　100037） |
| 标 准 书 号： | ISBN 978 – 7 – 80234 – 742 – 7 |
| 经 销 者： | 各地新华书店 |
| 印 刷 者： | 北京广益印刷有限公司 |
| 开　　　本： | 787×980mm　1/16 |
| 印　　　张： | 21.75 |
| 字　　　数： | 437 千字 |
| 版　　　次： | 2012 年 3 月第 1 版 |
| 印　　　次： | 2012 年 3 月第 1 次印刷 |
| 定　　　价： | 35.00 元 |
| 咨 询 电 话： | (010) 68990642　68990692 |
| 购 书 热 线： | (010) 68990682　68990686 |
| 网　　　址： | http://www.develpress.com.cn |
| 电 子 邮 件： | fazhanreader@163.com |
| | fazhan02@drc.gov.cn |

# 第 2 版前言

市场营销学是系统地研究市场营销活动规律性的一门科学，是现代管理的重要组成部分。市场营销活动不仅是企业经营的核心，也是医院、学校等非营利性组织普遍关注的焦点。它不仅提供营销理念和理论，而且还提供营销技巧和方法。特别是在如何管理好顾客，如何让顾客满意，如何与顾客建立长期的关系等方面发挥着重要的作用。因此，市场营销在高等教育管理课程体系中占据着重要的位置，是每一位经济管理专业学生必修的一门课程。

本教材第 1 版自 2006 年 9 月份出版发行以来，深受读者欢迎，至今已连续印刷多次，在此我们谨向使用过本教材的广大师生们表示衷心的感谢。近年来，我国的经济环境与企业管理实践发生了很大的变化，为市场营销学的教学提出了新的要求。为了适应这种新的变化，也为了更好地回馈广大读者的厚爱，我们从 2011 年 6 月份开始着手第 2 版教材的编写工作，历时近半年终于完稿。真诚希望本版教材能够得到广大读者一如既往的支持。

此次修订，我们根据自身在教材使用过程中的体会及读者们的反馈意见，对原书内容进行了大幅修改，更新内容超过 50%，有 1/3 的内容为完全重写。第 2 版教材在内容的新颖性、案例选取的恰当性、理论体系的合理性、语言的流畅性等方面都比第 1 版教材有了明显提升。第 2 版教材具体修订工作如下。

第一，对篇章结构做了优化调整，使整个教材的知识体系更趋完整和合理。全书由第 1 版的 14 章调整为 12 章，使得教材结构更为合理。

第二，对全书内容做了较大幅度的修改，如删去原书第 2 章客户满意，增加市场营销环境及环境分析方法；删去原书第 4 章市场调查与营销信息系统，增加市场需求与需求预测；删去原书第 5 章营销策略，增加市场营销战略；删去原书第 8 章品牌资产、第 11 章批发商与零售商、第 12 章广告和第 14 章国际营销；将第 3 章消费者购买行为改写为消费者行为分析；增加第 10 章中间商、第 11 章促销策略等。其他章节虽然名称未变，但内容至少有 30% 以上的更新。

第三，在每一章均增加了开篇案例，并对第 1 版教材中所有的讨论案例进行了更新。与第 1 版相比，新版教材所选取的案例更加切合实际，更有利于学习者深入领会每一章所学的理论知识。

第四，在每一章篇首均增加了知识结构图，使全章内容一目了然，既便于读者快速了解每一个重要知识点，也便于复习与记忆。

第 2 版教材由李东进教授和秦勇副教授起草修订大纲并负责总撰、修改和定稿，于洁、朴世桓、王新刚、何天林等参与修订。具体分工如下：李东进修订第 1、12 章；秦勇重新编写第 2、4、10、11 章并修订了第 6、9 章，同时负责全书开篇案例和讨论案例的编写；王新刚修订了第 3 章，何天林修订第 5 章，于洁修订了第 7 章，朴世桓修订了第 8 章。

再版后的教材充分体现了营销科学的原理性、操作性和探索性，适宜作为高等院校管理学科本科生和专科生的学习教材，同时也可作为营销理论工作者及营销实践者的参考用书。

在本书修订的过程中，我们参阅了国内外大量的论著、教材和相关网站，因篇幅所限未能在书中一一注出，在此向有关著作者表示真心的感谢，同时也对提出意见和建议的广大读者表示由衷的谢意。

另外，因多种原因我们未能和部分第 1 版作者取得联系，很遗憾他们无法参加此次再版工作，但他们的辛勤工作是我们能够再版的基础，我们也要对他们的辛苦付出表示衷心的感谢。

由于能力和水平有限，书中不足之处在所能免，我们敬请各位专家学者和广大读者批评指正。

李东进  秦  勇

2012 年 1 月于南开园

# 目 录

# 第 1 章

# 营销概论

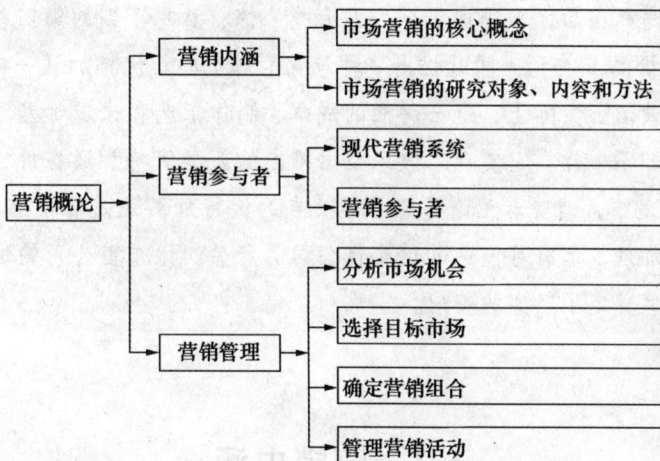

## ■ 本章导读

　　在市场经济中，市场营销是企业的一项必不可少的重要职能，它直接面对顾客并识别顾客的需求和欲望，确定企业所能提供最佳服务的目标市场，并且设计适当的产品、服务和体验以满足这些市场的需求。市场营销的目的是通过承诺卓越价值来吸引新顾客，并通过提供顾客满意来留住老顾客。创造顾客价值和顾客满意是现代市场营销理论和实践的核心，市场营销学研究以满足消费者需求为中心的企业经营管理活动的规律，以及营销原理在企业经营实践中的应用问题。本章主要阐述了现代营销学的概况，主要包括营销内涵、营销参与者和营销管理三个部分。

## 休布雷公司对沃尔酿酒公司的反攻

　　休布雷公司在美国伏特加酒的市场中，属于营销出色的企业，他们生产的史密诺夫酒在伏特加酒的市场占有率达23%，其品牌已在消费者心目中形成了一定的影响。20世纪60年代初，沃尔酿酒公司推出了一种新型的伏特加酒，其质量不比史密诺夫酒低，但每瓶的价格却比史密诺夫酒低1美元。按照惯例，休布雷公司有以下三条对策可用：

　　第一，降价1美元，以保住市场占有率；

　　第二，维持原价，通过增加广告费用和推销支出与竞争对手竞争；

　　第三，维持原价，听任市场占有率降低。

　　由此看来，不论休布雷公司采取上述哪种策略，都很被动，似乎将是输定了。但是，该公司的人员经过深思熟虑后，却采取了令人们大吃一惊、意想不到的第四种策略。那就是史密诺夫酒的价格再提高1美元，同时推出一种与竞争对手的新伏特加酒一样的瑞色加酒和另一种价格更低的波波酒。实际上，这三种酒的成本、制作工艺和味道都差不多，但在消费者心目中留下的印象却不一样。它使沃尔酿酒公司推出的新型伏特加酒在价格上处于休布雷公司产品的"夹击"之中，消费者无论是想喝好一点的伏特加酒还是喝便宜一点的伏特加酒，或者喝原先的伏特加酒，都有可能选购休布雷公司的产品。休布雷公司的这一做法为该公司巩固和扩大市场份额奠定了坚实的基础。

# 1.1　营销内涵

　　人们往往把市场营销理解为推销和广告等活动，然而这些活动只是市场营销的一部分功能，其实市场营销是一个完整、成熟的理论体系。如今，要理解市场营销，必须从满足顾客需要的角度去考虑，市场营销者需要很好的理解消费者的需要，开发出定位准确的产品，并能有效的进行定价、分销和促销。对于市场营销的界定，我们借鉴菲利普·科特勒的定义，即市场营销是个人和群体通过创造产品和价值，并同他人进行交换以获得所需的一种社会及管理过程。为了更进一步的理解和把握市场营销的内涵，我们需要深入理解营销核心概念及其联系。

## 1.1.1 市场营销的核心概念

### 1. 需要、欲望和需求

需要和欲望是市场营销活动的基础。需要（need）是指没有得到某些基本满足的感受状态，这些需要包括对食物、住房和安全等物质需要。需要存在于人的基本生理过程中，企业可用不同的方式去满足这些需要，这也是企业设计产品或服务的基本出发点。

欲望（want）是指人们在获取这些基本需要时的愿望，即表现出来的对基本需要的特定追求，是人类需要经由文化和个性塑造后所采取的形式。比如，为满足"饥饿"的生理需要，人们可能选择西式汉堡包、皮萨或者中式的大饼鸡蛋等。可以看出，欲望是用可满足需要的实物来描述的，市场营销无法创造需要，但可以影响欲望，并开发特定的产品和服务来满足欲望。

需求（demand）在市场营销中具有特定的定义，它是指人们有能力购买并愿意购买某一具体产品的欲望，即对某特定产品或服务的市场需求。企业可以通过各种营销手段来影响需求，激发顾客的购买。

### 2. 产品

产品是指任何提供给市场并能满足人们某种需要和欲望的东西。产品概念并不限于实物，任何能够满足需要的东西都可以被称为产品。我们可以把产品划分为有形的商品，以及无形的服务、理念和体验。有形的商品是生产生活和营销实践的重点，比如电子产品、食物和住房等。随着市场经济的发展和成熟，服务的地位日益重要。服务往往需要顾客的参与才能完成，服务也往往需要同有形的产品共同销售来满足顾客的需要，比如航空业、理发业和汽车租赁行业等。体验日益成为一种重要的产品，它往往通过协调多种类型的服务和商品来实现，它带给消费者的是一种生理和精神上的有价值的经历，比如到迪尼斯乐园游玩，到星巴克喝咖啡等。理念是企业的一种宣言或口号，往往通过有形的产品或无形服务来实现，消费者认可了一种理念，就会持续购买该公司的产品。

### 3. 价值、满意和成本

消费者做出购买选择的依据是他们对各种产品和服务所提供的价值的理解，也就是产品和服务对消费者的有用性或效用。顾客价值是指顾客从拥有和使用某产品中所获得的价值与为取得该价值所付出的成本之差。产品的效用通常是根据对产品价值的主观判断和需支付的费用来做出评价。

顾客满意取决于消费者所理解的产品效用与期望值进行的比较。如果产品的效能低于顾客期望，消费者就不会满意；如果效用符合顾客期望，购买者就会感到满意；如果效用超过顾客期望，顾客就会感到惊喜。

消费者购买产品需要支付费用，有时必须放弃购买其他产品或服务的机会，我们称之为机会成本。所以消费者在做出购买决策时，会全面衡量产品的成本、价值和满意三个方面的关系。

**4. 交换、交易及其关系**

交换是向他人提供所需之物或价值，并获取相应之价值的实物或服务的行为。当人们决定通过交换来满足其需要和欲望时，就产生了市场营销。作为满足需要的一种方式，交换有许多优点，人们没有必要掌握为自己生产每样必需品所需要的各种技能，只要掌握自己擅长的技能来进行生产，然后进行交换所需产品。这样，交换使整个社会和生产体系更有效率和效果。

交换是市场营销的核心概念，而交易则是市场营销的度量单位。所谓交易，就是指买卖双方价值的交换。交易通常包括货币交易和非货币交易两种。交易应具备的条件除了双方都具有对方所需求的价值之外，还应具有双方同意的交易条件、时间和地点，以及维护交易的法律和承诺。

交易营销是关系营销的一个组成部分，除了进行短期交易之外，营销人员还必须与有价值的顾客、分销商和供应商建立长期的关系。这主要通过承诺和持续提供高质量的产品、良好的服务和公平的价格来建立较强的社会和经济联系。关系营销日益重要，它强调长期性，其目标是为顾客提供长期价值，其成功的尺度是顾客长期和持续的满意。现在的营销者通过许多营销手段来建立、维护和加强顾客关系，努力实现顾客满意和顾客忠诚。

**5. 市场**

由交换和关系的概念可引出市场的概念。市场是指产品的现实和潜在的购买者，这些购买者共同具有某一特定的、能通过交换和关系得到满足的需要或欲望。因此，市场规模的大小，取决于需要交换并拥有供交换的资源，而且用这些资源进行交换来满足欲望的人的数量。

市场原是指买卖双方聚集在一起交换商品的场所，后来经济学家用"市场"一词来泛指交易某类产品的卖方和买方的集合。一般市场营销者认为卖方组成行业，买方组成市场。市场营销者的目标就是认识特定市场的需要和欲望，然后挑选出能提供最佳产品或服务的市场，也就是目标市场，再设计和生产产品和服务来满足消费者需求，使顾客获得价值和满意。

## 1.1.2　市场营销的研究对象、内容和方法

### 1. 营销的研究对象

著名营销管理专家菲利普·科特勒指出，市场营销的研究对象是企业的这样一种职能，即

识别目前未满足的需求与欲望，估计和确定需求量的大小，选择本企业能最好为之服务的目标市场，并且决定以适当的产品、服务和计划为目标市场服务。市场营销学就是对企业这种职能和活动的科学概括和总结。

市场营销的核心是：企业必须面向顾客，企业的整体活动必须"以顾客为中心"；企业要成功地开展市场营销，必须提供能满足顾客需求的产品和服务。这里包括两个方面，一是顾客的需求和欲望，二是顾客对产品和服务的满足，营销管理者就是要解决如何把前者转化成后者。这一转化过程就是市场营销这门学科所要研究的核心问题。

综上所述，市场营销的研究对象可以这样表述：市场营销是研究如何以消费者和用户的需求为出发点，来组织企业的整体活动，适应和满足消费者和用户的需求和欲望，生产和经营所需的产品和服务，并通过交换把产品和服务从生产者转移到消费者手中，从而获得利润的一个过程。

### 2. 营销的研究内容

市场营销的研究内容是对研究对象的更为深入和系统的阐述，主要包括以下几个方面。

（1）研究市场营销学中的基本理论。作为一门科学的理论基础，市场营销学首先清晰地阐述了学科性质、研究对象和方法等内容，进而研究不同经济发展时期市场营销理论的发展和变革。这些营销观念主要包括生产观念、产品观念、推销观念、市场营销观念、社会营销观念、大市场营销观念和全球市场营销观念等，各个营销观念的深刻反映了不同历史条件下的市场环境。

（2）研究企业的战略计划过程。市场营销中包括企业的一些市场战略计划，如对目标市场的选择、市场定位、产品定价、渠道选择和促销等，这些战略决策关乎企业在某行业的发展和成功。企业的市场部门必须制定准确、清晰的市场战略计划，并同时和其他部门进行合作和沟通，才能保证市场营销的成功。

（3）研究市场营销管理过程。市场营销管理过程即市场营销的计划及执行活动，其过程包括对产品的研究开发、定价、促销和渠道的一切获得，其目的就是通过市场营销管理来达到全面满足组织或个人需求的目标。营销管理主要涉及的内容是企业宏观和微观环境研究，产业市场和消费者市场及其购买行为研究，市场调查和预测，市场细分、目标市场选择和市场定位，营销组合，营销组织的管理等。

### 3. 市场营销的研究方法

市场营销理论发展至今，也发展出许多成功的研究方法，这也促进了市场营销理论的进一步发展。在 20 世纪 50 年代以前，传统营销学主要从具体产品、经营机构和销售职能等角度进行研究，研究方法主要包括产品研究法、机构研究法和职能研究法。20世纪50年代以后，新的研究方法陆续出现，第一种是管理研究方法，它从管理决策角度对市场营销进行研究，这种方法非常注重营销战略、计划、控制等职能，著名的营销学者菲利普·科特勒的著作均采用管理研究方法。第二种研究方法是系统研究法，它主要应用了系统工程的原理和方法，从系统角度分析市场营销的组成部分和相互关系，强调企业、环境、顾客等因素之间的协调和均衡。第三种是社会研究方法，这种方法主要研究企业的市场营销活动和各种营销机构为社会做出的贡献和付出的成本。

# 1.2  营销参与者

在介绍了营销的内涵之后，我们来探讨市场营销的参与者。现代市场营销是一个多要素组成的系统，营销不仅仅是企业的一项重要功能，同时还要同多方发生利益关系。

## 1.2.1  现代营销系统

现代营销系统的参与者主要包括供应商、企业、竞争者、中间商和顾客等几个部分，如图1-1所示。企业从供应商那里获取原材料，然后根据目标市场顾客的需求设计和生产产品，再通过中间商和零售商销售给最终用户。在这个过程中，还要同竞争对手展开全方位竞争，来确保市场地位和企业利润。

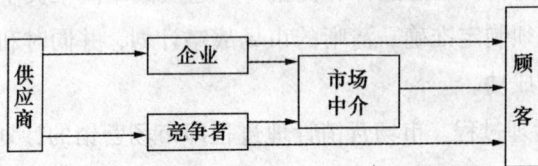

图1-1  现代市场营销系统的主要参与者

如果利用迈克尔·波特的价值链进行分析，营销系统中的每一个参与者都为下一级的参与者增加价值。同时，营销系统中的每个参与者都会受到环境因素的影响，这些因素主要包括人口、经济、政治、文化、技术、法律等。企业的成功不仅取决于自身的行为，还取决于整个系统对最终顾客需要的满足程度。在这个系统中，各个参与者都在进行动态的博弈行为。

## 1.2.2　营销参与者

营销部门的工作是通过创造顾客价值和满意来吸引顾客并建立顾客关系。但是，营销部门仅靠自己的力量难以完成此项任务。营销部门的成功依赖于现代营销系统的其他组成部分——供应商、市场中介、顾客、竞争对手和公众。这些因素构成了企业的价值传递系统。

### 1. 企业

在制定和实施营销计划时，营销部门应该和其他部门进行沟通和合作，如管理层、财务部门和生产部门等。所有这些相互关联的部门构成了企业的内部环境。高层管理部门制定企业的使命和战略，营销部门依据高层管理部门的计划来做出营销战略计划和决策。财务部门负责寻找和使用营销计划所需的资金。研究和开发部门设计符合顾客需要的产品和服务。采购部门负责为生产提供原材料。生产部门负责生产品质和数量都合格的产品。会计部门核算收入与成本，以便管理部门了解是否实现了预期利润目标。这些部门都对营销部门的计划和行动产生影响。所有部门必须坚持"以顾客为中心"的理念，协调一致为顾客提供满意的产品和服务。

### 2. 供应商

供应商是公司整个顾客价值传递系统中的重要一环。他们能提供企业生产产品和服务所需要的资源。供应商的变化对营销有重要的影响。营销部门必须从战略角度和顾客需求角度来关注供应能力，保证弹性供应，以避免由于供应短缺或其他因素对销售造成影响。为了实现长期的竞争优势和顾客满意，营销部门也必须关注主要原材料的价格趋势，因为供应成本上升将使产品价格上升，从而影响公司的市场地位。

### 3. 市场中介

市场中介是指帮助企业将产品促销、销售并分销给最终购买者的中介机构，主要包括经销商、货物储运商、营销服务机构和金融中介。

（1）经销商是销售渠道公司，它帮助企业找到顾客或把产品卖给顾客。经销商包括批发商和零售商。由于经销商的规模越来越大，使得其拥有足够的谈判力量，所以企业不得不面对这些少数的大型分销机构。

（2）货物储运公司能帮助企业在从原产地到目的地的过程中存储和移送货物。在与仓库、运输公司的交易中，企业必须综合考虑成本、运输方式、速度和安全性等因素，从而决定运输和储存货物的最佳方式。

（3）营销服务机构包括市场调查公司、广告公司、传媒机构和营销咨询公司，他们帮助企业正确的定位和促销产品。由于这些公司在可靠性、质量、服务和价格方面参差不齐，所以公司在选择时需要谨慎。

（4）金融机构包括银行、信贷公司、保险公司和其他机构，他们能够为交易提供金融支持或对买卖风险进行担保。大多数公司和客户都需要借助金融中介来为交易提供资金。

同供应商一样，市场中介也是企业整个价值传递系统中的重要组成部分。在实现顾客满意的过程中，企业不仅要使资金的业绩最好，而且还要与供应商和市场中介建立有效的伙伴关系，以使整个系统取得最佳业绩。

### 4. 顾客

企业应该认真的选择和研究其目标顾客。市场中主要存在五种顾客市场，即消费者市场、企业市场、政府市场、经销商市场和国际市场。消费者市场由个人和家庭构成，他们仅为自身或家庭消费而购买产品或服务。企业市场购买产品是为了进一步深加工，或在生产过程中使用。经销商市场购买产品或服务是为了专卖，以获取利润。政府市场由政府机构构成，购买产品和服务用以服务社会公众。国际市场由其他国家的购买者构成，包括消费者、生产商、经销商和政府机构。每种市场都有各自特定的特点，营销管理者需要对这些市场进行深入研究，把握每种顾客的真实需求和购买行为，为其提供满意的产品和服务。

### 5. 竞争对手

用营销学的观点来分析，一个企业要想获得成功，就必须比竞争对手做得更好，让顾客更满意。因此，营销部门不仅要考虑目标顾客的需要，而且要在心目中塑造比竞争对手更有优势的形象，以赢得战略上的优势。

每个公司都要有自己独特的市场定位，这样才能与竞争对手区别开来，才能够在特定市场占据一席之位和保持长期的竞争优势。在市场上占绝对优势的大公司所采取的营销战略，小公司就不一定适合使用。小公司成功的营销战略，大公司也可以进行借鉴和学习。所以，每个公司都要研究自己的竞争对手，并确立正确的市场定位，采取差异化战略来创造和保持竞争优势。

### 6. 公众

企业的营销环境还包括各种公众因素，这些公众因素同样是营销参与者，因为它们同样对营销产生影响。公众是指对一个企业实现其目标产生影响的任何团体，主要包括金融、媒体、政府、公民等因素。一个企业在制定针对顾客的营销计划时，也应制定针对其主要公众因素的营销计划，这样可以为企业赢得良好的社会形象和口碑，能够帮助企业有效的实施营销计划。通过与公众进行良好的互动，企业可以获得良性的发展。

# 1.3 营销管理

市场营销同样也是一种管理过程。我们采用美国营销协会的定义,即营销管理是计划和执行关于商品、服务和创意的概念化、定价、促销和分销,以创造符合个人和组织目标而进行交换的一种过程。营销管理过程主要包括分析、计划、执行和控制这几项重要职能,它覆盖产品、服务和创意三个方面,并且它是建立在交换的基础上,其目的是满足各个方面的需要。

营销管理者必须在环境分析的基础上制定详细的营销战略计划,在具体执行过程中进行反馈和控制,必要时需要对某些业务进行调整,以完成营销战略计划。营销管理过程主要包括分析市场机会、选择目标市场、确定营销组合和管理营销活动等一系列紧密相连的内容。

营销管理过程也是识别、分析、选择和发掘市场机会以实现企业目标的管理过程,即企业与最佳市场机会相适应的全过程。这个过程包括四个步骤,如图 1-2 所示。

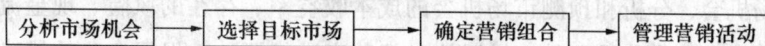

分析市场机会 → 选择目标市场 → 确定营销组合 → 管理营销活动

**图 1-2 营销管理过程**

## 1.3.1 分析市场机会

**1. 识别市场机会**

市场需求和市场竞争的动态变化,使得企业不可能永远依靠现有产品和市场,所以必须寻找新的市场机会。分析和识别市场机会是营销管理的第一步,市场机会（market opportunity）是可以做生意获得利润的机会,反映了尚未满足的市场需求。市场未满足的机会在客观上只是一种环境机会,能否成为企业的市场机会,要看其是否与企业战略计划和目标一致,企业是否具备把握机会的能力和资源,能否比竞争对手更快、更好的利用机会。

识别市场机会的方法有很多,主要包括市场渗透、市场开拓、产品开发和多元化。市场渗透方法（market penetration）是在不改变现有产品和市场的情况下进一步加快市场渗透,扩大现有产品在现有市场的销售,企业可以利用价格、广告、促销等方式来提升现有市场的销售业绩。市场开拓方法（market reclamation）是为现有产品寻找新的细分市场,增加现有产品的市场规模。产品开发方法（product development）是企业通过创新为现有顾客提供新产品或改进产品,为顾客带来更多利益,满足新的需求。多元化方法（diversification）是企业选择本行业之外的新行业进行市场开发，实行跨行业的多元化发展。企业要结合自身的资源情况来选择新的行业，去把握新的市场机会。

### 2. 评估市场机会

某个市场机会是否会成为企业的营销机会，要看它是否适合企业的战略目标和资源。每个企业在特定时期和营销环境下都有特定的目标，有些市场机会不符合这些目标，就不能成为企业的营销机会，比如有些市场机会可以在短期内提高销售业绩，但不利于企业长期发展。所以企业在面临市场机会时，一定要结合自身的战略目标和资源状况来进行选择，只有那些能够发挥企业资源优势，又符合企业战略目标，同时也具备成功条件的市场机会才能转化为公司的营销机会。

对于市场机会的选择，企业要慎重考虑。在决定选择和投资市场机会之前，一定要全面多角度的研究和评估市场机会。首先要从科学技术角度或物质层面进行评估，根据技术的发展规律和趋势来决定是否选择该市场机会。然后要从市场角度进行评估，研究市场机会所衍生的产品或服务的目标顾客，分析市场需求和规模，顾客的购买意向和购买行为。再进一步从财务角度进行评估市场机会，分析和预测市场机会的成本收益率、存在的风险、现金流等问题，从财务角度评估市场机会是十分重要的。最后从时间角度进行评估，根据企业的战略发展规划来决定是否选择市场机会，既要考虑短期的市场定位，也要考虑企业的长期战略发展，企业应从保持和增强竞争优势的角度来评估和选择市场机会。

## 1.3.2　选择目标市场

### 1. 预测需求量

企业选择市场机会时，必须对现有和未来的市场容量做出可观的分析和预测，主要包括当期市场其他同类产品的销量、企业产品可达到的销售量、未来市场增长量等指标。同时要考虑这些指标的影响因素，如经济发展、收入水平等宏观因素，还要分析这些因素的动态发展状况及对需求的影响程度，看市场是否有发展潜力，然后再决定是否进入这一市场。

### 2. 市场细分

市场细分（market segmentation）是衡量若干影响需求的变量，然后细分具有不同需求的顾客群。划分的依据可根据不同产品对地理、人口、心理和行为等不同的变数的敏感差异程度。经过市场细分，每一个细分市场都是由具有类似需求和行为特征的顾客组成，不同的顾客群体对企业一定的营销刺激会做出类似的反应。

### 3. 市场目标化

在市场细分的基础上，根据企业具体的营销管理能力，选择一个或几个细分市场作为目标市场从事经营，这种选择过程是市场目标化。市场目标化可以通过五种战略实现，即目标集中化、产品专业化、市场专业化、选择性专业化和全面覆盖等方法。

### 4. 市场定位

企业确定目标市场之后，就要进行市场定位。所谓市场定位（market positioning），就是根据竞争对手的产品特征及其在市场上所处的位置，针对顾客对该种产品某种属性的重视程度，塑造出企业与众不同、个性鲜明的产品和市场形象。企业在进行市场定位时，一方面要了解竞争对手的产品特征和市场定位，另一方面要研究顾客对产品属性的重视程度，然后根据这两方面的情况，来确定企业的产品特征和市场定位。

## 1.3.3 确定营销组合

营销管理的第三个步骤是确定市场营销组合（marketing mix）。营销组合是为了满足市场需要，企业对可以控制的各种营销要素如质量、价格、分销、广告和促销等进行优化组合。企业可以控制的营销因素有很多，为了便于分析，我们采用美国的麦卡锡教授提出的分类方法，即产品、价格、渠道和促销（product、price、place 和 Promotion，"4Ps"），它体现了现代市场营销观念指导下的整体营销思想。

产品是表示企业提供给目标市场的产品和服务的一个总的概念，其中包括产品质量、外观、款式、品牌、型号、包装以及各种服务。价格是表示顾客购买产品时所支付的价钱的一个总的概念，其中包括价目表所列的价格、折扣、支付期限、信用条件等。分销地点表示企业协调渠道体系的其他成员，使产品顺利到达目标顾客的过程，包括渠道选择，销售模式，存储与运输等。促销表示企业宣传和说服顾客购买产品的一系列活动的总称，包括广告、推销、宣传报道等。

在细分市场和市场定位之后，企业就要对营销组合进行决策，根据目标顾客的需求来制定产品、价格、分销和促销决策，通过四个营销组合组成部分的整体协调，来为目标顾客提供优质、快速的产品和服务。

## 1.3.4 管理营销活动

营销管理的最后一个步骤就是对营销活动进行管理，因为在前三个营销管理步骤都需要营销管理系统的支持，对于营销活动来说，主要通过下面四个管理系统的支持来实现。

### 1. 营销管理信息系统

营销信息系统是计划、组织和控制系统的基础，负责收集、整理和分析有关的市场信息，快速有效提供分析报告给营销决策者，以便改善市场营销计划的制定、执行和控制。营销信息系统主要包括四个子系统，即内部报告系统、营销情报系统、营销调研系统和营销分析系统。内部报告系统专门为管理者提供有关销售、存货、现金和账款等信息。营销情报系统负责调查企业内外营销环境的发展情况和趋势。营销调研系统是协调管理者进行某一专项营销调研的组织。营销分析系统运用统计和模型方法，对调研进行综合分析和研究，为营销决策提供理性依据。

### 2. 市场营销计划系统

现代营销管理既要制定长期的战略规划，也要制定具体可实行的营销计划，所以企业要依靠两个计划系统的支持，即战略计划系统和营销计划系统。营销计划是对每一项业务、产品线或品牌的具体营销方案进行计划，战略计划决定了各项战略业务单位的目标和方向，然后每项业务还需要制定一个营销计划，营销计划主要分为长期计划和年度计划。

### 3. 营销组织系统

营销计划制定之后，需要一个强有力的营销组织来执行市场营销计划。根据不同的企业规模，营销组织系统可由几个人或几个层级的专业人员来组成。营销营销的成果和效率，不仅取决于它的组织结构，还取决于对管理人员和执行人员的招聘、培训和激励等一系列营销组织的管理。

### 4. 营销控制系统

在营销计划实施过程中，可能会出现很多偏离计划的情况，所以需要一个控制系统来保证营销目标的实现。营销控制系统主要包括年度计划控制、盈利控制和战略控制。年度计划控制是为了保证年度计划中的销售利润和其他目标的实现。盈利控制是企业定期对产品、顾客群体、分析渠道等方面的实际盈利水平和能力进行分析和评估。战略控制是企业从整体战略角度审核和调整战略方向和目标，由于环境的动态变化和顾客需求的变化等因素，需要企业不断地进行战略调整和控制，保证企业不断的发展。

营销管理的四个系统相互联系，相互制约，营销信息是制定营销计划的依据，营销组织负责实施营销计划，而实施的结果是控制的依据，这四个系统构成了完整的营销管理体系。

**思考题**

1. 结合某种产品或行业来阐述营销的核心概念。
2. 简述营销学的研究对象、内容和方法。
3. 营销参与者有哪些？试从系统观点和价值链角度阐述。
4. 何谓市场定位？如何进行市场定位？
5. 营销管理步骤有哪些？请以一种洗涤产品为例进行解释。

**案例讨论**

## 肯德基二度进军香港

### 1. 进军"东方之珠"

1973 年，赫赫有名的肯德基公司踌躇满志，大摇大摆地踏上了香港这个弹丸小岛。

在一次记者招待会上，肯德基公司主席夸下海口：要在香港开设 50~60 家分店。这并非是信口雌黄。这种由贺兰迪斯上校在 1939 年以含有 11 种草本植物和香料的秘方首次制成的肯德基家乡鸡，由于工艺独特，香酥爽口，备受世界各地消费者的喜爱。到 70 年代，肯德基在世界各地有快餐店数千家，形成了一个庞大的快餐店连锁网。于是，它又把目光瞄准了香港这颗"东方之珠"。

1973 年 6 月，第一家家乡鸡在美孚新村开业，其他分店亦很快接连开业。到 1974 年，分店已达到 11 家。

在肯德基家乡鸡店中，除了炸鸡之外，还供应其他杂类食品，包括菜丝沙拉、马铃薯条、面包，以及各种饮料。鸡分 5 件装、10 件装、15 件装和 20 件装出售。此外还有套餐，例如售价 6.5 元的套餐，包括 2 件鸡、马铃薯条和面包。

肯德基家乡鸡首次在香港推出时，配合了声势浩大的宣传攻势。电视广告迅速引起了消费者的注意。电视和报刊、印刷品的主题，都采用了家乡鸡世界性的宣传口号："好味到舔手指。"

声势浩大的宣传攻势，加上独特的烹调方法和配方，使得顾客们都乐于一尝，而且在家乡鸡进入香港以前，香港人很少品尝过所谓的美式快餐。虽然大家乐和美心快餐店均早于家乡鸡开业，但当时规模较小，未形成连锁店，不是肯德基的竞争对手。看来肯德基在香港前景光明。

### 2. 惨遭"滑铁卢"

肯德基在香港并没有风光多久。1974 年 9 月，肯德基公司突然宣布多家快餐店停业，只剩

4 家坚持营业。到 1975 年 2 月，首批进入香港的肯德基全军覆没——全部关门停业。虽然家乡鸡公司的董事宣称，这是由于租金上困难而歇业的，但其失败已成定局。失败原因也明显，它不仅是租金问题，而且主要是没吸引住顾客。

当时的香港评论家曾大肆讨论此事，最后认为导致肯德基全盘停业的原因，是鸡的味道和宣传服务上出了问题。

为了适应香港人的口味，家乡鸡快餐店采用了本地产的土鸡，但仍采用以前的喂养方式，即用鱼肉饲养。这样，便破坏了中国鸡特有的口味，甚是令香港人失望。

在广告上，家乡鸡采用了"好味到舔手指"的广告词，在观念上也很难被香港居民所接受。而且，当时的香港人认为家乡鸡价格太昂贵，因而抑制了需求量。

在服务上，家乡鸡采用了美国式服务。在欧美的快餐店一般是外店，驾车到快餐店，买了食物回家吃。因此，店内通常不设座位。而香港的情况则不同，人们在买的地方进餐，通常是一群人或三三两两买了食品后坐在店内边吃边聊。家乡鸡不设座位的做法，等于是赶走了一批有机会成为顾客的人。因此，家乡鸡虽然广告规模较大，吸引了许多人前往尝试，但是回头客就不多了。

家乡鸡首次进入香港的失败，原因在于未对香港的环境文化做深入的了解。正如英国市场营销专家史狄尔先生的评价："当年家乡鸡进入香港市场，是采用与美国一样的方式。然而，当地的情况，要求它必须修改全球性的战略来适应当地的需求，产品的用途和对产品的接受，受到当地的风土人情影响，食物和饮品类产品的选择亦取决于这一点。当年的鸡类产品不能满足香港人的需求，宣传的概念亦不适当。"

肯德基大摇大摆地走进香港，又灰溜溜地离去。

**3. 卷土重来**

一转眼 8 年过去了。1985 年，肯德基在马来西亚、新加坡、泰国和菲律宾已投资成功。这时，他们准备再度进军香港。这次，家乡鸡重新进入香港，是由太古集团一家附属机构取得香港特许经营权，条件是不可分包合约，10 年合约期满时可重新续约。特许经营协议内容包括购买特许的设备、食具和向家乡鸡特许供应商购买烹调用香料。

首家新一代的家乡鸡店耗资 300 万元，于 1985 年 9 月在佐教道开业，第二家于 1986 年在铜锣湾开业。

在 1985 年的时候，当时的香港快餐业已发生了许多新的变化，可以分成三大类：汉堡包，占据了整个快餐店市场的 2 成份额；长期以来，最大的市场是本地食品类，市场占有率接近 7 成；肯德基家乡鸡是新一类——"鸡专家"。

因此，随着竞争对手的增多，肯德基要想重新占据市场已比较困难。

这一次肯德基开拓市场更为谨慎，在营销策略上按香港的情况进行了适当的变化。

首先，家乡鸡店进行了市场细分，明确了目标市场。新的家乡鸡店和旧的不同，现在它是一家高级"食堂"快餐厅，介于铺着白布的高级餐厅与自助快餐店之间。顾客对象介于16~39岁之间，主要是年轻人，包括写字楼职员和年轻的行政人员。

其次，在食品项目上，家乡鸡店进行了一些革新。品种上，以鸡为主，有鸡件、鸡组合装、杂项甜品和饮品。杂项食品包括薯条、沙拉和玉米。所有鸡都是以贺兰迪斯上校的配方烹调，大多数原料和鸡都从美国进口。食品是新鲜烹制的，炸鸡若在45分钟仍未售出便不会再售，以保证所有鸡件都是新鲜的。

在价格上，公司将家乡鸡以较高的议价出售，而其他杂项商品如薯条、沙拉和玉米等，以较低的竞争价格出售。这是因为，如果家乡鸡价格太低，香港人会把它看成是一种低档快餐食品。而其他杂项食品以低价格出售，则是因为家乡鸡分店周围有许多出售同类食品的快餐店与之竞争，降低杂项食品价格，能在竞争中取得一定的优势。

在广告上，家乡鸡把1973年的广告口号"好味到舔手指"改为"甘香鲜美好口味"。在地铁车站和报纸、杂志上都能看到新的广告词。很明显，新的广告词已带有浓厚的港味，因而很容易为香港人接受。

家乡鸡店第二次在香港登陆时，公司认为主攻方向是调整市场策略，以适应香港人的社会心理和需求，因而广告并不作为主攻方向。例如，佐敦道分店一时颇为低调，只在店外拉了横幅和竖了一块广告牌。宣传方面也是采取低调的手法，只集中在店内和店外周围推广，广告宣传亦于开业数月后停止了。

**4. 香港终于接受了它**

家乡鸡店重新开业后数月，公司进行了一次调查。调查者选择了知道有肯德基家乡鸡店的人为调查对象，询问他们对家乡鸡的印象，以及肯德基与其他快餐店相比，有何不及的地方。64%尝试过家乡鸡的被访问者认为菜式的选择有限，21%的人认为食品价钱太贵，其他则觉得店铺位置不方便，92%的补充访问者都知道香港以前有过家乡鸡店，但同时也有71%的人表示将会在日后再次光顾家乡鸡店。

公司的营销人员对此次调查得出的结论是：1973年公司在香港的失败仍然严重影响着消费者对家乡鸡的看法，但随着时间的流逝以及家乡鸡影响的扩大，消费者的这种印象会逐渐淡化。

针对调查结果，家乡鸡连锁店对营销策略又进行了一些改变，如增开新店时，尽量开设在人流较大的地方，以方便顾客，同时扩大营业面积，改变消费者拥堵的状况，以及增加菜的种类等。

家乡鸡店的营销策略的调整收到了良好的成效。香港成了肯德基的一个市场，分店数目占肯德基在世界各地总店数的 1/10 强，肯德基也成为与麦当劳、汉堡包和必胜客薄饼并立的香港四大快餐食品之一。

肯德基终于被香港人接受了。

【问题】

1. 肯德基第一次进军香港市场失败的原因是什么？
2. 肯德基二度进军香港的案例给国内商家的启示是什么？

# 第 **2** 章

# 市场营销环境及环境分析方法

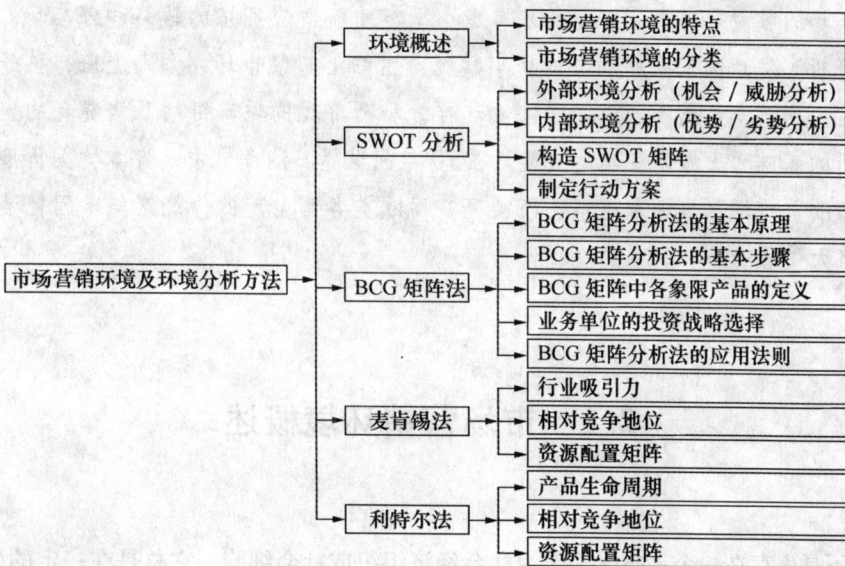

市场营销环境及环境分析方法

- 环境概述
  - 市场营销环境的特点
  - 市场营销环境的分类
- SWOT 分析
  - 外部环境分析（机会／威胁分析）
  - 内部环境分析（优势／劣势分析）
  - 构造 SWOT 矩阵
  - 制定行动方案
- BCG 矩阵法
  - BCG 矩阵分析法的基本原理
  - BCG 矩阵分析法的基本步骤
  - BCG 矩阵中各象限产品的定义
  - 业务单位的投资战略选择
  - BCG 矩阵分析法的应用法则
- 麦肯锡法
  - 行业吸引力
  - 相对竞争地位
  - 资源配置矩阵
- 利特尔法
  - 产品生命周期
  - 相对竞争地位
  - 资源配置矩阵

## 本章导读

　　组织环境是组织生存发展的土壤，既为组织活动提供必要的条件，也对组织活动起制约作用。同时，组织环境本身也在不断地变化，一方面为组织的生存和发展提供机会，另一方面对组织生存造成某种不利的威胁。而企业的市场营销活动同样受各种环境因素影响，企业必须不断地对外部环境因素进行分析，以便为应对环境变化做出正确的决策。本章讲述营销环境概念、营销环境分类等内容，并重点介绍了环境分析的几种主要方法。

## 日美轿车大战的胜利者

美国的汽车制造一度在世界上占据霸主地位，而日本汽车工业则是 20 世纪 50 年代学习美国发展而来的，但是时隔 30 年，日本汽车制造业突飞猛进，充斥欧美市场及世界各地，为此美国与日本之间出现了汽车摩擦。

在 20 世纪 60 年代，有两个因素影响汽车工业：一是第三世界的石油生产被工业发达国家所控制，石油价格低廉；二是轿车制造业发展很快，豪华车、大型车盛行。但是，擅长市场调查和预测的日本汽车制造商，首先通过表面经济繁荣，看到产油国与跨国公司之间暗中正酝酿和发展着的斗争，以及对发达国家消耗能量的增加，预见到石油价格会很快上涨。因此，必须改产耗油小的轿车来适应能源短缺的环境。其次，随汽车数量增多，马路上车流量增多，停车场的收费会提高，因此，只有造小型车才能适应拥挤的马路和停车场。再次，日本制造商分析了发达国家家庭成员的用车状况：主妇上超级市场，主人上班，孩子上学，一个家庭只有一辆汽车显然不能满足需要。这样，小巧玲珑的轿车得到了消费者的宠爱。于是日本在调研的基础之上做出正确的决策。在 70 年代世界石油危机中，日本物美价廉的小型节油轿车横扫欧美市场，市场占有率不断提高，而欧美各国生产的传统豪华车因耗油大、成本高，使销路大受影响。

# 2.1　市场营销环境概述

企业并不是生存在一个真空内，作为社会经济组织或社会细胞，它总是在一定的外界环境条件下开展市场营销活动。而这些外界环境条件是不断变化的，一方面，它既给企业造成了新的市场机会；另一方面，它又给企业带来某种威胁。因此，市场营销环境对企业的生存和发展具有重要意义。企业必须重视对市场营销环境的分析和研究，并根据市场营销环境的变化制定有效的市场营销战略，扬长避短，趋利避害，适应变化，抓住机会，从而实现自己的市场营销目标。

## 2.1.1　市场营销环境的特点

市场营销环境是一个多因素、多层次而且不断变化的综合体。其特点主要表现在以下五个方面。

### 1. 客观性

企业总是在特定的社会经济和其他外界环境条件下生存、发展的。不管你承认不承认，企业只要从事市场营销活动，就不可能不面对着这样或那样的环境条件，也不可能不受到各种各样环境因素的影响和制约，包括微观的、宏观的。因此，企业决策者必须清醒地认识到这一点，要及早做好充分的思想准备，随时应付企业面临的各种环境的挑战。

### 2. 差异性

市场营销环境的差异性不仅表现在不同的企业受不同环境的影响，而且同样一种环境因素的变化对不同企业的影响也不相同。例如，不同的国家、民族、地区之间在人口、经济、社会文化、政治、法律、自然地理等各方面存在着广泛的差异性。这些差异性对企业营销活动的影响显然是很不相同的。由于外界环境因素的差异性，因而企业必须采取不同的营销策略才能应付和适应这种情况。

### 3. 相关性

市场营销环境是一个系统，在这个系统中，各个影响因素是相互依存、相互作用和相互制约的。这是由于社会经济现象的出现，往往不是由某个单一的因素所决定的，而是受到一系列相关因素影响的结果。例如，企业开发新产品时，不仅要受到经济因素的影响和制约，更要受到社会文化因素的影响和制约。再如，价格不但受市场供求关系的影响，而且还受到科技进步及财政政策的影响。因此，要充分注意各种因素之间的相互作用。

### 4. 动态性

营销环境是企业营销活动的基础和条件，这并不意味着营销环境是一成不变的、静止的。恰恰相反，营销环境总是处在一个不断变化的过程中，它是一个动态的概念。以中国所处的间接营销环境来说，今天的环境与十多年前的环境已经有了很大的变化。例如国家产业政策，过去重点放在重工业上，现在已明显向农业、轻工业倾斜，这种产业结构的变化对企业的营销活动带来了决定性的影响。再如，我国消费者的消费倾向已从追求物质的数量化为主流正在向追求物质的质量及个性化转变，也就是说，消费者的消费心理正趋于成熟。这无疑对企业的营销行为产生最直接的影响。当然，市场营销环境的变化是有快慢、大小之分的，有的变化快一些，有的则变化慢一些；有的变化大一些，有的则变化小一些。例如，科技、经济等因素的变化相对快而大，因而对企业营销活动的影响相对短且跳跃性大；而人口、社会文化、自然因素等相对变化较慢、较小，对企业营销活动的影响相对长而稳定。因此，企业的营销活动必须适应环境的变化，不断地调整和修正自己的营销策略，否则，将会使企业丧失市场机会。

### 5. 不可控性

影响市场营销环境的因素是多方面的，也是复杂的，并表现出不可控性。例如，一个国家的政治法律制度、人口增长以及一些社会文化习俗等，企业不可能随意改变。而且，这种不可控性对不同企业表现不一，有的因素对某些企业来说是可控的，而对另一些企业则可能是不可控的；有些因素在今天是可控的，而到了明天则可能变为不可控因素。另外，各个环境因素之间也经常存在着矛盾关系。例如，消费者对家用电器的兴趣与热情就可能与客观存在的电力供应的紧张状态相矛盾，那么这种情况就使企业不得不作进一步的权衡，在利用可以利用的资源前提下去开发新产品，而且企业的行为还必须与政府及各管理部门的要求相符合。

## 2.1.2 市场营销环境的分类

### 1. 宏观环境

企业的宏观营销环境因素，也称为一般环境因素。对宏观营销环境因素进行分析，一般从人口环境、政治法律环境、经济环境、社会文化环境、自然地理环境和科学技术环境六个方面分析。如图 2-1 所示。

**图 2-1 企业宏观营销环境系统**

（1）人口环境。人口是构成市场的第一位因素。因为市场是由那些想购买商品同时又具有购买力的人构成的。因此，人口的多少直接决定市场的潜在容量。人口越多，市场规模就越大。而人口的年龄结构、地理分布、婚姻状况、出生率、死亡率、人口密度、人口流动性及其文化教育等人口特性，会对市场格局产生深刻影响，并直接影响企业的市场营销活动和企业的经营管理。企业必须重视对人口环境的研究，密切注视人口特性及其发展动向，不失时机抓住市场机会，当出现威胁时，应及时、果断调整营销策略以适应人口环境的变化。

1）人口数量与增长速度的影响。首先，人口数量是决定市场规模和潜力的一个基本要素，人口越多，如果收入水平不变，则对食物、衣着、日用品的需要量也越多，那么市场也就越大。因此，按人口数目可大略推算出市场规模。其次，人口的迅速增长促进了市场规模的扩大。因为人口增加，其消费需求也会迅速增加，那么市场的潜力也就会很大。但另一方面，人口的迅速增长，也会给企业营销带来不利的影响。比如人口增长可能导致人均收入下降，限制经济发展，从而使市场吸引力降低。

2）人口结构的影响。人口结构主要包括人口的年龄结构、性别结构、家庭结构、社会结构以及民族结构。第一，不同年龄的消费者对商品的需求不一样。第二，人口的性别不同，其市场需求也有明显的差异。第三，家庭的数量直接影响到某些商品的需求总量。

3）人口的地理分布及区间流动的影响。地理分布是指人口在不同地区的密集程度，由于自然地理条件以及经济发展程度等多方面因素的影响，人口的分布绝不会是均匀的。随着经济的活跃和发展，人口的区域流动性也越来越大。在发达国家，除了国家之间、地区之间、城市之间的人口流动外，还有一个突出的现象就是城市人口向农村流动。在我国，人口的流动主要表现在农村人口向城市或工矿地区流动，内地人口向沿海经济开放地区流动。另外，经商、观光旅游、学习等使人口流动加速。对于人口流入较多的地方而言，一方面由于劳动力增多，就业问题突出，从而加剧行业竞争；另一方面，人口增多也使当地基本需求量增加，消费结构也发生一定的变化，继而给当地企业带来较多的市场份额和营销机会。

（2）政治法律环境。对企业来说，政治环境指企业市场营销活动的外部政治形势和状况以及国家方针政策的变化对市场营销活动带来的或可能带来的影响；而法律是评判企业营销活动的准则，只有依法进行的各种营销活动，才能受到国家法律的有效保护。政治法律环境主要包括国际国内政治局势、国际关系、国家的方针政策、有关的法律法规等。

（3）经济环境。经济环境指企业营销活动所面临的外部社会条件，其运行状况及发展趋势会直接或间接地对企业营销活动产生影响。有些经济环境因素直接影响企业的营销活动，称之为直接经济环境，主要包括消费者收入水平、消费者支出模式和消费结构、消费者储蓄和信贷情况等。有些经济环境因素间接影响企业的营销活动，称之为间接经济环境，主要包括经济发展水平、经济体制、地区与行业发展状况、城市化程度等。

（4）社会文化环境。社会文化环境是一个社会的民族特征、风俗习惯、语言、道德观、价值观、教育水平、社会结构等的总称。社会文化环境的影响遍及整个市场营销活动，它主要包括消费者受教育水平、消费者的价值观念、消费者的宗教信仰、审美观、风俗习惯、语言文字等因素。

（5）自然地理环境。一个国家、一个地区的自然地理环境包括该地的自然资源、地形地貌和气候条件，这些因素都会不同程度地影响企业的营销活动，有时甚至会对企业的生存和发展起决定性的作用。企业要避免由自然地理环境带来的威胁，最大限度利用环境变化可能带来的市场营销机会，就应不断地分析和认识自然地理环境变化的趋势，根据不同的环境情况来设计、生产和销售产品。

（6）科学技术环境。进入 20 世纪以来，科学技术日新月异。第二次世界大战以后，新科技革命蓬勃兴起，形成了科学—技术—生产体系，科学技术在现代生产中起着领头和主导作用。工业发达国家科技进步因素在国民生产总值中所占比重已从 20 世纪初的 5% ~ 20%，提高到现在的 80% 以上，而我国目前这一比重仅占 30% 左右。现代科学技术是社会生产力中最活跃的和决定性的因素，它作为重要的营销环境因素，不仅直接影响企业内部的生产和经营，而且还同时与其他环境因素相互依赖、相互作用，影响企业的营销活动。

**2. 微观环境**

企业的微观营销环境因素，也称为特定环境因素。企业的微观营销环境主要由企业的供应商、营销中间商、顾客、竞争对手、社会公众以及企业内部参与营销决策的各部门组成。如图 2 - 2 所示。

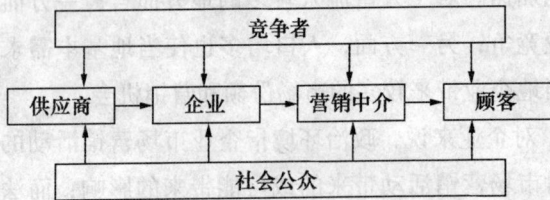

图 2 - 2　企业微观营销环境系统

（1）企业。企业本身处在市场营销环境的中心，市场营销部门在做市场营销决策时，不仅要考虑企业外部的各种环境要素，还要考虑企业内部的环境因素。面临相同的外部环境，不同企业的营销活动所取得的效果往往并不一样，这是因为它们有着不同的内部环境要素。企业内部的营销环境分析，实际上是对企业优势和劣势的详尽分析。

在内部各环境要素中，人员是企业营销策略的确定者与执行者，是企业最重要的资源。企业管理水平的高低、规章制度的优劣决定着企业营销机制的工作效率；资金状况与厂房设备等条件是企业进行一切营销活动的物质基础，这些物质条件的状况决定了企业营销活动的规模。

此外，企业文化和企业组织结构是两个需要格外注意的内部环境要素。

（2）供应商。供应商是影响企业营销微观环境的重要因素之一。供应商是指向企业及其竞争者提供生产产品和服务所需资源的企业或个人。供应商所提供的资源主要包括原材料、设备、能源、劳务、资金等。如果没有这些资源作为保障，企业就根本无法正常运转，也就无所谓提供给市场所需要的商品。因此，社会生产活动的需要，形成了企业与供应商之间的紧密联系。这种联系使得企业的所有供货单位构成了对企业营销活动最直接的影响和制约力量。供应商对企业营销活动的影响主要表现在三个方面：一是供货的稳定性与及时性；二是供货的价格变动；三是供货的质量水平。

针对上述影响，企业在寻找和选择供应商时，应特别注意两点：第一，企业必须充分考虑供应商的资信状况。要选择那些能够提供品质优良、价格合理的资源，交货及时，有良好信用，在质量和效率方面都信得过的供应商，并且要与主要供应商建立长期稳定的合作关系，保证企业生产资源供应的稳定性。第二，企业必须使自己的供应商多样化。企业过分依赖一家或少数几家供货人，受到供应变化的影响和打击的可能性就大。为了减少对企业的影响和制约，企业就要尽可能多地联系供货人，向多个供应商采购，尽量注意避免过于依靠单一的供应商，以免与供应商的关系发生变化时使企业陷入困境。

（3）营销中介。营销中介是指协助企业促销、销售和配销其产品给最终购买者的企业或个人，包括中间商、实体分配机构、营销服务机构和财务中间机构。这些都是市场营销不可缺少的环节，大多数企业的营销活动，都必须通过它们的协助才能顺利进行。例如，生产集中与消费分散的矛盾，就必须通过中间商的分销来解决；资金周转不灵，则须求助于银行或信托机构等。正因为有了营销中介所提供的服务，才使得企业的产品能够顺利地到达目标顾客手中。随着市场经济的发展，社会分工愈来愈细，那么，这些中介机构的影响和作用也就会愈来愈大。因此，企业在市场营销过程中，必须重视中介组织对企业营销活动的影响，并要处理好同它们的合作关系。

（4）社会公众。社会公众是指对企业实现其目标的能力感兴趣或发生影响的任何团体或个人。企业的社会公众主要有：①金融公众，指那些关心和影响企业取得资金能力的集团，包括银行、投资公司、证券公司、保险公司等；②媒介公众，指那些联系企业和外界的大众媒介，包括报纸、杂志、电视台、电台，以及新兴媒介组织如网站等；③政府公众，指负责企业的业务、经营活动的政府机构和企业的主管部门，如主管有关经济立法及经济政策、产品设计、定价、广告及销售方法的机构，国家经委及各级经委、工商行政管理局、税务局、各级物价局等等；④公民行动公众，是指有权指责企业经营活动破坏环境质量、企业生产的产品损害消费者利益、企业经营的产品不符合民族需求特点的团体和组织，包括消费者协会、保护环境团体等；⑤地方公众，主要指企业周围居民和团体组织，他们对企业的态度会影响企业的营销活动；⑥一般公众，是指对企业产品并不购买，但深刻地影响着消费者对企业及其产品的看法的个人；

⑦内部公众，指企业内部全体员工，包括领导（董事长）、经理、管理人员、职工。处理好内部公众关系是搞好外部公众关系的前提。

公众对企业的生存和发展会产生巨大的影响，公众可能有增强企业实现其目标的能力，也可能会产生妨碍企业实现其目标的能力。所以，企业必须采取积极适当的措施，主动处理好同公众的关系，树立企业的良好形象，促进市场营销活动的顺利开展。

（5）顾客。企业的一切营销活动都是以满足顾客的需要为中心的，因此，顾客是企业最重要的环境因素。顾客是企业服务的对象，顾客也就是企业的目标市场。顾客可以从不同角度以不同的标准进行划分，如按照购买动机和类别分类，顾客市场可以分为消费者市场、生产者市场、中间商市场、政府集团市场、国际市场。企业的目标市场一般可以在这五种顾客市场中选择。

（6）竞争者。竞争是商品经济的基本特性，只要存在着商品生产和商品交换，就必然存在着竞争。企业在目标市场进行营销活动的过程中，不可避免地会遇到竞争者或竞争对手的挑战。一个企业识别竞争者似乎是一项简单的工作，但其实不然。

哈佛的迈克尔·波特从竞争的角度识别出有五种力量决定了一个市场或细分市场的竞争状况，这五种力量是同行业竞争者、进入/退出壁垒、替代产品、购买者和供应商。如图 2 - 3 所示。

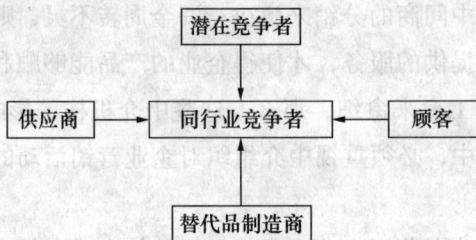

**图 2 - 3　波特的五种力量竞争模型**

1）细分市场内竞争的激烈程度。如果某个细分市场已经有了众多的、强大的或者竞争意识强烈的竞争者，那么该细分市场就会失去吸引力。如果该细分市场处于稳定或者衰退，生产能力不断大幅度扩大，固定成本过高，撤出市场的壁垒过高，竞争者投资很大，那么情况就会更糟。这些情况常常会导致价格战、广告争夺战、新产品推出，并使公司要参与竞争就必须付出高昂的代价。

2）进入/退出壁垒。某个细分市场的吸引力随其进退难易的程度而有所区别。根据行业利润的观点，最有吸引力的细分市场应该是进入的壁垒高、退出的壁垒低。在这样的细分市场里，新的公司很难打入，但经营不善的公司可以安然撤退。如果细分市场进入和退出的壁垒都高，那里的利润潜量就大，但也往往伴随较大的风险，因为经营不善的公司难以撤退，必须坚持到底。如果细分市场进入和退出的壁垒都较低，公司便可以进退自如，获得的报酬虽然稳定，但不高。最坏的情况是进入细分市场的壁垒较低，而退出的壁垒却很高。于是在经济良好时，大家蜂拥而入，但在经济萧条时，却很难退出。其结果是导致生产能力过剩，收入下降。

3）替代产品。如果某个细分市场存在着替代产品或者有潜在替代产品，那么该细分市场就失去吸引力。替代产品会限制细分市场内价格和利润的增长。公司应密切注意替代产品的价格趋向。如果在这些替代产品行业中技术有所发展，或者竞争日趋激烈，这个细分市场的价格和利润就可能会下降。

4）购买者的讨价还价能力。如果某个细分市场中购买者的讨价还价能力很强或正在加强，该细分市场就没有吸引力。购买者便会设法压低价格，对产品质量和服务提出更多要求，并且使竞争者互相斗争，所有这些都会使销售商的利润受到损失。如果购买者集中形成组织，或者该产品在购买者的成本中占较大比重，或者产品无法实行差别化，或者顾客的转换成本较低，或者由于购买者的利益较低而对价格敏感，或者顾客能够进行联合，购买者的讨价还价能力就会加强。销售商为了保护自己，可选择议价能力最强者转换销售商能力最弱的购买者。较好的防卫方法是提供顾客无法拒绝的优质产品。

5）供应商的讨价还价能力。如果公司的供应商——原材料和设备供应商、公用事业部门、公会等，能够提价或者降低产品和服务的质量，或减少供应数量，那么该公司所在的细分市场就会没有吸引力。如果供应商集中或有组织，或者替代产品少，或者供应产品是重要的投入要素，或转换成本高，或者供应商可以向前实行联合，那么供应商的讨价还价能力就会较强大。因此，与供应商建立良好关系和开拓多种供应渠道才是防御上策。

## 2.2　SWOT 分析法

SWOT 分析法是企业战略决策的常用方法之一。所谓 SWOT（态势）分析，就是将与研究对象密切相关的各种主要内部环境优势因素（strength）、劣势因素（weakness）、外部环境机会因素（opportunity）和威胁因素（threat），通过调查罗列出来，并依照一定的次序按矩阵形式排列起来，然后运用系统分析的思想，把各种因素相互匹配起来加以分析，从而决定采用何种经营战略。

这种研究方法，最早是由美国旧金山大学的管理学教授在 20 世纪 80 年代初提出来的。在此之前的 60 年代，就有人提出过 SWOT 分析中涉及的内部优势、弱点、外部机会、威胁这些变化因素，但只是孤立地对它们加以分析，而 SWOT 法用系统的思想将这些似乎独立的因素相互匹配起来进行综合分析。运用这个方法，有利于人们对组织所处的位置进行全面、系统、准确的研究，有助于人们制定发展战略和计划，以及与之相应的发展计划或对策。

### 2.2.1　外部环境分析（机会/威胁分析）

外部环境是指企业外部对企业的生存和发展可能产生重要影响的各种因素的总和。因为外部环境会影响公司在市场上的赢利能力，公司应该建立营销信息系统并进行研究，以发现重大的趋势和规律。营销者应根据业务的性质和要求，通过对特定营销环境中有较大影响的因素进行分析，预测有关因素将来发生突变的时间、变化方向和可能产生的后果，来把握外部环境的现状和趋势，以便企业利用机会、避开威胁。

#### 1. 机会

所谓机会，是指对企业生产经营活动有利的环境因素。通过对外部环境的扫描，营销者要辨识出新的营销机会。例如，我国实行"五一"和"十一"的七天休假制度，对从事旅游业、娱乐业、餐饮业的企业是极佳的机会，所以这两个假期有"黄金周"之称。

对机会的更准确分类和评价可以采用机会矩阵来进行，如图 2-4a 所示，从机会的吸引力和成功概率这两个变量来考察。其中，公司在每个特定环境机会中的成功概率不仅取决于其业务实力是否与该行业成功所需要的条件相符合，还取决于业务力量能否超过其竞争对手的业务实力，这决定着公司是否有能力利用环境中的营销机会。机会矩阵中，机会可以分为三类：A 是最佳机会；B、C 是需密切关注的机会；D 是不必考虑的机会。

公司面对机会时有以下三种可选的对策。

（1）利用机会。这要求企业具备利用该机会的能力和资源，具有或培养核心竞争力和竞争优势。

（2）等待观望。即等待最佳的时机，对某些机会予以利用。

（3）放弃机会。通过评价该环境机会，若认为不能成为公司机会的，则应放弃。

#### 2. 威胁

所谓威胁，是指对企业生产经营不利的环境因素。通过对外部环境的扫描，还要辨识出外部环境的某些变化可能带来的威胁。例如，取消轿车进口配额和轿车进口关税，对国内轿车生产企业就是一种威胁，企业只有加强管理、迎接挑战才能生存。

对威胁的更准确分类和评价可以采用威胁矩阵来进行，如图 2-4b 所示，从威胁的严重性和发生概率这两个变量来评估。其中，威胁的类型包括：A 是严重的或关键性的威胁，公司必须为此类威胁制定一个应变计划，一旦威胁出现，公司必须有相应的措施来抵抗或化解威胁；B、C 是需密切关注的威胁；D 是不必顾虑的威胁。

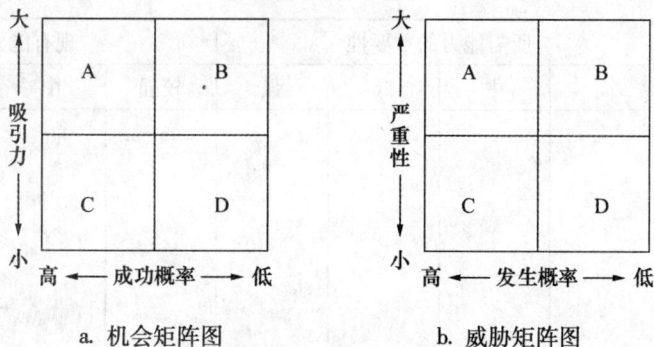

a. 机会矩阵图　　　　　　　　b. 威胁矩阵图

图 2 - 4　机会、威胁矩阵分析

公司面对威胁时，也有以下三种可选的对策。

（1）反抗。即试图抵制或扭转不利因素的发展，如 2001 年南京冠生园事件即是采用反抗对策。

（2）减轻。通过调整经营策略来适应环境的变化，以减轻环境威胁的严重性。如中美史克对 PPA 事件的及时反应，运作良好的危机管理策略大大减轻了威胁可能导致的严重后果。

（3）转移。即决定转向其他能获利的业务或市场。如当火腿肠业务开始减少时，双汇果断实行"冷鲜肉"战略，并进入连锁零售业，控制了销售终端。

## 2.2.2　内部环境分析（优势/劣势分析）

内部环境是指公司内部所有能够影响市场营销活动及其绩效的要素、力量和资源，是企业生存和发展的内部因素。这些内部因素是由公司的管理者可以控制的要素构成的。

对内部环境的分析，就是要了解"我们能将什么做得最好"以及"我们存在着哪些不足"，即要找出自己的优势和劣势，预测现有资源和能力与环境机会的适应或匹配程度。对企业内部环境的分析，最重要的是企业能力的分析。企业能力是多方面的，主要包括市场营销能力、财务能力、制造能力和组织能力等。企业能力分析的重点，是将现有能力与利用机会所要求的能力进行比较，找出差距，并制定提高相应能力的措施。企业能力分析可分以下三个步骤进行。

（1）明确利用机会所需的能力结构，找出反映这种能力的具体因素，并判断每一因素的相对重要性。如表 2 - 1 所示，所需能力的重要性采用高、中、低三个等级，现有能力的评价采用强、较强、中、较弱、弱五个等级。

（2）分析现有能力的实际情况，找出经营该业务的优势和劣势。

（3）进行评价和制定措施。

表 2-1　　　　　　　　　　　优势/劣势评价表①

| 能力要素 | | 所需能力的重要性 | | | | 现有能力的评价 | | | |
|---|---|---|---|---|---|---|---|---|---|
| | | 高 | 中 | 低 | 强 | 较强 | 中 | 较弱 | 弱 |
| 市场营销能力 | 1. 公司信誉<br>2. 市场份额<br>3. 产品质量<br>4. 服务质量<br>5. 定价效果<br>6. 创新效果<br>7. 销售力量<br>… | | | | | | | | |
| 财务能力 | 1. 筹资能力<br>2. 资金成本<br>3. 资金稳定<br>4. 赢利能力<br>… | | | | | | | | |
| 制造能力 | 1. 机器设备<br>2. 规模经济<br>3. 工艺技术<br>4. 交货能力<br>… | | | | | | | | |
| 组织能力 | 1. 领导素质<br>2. 组织结构<br>3. 员工精神<br>4. 适应能力<br>… | | | | | | | | |

在具体的优势和劣势评估时，企业可以采取纵向评估和横向评估两条途径。纵向评估是通

① 吴涛主编：《市场营销管理》，中国发展出版社 2005 年版，第 57～58 页。

过审视自己的历史,横向评估是与竞争对手进行比较,寻找到自身条件的优势和劣势所在。企业常见的优势包括成本优势、品质优势、品牌优势、效率优势、规模优势、技术优势、人力资源优势等。

## 2.2.3　构造 SWOT 矩阵

前面两个步骤是对优势和劣势、机会和威胁的全面评估,即完成了对公司某项业务的 SWOT 分析。下面,营销者可以采用 SWOT 分析矩阵,归纳出该业务所面临的机会点和问题点,如图 2 - 5 所示。

| 优势 | 机会 |
|---|---|
| 1. 鲜肉加工能力最大 | 1. 安全鲜肉需求显著 |
| 2. 品牌知名度高 | 2. 速冻食品迅速增长 |
| 3. 上市公司筹资能力强 | 3. 尚无前向一体化先例 |
| 劣势 | 威胁 |
| 1. 缺乏连锁零售经验 | 1. 地方政府的保护 |
| 2. 有竞争力的产品线少 | 2. 超市建店门槛提高 |
| 3. 鲜肉生产运输成本高 | 3. 春都、金锣等的进攻 |

**图 2 - 5　双汇集团的 SWOT 分析矩阵**

在构建 SWOT 矩阵时,将分析出的各种因素根据轻重缓急或影响程度等排序方式排列,在此过程中,将那些对公司发展有直接的、重要的、大量的、迫切的、久远的影响因素优先排列出来,而将那些间接的、次要的、少许的、不急的、短暂的影响因素排列在后面。具体而言,可按以下步骤构造这个 SWOT 分析矩阵。

(1) 把识别出的所有优势分成两组,分组原则为:看看它们是与行业中潜在的机会有关,还是与潜在的威胁有关。

(2) 用同样的方法把所有劣势分成两组:一组与机会有关,另一组与威胁有关。

(3) 建构一个表格,每个占1/4。

(4) 把公司的优势、劣势与机会、威胁配对,分别放在每个格子中。SWOT 表格表明公司内部的优势、劣势与外部机会、威胁的平衡。

## 2.2.4　制定行动计划

在完成环境因素分析和 SWOT 矩阵的构造后,便可以制定出相应的行动计划。制定计划的基本思路是:发挥优势因素,克服弱点因素,利用机会因素,化解威胁因素;考虑过去,立足当前,着眼未来。运用系统分析的综合分析方法,将排列与考虑的各种环境因素相互匹配起来加以组合，得出一系列公司未来发展的可选择策略。

（1）优势/机会策略（S/O），即着重考虑优势因素和机会因素，目的在于努力使这两种因素都趋于最大。

（2）优势/威胁策略（S/T），即着重考虑优势因素和威胁因素，目的是努力使优势因素趋于最大，使威胁因素趋于最小。

（3）劣势/机会策略（W/O），即着重考虑劣势因素和机会因素，目的是努力使劣势趋于最小，使机会趋于最大。

（4）劣势/威胁策略（W/T），即考虑劣势因素和威胁因素，目的是努力使这些因素都趋于最小。

可见，W/T 对策是一种最为悲观的对策，是处在最困难的情况下不得不采取的对策；W/O 对策和 S/T 对策是一种苦乐参半的对策，是处在一般情况下采取的对策；S/O 对策是一种最理想的对策，是处在最为顺畅的情况下十分乐于采取的对策，如表 2 - 2 所示。

表 2 - 2　　　　　　　　　　　　　　　IBM 的营销策略纲要①

| 外部环境分析（机会/威胁分析）〱内部因素分析（优势/劣势分析） | 机　会 1. PC 普遍进入家庭 2. 因特网逐渐兴起并主导市场需求 3. 客户更需要整体解决方案 | 威　胁 1. 各种因特网相关产品细分市场兴起 2. 微软占有 PC 系统 S/W 市场 3. 硬件价格下降 |
|---|---|---|
| 优势 1. 经深度培训过的专业人才 2. 广大的客户群 3. 优势的研发力量 | 优势/机会策略（S/O） 1. 成立全球服务事业部门，着手提供整体解决方案——系统整合 2. 创新并持续推出符合因特网需求的新产品 | 优势/威胁策略（S/T） 1. 增加策略联盟和并购有潜力的公司，以增加网络与整合的能力 2. 投入研发数据库系统与 NT 的中间件以及配合 Linux 的研发投入 |
| 劣势 1. 组织庞大，不易指挥 2. 对低价或 PC 相关产品的营销策略比较不在行 3. 有人难以摆脱大型硬件才是最重要收入来源的观念 | 劣势/机会策略（W/O） 1. 将人员向有潜力的市场调整并配备所需的人力 2. 将人员按整合模型/混合编组与产品编组结合起来开拓市场 3. 逐渐偏向以网络为基础的整体解决方案的公司 | 劣势/威胁策略（W/T） 1. 裁员数万不适合任职的员工，并将组织改为矩阵式 2. 强调 W/T 的思想教育与绩效管理 3. 积极与低价产品的大型渠道建立关系 |

---

① 刘欣光：《IBM 的营销策略纲要》，深圳市麦肯特企业顾问有限公司，2001 - 03 - 23。

SWOT 分析的结果视不同的研究对象和研究目的有不同的称谓。在战略研究中称作战略计划；在发展研究中称作发展对策；在市场研究中称作市场对策；在管理咨询中称作管理对策等。

由于具体情况所包含的各种因素及其分析结果所形成的对策都与时间范畴有着直接的关系，所以在进行 SWOT 分析时，可以先划分一定的时间段分别进行 SWOT 分析，最后对各个阶段的分析结果进行综合汇总，并进行整个时间段的 SWOT 矩阵分析。这样有助于分析的结果更加精确。

# 2.3　BCG 矩阵分析法

波士顿咨询集团法（又称波士顿矩阵、四象限分析法、产品系列结构管理法等）是由美国大型商业咨询公司——波士顿咨询集团（Boston Consulting Group）首创的一种规划企业产品组合的方法。

## 2.3.1　BCG 矩阵分析法的基本原理

对于一个拥有复杂产品系列的企业来说，一般决定产品结构的基本因素有两个，即市场引力与企业实力。市场引力包括企业销售量（额）增长率、目标市场容量、竞争对手强弱及利润高低等。其中，最主要的是反映市场引力的综合指标——销售增长率，这是决定企业产品结构是否合理的外在因素。企业实力包括市场占有率，技术、设备、资金利用能力等，其中市场占有率是决定企业产品结构的内在要素，它直接体现出企业竞争实力。销售增长率与市场占有率既相互影响，又互为条件：市场引力大，销售增长率高，可以说明产品发展的良好前景，企业也具备相应的适应能力，实力较强；如果仅有市场引力大，而没有相应的高销售增长率，则说明企业尚无足够实力，则该种产品也无法顺利发展。相反，企业实力强，而市场引力小的产品也预示了该产品的市场前景不佳。

通过以上两个因素相互作用，会出现四种不同性质的产品类型，形成四种不同的产品发展前景：①销售增长率和市场占有率"双高"的产品群（明星类产品）；②销售增长率和市场占有率"双低"的产品群（瘦狗类产品）；③销售增长率高、市场占有率低的产品群（问号类产品）；④销售增长率低、市场占有率高的产品群（金牛类产品）。

对于企业来说，如果能同时具有问号产品、明星产品和金牛产品这三类，就有希望保持企业当前的利润和长远利润的稳定，形成合理的产品结构，维持资金平衡。

本法将企业所有产品从销售增长率和市场占有率角度进行再组合。在坐标图上，以纵轴表示企业销售增长率，横轴表示市场占有率，各以10%和20%作为中点，将坐标图划分为四个象限，依次为"问号（?）"、"明星（★）"、"金牛（￥）"、"瘦狗（×）"。在使用中，企业可将产品按各自的销售增长率和市场占有率归入不同象限，使企业现有产品组合一目了然，同时便于对处于不同象限的产品做出不同的发展决策。其目的在于通过产品所处不同象限的划分，使企业采取不同决策，以保证其不断地淘汰无发展前景的产品，保持"问号"、"明星"、"金牛"产品的合理组合，实现产品及资源分配结构的良性循环。

### 2.3.2  BCG矩阵分析法的基本步骤

**第一步：核算企业各种产品的销售增长率和市场占有率**

销售增长率可以用本企业的产品销售额或销售量增长率来表示，时间可以是一年或是三年甚至更长时间。市场占有率来表示，可以用相对市场占有率或绝对市场占有率，但是要用最新资料。基本计算公式为：

某种产品绝对市场占有率=该产品本企业销售量÷该产品市场销售总量

某种产品相对市场占有率=该产品本企业市场占有率÷该产品市场占有份额最大者

（或特定的竞争对手）的市场占有率

**第二步：绘制四象限图**

以10%的销售增长率和20%的市场占有率为高低标准分界线，将坐标图划分为四个象限，然后把企业全部产品按其销售增长率和市场占有率的大小，在坐标图上标出其相应位置（圆心）。定位后，按每种产品当年销售额的多少，绘成面积不等的圆圈，再顺序标上不同的数字代号以示区别。定位的结果即将产品划分为四种类型，如图2-6所示。

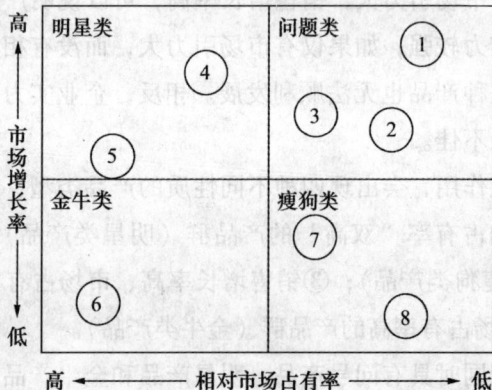

图2-6　波士顿咨询集团的市场增长率-相对市场占有率矩阵

### 2.3.3 BCG 矩阵中各象限产品的定义

根据图 2−6 的分析，波士顿咨询集团法把企业全部业务单位定义在四个象限中。对于企业产品所处的四个象限，也具有不同的定义。

（1）明星类（star）：指处于高增长率、高市场占有率象限内的产品群。在企业的全部业务单位中，这类业务处于迅速增长的市场，具有很大的市场份额，在增长和获利上有着极好的长期机会，可能成为企业的现金牛产品，需要加大投资以支持其迅速发展。但它们是企业资源的主要消费者，需要大量投资。为了保护或扩展"明星"业务在增长的市场上占主导地位，企业应在短期内优先供给它们所需的资源，支持他们继续发展，当其市场增长率降低时，这类业务就由"现金使用者"变为"先进提供者"，即金牛类。

（2）金牛类（cash cow）：又称厚利产品，是指处于低增长率、高市场占有率象限内的产品群，已进入成熟期。这类业务处于成熟的、低速增长的市场之中，市场地位有利，赢利率高，本身不需要投资，反而能为企业提供大量资金，成为企业回收资金，支持其他产品，尤其是明星产品投资的后盾。

（3）问题类（question mark）：是处于高增长率、低市场占有率象限内的产品群。这类业务，通常处于最差的现金流量状态，一方面，所在行业的市场增长率高，企业需要大量的投资支持其生产经营活动；另一方面，其相对份额低，说明在市场营销上存在问题。因此，企业在对"问题"业务的进一步投资上需要进行分析，判断时要涉及"明星"业务所需要的投资量，分析其未来赢利，研究是否值得投资等问题。例如，在产品生命周期中处于引进期、因种种原因未能开拓市场局面的新产品即属此类问题的产品。

（4）瘦狗类（dog）：也称衰退类产品，是处在低增长率、低市场占有率象限内的产品群。这类业务处于饱和的市场当中，竞争激烈，可获利润很低，处于保本或亏损状态，负债比率高，不能成为企业资金的来源。如果这类经营业务能自我维持，则应缩小经营范围，加强内部管理；如果这类经营业务已经彻底失败，企业应及早采取措施清理业务或退出经营。

必须注意，上述四类产品在矩阵图中的位置不是固定不变的，任何产品都有其生命周期，随着时间推移，这四类产品在矩阵图中的位置往往会发生变化。例如，最初处于问题类的战略业务单位如果经营成功，就会转入明星类；随着市场增长率降到 10% 以下，又会从明星类转入金牛类；最后，到产品的衰落期，产品销售额下降，又会从金牛类转入瘦狗类。

### 2.3.4 业务单位的投资战略选择

在对各战略业务单位进行分析之后，企业应着手制定业务投资组合计划，确定对各个业务单位的投资战略，可供选择的战略有以下四种。

（1）拓展战略。拓展战略是要设法提高战略业务单位的市场占有率，必要时可放弃短期利润。拓展战略适用于问题类中有希望转为明星类的业务单位。对问题类中可能会成为明星类的产品进行重点投资，积极扩大经济规模和市场机会，以长远利益为目标，提高市场占有率，使之转变成明星产品。

（2）维持战略。维持战略在于维持战略业务单位现有的市场占有率。维持战略适用于金牛类，目的是使其继续为企业提供大量现金流。

（3）收割战略。收割战略在于增加战略业务单位短期现金收入，而不管其长期效果。收割战略主要适用于金牛类中没有前途的业务单位，这些业务单位市场占有率的下跌已成不可阻挡之势，因此可采用收割战略，即所投入资源以达到短期收益最大化为原则，把设备投资和其他投资尽量压缩，采用榨油式方法，争取在短时间内获取更多利润，为其他产品提供资金。收割战略也适用于部分无力发展的问题类和没有市场前景的瘦狗类业务单位。

（4）放弃战略。放弃战略就是变卖和处理某些业务单位，以便使企业资源转移到那些赢利业务单位上。放弃战略适用于那些给企业造成很大资金负担又没有发展前途的瘦狗类和问题类业务单位。

### 2.3.5 波士顿矩阵分析法的应用法则

按照波士顿矩阵分析法的原理，产品市场占有率越高，创造利润的能力越大；另一方面，销售增长率越高，为了维持其增长及扩大市场占有率所需的资金亦越多。这样可以使企业的产品结构实现产品互相支持，资金良性循环的局面。按照产品在象限内的位置及移动趋势的划分，形成了波士顿矩阵分析法的基本应用法则。

（1）第一法则：成功的月牙环。在企业所从事的事业领域内各种产品的分布若呈月牙环型，则是成功企业的象征，因为赢利大的产品不止一个，而且这些产品的销售收入都比较大，还有不少明星类产品。问题类产品和瘦狗类产品的销售量都很少。若产品结构散乱分布，说明其事业内的产品结构未规划好，企业业绩必然较差。应区别不同产品，采用不同策略。

（2）第二法则：黑球失败法则。如果在第四象限内一个产品都没有，或者即使有，其销售收入也几乎近于零，可用一个大黑球表示。该种状况显示企业没有任何赢利大的产品，说明应当对现有产品结构进行撤退、缩小的战略调整，考虑可向其他事业渗透，开发新的事业。

（3）第三法则：东北方向大吉。一个企业的产品在四个象限中的分布越是集中于东北方向，则显示该企业的产品结构中明星类产品越多，越有发展潜力；相反，产品的分布越是集中在西南角，说明瘦狗类产品数量大，说明该企业产品市场衰退，经营不成功。

（4）第四法则：踊跃移动速度法则。从每个产品的发展过程及趋势看，产品的销售增长率越高，为维持其持续增长所需资金量也相对越高；而市场占有率越大，创造利润的能力也越大，持续时间也相对长一些。按正常趋势，问题类产品经明星类产品最后进入金牛类产品阶段，标志了该产品从纯资金耗费到为企业带来效益的发展过程，但是这一趋势移动速度的快慢也影响到其所能提供的收益大小。

如果某一产品从问题产品（包括瘦狗类产品）变成现金牛类产品的移动速度太快，说明其在高投资与高利润率的明星类区域时间很短，因此对企业提供利润的可能性及持续时间都不会太长，总的贡献也不会大；但是相反，如果产品发展速度太慢，在某一象限内停留时间过长，则该产品也会很快被淘汰。

在本方法的应用中，企业经营者的任务是通过四象限法的分析，掌握产品结构的现状及预测未来市场的变化，进而有效、合理地分配企业经营资源。在产品结构调整中，企业的经营者不是在产品到了"瘦狗"阶段才考虑如何撤退，而应在"现金牛"阶段时就考虑如何使产品造成的损失最小而收益最大。

# 2.4　麦肯锡方法

麦肯锡方法是由世界著名的管理咨询公司——麦肯锡公司提出的，因为这种方法最先在美国通用电气公司（GE）得到应用，有时也被称为 GE 方法。

GE 方法建议从两个角度评价经营领域，一是行业吸引力，二是公司的相对竞争地位。这意味着企业如果进入富有吸引力的经营领域，并拥有在这些领域中获胜所需要的各种能力，就可能把握更大的发展机遇。因此，问题的关键在于如何从这两个角度对每种战略经营领域进行全面的评价，这要求管理者必须认真识别每个方面的构成因素，并将其综合成为量化的评价结果。

## 2.4.1　行业吸引力

考察行业吸引力的目的是了解一个领域是否有发展的机遇或者增加收益的潜力。

从投资的角度看，一个领域往往存在多种影响投资收益的因素，对行业吸引力的评价只能建立在对这些因素进行评价的基础上。因此，麦肯锡方法采用多指标综合评价方法，来评价每个领域的行业吸引力。

## 2.4.2　相对竞争地位

相对竞争地位评价的目的是了解企业在每个经营领域中把握发展机遇或者获取更高收益的能力。与行业吸引力评价相同，进行相对竞争地位评价时，首先要选择一组可以反映竞争地位的指标，如经营规模、销售增长率、市场占有率、技术水平、产品质量、分销网络、生产能力、单位成本、物质供应、研究与开发实绩、地理位置、人员水平、商誉等。在具体评价时，企业同样要先分配给每个指标以适当的权重和域值，然后再进行单项指标评价，经过加权平均后得到综合评价的结果。

## 2.4.3　资源配置矩阵

根据上述评价结果，企业可以使用类似于波士顿矩阵的方法，把每个战略经营领域的情况绘制在一个矩形图上，直观地反映出企业目前的经营结构。这个矩形图通常被分为九个方格，如图 2 - 7 所示。

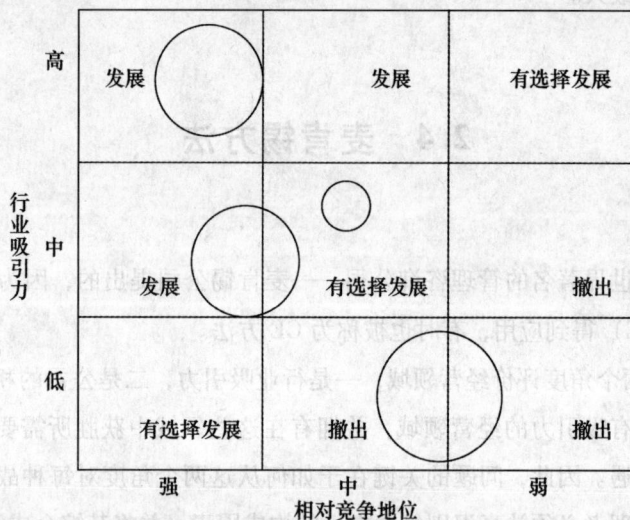

图 2 - 7　麦肯锡方法的资源配置矩阵

图中，每个圆圈代表一个战略经营领域，圆心的位置由该领域的行业吸引力和相对竞争地位的综合评价值所确定。圆圈的大小与企业在该领域中实现的销售收入的多少成比例。矩形图中的九个方格可以分为三个区域，左上角三个格子表示的是理想或较为理想的区域，企业对处于这三个格子的战略经营领域应采取发展战略，进行适当的投资和扩张；在左下角到右上角这条对角线上的三个格子表示战略经营领域的行业吸引力和相对竞争地位不能同时达到理想状态，企业对处于这三个格子的战略经营领域应该有选择地加以发展；右下角的三个格子表示不理想的区域，企业对处于这三个格子的战略经营领域，可以考虑放弃，即撤出这些经营领域。

# 2.5　利特尔方法

在美国咨询公司中，利特尔（A. D. Little）公司与麦肯锡公司、波士顿公司一样负有盛名。利特尔方法与波士顿方法和麦肯锡方法有着相似的逻辑，即通过评价企业经营领域来探寻重新配置资源的方向，然后配置资源以优化经营结构，进而提高企业的整体收益。利特尔方法是从产品生命周期和相对竞争地位两个变量来评价每个产品 – 市场领域。

## 2.5.1　产品生命周期

以产品生命周期来反映一个产品 – 市场领域的前景，是要强调在生命周期的不同阶段上，产品的市场前景和竞争地位的稳固程度并不相同。一般而言，在起步或成长阶段，不仅市场对产品的需求会继续增长，产品的竞争地位也容易发生变化；而在成熟或衰退阶段，在市场需求出现饱和或下降的同时，改变产品的竞争地位也变得更加困难。

一个产品在生命周期不同阶段的特征会从许多方面表现出来，这些特征也构成了人们判断产品所处阶段的依据，如表 2 – 3 所示。

表 2 – 3　　　　　　　　　　产品生命周期不同阶段的特征①

| 发展阶段 | 起　步 | 成　长 | 成　熟 | 衰　退 |
|---|---|---|---|---|
| 发展方式 | 创造市场机会 | 挤入或迅速扩张 | 细分或地区扩张 | 多样化、国际化 |
| 产　品 | 非标准化 | 标准化 | 差别化 | 稳定 |
| 市　场 | 地方性 | 全国性 | 国际性 | 全球性 |
| 技　术 | 不同的技术 | 标准化技术 | 技术改进 | 出现新替代技术 |
| 竞争优势 | 产品特性 | 经销能力 | 成本或质量控制 | 成本和质量控制 |
| 关键因素 | 研发工程化 | 经营 | 生产管理 | 生产管理 |
| 竞争者 | 很少 | 多 | 多 | 较少 |

① 王迎军，柳茂平编著：《战略管理》，南开大学出版社，2003 年出版，第 82 页。

## 2.5.2 相对竞争地位

对企业在一个产品 – 市场领域中的竞争地位，利特尔方法从资源供应、生产能力和销售三个方面进行评价。其中，资源供应评价用以反映企业是否在关键资源的获取上拥有优势，包括后向一体化的程度、是否有长期的优惠合同、贷款的可得性、一些资源的成本等；生产能力评价则用以反映企业是否在生产和技术环节拥有优势，包括生产规模、技术水平和生产的灵活性等；销售环节的评价则考虑企业在商誉、销售网络等方面的竞争地位。这三个方面的评价都可用定性判断的方式进行，并最终把相对竞争地位分成五个等级，即控制地位、强、中、弱、十分不利。

## 2.5.3 资源配置矩阵

与 BCG 方法相似，利特尔方法也采用矩形图直观、生动地把每个产品投影到图形中，绘制出企业的资源配置矩阵。然后，根据每个领域所处的位置，决定采用适当的战略，如图 2 – 8 所示。

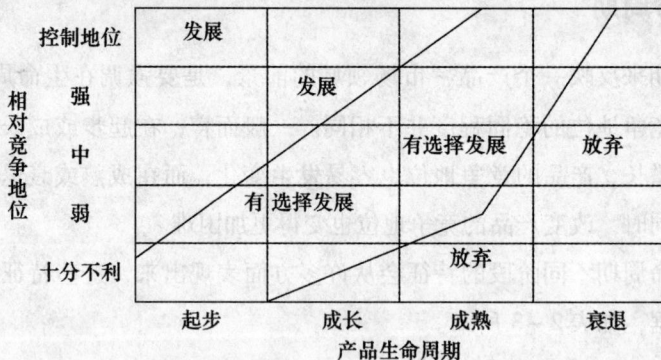

图 2 – 8　利特尔方法的资源配置矩阵

---

思考题

1. 营销环境可以划分为哪几类？分类依据是什么？

2. 企业的市场营销环境有哪些特点？

3. 用 SWOT 分析法对某企业进行分析，并结合分析结果制定相应的策略。

4. 何谓波士顿矩阵法？其优缺点是什么？

5. 试分析麦肯锡方法和利特尔方法的优缺点。

**案例讨论**

## 老福特的兴衰

美国汽车大王亨利·福特（Henry Ford, 1863—1947）是一位世界闻名的杰出人物，他对人类的贡献不仅在于他发明的汽车生产流水线使汽车生产走向了规模化，促进了汽车的普及，更在于他的生产实践推动了人们对生产方式和管理科学的研究，使管理从经验走上了科学。然而，福特也有失误之处，从而导致了福特公司的兴衰起伏。

福特曾先后于 1899 年和 1901 年与别人合伙经营汽车公司，但均因产品（高价赛车）不适合市场需要，无法销售而失败。

1903 年，福特自己创办了福特汽车公司，第一批福特汽车因实用、质优和价格合理，得到了大众的认可，业务迅速发展。1906 年，福特又重蹈覆辙，面向富有阶层推出豪华汽车，结果百姓买不起，福特车的销售量直线下降。1907 年，福特总结了过去的经验教训，及时调整了经营指导思想和经营战略，实行"薄利多销"，于是生意又魔术般回升。当时，全国经济衰退已露端倪，许多企业纷纷倒闭，唯独福特汽车公司生意兴隆，赢利 125 万美元。到 1908 年初，福特按照当时百姓（尤其是农场主）的需要，做出了明智的战略性决策：从此致力于生产规格统一、品种单一、价格低廉，大众需要而且买得起的"T 型车"，并且在实行产品标准化的基础上组织大规模生产。此后十余年，由于福特车适销对路，销售迅速增加，产品供不应求，福特在商业上获得了巨大成功，产销量最高一年达 100 万辆。到 1925 年 10 月 30 日，福特汽车公司一天就能造出 9109 辆"T 型车"，平均每 10 秒钟生产一辆。在 20 世纪 20 年代前期的几年中，福特汽车公司的纯收入高达 5 亿美元，成为当时世界上最大的汽车公司。

到 20 世纪 20 年代中期，随着美国经济增长和人们收入、生活水平的提高，形势又发生了变化。公路四通八达，路面大大改善，马车时代坎坷、泥泞的路面已经消失，消费者也开始追求时髦。可是，简陋而千篇一律的"T 型车"虽价廉，但已不能招徕顾客，因此福特"T 型车"的销量开始下降。

面对现实，福特仍自以为是，一意孤行，坚持其经营观念，置顾客需要的变化于不顾，正如他宣称："无论你需要什么颜色的汽车，我福特只有黑色的（卖给你）。"1922 年，他在公司推销员全国年会上听到关于"T 型车"需要根本改进的呼吁后，静坐了两个小时，然后说：

"先生们，根据我看，福特车的唯一缺点是我们生产得还不够快。"就在福特固守他那种陈旧观念和廉价战略的时候，通用汽车公司（GM）却时时刻刻注视着市场的动向，并发现了良机，意识到有机可乘，及时地做出了适当的战略性决策：适应市场需要，坚持不断创新，增加一些新的颜色和式样的汽车（即使因此须相应提高销售价格）上市。于是"雪佛兰"车开始排挤"T型车"。1926年"T型车"销量陡降。到1927年5月，福特不得不停止生产"T型车"，改产"A型车"。这次改产，福特公司不仅耗资1亿美元，而且这期间通用汽车公司乘虚而入，占领了福特车市场的大量份额，致使福特汽车公司的生意陷入低谷。后来，福特公司虽力挽狂澜，走出了困境，但也从此失去了美国车坛霸主地位。

【问题】

1. 福特"T型车"大获成功的秘诀是什么？
2. 福特汽车公司20世纪20年代末衰败的原因是什么？
2. 当前，汽车行业的营销环境发生了哪些变化？

资料来源：http://jtx.hcvt.cn/kecheng/jpkc/download/qiying/anli/08_huanjing.doc

# 第 *3* 章
# 消费者行为分析

## 知识结构图

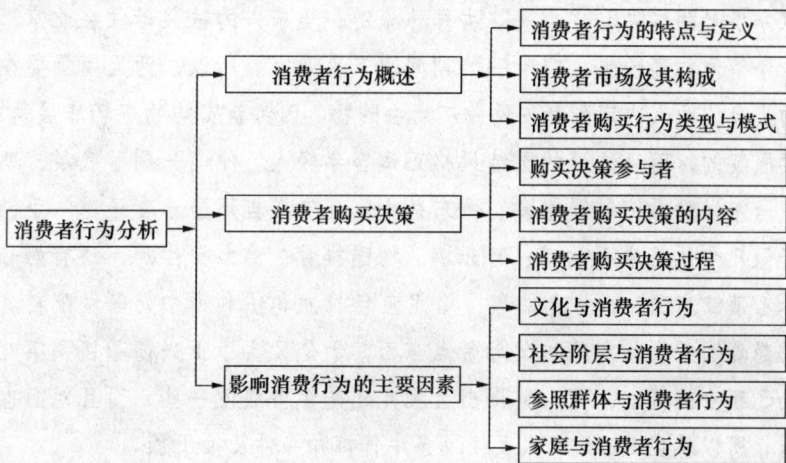

```
                              ┌─────────────────────┐
                         ┌───→│ 消费者行为的特点与定义 │
            ┌──────────┐ │    ├─────────────────────┤
         ┌─→│ 消费者行为概述 ├─┼───→│ 消费者市场及其构成    │
         │  └──────────┘ │    ├─────────────────────┤
         │               └───→│ 消费者购买行为类型与模式│
         │                    └─────────────────────┘
         │                    ┌─────────────────────┐
         │               ┌───→│ 购买决策参与者        │
┌──────────┐│    ┌──────────┐ │    ├─────────────────────┤
│消费者行为分析├┼──→│ 消费者购买决策 ├─┼───→│ 消费者购买决策的内容  │
└──────────┘│    └──────────┘ │    ├─────────────────────┤
         │               └───→│ 消费者购买决策过程    │
         │                    └─────────────────────┘
         │                    ┌─────────────────────┐
         │               ┌───→│ 文化与消费者行为      │
         │  ┌──────────────┐│    ├─────────────────────┤
         └─→│影响消费行为的主要因素├┼──→│ 社会阶层与消费者行为  │
            └──────────────┘│    ├─────────────────────┤
                            ├───→│ 参照群体与消费者行为  │
                            │    ├─────────────────────┤
                            └───→│ 家庭与消费者行为      │
                                 └─────────────────────┘
```

## 本章导读

在人的一生中，要消费许许多多的物质和非物质产品。对这些产品的消费，有的是基于生理的需要，即为了维持自身生存、繁衍后代所必需，有的则是基于享受、发展等社会性需要。基于生理需要的消费是一种本能性消费，它是人类全部消费活动的基础；基于享受、发展需要的消费，则是一种社会性消费，它源于但又高于本能性消费。随着社会经济的发展，无论是本能性消费，还是社会性消费，其消费对象越来越丰富多彩，由此使消费者在消费过程中得以更充分地体现自己的个性。本章主要讲述消费者行为的概念、特点、类型，消费者购买决策的内容与过程，以及影响消费者行为的主要因素。其中，消费营销因素为本章学习重点。

## 消费者马东兴的故事

　　马东兴总结完了他所承担项目的所有资料，长长地吁了一口气，他终于可以放松地享受一下"十一"黄金周的美好时光了。在和同事们互道"假期快乐"之后，他走出了办公室。虽然他和妻子刚刚大学毕业4年，但他们已共同贷款买下了他们的第一辆KIA"千里马"车。他准备早点去妻子所在的大学接她。妻子是位大学英语教师，而且她的生日正好是十月一号。平时他总是很忙，因为自己所在的电脑公司平时接的项目比较多，有时还不得不加班。而且作为一名技术主管，他付出的努力和承担的责任自然要比别人更多一些。因此，他觉得既然闲下来了，就应该好好地陪陪妻子。

　　马东兴和妻子都是家里的独生子。马东兴的父母住在杭州，每年"十一"或"五一"都来看他们，但今年老两口决定"十一"去桂林旅游；马东兴的岳父母住在北京，离他们的住地天津不远，今年他和妻子想在"十一"期间驱车去北京。所以，两人商量要在今晚提前庆祝一下妻子的生日。两人决定到新安购物广场去购物。因为新安购物广场底层是家乐福超市，上面几层是卖服装的，而且这里的服装风格正适合年轻人。他们先到了底层，妻子最爱喝康师傅冰红茶，马东兴爱喝统一鲜橙多。马东兴决定今晚亲自下厨给妻子露一手，而且他早想好了要为妻子做几个他最拿手的菜：可乐鸡、糖醋排骨、鸭血粉丝汤，还有奶昔蛋糕。他购置了非常可乐、镇江米醋、太太乐鸡精、金龙鱼色拉油和伊利鲜牛奶等做配料。从超市出来之后，两人又想着明天去北京给岳父母带点东西，于是又去了正兴德茶庄买茶叶，岳父最爱喝碧螺春。到了新安的楼上，两人觉得出去玩儿还是穿得随便一些，而且他们也都很喜欢休闲风格的衣服，所以就在Esprit每人买了一条牛仔裤和一件长袖T恤。

　　从案例中我们能够看出，每个消费者每天都在消费，购买时都在做出品牌选择。这些就发生在我们之中，就发生在我们周围。人们的行为可以比喻为海上露出的冰山一角，冰山的90%在海水下面，只有10%露出在海面上。影响消费者行为的大部分因素也被埋在消费者心理深处。因此，理解和把握消费者行为的难度很大，只有通过科学而客观的方法，才能观察和解释消费者行为。

# 3.1  消费者行为概述

## 3.1.1  消费者行为的特点与定义

**1. 消费者行为的特点**

消费生活是由人们获取、使用、处置消费物品或服务的行为来构成的。人们的消费生活可分为宏观的消费生活和微观的消费生活。

从宏观的角度来看，消费生活直接关系到整个社会经济发展所需要的资源配置。例如，在总收入中消费支出占多少比重，为未来的生活储蓄多少，在消费总支出中对哪些产品的消费支出最多等，都是从宏观的角度要分析和把握的问题。

消费生活是市场经济活动的基础。也就是说，消费通过生产为企业带来利润，为人们提供就业机会和收入。所以，人们的消费方式的变化直接影响企业的经营方向、社会就业水平、物价水平、利率、外汇比率等。

并且，消费生活与生活方式有密切的关系。人们消费的产品是各种属性（attribute）的组合，既有与效用或解决问题相关的实用性，又有表现社会地位或归属的象征性。所以，消费生活是整个生活方式的一部分。消费生活包含以下四个方面的内容。

（1）社会关系。消费生活不仅反映单纯的个人生活，而且也反映一定的社会关系。因为在消费过程中，人们与他人发生一定的社会关系，所以消费生活就是个人消费与社会消费的结合。

（2）产品使用范围。消费生活规定产品使用者的范围，即规定个人消费与共同消费的范围。例如，衣服、学习用品等是个人消费的产品，而家具、电视等是家庭成员共同消费的产品，公园、博物馆等是社会成员共同消费的设施。

（3）参与程度。参与程度是指消费者自己参与产品开发与生产的程度。例如，想要购买书柜的消费者可以购买现成的书柜，或者可以自己设计后到生产厂家订做。

（4）人的活动程度。人的活动程度是指在消费过程中人的活动程度。例如，收看电视节目的时候人们的活动是被动的，但打网球的时候是非常主动和活跃的。

从微观角度来看，个人消费生活实际上是一种选择性的行为。也就是说，我们每个人购买、使用、使用后处置产品的整个行为过程，都带有选择性。

从微观的角度来看，消费者行为具有以下特点：

第一，消费者行为是满足需要或欲望的手段性行为。人的需要是人们感到某些基本满足被剥夺的状态。人为了生存，需要食物、衣服、房屋、安全感、尊重和其他一些东西。这些需要是存在于人本身的生理需要和自身状态之中，绝不是市场营销者所能凭空创造的。欲望是人们为了满足基本需要所渴望的"特定方式"或"特定物"。人的欲望的形成往往受他所处的生活环境的影响。比如，南方人饥饿时希望有米饭充饥，而北方人则希望有面条充饥；对社会地位有强烈欲望的消费者希望得到高级豪华的进口车——奔驰车或者林肯车；等等。为满足这些需要和欲望，消费者就得使用资金、消耗时间、做出努力等，并且消费者个人的消费生活反映个人的、社会的整体感。满足消费者需要或欲望的"有形"的实物或"无形"的服务、构思，就是产品。

第二，消费者行为是心理活动过程的产物。消费者一般在市场上获得满足其需要或欲望的产品，而市场上的产品并不只有一种。在能满足消费者需要的产品中，消费者只选择其中的一个或几个。消费者的这些选择性行为是在一定的动机驱动下形成的，即要经过一系列的心理活动过程。心理活动过程包括思考（认知）过程和情感（感性）过程。在选择性行为过程中，消费者不仅受产品实用性方面（客观的功能）的刺激，而且还受象征性方面（主观的象征物）的影响。另外，消费者行为还受到自然环境或社会环境的影响。也就是说，每个消费者所处的环境不同，其心理活动过程也是不同的。

第三，消费者行为是一个过程。在消费者行为研究发展的早期，它通常指的是购买者行为，强调的是在购买时消费者和生产者之间的互相影响。现在企业已认识到消费者行为是一种持续的过程，而不单单是在一个消费者支付金钱或使用信用卡而得到一些商品或服务的那一时刻所发生的事情。

两个或两个以上的组织或个人互相提供和取得有价值的东西的交换行为是营销活动不可或缺的一部分。虽然交换仍然是消费者行为的一个重要部分，但广义的消费者行为注重的是整个消费过程，包括在购买前、购买时、购买后（使用和处置）影响消费者的所有问题。图3－1列示的是在消费过程的每个步骤所应注意的关键问题。

第四，消费者的需求是通过交换过程实现的。交换是以提供某物作为回报而与他人换取所需要的产品的行为。人们参与交换的目的在于提高自己所拥有的资源的总效用。企业所提供的产品，对企业本身来说没有多大的价值，但是消费者一旦拥有这些产品，其价值就增大了。消费者通过产品满足自己的需要或欲望，从而增加总效用。企业向消费者提供生活手段，从而获得利益、增加总效用。

|  | 消费者角度 | 企业角度 |
|---|---|---|
| 购买前的关键问题 | 消费者如何决定他是否需要的一种产品<br><br>获得备选产品的信息资料的最好来源是什么 | 消费者对产品的看法是如何形成和改变的<br><br>消费者使用哪些线索来判断产品优劣 |
| 购买时的关键问题 | 取得一件产品的感受是紧张的还是愉悦的<br><br>购买对消费者意味着什么 | 时间紧迫或商店陈列等如何影响消费者的购买决策 |
| 购买后的关键问题 | 产品提供了欢乐、发挥了应有的作用了吗<br><br>最后如何处置产品,这种行为对环保有什么影响 | 决定消费者对一种产品是否满意和他是否会继续购买的因素是什么<br><br>这个人会告诉别人他对该产品的体验并会影响他们的购买决策吗 |

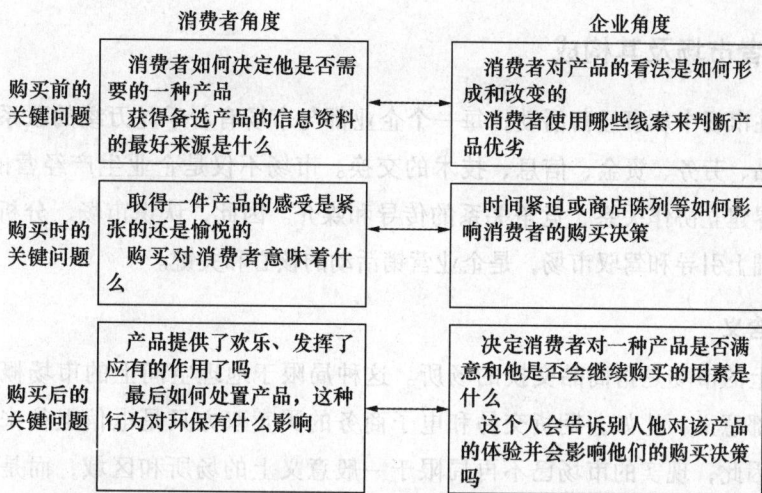

**图 3-1　消费过程各个阶段出现的一些关键问题**

第五,消费者行为包括许多不同的参与者。一般认为,消费者是在消费过程的购买前、购买时、购买后三个阶段中,确定一种需求或欲望,做出购买决策,然后处置产品的人。然而在许多情况下,这个过程会牵涉许多不同的人。产品的购买者和使用者可能并不是一个人,如父母为其十几岁的孩子选择服装(选择的结果可能在孩子眼里是"土里土气的")。在其他一些情况下,可能会有另一些人扮演影响者的角色,他们向消费者提出对某种产品的赞成或反对意见,而实际上自己并不去购买或使用。

第六,消费者可分为个人消费者(individual consumer)和组织消费者(organizational consumer)。消费者一般指的是个人消费者,即为满足自己的需要或欲望而购买、使用、处置产品。消费者又是一个组织或团体,其中的一个人可以为许多人所使用的商品做出购买决策,如一个采购员定购公司的办公用品。在其他的组织形态中,购买决策可能由一群人共同做出,如公司的会计师、设计师、工程师、销售人员以及其他人员在消费过程的各个阶段都发表意见。家庭也是一种重要的组织消费者,在家庭购买决策过程中,不同的家庭成员扮演着各自不同的角色。

**2. 消费者行为的定义**

根据消费行为的上述特点,我们对消费者行为做出了以下定义:

所谓消费者行为,是指作为决策单位的消费者通过交换,为实现其一定目的而购买、使用、处置产品或服务的一系列行为。

消费者行为研究的目的就是分析影响人们消费行为的各种因素之间的因果关系,从而理解、解释以及预测消费者行为。

## 3.1.2 消费者市场及其构成

现代企业在市场中从事经营活动，每一个企业都与市场有着千丝万缕的联系，要通过市场不断地进行商品、劳务、资金、信息、技术的交换。市场不仅是企业生产经营的起点和重点，也是企业与外界建立协作关系、竞争关系的传导和媒介。因此，认识市场、分析市场、适应市场，并在此基础上引导和驾驭市场，是企业营销活动的核心和关键。

### 1. 市场的含义

传统意义上的市场是指商品交换的场所。这种局限于地理空间上的市场概念已无法表达现代市场的全部意义。比如，期货交易和电子商务的买卖双方只是电信上往来，而参与者遍及世界各地。因此，现实的市场已不再局限于一般意义上的场所和区域，而是具有超时空的性质。

营销学对市场的独特定义为：市场是对某项商品或劳务具有未满足需求的所有现实的和潜在的购买者的集合。比如，"中国是个大市场"，并不是指地理区域上的大小，而是说明中国的市场需求量很大，包括现实的需求和潜在的需求。从市场营销学的观点来看，这层含义的市场就是消费群的概念，是从商品生产、经营者的角度提出来的，是市场营销学特别强调的。现代市场营销学是从卖方角度来研究买方市场的。

### 2. 市场的构成

一个现实有效的市场，需要具备人口、购买力和购买欲望三个要素，这三个要素是相互联系、相互制约，又互为条件的。三者的关系可以用简单的公式概括如下：

$$市场 = 人口 + 购买力 + 购买欲望$$

人口是构成市场的基本要素。哪里有人，有消费者群，哪里就有市场。一个国家和地区的人口多少，是决定市场大小的基本前提。

购买力是人们购买商品或服务的货币支付能力，是构成市场的物质基础。购买力的高低由购买者收入的多少来决定。一般来说，人们的收入多，购买力就高，市场的需求也大；反之，市场就小。

购买欲望是消费者购买商品或服务的动机、愿望和要求。它是消费者把潜在的购买能力变为现实的购买行为的重要条件。

这三个要素只有结合起来，才能构成现实有效的市场，才能决定某一市场的规模和需求量。市场除了有购买力和购买欲望的现实购买者外，还包括暂时没有购买力或购买欲望的潜在购买者。如果有人口、购买力而无购买欲望，或是有人口、购买欲望而没有购买力，都形不成现实的有效市场，它们只能是潜在市场。而一旦条件有了变化，或是收入提高有了购买力时，或是受宣传介绍及其他因素的影响产生了购买欲望时，潜在的需求就会变为现实的需求，潜在市场就会转变为现实市场。对企业来说，明确自己现实的和潜在的市场，以及市场需求量的大小，对正确制定生产和营销决策具有重要意义。

**3. 消费者市场的含义**

市场按照不同的分类方法可分为多种类型。市场营销学根据购买者的不同，将市场划分为两大类：个人消费者市场和组织市场。这两类市场分别由不同的购买者组成，并需求及购买行为也相差甚远。

组织市场，是指为维持经营活动，对产品进行再加工、转售，或向社会提供服务的工商企业、政府机构及各种社会团体。组织市场通常又可进一步分为产业市场、中间商市场和政府市场三类。产业市场是最常见而且也非常重要的一部分，它包括各种生产和服务行业的企业，如农业、林业、矿产业、制造业、建筑业、通信业、公用事业、银行、保险及其他服务性产业。

消费者需求是人类社会的原生需求，产业市场需求、中间商市场需求及政府市场需求都由此派生而来。因此，消费者市场从根本上决定其他所有市场。

消费者市场是指个人及家庭为满足生活消费而购买商品或服务的市场，又称消费品市场、生活资料市场和最终产品市场。它是企业乃至整个经济活动为之服务的最终市场。

从消费者市场定义可以看出：①消费者市场由最终消费者构成；②消费者购买商品或劳务的目的是为了满足个人或家庭的生活消费需要。

**4. 消费者市场的购买对象**

消费者市场的购买对象即消费品，是最终消费者用于个人或家庭消费的产品。消费者市场涉及的范围十分广泛，包括吃、穿、用、住、行等各个方面，因而，消费品的种类成千上万。市场营销学根据消费者购买习惯的差异，将消费品划分为以下三类。

（1）便利品。便利品是指消费者经常使用、随时购买、购买时不花什么精力去比较的产品。如调味品、纸巾、家庭常用的一般性药品、烟酒等日用品，这些产品价格低廉，消耗快，不同品种或品牌之间差别甚微，且消费者一般都比较熟悉。所以，购买时一般不需做太多选择，以方便买到为宗旨。

（2）选购品。选购品是指消费者要经过挑选，并对其适用性、质量、规格、价格、式样等做比较后，才决定购买的消费品。如耐用消费品、服装、家具、手表等。选购品的价格较高，一次购买后使用时间较长，不同品种、品牌之间差异较大。因而消费者购买时，往往会跑多家商店、花较多时间进行比较，然后才做出购买决策。

（3）特殊品。特殊品是指那些具有独特的品质、造型、工艺等特性，或品牌为消费者所偏爱的产品。如钢琴、名牌服装、高级音响设备等。特殊品由于受到消费者的偏爱，消费者习惯上愿意多花时间和精力去购买，往往不计代价，以获取为最后的目的。

经营不同商品的企业，可以根据不同的消费品采取不同的营销策略。如经营便利品，最重要的是分销渠道要宽、货源要充足，以保证消费者方便买到所需商品；经营选购品，则要注重增加花色、品种，让消费者有充分的选择余地，并为他们了解商品的质量、性能和特色提供方便，促使其放心地做出购买决策。

## 3.1.3　消费者购买行为的类型和模式

### 1. 消费者购买行为的类型

消费者购买行为除了受购买动机的支配外，在实际购买过程中，还会受购买者个性特点、产品特性、购买环境等因素的影响。因而，消费者的购买行为也多种多样，可以从不同角度划分为不同类型。

（1）根据消费者购买行为的复杂程度和购买决策风险的大小，可分为复杂性购买行为、选择性购买行为和简单性购买行为。

复杂性购买行为也叫探究性购买，是指消费者对自己需要的商品一无所知，既不了解性能、牌号、特点，又不清楚选择标准和使用、养护方法。一般指消费者认知度较低、价格昂贵、购买频率不高的大件耐用消费品。此类消费品的购买决策风险比较大，需要收集比较多的信息，所以购买行为就比较复杂。此时，企业要突出宣传商品的特点，使消费者在普遍了解大类商品的基础上，建立起对某具体牌号商品的信心，并进行购买。

选择性购买行为的复杂程度介于复杂性和简单性购买行为之间。该购买行为是针对那些同样是价格比较昂贵、有较大的购买决策风险，但消费者比较熟悉的商品，购买决策时无需再对商品的专业知识做进一步的了解，而只要对商品的价格、购买地点以及各种款式进行比较选择就可以了。对此，企业应当适时地传达有关新牌号商品的信息，增加顾客对新产品的了解和信任感，促使其下决心购买，并使其购买后感到满意。

简单性购买行为也叫经常性的购买，是一种简单的、频度高的购买行为，购买的对象是价格低廉、经常使用的商品。对于此类消费品，消费者不会花费很大的精力去进行研究和决策，而常常会抱着"不妨买来试一试"的心态进行购买，所以购买的决策过程相对比较简单。此时，企业应保证质量和一定的存货水平，同时研究消费偏好，加强诱导。

（2）根据消费者的购买态度和个性特点，可分为习惯性购买行为、理智性购买行为、经济性购买行为、冲动性购买行为、疑虑性购买行为和感情性购买行为。

习惯性购买行为，是指消费者对于某些比较熟悉而价格又比较低廉的产品，会根据购买经验和购买习惯反复购买的行为，即不加思考地购买自己惯用的品种、品牌和型号。若无新的、强有力的外部吸引力，消费者一般不会轻易改变其固有的购买方式。营销者应该以优惠的价格、强有力的宣传、良好的质量来扩大自己产品的影响力，使其成为消费者偏爱和习惯购买的对象。

理智性购买行为，是指消费者经过冷静的思考、认真地比较后才决定采取购买行动的购买行为。理智性的购买者非常重视商品的质量、性能、价格和实用性等，购买时往往对商品反复比较，权衡利弊，很少受广告宣传或他人的影响。

经济性购买行为，是指消费者十分重视商品的价格，喜欢买便宜的商品，只要实用，至于式样、包装等不一定太讲究的购买行为。营销者应该生产或经营一些经济实惠的品种，满足此类消费者的需求。

冲动性购买行为，是指消费者在商品的外观、售货员的推荐、其他顾客的态度、广告宣传等因素的影响刺激下，临时做出购买决策的行为。这种购买行为易受外界因素的影响，对这类消费者，营销者应采取临时减价、独特包装、现场表演、商品展销会等促成顾客的冲动购买。

疑虑性购买行为，是指消费者具有内倾性的心理特征，善于观察细小事物，在选购商品时小心谨慎、疑虑重重、动作缓慢、费时较多的购买行为。对这类消费者，需要热情服务，耐心介绍商品知识，以促使其发生购买行为。

感情性购买行为，是指消费者具有丰富的想象力，情感体验深刻，审美感比较灵敏，很注意商品的造型、色彩、命名，以是否符合自己的感情色彩来确定是否购买的行为。针对这类消费者，企业应尽可能注重商品外观、品质、特征等方面的宣传，以符合其感情需求。

**2. 消费者购买行为的模式**

每个消费者的购买行为是有差异的，但千差万别的购买行为背后，实际上也存在着某些相似的行为。任何消费者的购买行为都脱离不了人类行为的一般模式，即 S－O－R 模式。这里的"S"代表刺激（stimulate），"O"代表刺激对象（object）的生理、心理特征，"R"代表反应（reaction）。也就是说，个体通过刺激，经过心理活动，最后产生反应。我们把消费者普遍采用的购买行为方式称为消费者购买行为的一般模式。刺激－反应模式可以体现消费者购买行为的发生过程，如图 3－2 所示。

| 外界刺激 | | 购买者的意识 | | 购买者的决策 |
|---|---|---|---|---|
| 营销因素 | 环境因素 | 购买者特征 | 购买决策过程 | 产品选择<br>品牌选择<br>经销商选择<br>购买时间选择<br>购买数量选择 |
| 产品<br>价格<br>分销<br>促销 | 经济<br>技术<br>政治<br>文化 | 文化<br>社会<br>个人<br>心理 | 引起需求<br>收集信息<br>评估方案<br>做出决策 | |

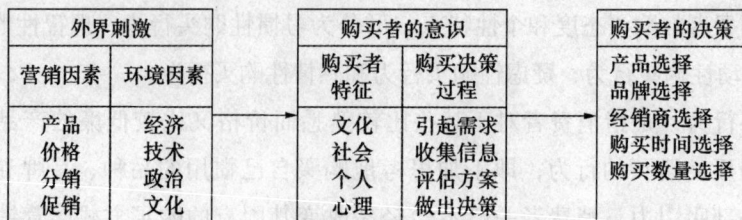

**图 3 – 2　消费者购买行为的一般模式**

这一模式表明，购买行为的发生首先由外界刺激引起。这种刺激包括两种：一是企业所能控制的营销因素，即产品、价格、分销、促销对消费者产生的刺激；二是企业不能控制的宏观环境因素，即经济、技术、政治、文化对消费者的刺激。这些刺激进入消费者的意识领域后，基于不同的个人特征，消费者在思想意识里做出购买决策，然后发生相应购买行为。

消费者购买行为的一般模式，是企业营销部门制定营销计划、扩大商品销售的依据。企业营销人员就是要探究外界刺激进入消费者思想意识领域后，消费者会做出何种反应并影响其购买决策，从而明确消费者购买行为的形成过程，然后根据本企业的特点，自如地运用刺激 – 反应模式，向消费者进行适宜的"刺激"，达到营销目的。

## 3.2　消费者购买决策

决策（decision-making），从词义上讲，就是指从思维到做出决定的过程，或者叫决定或决断。一般将决策可解释为：人们为达到某一预定目标，经过充分思考或逻辑推理，来对几种可能采取的方案做出合理的选择的过程。即对几种方案做出合理的选择，以达到最佳效果的过程，或者是有目的地解决问题（problem solving）的过程。

消费者一般通过对产品的购买、使用、处置的决策来解决消费问题。消费者的购买决策过程是把焦点放在方案选择上的解决问题的过程。解决问题是指在充分思考和逻辑推理的基础上达到满足需要这一预定目标的行为。满足需要的目标，包括效用性需要和快乐性需要。消费者在效用性需要的支配下解决问题时比较注重产品所提供的功能或实际利益，这种解决问题的方式叫理性的购买决策过程。消费者在快乐性需要的支配下解决问题时一般维持或强化自我意识或者注重产品所提供的快乐性的利益，这种解决问题的方式叫感性的购买决策过程。所以，消费者的购买决策过程一般包括理性的购买决策过程和感性的购买决策过程。这些解决问题是目标指向性的。也就是说，消费者做出购买决策时一般有满足需要的具体目标。消费者为达到具体的满足需要的目标，就要经过心理活动过程，做出一系列的行为，并在这些过程中进行思考或感觉。

## 3.2.1　购买决策参与者

一个购买决策的形成，是由多个人共同参与做出的。一般来说，参与购买决策的成员大体可分为五种主要角色。

（1）发起者，即最先建议或想到购买某种产品或服务的人。

（2）影响者，即其看法或建议对最终购买决定有相当影响的人。

（3）决策者，即对是否购买、怎样购买有权进行最终决定的人。

（4）购买者，即进行实际购买的人。

（5）使用者，即实际使用或消费所购买产品或服务的人。

认识购买决策的参与者及其可能充当的角色，对企业营销活动具有十分重要的意义。一方面，企业可根据各种不同角色在购买决策过程中的作用，有的放矢地按一定的程序分别进行营销活动；另一方面，也必须注意到某些商品的购买决策中的角色错位，如男式的内衣、剃须刀等生活用品会由妻子决策和采购；儿童玩具的选购，家长的意愿占了主导地位。这样才能找到准确的营销对象，提高营销活动的效果。

## 3.2.2　消费者购买决策的内容

消费者在决策过程中所要解决的问题，主要是在最便利的条件下选购到最符合个人需要的产品。因此，不同消费者的购买决策主要有以下六个方面内容，可以简单地概括为"5W1H"。

（1）为什么购买（why），即购买目的和购买动机。消费者购买主要是由其购买动机引起的。购买动机是多种多样的，对同一种产品，不同的人会有不同的购买动机；即使同一个人也可能由于环境等变化会产生不同的购买动机。

（2）购买什么（what），即确定购买对象。这是购买决策最基本的内容。满足消费者同一需求的产品是多种多样的，消费者确定购买对象不止是确定要购买的产品类别，还包括要购买的产品的品牌、型号、价格等。

（3）在哪儿购买（where），即确定购买地点。消费者购买地点的选择受很多因素的影响，如以往的购买经验、购买习惯、惠顾动机、个人偏好以及求便、求廉、求速等动机影响。消费者也会因购买不同类别的产品而选择不同的购买地点。

（4）什么时间购买（when），即确定购买时间。消费者购买时间的确定同样受很多因素的影响，如消费者的闲暇时间、促销活动等，其中最主要的是满足其需要的迫切性大小。如果消费者急需某种商品，就会很快进行购买，以解决自己的不安和紧张。另外，对于不同商品，消费者购买的时间常常是不同的。企业要通过有针对性的营销活动，一方面，让消费者产生购买的迫切感，使其尽快实现购买行为；另一方面，注意了解消费者购买商品的时间习惯和规律，以便适时满足消费需求。

（5）谁来购买（who），即确定购买者。消费者购买的商品并非都是自己使用，同样，消费者使用的商品也并非都是自己购买。一项已经决定了具体购买目标、时间、地点的购买决策，可能会因购买人的不同而使决策在执行过程中发生某些变化。因此，对参与购买决策的人员特别是购买者进行分析，有利于企业有针对性地制定营销策略。

（6）如何购买（how），即确定购买方式。如何购买主要是消费者购买商品时的货币支付方式和获得产品所有权的方式，如现金结算、赊销、邮购、网上订购等。消费者如何购买，受个性、职业、年龄、性别等若干因素的制约，企业必须通过市场调研，了解消费者的购买动机、消费需求及流行趋势等，制定并采用有效的营销策略。

### 3.2.3　消费者购买决策过程

消费者购买决策过程，就是消费者在特定心理驱动下，按照一定程序发生的心理和行为过程。这一过程在实际购买前就已经开始，一直延续到购买行为之后，是一个动态的系列过程。因此，企业不能仅仅着眼于"决定购买"阶段，而要调查研究和了解消费者购买过程的各个阶段。

消费者购买决策过程一般分为五个阶段。如图 3 - 3 所示。

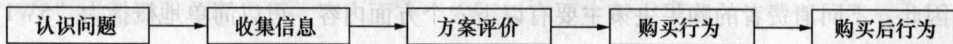

| 认识问题 | → | 收集信息 | → | 方案评价 | → | 购买行为 | → | 购买后行为 |

**图 3 - 3　消费者购买决策过程**

认识问题阶段是认识某种欲望（需求）的过程，如果对问题的认识非常强烈的话，就转到搜寻信息阶段。在搜寻信息阶段，为找到解决所认识到的消费问题的方法，消费者会从记忆里提取信息（内部搜寻），或者从外部搜寻相关信息（外部搜寻）。在一定程度上获得解决问题的方法以后，消费者会识别方案，评价各种不同方案，然后选择自己喜欢的并可行的方案。在购买阶段，按照所选择的方案购买产品。购买产品以后，消费者在使用或消费产品的过程中又评价自己的欲望或期望的满意程度。为分析这些消费者的购买决策过程，从而制定具体的市场营销战略计划，需要明确把握表 3 - 1 所示的问题。

| 表 3 - 1 | 分析消费者购买决策过程的主要问题 |
|---|---|

**1. 动机与欲望的认识**

以产品的购买与使用来满足哪些需求或动机?（就是说，消费者追求哪些利益?）

消费者的这些需求是潜在的需求还是激活的需求?

目标市场的消费者以何种程度卷入产品?

**2. 搜寻信息**

哪些产品或品牌的信息储存到潜在消费者的记忆里?

消费者是否具有搜寻外部信息的动机或意图?

消费者搜寻有关购买信息时利用哪些信息来源?

消费者所要获得的信息是产品的哪些属性方面的信息?

**3. 方案评价**

消费者评价或比较购买方案的努力程度如何?

在消费者评价对象中包括哪些品牌?

消费者为评价方案利用了哪些评价标准?

哪些评价标准最突出?

评价的复杂程度如何?（是利用单一的标准还是利用复合的标准?）

以哪些类型的决定方法来选择最佳方案?

在评价项目中哪些项目最突出?

评价的复杂程度如何?

对各方案的结果如何?

是否相信各方案的特征或特性是事实?

对各方案的主要特性的认知程度如何?

对各方案的购买或使用持哪些态度?

购买意图如何? 这些购买意图能否变成现实?

**4. 购买**

消费者为自己所选择的方案是否付出时间或努力?

有没有与商店（购买场所）有关的追加的决策?

偏好哪些类型的商店?

**5. 购买后结果**

是否满意方案，满意程度如何?

有没有满意/不满意的特殊理由?

其他消费者也是否感觉到类似满意/不满意?

消费者如何缓和或解决不满意?

有没有再购买的意图?

如果没有，其理由是什么?

如果有，那么这些购买意图里是否反映品牌的忠诚度或习惯?

资料来源：Engel, James F., Roger D. Blackwell, and Paull W. Minianrd, Consumer Behavior, The Dryden Press, Chicago, 1996, p. 473.

# 3.3 影响消费者购买行为的主要因素

在实际的消费活动中，真正了解和把握消费者的行为是困难的。因为消费者采取购买行动时，往往带有很大的盲目性。例如，从百货商场买回一件衣服，仅仅是因为在打折；在一家连锁店买回一大堆熟食，是看到别人都在买。而且，消费者因性别、年龄、职业、兴趣爱好等方面的不同，而在消费行为上存在着很大的差异。每一个人的行为也经常处在不断的变化之中，很难做出预测。

但是，消费者的消费行为还是有规律可循的。不同消费者在购买同类商品时的需求有所不同，问题在于消费者各方面的特征怎样影响他们的行为。归纳起来，消费者的购买行为主要受到文化因素、社会因素、个人因素、心理因素的影响。

## 3.3.1 文化与消费行为

**阅读材料3-1** 凯洛格公司的跨文化营销

按照美国的标准，巴西在早餐谷物类食品和其他早餐食品方面蕴藏着巨大商机。巴西有约1.5亿人口，年龄分布似乎也显示早餐麦片消费潜力巨大，因为20岁以下的人口占总人口的48%。另外，巴西的人均收入也足够使人们在早餐时享用食用起来十分方便的谷物食品。在评估这个市场时，凯洛格公司（Kellogg）还注意到一个引人注目的有利因素——几乎没有任何直接的竞争。

令人沮丧的是，缺乏竞争是源于巴西人不习惯美国式的早餐。因此，凯洛格公司及其广告代理商智威汤逊公司（J. Walter Thompson）面临的最主要的营销任务是如何改变巴西人的早餐习惯。

在巴西热播的一个电视连续剧叫《Novelas》，凯洛格决定在这个节目里插播广告。广告画面是一个小男孩津津有味地吃着从包装袋里倒出来的麦片。在显示产品味道极佳的同时，该广告将产品定位一种小吃而不是早餐的一部分。这一广告片由于反应冷淡，很快被撤了下来。

对巴西文化的分析显示，巴西人的家庭观念极强，而且大男子主义根深蒂固。所以，随后设计的广告节目，画面集中表现父亲将麦片倒入碗中并加上牛奶的家庭早餐场面。较之第一个广告片，这一广告节目更为成功，麦片销量增加了，凯洛格占有了 **99.5%** 的市场份额。然而，就销售总量而言仍不尽如人意，人均早餐麦片的食用量还不到 1 盎司。

凯洛格已习惯于这些挑战。它花了 20 年时间，才在墨西哥培育了一个规模可观的市场，在日本和法国则用了 6 年时间。现在它又瞄准了潜力巨大的印度市场。虽然目前在印度的年销量不过 200 万美元，但公司对其前景十分乐观。除了传统的早餐玉米片之外，它还根据印度人喜欢吃大米的特点，开发出了一种新的米片。

从阅读材料中可以看出，文化不同，消费者行为也不同，所以企业采取的策略也要不同。

文化因素对消费者的需求和购买行为具有最广泛和最深远的影响，它主要包括文化和亚文化两个方面。

### 1. 文化

一般认为，文化有广义与狭义之分。广义文化是指人类创造的一切物质财富和精神财富的总和；狭义文化是指人类精神活动所创造的成果，如哲学、宗教、科学、艺术、道德等。在消费者行为研究中，由于研究者主要关心文化对消费者行为的影响，所以我们将文化定义为一定社会经过学习获得的、用以指导消费者行为的信念、价值观和习惯的总和。

一个社会的文化为社会中的成员应付各类问题提供了先前的答案和可行的手段。在外显行为上，也就规定了在特定场合应以何种方式行事。所以，简单地说，消费文化就是一个社会中大多数人遵循的与消费有关的风俗习惯。

文化是人类在创造物质财富的过程中所积累的精神财富的总和，文化是决定和影响消费者需求和购买行为的最基本的因素。每个人都生活在一定的文化氛围中，并深受这一文化所含价值观念、行为准则和风俗习惯的影响，这一影响也延伸到了他们的购买行为，影响着消费者对商品的评价和选择。例如，尊重老人是中国的优秀文化传统之一，逢年过节时，大量的适合老年人用的保健品都会被年轻人买去当做礼物赠送给自己的长辈。

### 2. 亚文化

一个社会的文化通常可以分为两个层次：一个是全体社会成员共有的基本文化，即主文化；另一个是社会中某些群体所有的独特价值观和行为模式，即亚文化（subculture，又称为副文化、次文化）。所谓亚文化，就是指某一文化群体所属次级群体的成员共有的独特信念、价值观和生活习惯。每一亚文化都会坚持其所在的更大社会群体中大多数主要的文化信念、价值观和行为模式。同时，每一文化都包含着能为其成员提供更为具体的认同感和社会化的较小的亚文化。

目前，国内外营销学者普遍接受的是按民族、宗教、地理、性别、年龄等人口统计特点来划分亚文化的分类方法。

处于不同亚文化群的消费者由于受特殊的文化影响，有不同的风俗习惯，因而具有不同的消费需求和购买行为。

例如，可口可乐公司为了有力地促进其产品在中国市场的稳定和拓展，充分运用本土文化，使它的产品印象深深扎根于中国的消费者心中。它在我国新春佳节推出的电视广告，可谓"中国味"十足：泥娃娃、春联、四合院、红灯笼、鞭炮等，一切充满传统节日色彩的元素以木偶片的形象表现出来，极具观赏性。片中的大塑料瓶装可口可乐自然融入其中，恰到好处，对联、红包、泥娃娃抱大鱼都是春节的吉祥物，因此泥娃娃阿福成为新春广告片的主角，而泥娃娃手中的大鱼被可口可乐所取代。

### 3. 文化的测定

营销者了解文化的目的在于利用文化来做好营销工作。那么，如何测定文化呢？测定文化的方法主要有以下几种。

（1）现场观察法。现场观察法是文化人类学家常用的方法。当他们要研究某个社会的时候，就深入其中，实地观察。作为训练有素的观察者，他们会选择有代表性的一些人当样本，详细地观察这些人的言行。在观察到的材料的基础上，他们再得出有关这个社会的价值观念、信仰和习俗的结论。这种方法在消费者行为研究中也很有用处。

现场观察法的显著特点是，观察发生在自然的状态下，有时还可让观察对象意识不到有人观察他们，这样，观察对象的行为就不会因之而受到干扰，具有"高保真"性。但正因在自然状态下观察外显行为，这种方法用于消费者行为研究时，通常局限于消费者在商店里的行为，而极少能够观察到消费者是怎样准备和消费有关产品。

（2）内容分析法。内容分析法就是通过分析有关文献的内容来透视文化取向。内容分析的第一步是抽取文献样本；第二步是确定分析单位，即内容单位，常用的分析单位是词汇或专门术语、主题、特质（character）、人物等；第三步是文献内容数量化，或者对某种信息出现的次数进行计量，或者对某种信息在载体中出现的位置、篇幅进行计量；最后得出结论。

（3）价值量表法。价值量表法是用预先制订的价值问卷表来测定研究对象在一些基本的个人和社会问题上的看法，最常用的是 RVS（Rokeach Value Survey，RVS）。RVS 由两部分构成，即最终价值和手段性价值，它们各自测定不同但相互补充的个人价值观念。最终价值用来测定 18 种终极存在状态的相对重要性，手段性价值用来测定个体可能达到最终价值的方式。

一些学者利用价值量表检测了 36 种价值观念同消费行为取向之间的关系。研究发现，个人的价值观念影响到对价格的敏感性，从而影响到对商店的选择。凡是对价格敏感的消费者，在工具价值的"恭顺"上得分最高，而在"心胸开阔"上得分很低，他们中的80%以上都到廉价商店购买商品。此外，还有人发现，个人价值观念不同，则对产品属性的知觉也不相同，显然，有关的具体信息对于新产品的市场定位，或者针对特定的目标市场开发新产品，都极有裨益。

由此可见，通过价值测定，再考虑到其他有关的变量，我们可以预测消费模式的变化，从而提高对产品前途的预见力。

## 3.3.2　社会阶层与消费行为

### 1. 社会阶层的定义

社会阶层（social stratum）是由具有相同或类似社会地位的社会成员组成的相对持久的群体。每一个体都会在社会中占据一定的位置，有的人占据非常显赫的位置，有的人则占据一般的或较低的位置。这种社会地位的差别，使社会成员分成高低有序的层次或阶层。社会阶层是一种普遍存在的社会现象，不论是发达国家还是发展中国家，均存在不同的社会阶层。产生社会阶层的最直接的原因是个体获取社会资源的能力和机会的差别。

社会阶层表现为人们在社会地位上存在差异。社会地位是人们在社会关系中的位置以及围绕这一位置所形成的权力义务关系。社会成员通过各种途径，如出生、继承、社会化、就业、创造性活动等占据不同的社会地位。在奴隶社会和封建社会，社会地位主要靠世袭、继承和等级制的安排所决定。在现代社会，个体的社会地位更多地取决于社会化、职业、个人对社会的贡献大小等方面，但家庭和社会制度方面的因素对个体的社会地位仍具有重要影响。

消费者行为学中讨论社会阶层，一方面是为了了解不同阶层的消费者在购买、消费、沟通、个人偏好等方面具有哪些独特性，另一方面是了解哪些行为基本上被排除在某一特定阶层的行为领域，哪些行为是各社会阶层成员所共同的。

### 2. 社会阶层的决定因素

决定社会阶层的因素可以分为三类：经济变量、社会互动变量和政治变量。经济变量包括职业、收入和财富；社会互动变量包括个人声望、社会联系和社会化；政治变量则包括权力、阶层意识和流动性。下面主要介绍其中与消费者行为研究特别相关的几个因素。

（1）职业。职业是划分社会阶层中普遍使用的一个变量，也是得到最为完善的研究的变量之一。在大多数消费者研究中，职业被视为表明一个人所处社会阶层的最重要的单一性指标。当首次与某人谋面时，我们大多会询问他在哪里高就和从事何种工作。一个人的工作会极大地影响他的生活方式，并赋予他相应的声望和荣誉，因此职业提供了个体所处社会阶层的很多线索。不同的职业，其消费差异是很大的。普通工人的食物支出占收入的比重较大，而经理、医生、律师等专业人员则将收入的较大部分用于在外用餐、购置衣服和接受各种服务。目前，我国高收入职业的从事者为演艺界和体育界明星、企事业单位承包者和高级管理者、律师、会计师、医师及具有专业特长的自由职业人。

（2）收入。原来，收入几乎是社会阶层（从而使购买行为）的唯一指示器，而且有关收入的数据极易获得，所以学者们凭借收入的不同，便可清楚地区分出阶层。但是随着经济的发展，人们的收入普遍提高，在许多地方收入差距日渐缩小，再加上其他因素（比如累进税制），依据收入就很难来预测消费模式了。学者们发现，价值观念和参照群体的不同，会使收入相近的消费者做出不同的选择。这样，收入必须结合其他变量，方能说服社会阶层的差异。

（3）教育。在发达国家，职业类型和收入高低、与所受教育的程度密切相关。在我国，由于历史原因，教育水平与收入水平之间的相关度还不是很高。但是随着改革开放的深入和技术的发展，以及职业的专门化，这种状况势必有所改变，受过高等教育的一个新精英阶层（由各类专业人才组成）定会异军突起。现在随着网络经济的发展，对知识的需求越来越高。知识阶层形成一个新的生活方式。比如，据中国互联网信息中心（CNNIC）发布的《第27次中国互联网络发展状况统计报告》，截至2010年12月底，我国上网人数已经达到4.57亿，较2009年底增加7330万人。他们不仅改变自己的生活方式，而且也改变他们在市场中的地位。

（4）财物。财物包括三个方面，一是住房的种类，二是住房所在的地区，三是除了不动产之外的一些具有地位象征的物品。财物是一种社会标记，它向人们传递有关其所有者处于何种社会阶层的信息。拥有财物的多寡和财物的性质同时也反映了一个人的社会地位。对财物应做广义的理解，它不仅指汽车、土地、住房、股票、银行存款等我们通常所理解的财物，它也包括受过何种教育、在何处受教育、在哪里居住等"软性"的财物。

（5）个人业绩。一个人的社会地位与他的个人成就密切相关。同是大学教授，如果你比别人干得更出色，你就会获得更多的荣誉和尊重。平时我们说的"某某教授正在进行一项非常重要的研究"、"某某是这个医院里最好的神经科医生"等，均是对个人业绩所做的评价。虽然收入不是表明社会阶层的一项好的指标，但它在衡量个人业绩方面却是很有用的。一般来说，在同一职业内，收入居前25%的人，很可能是该领域内最受尊重和最有能力的人。

（6）社会互动。社会互动变量包括声望（Prestige）、联系（Association）和社会化（Socialization）。声望表明群体其他成员对某人是否尊重，以及尊重程度如何。联系涉及个体与其他成员的日常交往，他与哪些人在一起，与哪些人相处得好。虽然社会互动是决定一个人所处社会阶层的一个非常有效的变量，但在消费者研究中它们用得比较少，因为这类变量测定起来比较困难，而且费用昂贵。

（7）价值取向。个体的价值观或个体关于应如何处事待人的信念是表明他属于哪一社会阶层的又一重要指标。由于同一阶层内的成员互动更频繁，他们会发展起类似和共同的价值观。这些共同的或阶层所属的价值观一经形成，反过来成为衡量某一个体是否属于此一阶层的一项标准。不同社会阶层的人对艺术、对抽象事物的理解、对金钱和生活的看法所存在的不同看法，实际折射的就是价值取向上的差异。

（8）阶层意识。阶层意识是指某一社会阶层的人意识到自己属于一个具有共同的政治和经济利益的独特群体的程度。人们越具有阶层或群体意识，就越可能组织团体等来推进和维护其利益。从某种意义上说，一个人所处的社会阶层是与他在多大程度上认为他属于此一阶层所决定。

**3. 我国社会阶层的分类**

在我国，随着改革开放的深入和发展，社会阶层结构正在发生很大的变化。所以，目前对阶层有不同的表述和看法。梁晓馨把中国社会各阶层分为财富者阶层、买贩者阶层、中产层、知识分子、城市平民与贫民、农民、黑社会等（见表 3 - 2）。

表 3 - 2　　　　　　　　　　　中国社会各阶层和构成

| 社会阶层 | 阶层构成人员 |
|---|---|
| 财富者阶层 | （1）高干子女<br>（2）暴发户：改革开放初期利用机会富起来的人<br>（3）乡镇企业家：农民企业家 |
| 买贩者阶层 | （1）干部子女<br>（2）居住在海外，在本土有人际关系的华人<br>（3）改革开放以后在国外留学回来的人 |
| 中产层 | （1）2、3 类明星<br>（2）歌手<br>（3）一般画家<br>（4）个人企业法人<br>（5）作家 |
| 知识分子 | 大学教授、高级技术员等教育程度高的城市平民 |
| 城市平民和贫民 | 工人、小知识分子（学校教师、企业的普通技术员）、城市贫民（家庭月收入 600 元以下的劳动者） |
| 农　民 | 居住在农村的约 9 亿人口 |
| 黑社会 | 权钱交易的无组织阶层 |

资料来源：梁晓馨（1997），《中国社会各阶层分析》，转引自《中国移动通讯消费者生活方式和购买行为调查研究》（金勇准，成均馆大学，2001 年，第 26 页）。

一些研究机构或研究者从消费者购买行为或生活方式入手，对中国社会阶层进行划分。新生代调查公司把中国的消费者阶层分为 8 个层次，即现实的温饱型阶层、积极的小康型阶层、富裕层、保守的老百姓阶层、知识分子、专门人员和管理人员、新一代、中年女性，而每个层次的消费者阶层都有独特的消费或购买特点。

---

**阅读材料 3 – 2　　　　　　　　美国的社会阶层**

美国有 7 种主要社会阶层，其特征分别如下。

1. 上上层（不到 1%）。上上层继承有大量遗产，是出身显赫的达官贵人。他们捐巨款给慈善事业，举行初次参加社交活动的舞会，拥有一个以上的宅第，送孩子就读于最好的学校。这些人是珠宝、古玩、住宅和度假用品的主要市场。他们的采购和穿着常较保守，不喜欢炫耀自己。这一阶层人数很少，当其消费决策向下扩散时，往往成为其他阶层的参考，并成为他们模仿的榜样。

2. 上下层（2% 左右）。上下层的人由于在职业和业务方面能力非凡，因而拥有高薪和大量财产，他们常常来自中产阶级，对社会活动和公共事业颇为积极，喜欢为自己的孩子选择一些与其地位相称的产品，诸如昂贵的住宅、学校、游艇、游泳池和汽车等。他们中有些是暴发户，他们摆阔和挥霍浪费的消费形式是为了给低于他们这个阶层的人留下印象。这一阶层的人的志向在于被接纳入上上层，但实际情况是，其子女达到上上层的可能性比他们本人来得大。

3. 中上层（占 12%）。这一阶层既无高贵的家庭出身，又无多少财产，他们关心的是"职业前途"，已获得了像自由职业者、独立的企业家以及公司经理等职位。他们注重教育，希望其子女成为自由职业者或是管理技术方面的人员，以免落入比自己低的阶层。这个阶层的人善于构思和接触"高级文化"，参加各种社会组织，有高度的公德心。他们是优良住宅、衣服、家具和家用器具的最适宜的市场，同时他们也追求家庭布置，以招待朋友和同事。

4. 中间层（32%）。中间层是中等收入的白领和蓝领工人，他们居住在"城市中较好的一侧"，并且力图"干一些与身份相符的事"。他们通常购买"赶潮流"的产品。25% 的人拥有进口汽车，其中大部分看重时尚，追求"一种良好品牌"。他们的理想居住条件是"在城市中较好一侧"，有个"好邻居"的"一所好住宅"，还要有"好的学校"。中间层认为有必要为他们的子女在"值得的见识"方面花较多的钱，要求他们的子女接受大学教育。

5. 中下层，劳动阶层（38%）。劳动阶层包括中等收入的蓝领人和那些过着"劳动阶层生活方式"的人，而不论他们的收入多高、学校背景及职业怎样。劳动阶层主要依靠亲朋好友在经济上和道义上的援助，依靠他们介绍就业机会，购物听从他们的忠告，困难时期依靠他们的帮助。度假对于劳动阶层来说，指的是"呆在城里"，"外出"指的是到湖边去，或常去不到两小时远的地方。劳动阶层仍然保持着明显的性别分工和陈旧习惯，他们偏好的汽车包括标准型号或较大型号的汽车，对国内外的小型汽车均不问津。

6. 下上层（9%）。下上层的工作与财富无缘，虽然他们的生活水准刚好在贫困线之上，他们无时不在追求较高的阶层，却干着那些无技能的劳动，工资低得可怜。下上层往往缺少教育，虽然他们几乎落到贫困线上，但他们千方百计"表现出一副严格自律的形象"，并"努力保持清洁"。

7. 下下层（7%）。下下层与财富不沾边，一看就知道贫穷不堪，常常失业或干"最肮脏的工作"，他们对寻找工作不感兴趣，长期依靠公众或慈善机构救济。他们的住宅、衣着、财物是"脏的"、"不协调的"和"破的"。

### 4. 社会阶层与消费者行为

根据一些研究结果来看，不同社会阶层消费者的行为在生活方式或购买方式上具有一定的差异。

（1）在产品的选择和使用上有差异。像服装这类具有象征意义的产品，消费者大都根据自我意象或者根据自己所属阶层的知觉来选购；而像家庭的日常用具，则更多地取决于收入。一些研究表明，尽管各个阶层的妇女都对时装感兴趣，但上层和中层的妇女比下层的妇女在这方面卷入的程度要深，表现为更多地阅读时装杂志、参观时装表演、与朋友和丈夫讨论时装，原因在于她们在时装的品味上有差别。例如，中下层的消费者更加偏好 T 恤，T 恤上印有一些名牌标志或所景仰的个人或群体的名字；而上层消费者则垂青于精致而巧妙的服装，不大在意什么"支持性"的联系，即靠某种名称来衬托自己。

在住宅、服装和家具等能显示地位与身份的产品的购买上，不同阶层的消费者差别比较明显。例如，在美国，上层消费者的住宅区环境幽雅，室内装修豪华，购买的家具和服装档次和品味都很高。中层消费者一般有很多存款，住宅也相当好，但他们中的很大一部分人对内部装修不是特别讲究，服装、家具不少但高档的不多。下层消费者的住宅环境较差，衣服与家具上投资较少。与人们的预料相反，下层消费者中的一些人员对生产食品、日常用品和某些耐用品的企业仍是颇有吸引力的。研究发现，这一阶层的很多家庭是大屏幕彩电、新款汽车、高档炊具的购买者。虽然这一阶层的收入比中等偏下阶层（劳动阶层）平均要低 1/3 左右，但他们所拥有的汽车、彩电和基本家庭器具的价值比后者平均高 20%。下层消费者的支出行为从某种意义上带有"补偿"性质。一方面，由于缺乏自信和对未来并不乐观，他们十分看重眼前的消费；

另一方面，低的教育水平使他们容易产生冲动性购买。

（2）休闲活动上的差异。社会阶层从很多方面影响个体的休闲活动。一个人所偏爱的休闲活动，通常是同一阶层或临近阶层的其他个体所从事的某类活动，他采用新的休闲活动往往也是受到同一阶层或较高阶层成员的影响。虽然在不同阶层之间，用于休闲的支出占家庭总支出的比重相差无几，但休闲活动的类型却差别颇大。马球、壁球和欣赏歌剧是上层社会的活动；桥牌、网球、羽毛球在中层到上层社会的成员中均颇为流行；玩老虎机、拳击、职业摔跤是下层社会的活动。

上层社会成员所从事的职业，一般很少身体活动，作为补偿，多会从事要求臂、腿快速移动的运动，如慢跑、游泳、打网球等。同时，这类活动与下层社会成员所喜欢的活动如钓鱼、打猎、划船等相比，耗费时间少，因此受到上层社会的欢迎。下层社会成员倾向于从事团体或团队性体育活动，而上层社会成员多喜欢个人性或双人性活动。中层消费者是商业性休闲和诸如公共游泳池、公园、博物馆等公共设施的主要使用者，因为上层消费者一般自己拥有这一类设施，而低层消费者没有兴趣或无经济能力来从事这类消费。

（3）信息接收和处理上的差异。信息搜集的类型和数量也随社会阶层的不同而存在差异。通常，低层消费者的信息来源有限，对误导和欺骗性信息缺乏甄别力。出于补偿的目的，他们在购买决策过程中可能更多地依赖亲戚、朋友提供的信息。中层消费者比较多地从媒体上获得各种信息，而且会更主动地从事外部信息搜集。随着社会阶层的上升，消费者获得信息的渠道会日益增多。不仅如此，特定媒体和信息对不同阶层消费者的吸引力和影响力也有很大的不同。比如，越是高层的消费者，看电视的时间越少，因此电视媒体对他们的影响相对要小。相反，高层消费者订阅的报纸、杂志远较低层消费者多，所以，印刷媒体信息更容易到达高层消费者。

不同社会阶层的消费者所使用的语言也各具特色。Ellis 做的一系列实验表明，实际上可以在很大程度上根据一个人的语言判断他所处的社会阶层。一般而言，越是上层消费者，使用的语言越抽象；越是下层消费者，使用的语言越具体，而且更多地伴有俚语和街头用语。西方的很多高档车广告，因为主要面向上层社会，因此使用的语句稍长，语言较抽象，画面或材料充满想象力。相反，那些面向中、下层社会的汽车广告，则更多的是宣传其功能属性，强调图画而不是文字的运用，语言上更加通俗和大众化。

（4）购物方式上的差异。人们的购物行为会因社会阶层而异。一般而言，人们会形成哪些商店适合哪些阶层消费者惠顾的看法，并倾向于到与自己社会地位相一致的商店购物。研究表明，消费者所处的社会阶层与他想象的某商店典型惠顾者的社会阶层相去越远时，他光顾该商店的可能性就越小。同时，较高阶层的消费者较少光顾主要是较低阶层去的商店，相对而言，较低阶层的消费者则较多地去主要是较高阶层消费者惠顾的商店。另一项研究发现，"客观"对"感知"的社会阶层也会导致消费者在店铺惠顾上的差异。客观上属中层而自认为上层的消费者，较实际为上层但自认为中层的消费者更多地去专卖店和百货店购物。与一直是劳动阶层的消费者相比，从更高层次跌落到劳动阶层的消费者会更多地去百货店购物。同时，中层消费者较上层消费者去折扣店购物的次数频繁得多。

（5）在媒体的接触上的差异。下层消费者在看电视上花的时间要比上层的多，他们喜欢一些浪漫片和生活片；而上层消费者阅读杂志和报纸的要比下层的多，且他们所看的同下层消费者所看的，要大异其趣，在电视节目上，他们偏爱时事和戏剧。对于媒体中的广告，下层消费者较少有批判态度，且喜欢动态和形象化的广告；而中层消费者则更多地抱着怀疑和审慎的态度，且不易为广告中的奖赏或优惠条件所动，不过，他们对于复杂微妙和创意新颖的广告会有好感。造成这种差异的原因，可能是他们看待世界的方式不同：下层消费者通常透过直接的经验来看世界，在描述时也用一些个人的和具体的词汇；而中层消费者则对世界有着更广泛、更一般的看法，且能从各种视角来描述他们的经验。

**5. 社会阶层与市场营销策略**

社会阶层对于某些产品提供了一种合适的细分依据或细分标准。依据社会阶层制定市场营销策略的具体步骤如下。

第一阶段：把握企业的产品及其消费过程在哪些方面受社会地位的影响，然后将相关的地位变量与产品消费联系起来。正如前面所指出的那样，各消费者阶层在产品的使用上有差异。因此，需要调查不同阶层消费者的产品或品牌使用程度、购买动机、媒体接触习惯、产品的社会含义等方面的资料。

第二阶段：在第一阶段所收集的消费者资料的基础上，以社会阶层为标准进行市场细分。根据产品使用程度、购买动机、产品的社会含义等来分析或评价各细分市场，确定应以哪一社会阶层的消费者为目标市场。这既要考虑不同社会阶层作为市场的吸引力，也要考虑企业自身的优势和特点。

第三阶段：根据目标市场的需要与特点，为产品或品牌定位。在定位时，要考虑被确定的社会阶层目标市场的潜力，使这个社会阶层的价值和生活方式反映在产品上。

最后阶段：制定能够实施的市场营销组合策略，即指定产品、价格、流通、促销的具体实施计划，以达成定位目的。

## 3.3.3 参照群体与消费者行为

**1. 参照群体的定义**

参照群体（reference group）是一个社会群体的类型，但有必要与一般的社会群体区别开来。参照群体实际上是个体在形成其购买或消费决策时，用以作为参照、比较的个人或群体。所以，参照群体又叫寄托群体（anchorage group）。对参照群体，有三种外延：①在进行对比时作参照点的群体；②行动者希望在其中获得或保持承认的群体；③其观点为行动者所接受的群体。

参照群体不仅包括具有直接互动的群体，而且还涵盖了与个体没有直接接触但对个体行为产生影响的个人和群体。

**2. 参照群体的类型**

参照群体具有规范和比较两大功能。前一功能在于建立一定的行为标准并使个体遵从这一标准，比如受父母的影响，子女在食品的营养标准、穿着打扮、购物场所等方面形成了某些观念和态度。个体在这些方面所受的影响对行为具有规范作用。后一功能，即比较功能，是指个体把参照群体作为评价自己或别人的比较标准和出发点。如个体在布置、装修自己的住宅时，可能以邻居或仰慕的某位熟人的家居布置作为参照和仿效对象。根据参照关系上的个体的地位和对个体的参照人或群体的影响程度，可分为会员群体、热望群体、拒绝群体、回避群体（见表3-3）。

表3-3　　　　　　　　　　　　参照群体的类型

（A）参照群体的基本类型

| 成员的地位<br>影响力 | 所　属 | 非所属 |
| --- | --- | --- |
| 肯定的 | 会员群体 | 热望群体 |
| 否定的 | 拒绝群体 | 回避群体 |

（B）会员群体类型

| 组织程度<br>接触频率 | 正式的 | 非正式的 |
| --- | --- | --- |
| 主要的 | 主要的正式群体（学校群体、工作群体等） | 主要的非正式群体（家庭、朋友圈子等） |
| 次要的 | 次要的正式群体（同学会等） | 次要的非正式群体（购物群体等） |

（C）热望群体类型

| 接　触 | 预期的热望群体 |
| --- | --- |
| 非接触 | 象征性的热望群体 |

（1）会员群体。会员群体（membership group）是指个体已经享有会员资格的群体。会员群

体的成员一般对群体影响持有肯定态度。根据会员群体的互动作用和接触频率，可分为主要群体和次要性群体；根据群体的组织程度，可分为正式群体与非正式群体（表 3 - 3B）。一些研究表明，频繁接触的群体（主要群体）成员购买相同品牌的可能性更大。也就是说，有社会关系的人比没有相互关系的人具有更高的品牌一致度。

主要的非正式群体（primary informal group）是指像家庭、朋友圈子等那样经常接触的并且以亲切感来影响消费行为的群体。虽然这些群体是非正式的群体，但是其互动作用较强。我们在广告中经常看到家庭成员一起消费的场面，就是反映主要的非正式群体的重要性。

主要的正式群体（primary formal group）是指成员之间虽经常接触，但他们的地位、作用和权限明确的群体。如同班同学、工作单位的同事等就属于主要的正式群体。

次要的非正式群体（secondary informal group）是指虽然没有强烈的凝聚力，但是能直接影响购买行为的群体，如购物群体等。一些研究表明，一个消费者与其他消费者一起购物时，一般比原来打算购买更多的产品。

次要的正式群体（secondary formal group）是指像同学会或一些自发组织的学会、俱乐部那样，其成员之间并不经常接触，但有一定的组织形式的群体。这一群体对消费者行为的影响相对来说较低。但是推销旅游产品、信用卡的企业可以利用这一群体来推销产品。

（2）热望群体。热望群体（aspiration group）是指热切地希望加入并追求心理上认同（psychological identification）的群体。热望群体根据接触程度，可分为预期性的热望群体（anticipatory aspiration group）和象征性的热望群体（表 3 - 3C）。预期性的热望群体是指个体期望加入某一群体，并且在大部分情况下经常接触的群体。例如，大部分公司的职员把公司经理层理解为热望群体。因为，在现在的市场经济环境下，人们把财富、名誉以及权力看做是重要的社会象征。在高级服装、化妆品广告中，强调社会成功感或荣誉感的理由就是利用人们向往热望群体的心理。象征性的热望群体是个体并没有隶属于某一群体的可能性，但是接受向往群体的价值、态度及行为的群体。因此在广告中常用名人模特。

（3）拒绝群体。拒绝群体（disclaimant group）是这样一个群体，人们隶属于某一群体，并经常面对面地接触，但是对其群体的态度、价值观念和行为表示不满，而倾向于采取与之相反的准则。例如，有些青少年对父母的过分"教育"反而感到厌倦，则采取与父母的"要求"相反的行为。

（4）回避群体。回避群体（avoidance group）是人们不愿意与之发生联系且没有面对面接触的群体。只要可能，这些人竭力会避开自己。为做到这点，人们会在自己身上"点缀"一些能够与之划清界限的标志，比如穿戴某种服饰，驾驶某种汽车，使用某种保健或保洁产品，在某种饭店就餐，等等。又如，大部分人一般回避吸毒者、黑社会等回避群体的嗜好、行为。大部分消费者一般在肯定的动机下更容易地产生信念或态度，所以企业做广告时就更多地利用肯定的参照群体，回避群体极少单独在广告上出现。

**3. 参照群体概念在营销中的运用**

企业在市场营销活动中运用参照群体概念比较多，在这里介绍较常用的方法。

（1）亲和力营销。在市场营销活动中，运用参照群体的一种方法就是亲和力营销方法。亲和力营销（affinity marketing）是指把群体识别（identify）联系到消费者个人生活，从而加深消费者对会员群体（如同学会）或象征性（球迷协会）群体识别感的营销方法。例如，信用卡公司为了扩大新会员、保留原有会员，就会同大学同学会发行信用卡，并且为了提高信用卡的形象，也向电视台主持人发行信用卡，这样可以使信用卡会员（消费者）更加感到群体归属感。

（2）广告。根据不同的消费者群体采取不同效应的广告，具体如下。

1）名人效应广告。名人或公众人物如影视明星、歌星、体育明星作为参照群体，对公众尤其是对崇拜他们的受众具有巨大的影响力和感召力。对很多人来说，名人代表了一种理想化的生活模式。正因为如此，企业花巨额费用聘请名人来促销其产品。研究发现，用名人做支持的广告较不用名人的广告评价更正面和积极，这一点在青少年群体上体现得更为明显。

运用名人效应的方式多种多样。例如，可以用名人作为产品或公司代言人，即将名人与产品或公司联系起来，使其在媒体上频频亮相；也可以用名人做证词广告，即在广告中引述广告产品或服务的优点和长处，或介绍其使用该产品或服务的体验；还可以采用将名人的名字使用于产品或包装上等做法。

2）专家效应广告。专家是指在某一专业领域受过专门训练、具有专门知识、经验和特长的人。医生、律师、营养学家等均是各自领域的专家。专家所具有的丰富知识和经验，使其在介绍、推荐产品与服务时较一般人更具权威性，从而产生专家所特有的公信力和影响力。当然，在运用专家效应时，一方面应注意法律的限制，如有的国家不允许医生为药品作证词广告；另一方面应避免公众对专家的公正性、客观性产生质疑。

3）"普通人"效应广告。运用满意顾客的证词证言来宣传企业的产品，是广告中常用的方法之一。由于出现在荧屏上或画面上的证人或代言人是和潜在顾客一样的普通消费者，这会使受众感到亲近，从而使广告诉求更容易引起共鸣。像宝洁公司、北京大宝化妆品公司都曾运用过"普通人"证词广告。还有一些公司在电视广告中展示普通消费者或普通家庭如何用广告中的产品解决其遇到的问题，如何从产品的消费中获得乐趣等等。由于这类广告贴近消费者，反映了消费者的现实生活，因此，它们更容易获得认可。

4）经理型代言人广告。自20世纪70年代以来，越来越多的企业在广告中用公司总裁或总经理做代言人。例如，克莱斯勒汽车公司的老总李·艾柯卡（Lee Iacocca）在广告中对消费者极尽劝说，获得很大成功。同样，像雷明顿（Remington）公司的老总 Victor Kiam、Marriott 连锁旅店的老总比尔·马休特均在广告中促销其产品。我国长岭集团于 1999 年 4 月和 5 月连续在《参考消息》、《光明日报》等中央报纸媒体做了"长岭冰箱，专家制造"的广告，广告代言人就是该集团的董事长兼总经理王大中等四位集团高级管理人员，也是这种经理型代言人的运用。

### 3.3.4　家庭与消费者行为

#### 1. 家庭的概念与功能

家庭（family）是指两个或两个以上的个体由于婚姻、血缘或收养关系而共同生活的社会单位。构成家庭的最重要的因素是"婚姻"和"血缘关系"。

与家庭相比，住户（household）是一个范围更广泛的社会群体或购买决策单位。住户是指由生活在同一"屋檐"下或同一"住宅单元"（housingunit）里的人所组成的群体。虽然家庭与住户有时被交替使用，但两者既有联系又有区别。一方面，住户包括了家庭；另一方面，住户强调的是其成员生活在同一起居空间，而不注重其中的婚姻、血缘关系。

住户可分为有血缘关系的住户（family household）和无血缘关系的住户（nonfamily house-hold）。我们分析购买决策的时候，可以把家庭与住户混用。但是，所有的家庭成员并不一定居住在一起，并且一个住户也有非血缘关系的成员，所以在市场营销活动中运用家庭和住户的概念就不同。例如，在电视机、洗衣机、冰箱等产品的营销活动中，住户概念的意义更大。但是，在汽车、儿童服装或者休闲、旅游的市场营销活动中，有血缘关系的家庭更为重要。

家庭作为社会的基本组织，具有很多功能，与消费者行为研究联系比较密切的功能有经济功能、情感交流功能、赡养与抚养功能、教育功能或家庭成员的社会化功能。

第一，经济功能。在小农经济社会，家庭既是一个生产单位，又是一个消费单位，它发挥着重要的经济功能。在现代社会条件下，家庭的经济功能尤其是作为其重要内容的生产功能有所削弱，然而，为每一个家庭成员提供生活福利和保障，仍然是家庭的一项主要功能。传统上，丈夫是家庭经济来源的主要提供者，由此使他在家庭中占有支配性地位。而现在，越来越多的妇女参加工作，她们对家庭所做的经济贡献越来越大。

第二，情感交流功能。家庭成员的人际关系一般是最亲密的人际关系，家庭是思想、情感交流最充分的场所。一个人在工作、生活等方面遇到困难、挫折和问题，能够从家庭得到安慰、鼓励和帮助。家庭成员之间的亲密交往和情感，是建立在亲缘关系的基石上，具有较为牢实的基础。在现代竞争日益激烈的社会里，人们对获得家庭的关爱有更强烈的要求。

第三，赡养与抚养功能。抚养未成年家庭成员和赡养老人与丧失劳动能力的家庭成员，这是人类繁衍的需要。当子女还没有独立生活能力的时候，父母负有抚养他们的责任，否则他们就无法生存，人类也就不能延续。同样，当父母年迈丧失了劳动能力，子女也负有赡养老人的义务。家庭的这类功能，将随着社会保障制度的完善部分地由社会承担，但它不可能完全外移。

第四，社会化功能。家庭成员的社会化尤其是儿童的社会化，是家庭的主要或核心功能。人从刚出生时的一无所知，到慢慢地获得与社会文化相一致的价值观、行为模式，这一过程大部分是在家庭中完成的。孩子们通过接受父母的教育，或通过模仿大人的行为，获得接人待物、适应社会的各种观念、规范和技巧。儿童时期所习得的行为、观念，对人的整个一生都将产生至深的影响，从这个意义上说，家庭所履行的社会化功能，对个人的成长是非常关键的。

### 2. 家庭的生活周期

一个家庭随着时间的推移其成员的作用也发生变化。家庭生活周期（family life cycle）是指绝大多数家庭必经的历程，是描述从单身到结婚（创建基本的家庭单位），到家庭的扩展（增添孩子），再到家庭收缩（孩子长大分开独立生活），直到家庭解散（配偶中的一方去世）的家庭发展过程的社会学概念。

根据家庭处在生活周期中的不同阶段，可将家庭归入不同类型。因为不同阶段的经济收入状况、支出方式、决策策略都会存在差异，所以，市场营销者在制定自己的目标市场时，家庭生活周期分析是一个重要手段。

那么，怎样划分生活周期中的不同阶段呢？或者说，将整个家庭生活周期分成几个阶段呢？常用的划分标准是：婚姻状况（单身、已婚或离异）、家庭成员的年龄、家庭规模（着重于在家的孩子的数目）、一家之主的工作状况（工作或退休）。但在具体划分上，有五阶段、六阶段、九阶段，乃至十阶段的划分方法。传统上用得较多的是九阶段。表3-4按阶段描述家庭生活周期，叫做传统的家庭生活周期。

表3-4  传统的家庭生活周期各阶段特点

| 阶 段 | 特 点 | 购买及行为方式 |
|---|---|---|
| 1. 未婚 | 不再在家里生活的年轻单身者 | 几乎没有财政负担，时装的意见领导者，娱乐志向性，购买基本的厨房用具、家具、休假用品等 |
| 2. 新婚夫妇 | 年轻且无孩子 | 在财政上有一定的有余，耐用消费品的购买率较高，购买冰箱、家具等产品，喜欢旅游 |
| 3. 满巢I | 年轻已婚夫妇，最小的孩子在6岁以下 | 家庭购买达到顶峰，对家庭财政状态感到不满，关心新产品，购买洗衣机、TV、儿童食品、玩具、感冒药、维生素等 |

续表

| 阶　段 | 特　点 | 购买及行为方式 |
|---|---|---|
| 4. 满巢Ⅱ | 已婚夫妇，最小的孩子6岁以上 | 家庭财政状态有所好转，就业主妇增加，受广告影响不大，以大包装或大容量来购买，购买各种不同的食品，购买钢琴，额外支出多 |
| 5. 满巢Ⅲ | 年长夫妇及一起生活的孩子 | 家庭财政状态更加好转，就业主妇更多，有职业的子女，耐用消费品的购买多，购买新家具、健身器材等，喜欢汽车、旅游 |
| 6. 空巢Ⅰ | 年长夫妇，但无孩子在家生活，一家之长尚在工作 | 对家庭财政状态感到满意，关心旅游、健康食品或药品，不太关心新产品，喜欢旅游，购买家庭装饰品、奢侈品等 |
| 7. 空巢Ⅱ | 年长夫妇，没有孩子在家生活，一家之长已退休 | 收入急剧下降，维持原有房子，购买与健康有关的医疗用品 |
| 8. 孤寡者Ⅰ | 孤寡者尚在工作 | 收入状态还良好，有可能处理房子 |
| 9. 孤寡者Ⅱ | 孤寡者业已退休 | 收入不高，对护理、爱情、身心保护有特别的要求 |

但是，由于近几十年来的社会变迁，出现了许多新情况。一是平均结婚年龄有所推迟，再加上要攒足婚礼费用（包括购置家具等），这就不是初出茅庐者力所能及的了；二是现在抚育孩子的成本提高，再加上工作紧张，许多人不愿过早地为孩子所累，就推迟了首次生育的时间；三是人们的平均寿命延长，拉长了家庭生活周期，尤其是空巢阶段；四是离婚率上升，单亲与孩子构成的家庭日益增多；五是生育率下降，较大地改变了各个阶段的年龄分布和时间的长短。

有鉴于此，美国学者 Murphy 和 Staples 提出了一种"现代化了的家庭生活周期"模型（见图 3-4）。在这一模型中，根据家长的年龄（35 岁和 65 岁）区分为青年家庭、中年家庭和老年家庭，并且又根据有无孩子再细分家庭。但是，在这一模型中还没有反应孩子的就学情况，并且由于以 65 岁标准区分中年家庭和老年家庭，所以没有反应退休情况，这也就影响了对老年家庭生活方式的理解。①

### 3. 家庭购买决策

家庭购买决策（Family Decision Making）是两个及两个以上的家庭成员直接或间接做出购买决策的过程。作为一种集体决策，家庭购买决策在很多方面不同于个人决策，如在早餐麦片的购买活动中，成年人与儿童所考虑的产品特点是不同的，因而他们共同做出的购买决策将不同于他们单独做出的决策。

在日常生活中，每个家庭每天都要做出很多购买决策。在这些购买决策中，有的极为重要，

---

① Murphy，Patrick E. & Willianm A. Staples，"A Modernized Family Life Cycle"，Journal of Consumer Research，6（June），1979，p. 17.

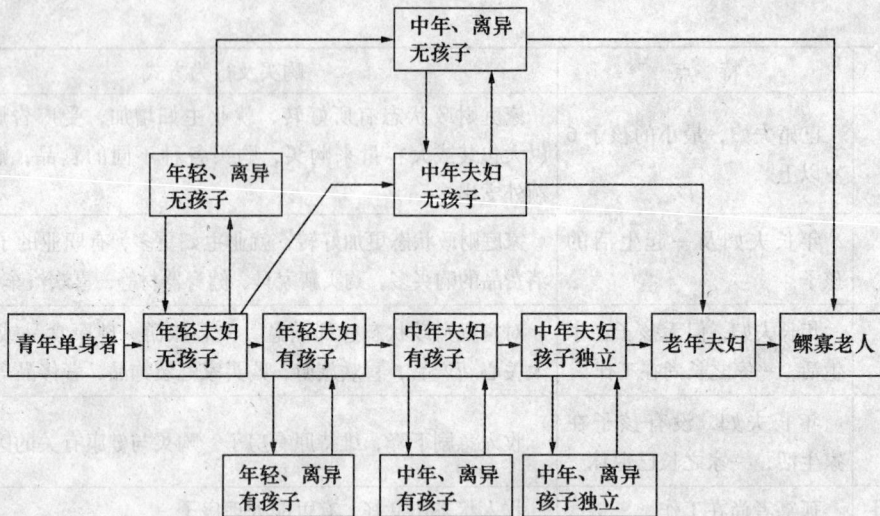

**图3-4 现代家庭生活周期**

如购买何种汽车，搬家到何处以及去哪里度假等；另一些决策则普通得多，如午餐吃什么。

家庭是其成员的活动与影响集中的购买群体或消费群体。作为购买群体，家庭购买决策是一个集体的购买决策；作为消费群体，家庭的购买决策会影响其成员的消费。在家庭购买决策过程中，各家庭成员之间会有相互作用。

那么，哪些因素影响家庭购买决策方式？研究人员一直试图找出决定家庭人员的相对影响力，从而影响家庭决策方式的因素。Qualls 的研究识别了三种因素：家庭成员对家庭的财务贡献；决策对特定家庭成员的重要性；夫妻性别角色取向。一般而言，对家庭的财务贡献越大，家庭成员在家庭购买决策中的发言权也越大。同样，某一决策对特定家庭成员越重要，他或她对该决策的影响就越大，原因是家庭内部亦存在交换过程：某位家庭成员可能愿意放弃在此一领域的影响而换取在另一领域的更大影响力。性别角色取向是指家庭成员多大程度上会按照传统的关于男、女性别角色行动。研究表明，较少传统和更具现代性的家庭，在购买决策中会更多地采用共同决策的方式。

除了上述因素，通常认为，影响家庭购买决策的因素还包文化和亚文化、角色专门化、卷入程度及产品特点、个人特征等因素。

## 思考题

1. 消费者购买决策过程有哪些阶段？如何理解消费者购买决策过程？

2. 中国文化有哪些主要特征？举例说明中国文化特征对中国消费者行为的影响。

3. 简述影响消费者购买行为的因素，并且判断有关影响因素与消费者行为之间的关系。

4. 阐述消费者购买决策过程五个阶段的划分及各阶段的特点。

5. 如何测定社会阶层？如何划分我国社会阶层？

6. 什么是家庭？家庭生活周期如何？企业如何利用家庭生活周期采取相关的营销策略？

## 案例讨论

### 王先生的银婚游前奏

王先生和王太太结婚整整 25 年了，现在孩子已经工作了。在过去的 25 年里，两个人不是忙工作，就是忙孩子，忙忙碌碌就过来了。今年终于有空闲的时间，两口子商量着庆祝庆祝。怎么庆祝呢？王先生提议出去旅行。

可是，两口子这么多年都没有旅行了，最近的一次旅行还是孩子刚刚高考完，为了庆祝孩子高考成绩不错，带孩子去了仅有 3 小时行程的北戴河。所以，王先生夫妇对旅行知识的了解实在是很有限，对那些名山大川的认识也只停留在电视、杂志上。怎么办呢？这么重要的旅行当然不能马虎了。那就问呗？

首先，他们打算向各自单位的同事、朋友征询意见。王先生到单位一说自己要去旅行，而且意义不凡，同事们都围过来七嘴八舌的提建议：

"去桂林吧，桂林山水甲天下，而且你们夫妻俩坐在船上，荡漾在桂林山水间，多浪漫啊！"这是小梅的提议，小梅是个刚毕业的大学生。

"去敦煌吧，那个地方可是我向往已久的。那里有中国的五千年文化，还可以徒步在古丝绸之路，唉，不知多起劲呢！"这位啊，可不得了，是单位有了名的行者。

"别听他们年轻人的，去苏杭好了，看看苏州园林、逛逛西湖，又不累，又惬意。我看你们就去那好了。"和王先生同龄的刘先生说。

"对啊，"此时，一旁的李太太跳起来，"我先生去过的，他说附近还有什么乌镇、桐庐这样的古镇，很有韵味的。"

"我看干脆就双飞海南三亚，多潇洒，在海滩晒晒太阳。"此时，边上的年轻人忍不住了。

……

　　真是你一言我一语，可把王先生说懵了。回到家，一问妻子，才知道妻子也遭遇了同样的轰炸。

　　怎么办呢？夫妻俩正犯愁呢，女儿小倩回来了，他们只好把这烦恼道给小倩听。小倩一听乐了："爸、妈怎么不早问我啊？我帮你们从网上找啊，网络上有很多旅游网站，有很多介绍的，可以帮你们选择。"这下夫妻俩豁然开朗，连忙让小倩上网搜索。小倩上了几个旅游网，还在百度上搜索4月最适合的旅游去处。而且体贴的女儿还不断地和他们讨论这次旅行的天数、经费预算等问题，再考虑到他们的身体状况，将旅行的范围大大缩小了。夫妻俩看着网站上精美的图片，虽然他们还不能完全相信这些信息，但是，对自己的旅行终于有了一点头绪。

　　正在这时，电视里正在播报新闻，新闻中的三个字蹦入全家人的耳朵：旅游热。仔细一听，原来新闻小姐正在播报这段时间出国旅游的热潮，像新马泰、巴厘岛、曼谷、香港等一些地区的旅游热潮兴起，而且在费用上也不比国内高多少。王先生此时有点心动，心想：活了大半辈子了，妻子跟自己这么多年无怨无悔的，要不这次就好好地玩一次，出去看看。他偷偷地看了妻子一眼，发现妻子也是一脸的向往。小倩看透了父母的心事，于是早已在网上搜起境外游的一些信息来了。经过几个小时的网上遨游，全家人终于确定了三个方案：三亚、桂林、新马泰。

　　确定了这三个地方，最终去哪里？还是小倩有点经验，建议他们第二天去旅行社咨询一下。夫妻俩为了有充裕的时间做咨询，等到周末结伴去了离家半小时路程的鼓楼，听说那里有很多家旅行社。下了车，果然看到一条街都是旅行社，那么究竟进哪一家呢？夫妻俩又犯难了。突然王太太想起自己的一个朋友曾经接触过这里的旅行社，连忙打电话咨询。朋友向他们推荐的是街角那家，说价格还公道、服务也可以。朋友还叮咛他们不要去右边那家，说那里的报价高，还经常承诺的做不到，比如说好了是三星级宾馆，可到时会找二星级糊弄。在朋友的千叮咛万嘱咐下，王先生夫妻俩决定先去看看街角那家。

　　旅行社的接待员热情地接待了夫妻俩，根据夫妻俩的旅游时间、天数，为每个目的地又推荐了不同级别食宿的方案，并且还热情地推荐了境外游的线路。夫妻俩得到了不少目的地的宣传资料和旅行常识资料。

　　当然，习惯了货比三家的夫妻俩决定再寻找其他家进行比较。于是两人顺着路往前溜达。就这样跑了一天，王先生王太太走了4家旅行社，拿到了4家旅行社的报价单和宣传资料，准备和小倩一起商讨最终的方案。

【问题】

1. 从王先生夫妇俩的信息搜集过程，你觉得可以分为几个阶段？每个阶段的信息来源都是哪里？你觉得哪些来源对他们的影响最大？

2. 作为旅游景点和旅行社，在消费者搜集信息的过程中如何增加消费者对自己的关注，减少负面影响？

3. 你觉得有哪些因素影响着夫妻俩搜集信息的行为？有什么方法可以帮助夫妻俩更加快捷地做出选择？

# 第 *4* 章

## 市场调查与市场需求预测

知识结构图

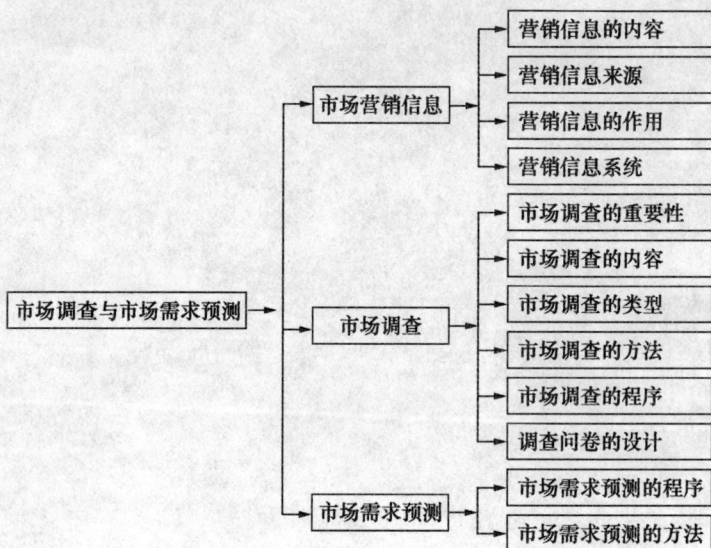

市场调查与市场需求预测

市场营销信息
- 营销信息的内容
- 营销信息来源
- 营销信息的作用
- 营销信息系统

市场调查
- 市场调查的重要性
- 市场调查的内容
- 市场调查的类型
- 市场调查的方法
- 市场调查的程序
- 调查问卷的设计

市场需求预测
- 市场需求预测的程序
- 市场需求预测的方法

**本章导读**

　　市场营销活动的开展离不开营销信息系统的支持，而通过科学有效的调研活动获得市场信息是构建营销管理信息系统的基础，也是企业进行市场营销需求预测决策和营销管理决策的必要前提。学习和掌握营销调研的基本方法和市场需求预测技术，对于市场营销工作者具有重大的意义。本章主要介绍营销信息的来源和作用、市场调查的内容、程序和技术，以及市场需求预测等内容，重点讲述市场调查和需求预测的方法。

# 从"木梳卖给和尚"谈市场分析与需求预测

有四个候选人最后角逐一家大公司的销售主管，复试的题目是《把木梳尽量多地卖给和尚》，要求 10 天内交销售结果。

候选人 A 非常困惑，甚至愤怒：出家人要木梳何用？这不明摆着拿人开涮吗？于是放弃走了。B、C、D 决定试一试。

B 卖出了一把。他来到寺庙，努力地游说和尚应当买把梳子，不但无效果还遭到和尚们一阵责骂，幸好在下山途中遇到一个小和尚一边晒太阳，一边使劲挠着头皮。B 灵机一动，递上木梳，小和尚用后满心欢喜，于是买下了一把。

C 卖出了 10 把。他来到一座名山名寺，由于山高风大，进香者的头发都被吹乱了，他找到寺院的主持说：蓬头垢面是对佛的不敬，应在每座庙的香案前放把木梳，供善男信女梳理鬓发。寺庙主持采纳了他的建议。那山有 10 座庙，于是买下了 10 把木梳。

D 卖出了 1000 把。他来到一个颇具盛名、香火极旺的深山宝刹，朝圣者络绎不绝。他对主持说：凡来进香参观者，多有一颗虔诚的心，宝刹应有所回赠，以做纪念，保佑其平安吉祥，鼓励其多做善事。我有一批木梳，您的书法超群，可刻上"积善梳"三个字，便可做赠品。主持大喜，立即买下 1000 把木梳。得到"积善梳"的香客们也很高兴，一传十，十传百，朝圣者更多，香火更旺。

可见，在卖产品前，我们都需要进行产品的营销策划，而策划的第一步就是市场分析与需求预测。我们来看看 B、C、D 三君是怎样做的。

B 君不做寺庙分析，只要是寺庙就进去销售木梳，从这一点看，他没有市场分析的意识。C 君去名山名寺，D 君去颇具盛名、香火极旺的深山宝刹。这表明他俩有市场分析的意识，并做了需求预测与市场选择。为什么 C 君与 D 君的选择会不一样呢？难道 C 君比 D 君偷懒吗？这样的说法是不理性的。这是因为 C 君与 D 君在做市场分析时，他们所选择的市场关键因素不同所导致的。C 君所选择的市场关键因素是寺庙，而 D 君所选择的市场关键因素是寺庙的香客，并对香客的需求进行了分析与预测。其实，C 君与 D 君都看到了木梳的消费者是香客而不是和尚。这表明，他俩把握市场分析要回答的"谁是木梳的最终使用者"问题上比 B 君胜一筹。

由于 C 君选择了寺庙作为市场关键因素，做市场需求预测时，就只能是寺庙的数量决定木梳的数量，尽管他看到了香客是木梳的最终使用者。而 D 君选择了香客作为市场关键因素，他做市场需求预测时，首选方法是市场关键因素派生－连比漏斗法。他的需求预测是这样做的：

一天香客有多少（可以从寺庙售票处获得或其他渠道），比如 5000 人，喜欢拿纪念品的香客比例约为 10%，通过观察发现虔诚的香客约为 30%，这样就可以计算出每天最基本的市场需求是 150 把，10 天内市场需求是 1500 把，故 D 君可以卖掉 1000 把。请注意，这里的 10% 与 30% 是可以从很简单的渠道得到，可以是一个大概的数据。另外，拿纪念品的香客不一定愿意拿木梳，拿纪念品的香客不一定虔诚，虔诚的香客不一定拿纪念品，但是这不妨碍我们市场经理与产品经理依据香客作为市场关键因素来做市场需求预测。市场需求会随环境而变化，比如拿到积善梳的香客，对其他香客会产生影响，导致那些不虔诚的香客和那些不喜欢梳子的香客也来拿积善梳。所以，市场需求的最大量就是漏斗顶端的每天 5000 把（限定一人一把）。假如 D 君所到的寺庙每天香客为 1000 人次，那么按照市场关键因素派生 - 连比漏斗法，计算出来的最基本的市场需求为每天 30 把，这样他就在 10 天之内极有可能卖不到 1000 把。

作为理性的 D 君，在营销策划前进行了科学的市场分析与需求预测，这为他后面制定 STPP 战略与营销组合战术奠定了成功的基础。在市场分析与需求预测中，他的科学性表现在两个方面：一是市场关键因素找准了；二是依据市场关键因素派生 - 连比漏斗法进行了市场需求预测。

这个故事告诉我们，在市场分析中找准市场关键因素，并用科学的方法——"市场关键因素派生 - 连比漏斗法"进行市场需求预测，是我们市场经理或产品经理成功的关键。

资料来源：http：//Commerce. 72ec. com/article/2008 - 0229 - 93870. html. 黄德华。

# 4.1　市场营销信息

市场营销信息也称营销信息，通常是指营销活动管理者为了顺利地完成营销活动所必须掌握的信息，它一般通过语言、文字、数据、符号等表现出来。所有的市场营销活动都以信息为基础而展开。经营者进行的决策也基于各种信息，而且经营决策水平越高，外部信息和对将来的预测信息就越重要。营销信息通常被分为两类：一类是环境因素信息，它是指影响生产者、经营者的经济活动的外界条件，包括经济信息、科技信息、同类商品的各种竞争因素信息等；另一类是机会因素信息，它是指影响生产者、经营者的商品销售量和销售额大小的有关购买者的因素信息，包括人口信息、消费者收入水平信息、消费方式和各种风俗习惯信息、投资水平和消费趋势信息、购买行为信息等。

## 4.1.1　营销信息的内容

企业在组织营销过程中，需要掌握的信息是多方面的，主要的营销信息包括以下六种。

### 1. 市场需求及发展变化情况的信息

市场需求及发展变化情况是企业最为关心的营销信息之一，因为所有营销战略的制定和营销手段的选择都与之密切相关。这些信息包括以下几种。

（1）市场的总需求量及市场分布的信息。

（2）市场对产品规划、性能、用途及质量要求的信息。

（3）同类产品和代用品的生产、销售及其发展趋势的信息。

（4）本企业其他产品在各地市场的占有情况及本企业的知名度的信息。

（5）市场对产品需求量的变化及改进的信息。

### 2. 产品价格及上下浮动情况的信息

产品价格的高低，对产品的销售和企业的利润有着重要的影响。应当把产品价格浮动情况作为重要的营销信息来收集。这些信息主要包括以下几种。

（1）本企业产品与其他企业同类产品在国内或国际市场上的价格比较情况的信息。

（2）构成和影响产品价格变化的各种因素的信息。

（3）本企业产品价格在各地市场上下浮动情况的信息。

（4）同行企业的产品定价策略及价格水平的信息。

（5）与本企业产品相似的产品价格及其变化趋势的信息。

### 3. 技术进步及新产品开发情况的信息

无论是对一个已经成熟的产品还是一个即将推出的新产品进行营销，都离不开技术进步及新产品开发情况的信息。这些信息主要包括以下几种。

（1）与本企业的产品生产有直接关系或间接关系的科研信息。

（2）本企业生产技术的吸收能力及发展趋势的信息。

（3）本企业生产、经营及管理水平与国内外先进同行比较有差距的信息。

（4）国内外与本企业有关的新产品开发上市情况及发展趋势的信息。

（5）本企业开发的新产品上市后销量及消费者反馈的信息。

### 4. 竞争能力及发展动向的信息

随着商品经济的发展，企业与企业之间的竞争日趋激烈。所以在营销战略制定的过程中，要充分考虑竞争能力及发展动向的信息。这些信息主要包括以下几种。

（1）国内外同行企业产品及类似产品在市场上竞争情况的信息。

（2）同行企业，尤其是竞争对手（或潜在竞争对手）的实力、经济策略及其在市场竞争中地位的信息。

（3）影响本企业产品参与市场竞争的多种政治、经济、地理及风俗习惯等情况的信息。

（4）本企业发展过程中竞争内容、手段、方向、地位等发展趋势的信息。

**5. 影响销售的诸多因素及其变化情况的信息**

企业的营销行为联系着生产与消费的全过程，经常获得有关销售情况的信息才能做出正确决策。这些信息主要包括以下几种。

（1）用户或消费者购买本企业产品前后的动机或心理分析的信息。

（2）市场对本企业产品的消费倾向、消费结构及其发展变化的信息。

（3）用户或消费者的购买能力、收入水平及其他情况的信息。

（4）用户或消费者所处地段的自然情况及其变化情况的信息。

**6. 社会环境及不同时期变化情况的信息**

企业的营销活动不可能超脱一定的社会环境，必须经常收集社会环境及不同时期变化情况的信息，把握住社会环境变化为企业营销带来的契机。这方面的信息主要有以下几种。

（1）国家的政治方针政策及其发展动向的信息。

（2）国家宏观经济发展中有关企业的信息。

（3）各级政府和有关部门的有关法律、法令。

（4）国际环境发展及变化的信息。

由于企业的一切营销活动都无一例外地与整个社会息息相关，所以营销信息可以是经济方面的，也可以是政治方面的，还可以是其他方面的。所以企业必须准确掌握所有与企业营销活动有关的各方面的信息，并做出正确的分析、判断，从而确保营销决策的科学性。

## 4.1.2 营销信息的来源

营销信息有来自于企业内部的，也有来自于企业外部的。一般说来，企业内部的信息提供部门称为内部信息源，内部信息源主要包括：销售记录、记账数据、存货数据以及顾客消费信息等。企业外部的信息提供部门称为外部信息源。营销人员需要了解企业外部发生的事件，需要知道社会政治、经济、法律环境，当前和潜在的顾客等信息。这种信息可以从商业和工业出版物、调研组织、贸易组织、顾客调查、政府报告以及开放网络数据库中获得。

## 4.1.3　营销信息的作用

(1) 市场营销信息是企业经济决策的前提和基础。企业营销过程中，无论是对于企业的营销目标、发展方向等战略问题的决策，还是对于企业的产品、定价、销售渠道、促销措施等战术问题的决策，都必须在准确地获得市场营销信息的基础上，才可能得到正确的结果。

(2) 市场营销信息是制定企业营销计划的依据。企业在市场营销中，必须根据市场需求的变化，在营销决策的基础上，制定具体的营销计划，以确定实现营销目标的具体措施和途径。不了解市场信息，就无法制定出符合实际需要的计划。

(3) 市场营销信息是实现营销控制的必要条件。营销控制，是指按既定的营销目标，对企业的营销活动进行监督、检查，以保证营销目标实现的管理活动。由于市场环境的不断变化，企业在营销活动中必须随时注意市场的变化，进行信息反馈，以此为依据来修订营销计划，对企业的营销活动进行有效控制，使企业的营销活动能按预期目标进行。

(4) 市场营销信息是进行内、外协调的依据。企业营销活动中，要不断地收集市场营销信息，根据市场和自身状况的变化，来协调内部条件、外部条件和企业营销目标之间的关系，使企业营销系统与外部环境之间、与内部各要素之间始终保持一致。

## 4.1.4　营销信息系统

市场营销信息系统就是市场决策过程中有规则、按计划收集、管理、分析和提供信息的一系列程序和方法的系统。通过营销信息管理系统的正常运转，输入、存贮、处理和输出准确的营销信息，可以帮助企业做出科学的决策，从而抓住市场机遇，获得良好的经济效益。

营销信息系统主要具有输入营销信息、存贮营销信息、创建营销信息、输出营销信息、营销信息通讯等功能。

营销信息系统的数据渠道有一定的范围，将各种调查方法汇集于一体，对来自各信息源的数据进行一体化分析，持之以恒地监视着市场，才能有效地利用自动信息处理机制对未加工的信息迅速做出处理。

# 4.2　市场调查

市场调查是指一系列活动的集合，目的在于为经营者提供营销决策与营销控制所需要的信息，特别是收集、记录和分析足以影响营销活动的环境、市场以及与营销活动本身相关的信息。

## 4.2.1　市场调查的重要性

市场调查被称之为企业市场营销的四大关键问题之一。这四大关键问题是市场调查、产品计划（包括产品质量、产品性能、商标和价格等）、分销渠道和销售促进。

市场调查对市场营销的重要性主要表现在以下四方面。

（1）通过市场调查，可以使企业了解市场的大小、特征和需求，便于进行营销决策、制定营销战略。

（2）通过市场调查，可以使企业改进产品组合，使企业的产出更加适应市场需要。

（3）通过市场调查，可以生产出更加适应市场需求的商品，加速流通。

（4）通过市场调查，可以使企业的决策有的放矢，增强竞争能力。

由此可见，市场调查并非单纯收集数据，它所涉及的乃是营销决策与营销控制方面的问题，目的在于为营销决策者提供可靠的营销信息。

## 4.2.2　市场调查的内容

### 1. 市场调查的范围

市场调查的范围指的是在进行市场调查时应当具体调查什么问题，或者说应当收集哪些方面的信息资料等。市场调查的范围有广义和狭义之分。广义的市场调查范围除营销外，还包括对产品的分析（如产品的使用状况、形状、大小、质量、重量、式样、美观程度、价格等）和市场潜力（潜力大小和发展趋势等）的研究和掌握；狭义的市场调查范围主要是以销售方面为主，包括营销策略、分销路线、营销组织、包装、广告、运输、趋势、用户心理、营销人员培训和管理等。

市场是千变万化的，市场调查的内容十分广泛，可以说凡是与市场营销相关的问题都应当看做是市场调查的内容，概括起来主要有以下五种。

（1）对市场的调查。包括国民生产总值、国民收入构成的调查；消费水平和消费结构的调查；经济形势和货币稳定情况的调查；社会商品销售总额和销售趋势调查；能源及其他资源情况调查；某产品行业在国际经济中的地位和发展趋势的调查；企业市场竞争情况的调查等。

（2）对消费者的调查。包括对消费者按职业、收入和分类调查；个人平均工资水平及家庭平均收入的调查；对消费欲望、购买动机和影响购买的因素的调查；对购买习惯，如时间、地点、数量、支付习惯、厂牌商标的偏爱等的调查；对购买决策者、购买者和使用者的分析调查，新产品使用者的特征及其分类的分析调查等。

（3）对产品的调查。包括某产品需求程度、市场潜力及销售潜力的调查；产品过去的销售量、销售值和价格变动的调查；同类产品的生产和竞争情况的调查；消费者对本企业新产品的评价和接受程度的调查；本企业产品和竞争者产品的市场寿命周期调查；消费者对本企业及与其竞争产品的质量、价格和服务方面的要求和意见的调查等。

（4）对广告及其促销手段效果的调查。包括本企业和同行竞争企业的营销组织机构、规模及力量对比的调查；各竞争对手的广告媒介选择和广告费用支出情况的调查；各竞争对手的信誉及其促销手段的绩效对比的调查；广告媒介选择及其效果估测调查等。

（5）对市场销售的调查。包括对销售量增减原因的调查；代理商的信誉、实力、能力、销量及利润的调查；对现有销售渠道、中间商数量、储运手段、储运费用和运输工具状况的调查；直销手段的调查等。

### 2. 市场调查信息

市场调查的范围既然如此之广，那么所涉及的信息必然也十分广泛。市场调查中所涉及的信息，大致可分为一次信息和二次信息。

一次信息也称原始信息，主要指经过实地调查而获得的并以反映市场现状为主的信息资料。收集这些信息要费较多的人力、物力和时间。当进行新开拓的市场的研究或者要知道竞争对手的详细情况时，一般要重视一次信息，进行一次数据的研究。

二次信息是指特定人为特定的目的已收集到的信息，如报纸杂志上已公开发表的数据和资料。二次信息收集起来比较容易，特别是在目前网络发达的情况下，收集二次信息可以节省大量的时间和人力。但二次信息是由别人分析整理的，与自己所要解决的问题可能不是十分符合，所以在使用中要加以注意。

无论是一次信息还是二次信息，都是市场调查所必不可少的信息资料。要想了解市场现状，则必须收集一次信息，即第一手的资料，而且收集这种信息往往是市场调查活动的重点。而要想了解市场变化的历史，则必须收集二次信息，即第二手的资料。如果要预测市场变化趋势，则二者要兼备，缺一不可。

## 4.2.3　市场调查的类型

根据不同的目的和要求、不同的调查对象的范围，市场调查可归结为如下四种类型。

### 1. 探测性调查

当调查人员对所调查的问题或范围比较模糊，还不太熟悉和了解，无法确定到底应当如何研究时，可采用探测性调查来发现问题和提出问题，从而进一步确定调查的重点。这种方法主要是为了确定问题之所在，至于对问题究竟应如何解决，则有待于进一步研究。

### 2. 描述性调查

大部分市场调查采用描述性调查，例如市场潜力调查，市场占有率调查，销售分析、分销渠道调查和产品调查等。这种描述性调查要收集和整理市场营销活动的情况，回答消费者买什么、何时买和如何买的问题。

对描述性调查，只要找出一些关联关系即可，而不涉及因果关系。换句话说，描述性调查的目的在于说清楚"什么"、"何时"或"如何"的问题，而不必去解释"为何"。"为何"的问题实际上是下面要讲到的因果关系调查的任务。

与探索性调查相比，描述性调查要事先拟定好调查计划，准备好所需资料和收集资料的步骤。由于描述性调查的目的在于对某一专门问题给出答案，所以在调查中，其研究设计应当比探索性调查的研究设计更为精细，以降低调查误差。

### 3. 因果关系调查

在描述性调查后，将收集到的各种关联因素进一步鉴别，判断各因素的主从关系，找出哪些是因变量，哪些是自变量。具体来说，就是解决市场营销活动中"为什么"的问题。通常，营销活动中的因变量是市场占有率、成本、销量、利润等，而自变量有价格、广告费用、分销渠道、个人销售等企业可以自己控制的市场销售变量，俗称为市场变量组合。自变量中还有一些企业自己不能控制的变量，例如政府立法、竞争对手的广告费用与价格及消费者的收入变化、购买习惯、价格观念等。因果关系调查的主要目的就在于找出这些自变量对因变量的关系之所在。在描述性调查中已收集到的自变量与因变量的信息数据，也已指出其相互关联的关系，但究竟是什么关系，则为因果关系调查的任务。

### 4. 预测性调查

市场销售是企业的生命线，市场需求是组织生产的前提，也是企业生存的条件。所以市场需求的估计对企业有重大意义。这种估计哪怕是估计出一个较为粗略的数字也是好的。因为不进行调查和预测而任意制定企业的生产经营计划，日后的风险性太大，可能发生生产过剩造成企业商品积压或资金冻结的实际损失，或发生生产不足造成企业的机会损失。所以在商品经济空前发达、市场竞争空前剧烈的今天，预测性调查具有特别重要的意义。

预测性调查所需的资料主要可以根据描述性调查和因果关系调查提供，然后估计潜在需求，把握住销售机会，以便制定出切实可行、适合市场情况的营销计划，实现企业的目标。

## 4.2.4　市场调查的方法

对于二次信息，获得的方法简单，可以直接通过检索信息源获得。这里主要介绍一次信息的收集方法。

**1. 询问法**

询问法是指通过个别面谈、电话或信函，查明消费者、中间商和本企业营销员的意见，了解消费者的爱好和反映等。这是一种直接询问被调查者以收集信息的方法。按调查者与被调查者接触方式的不同，可分为面谈调查、邮寄调查和电话调查。

(1) 面谈调查。面谈调查常用的方式可分为两类：一类是走出去访问，即组织经过专门培训的调查人员，走出去对调查对象进行面谈，询问有关问题；另一类是请进来，即将被调查者请进企业，进行生产现场参观和面谈。使用这种方法时，要求调查人员既要适当地提出问题，又要细心地观察对话人的反应。为此，可事先设计好调查表格和调查提纲，以便有效地进行面对面的自由交谈和讨论。调查对象可以是消费者、用户和企事业单位。交谈方式可以采取个人访问，也可以采取集体座谈；可以安排一次面谈，也可以进行多次面谈，这根据实际调查目的和要求而定。

面谈调查法的优点包括：首先，面对面交谈自由。面对面交流可以及时得到所需了解的信息，还可通过交流，观察到被调查人的愿望、感情、购买意图和态度，以及所处的社会环境、社会地位和经济状况；可适当控制对话场面的气氛，保证调查工作能达到一定深度、广度和准确程度。其次，面对面交谈灵活。面对面交流可以互相启发和引导，回答不够明确时可当场要求补充，得到较为准确的信息，当场可解释调查内容中不清楚的地方。可在适当的时候展示样品、图样或文字资料，使双方谈话更为明确具体。再次，面对面交谈真实。交谈内容可实时记录，包括录音、录像和笔记。

面谈调查法的缺点包括：费用高、时间长，调查人员的自身素质（如工作态度和技术熟练程度等）会影响到调查效果。例如，调查者的态度和语气有时会对被调查者产生一定影响，或者因素质而无法与对方融洽交谈或不能理解对方回答问题的论点。

由于以上这些情况，采用面谈法不能不受到一定条件的限制。在实践中，只有当需要通过深入面谈才能了解到消费者的要求，或者调查询问的内容多而复杂时，才比较适于采取面谈调查，而且大多采用集体座谈的方式。

(2) 电话调查。电话调查是指通过电话向被调查者询问有关调查内容和征求意见的一种调查方法。在具体实施时，可以利用电话簿上的电话用户进行随机抽样。尽管如此，它仍然存在着不完整的缺点：因为调查结果不能代表没有电话的消费者的意见，同时电话调查也往往不容易取得被调查者的合作。所以采取电话调查法不能不受到一定的限制。

这种方法的优点是："用手指代替走路"，调查速度快，节省时间；成本比面谈低，回答率高，不受地理环境位置限制。其缺点是询问时间不宜太长，不能观察到被调查者的表情和家中的情况，只宜询问简单的问题，大都采用两项选择法向被调查者进行询问。

（3）邮寄调查。邮寄调查是指将调查表和问卷寄给被调查者，由被调查者按要求填写好后寄回的一种调查方式。采取邮寄调查的主要好处是调查的空间范围大，可以不受调查者所在地区的限制，只要是通邮地区都可以被选定为调查的对象；样本的数目可以较多（按随机抽样法抽取样本），而费用成本支出较少；被调查者有充分的时间来考虑回答，有与其他人商量和讨论的余地，避免受调查人员的倾向性意见的影响；如果采取匿名的方式，能获得更为真实的信息。邮寄调查的主要缺点是回收率低，因而影响样本的代表性，且信函往返时间长，易延误市场机会。

在市场调查的过程中，必须注意正确处理面谈调查、电话调查、邮寄调查之间的关系。这几种方法都有自己的优缺点，而且它们的优缺点是相对的，是一种方法同另一种方法相比较而言的。所以选用时必须在不同方法之间进行对比，以便选定最适宜的调查方法。

### 2. 观察法

观察调查法是对调查对象的行为、反应及感受等实际表象，用人或机械装置等进行记录，以收集信息的一种方法。这种方法的特点是调查人员不直接向被调查者提出问题并要求做出回答，而是凭借自己的感觉或利用照相机、录像机、摄像机或其他电子仪器对调查对象的活动和现场事实情景加以考察记录。

可以看出，观察又有人工观察法和机械装置观察法之分。人工观察法观察的内容包括：消费者家中使用的商品的商标、消费者在店内的购买行为、店内人的动向和数量、店前的人流、竞争者销售的商品及其价格。机械装置观察法包括通过视听装置记录商业电视的视听状况，借助监视器来掌握店内消费者的购买行为，利用眼球运动记录装置或瞬时测定器记录对广告的心理反应。

这种方法的优点是不必依赖于被调查者的记忆，用数据记录了被调查者的行为，由于被调查者并未意识到自己被调查，所以调查结果更为客观。缺点是费用较高，不能判断被调查者的动机和态度，所以必要的时候要与询问法结合起来。另外，由于观察者情况不同，有时记录可能不准确。

### 3. 实验法

实验法是指通过实验对比，对市场营销中某些变量之间的因果关系及自变量的变动对因变量的影响程度加以观察和分析的一种调查方法。它是从自然科学实验室实验法借鉴而来的。实验者控制一个或几个变量，例如价格、包装或广告，研究其对因变量（如销售量）的影响。在其他因变量不变的条件下，因变量的变化可视为完全是受到实验或自变量的影响所致。因此，正如自然科学的实验一样，实验者希望能在一受控环境下，研究各种包装或广告的效果。如果其他因素真的不变动，那么实验结果应当如自然科学实验一样的准确，但是这很难做到。因为市场上企业所不能控制的因素太多，如消费者的偏好、竞争者的策略等。实验者对这些外来因素根本无法控制，因此会对实验的结果有所影响。但是此法却是所有市场调查中与自然科学研究方法最接近的一种，凡是与改变产品销售有关的因素，如品种、质量、包装、价格、式样、广告等，都可用此法了解因果关系。通过实验收集事实材料，然后整理分析，根据分析后的资料，推断出一般情况，此乃归纳法的思想。

实验法的优点是由于在现场试验，所获得的数据能够反映现实，可以分析出因果关系。其缺点是为取得实验成果，要花费相当长的时间和相当多的费用，影响实验的因素难以控制，难以选择市场的整体代表。

### 4. 抽样调查

如果对所有与调查相关的单位进行统一的、普遍的、全面的、无遗漏的专门调查，从理论上来讲，可以取得调查总体全面的原始资料和可靠的数据，能正确反映客观实际的结果。但是从实践上来看，由于大规模的市场普查要耗费大量的人力、物力、财力和时间，不能迅速取得调查结果。就算是调查结果非常准确，但会因市场变化太快而失去调查意义。这种大规模的市场普查既是不现实的也是不必要的。所以在市场调查中一般采用抽样调查的方式。

所谓抽样调查，就是从被调查的总体（母体）抽出一部分调查对象（子体或样本），按特定事项进行调查，从而估测被调查者的总体的状态。它的主要好处是在节省人力、物力、财力的同时，比较快地取得同市场普查大致相同的效果。当然，抽样调查也存在着易于产生误差的弱点。由于抽样调查所取得的整体结果是根据调查母体中的一部分样本推算出来的，因而从一定意义上讲，出现或多或少的抽样误差是难免的，也是允许的。只要正确地确定抽选样本的方法，使抽选出来的样本能够真正代表母体并恰当地确定样本的数目，就能有效地减少抽样误差。

抽样调查中，首先是基于调查目标确定母体，接着决定样本误差，并根据调查费用决定样本数，从母体中抽出样本。抽出样本时，重要的是选好能够代表母的样本。按照样本抽取方式的不同，抽样调查主要包括：简单随机抽样法、系统随机样本法、多段随机抽样法、分层随机抽样法、分群随机抽样法、任意抽样法、配额抽样法、判断抽样法等等，限于篇幅我们在此就不多做介绍。

### 4.2.5　市场调查的程序

市场调查是一项复杂的艰巨的工作，必须有准备、有计划、有步骤地进行，才能取得较好的效果。一般可按三个阶段 11 个步骤进行，如图 4 - 1 所示。

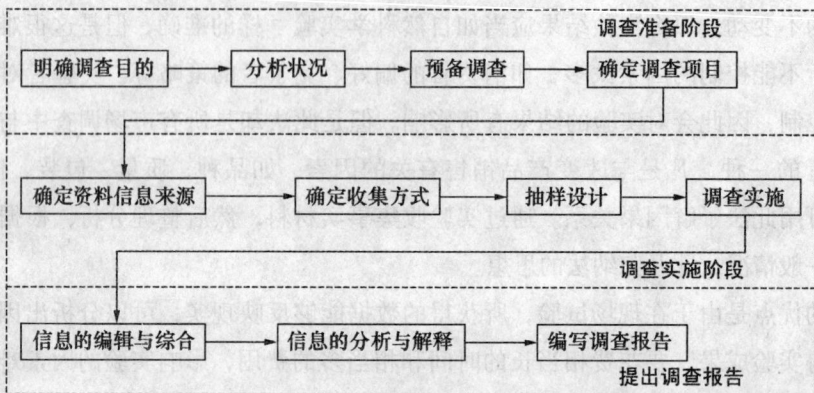

图 4 - 1　市场调查的程序

**1. 第一阶段：调查准备阶段**

准备阶段的任务主要是解决调查目的、调查要求、调查范围和规模、调查力量的组织等问题，并制定出一个切实可行的调查实施方案。

**2. 第二阶段：调查实施阶段**

这个阶段的主要任务是组织调查人员深入实际，按调查要求系统收集各种数据资料，听取被调查者的意见。

**3. 第三阶段：提出调查报告**

这是在分析和总结的基础上提出调查结果的阶段，主要工作包括信息的编辑与综合、信息的分析与解释、提出调查报告。

上述步骤只是一般程序，在实际调查中，可根据情况合并或简化，甚至还可以根据需要拟定更多的步骤，以求精细。

### 4.2.6　调查问卷的设计

问卷调查法是一种经常使用的方法。它是以书面提出问题的方式搜集资料的一种研究方法，即调查者就调查项目编制成表式，分发或邮寄给有关人员，请示填写答案，然后回收整理、统计和研究。

问卷调查的最大优点是方法简便、节约时间（就调查者而言），材料也比较容易整理和统计。有时用无记名形式问卷，可以获得面谈或开调查会不容易获得的某种有价值的资料。

问卷调查的局限性在于发出的问卷常常无法全部收回。收回的问卷太少，往往影响所取得材料的代表性。其次，问卷调查应用范围较广，搜集的资料往往是表面的，不能了解深层次的问题。再次，问卷中的问题太多，会使答者生厌、置之不理；问题太少，所得的数据不能说明问题，有可能影响整个研究结论的科学性。

这种方法需要有一种系统记载有需要调查的问题和调查项目的问卷。这种调查问卷是调查必不可少的工具。根据不同的调查目的和不同的调查任务，调查者要设计出符合特定调查的调查问卷来。设计不当的调查问卷，往往会造成调查信息的遗漏和出错。

问卷调查中的调查问卷有六种主要功能：把研究目标转化为特定问题；使问题和回答标准化；通过措辞、问题流程与卷面设计来促进合作；记载记录原始数据；加快数据分析过程；进行有效性测试。

**1. 调查问卷的设计原则**

（1）调查问卷设计应该避免的问题如下。

1）问题不应该假设不明显存在的标准。进行问卷调查的目的是了解被调查者的真实想法，如果问题中存在不明显的标准，那么被调查者将无所适从，不知道该如何作答，从而影响调查的有效性。

2）问题不应该超越受访者的能力与经验以及受访者的记忆能力。如果问题超越了被调查者的知识范围和记忆能力，那么不是调查问卷设计的问题就是调查人群选择的问题。

3）问题不应该用特例来代表普遍状况。调查问卷要调查的是一种普遍的状况，如果用一个特例来代表，则会以偏概全，不能反映被调查者的真实情况。

4）问题不应该涉及推断与猜测。每个人的逻辑思维是不同的，人们的思维方式和推理手段都是千差万别的，相同的条件可能推理出多种不同的结果，所以推断和假设是调查问卷设计中要避免的关键问题，否则将导致答案过于分散，难于说明问题，甚至无法统计。

5）不应该询问过多的无关问题。问卷设计中要力求问题简单明了，容易理解，要争取被调查者的合作和热心，使他们能认真对待。过多的无关问题会使被调查者产生厌烦的心理，敷衍了事，从而不能反映真实情况。

6）问题中不应该使用夸张或有歧义词语。调查问卷最后是要进行分析整理的，所以问题不要模棱两可、含糊不清，那样不利于最后的分析和统计。

7）不应该将两个问题合并为一个。调查问卷的内容和数据要易于整理，应考虑采用计算机整理分析调查表，以节省人力和时间，保证时效性。如果将两个问题合并为一个，不利于使用计算机进行统计和分析。

8）不应该诱导受访者回答特定答案。问卷调查的真实性要求问题不应该具有暗示性，否则起不到问卷调查的作用。

（2）调查问卷的设计原则。通过以上的分析可以得出问卷设计应该遵循的原则：问题应该针对单一论题；问题应该简短；问题应该以同样的方式解释给所有受访者；问题应该使用所有受访者的核心词汇；问题应尽可能使用简单句；尽量不用易刺激回答者的语言；简单的或被调查者较为关心的问题，要放在前而，以便循序渐进，由浅入深。

**2. 调查问卷的卷面设计**

（1）调查问卷的题型。一般而言，问卷的题型有三种：问答题、单项选择题、多项选择题。

1）问答题。直接提出问题，问题本身并不揭示任何暗示的答案，让被调查者自由发表自己的看法。例如：

××牌电视机的质量和它在广告中所承诺的一致吗？

2）是非题。一般设置相互对立的两个答案，让被调查者选出其中一项。例如：

请问您夏季喝汽水吗？

（A）是　　（B）否

3）选择题。一般设置三个以上的答案（答案的多少视情况而定，可以多达十余个），让被调查者选出其中的一项或多项。例如：

请问您是在哪一种情况之下嚼口香糖的？

（A）口渴时　（B）无聊时　　（C）看电影时　　（D）郊游时　　　（E）约会时

（F）运动时　（G）看书时　　（H）有口臭时　　（I）预防蛀牙时　　（J）其他（请列明）

（2）问卷调查的问题设计。调查问卷的编制是一项细致而复杂的工作。其基本要求是问题具体，重点突出，能正确记录和反映被调查者的真实情况，便于资料的统计和整理，使被调查者乐于合作。所以问题的设计就显得尤为重要。问题设计一般有以下几种类型。

1）回想题。即明确提示回想的范围，让被调查者根据记忆进行回答。其主要用于测验品牌名称、公司名称以及有关广告对被调查者的印象程度。例如：

请您简述××产品的电视广告内容。

2）再确认题。即事先提示某种线索，如图画、照片、文字、名称等，请被调查者回忆确认。例如：

下面几种品牌的电冰箱，请划出您知道的。

（A）吉诺尔 （B）琴岛 （C）双鹿 （D）美菱 （E）海尔 （F）新飞

3）配合题。即给出两类提示物，请被调查者找出提示物之间的对应关系，以发现他们的认知程度。例如：

列出几种电视机的品牌，请写出它们相应的价格。

4）比较题。即让被调查者对几种产品的品牌、商标、广告等，根据喜欢程度的不同进行比较选择。例如：

请您比较 A、B、C 三种产品的广告。

5）倾向程度题。即指对于某产品连续进行询问，以了解被调查者从消费一种品牌的商品转变为消费另一种品牌商品的态度差别。这种调查法在调查态度、意见时经常使用。例如：

您经常喝什么牌的啤酒？

目前市场上最畅销××牌啤酒，今后您是否继续购买以前常喝的啤酒？

（A）是 （B）否

6）数值尺度题。即对调查对象的某种属性进行顺序分类，被调查者可以在满意和不满意的量度之间进行选择。例如：

看了某产品的电视广告后，您感觉广告设计如何？

（A）很不满意 （B）不满意 （C）一般 （D）满意 （E）很满意

7）图解评价题。即事先画一图表，让被调查者就其主观感觉在上面划符号，以表明其评价的内容。例如：

您认为××冰箱的外观造型如何？

非常美观———→非常不美观

8）对应评分题。即要求被调查者依据事先规定的特征，在评分表上表明自己的看法。例如：

请您对可口可乐、七喜、健力宝这三种饮料的广告印象评分（满分为10分），见表4-1。

表4-1 饮料的广告评分

| 饮 料 | 广告艺术性 | 播放时间 | 诉求对象 | 广告风格 |
|---|---|---|---|---|
| 可口可乐 | | | | |
| 七 喜 | | | | |
| 健力宝 | | | | |

以上只是阐述了编制调查问卷中要用到的主要的问题设计的类型，在实际工作中，可在一

张问卷中根据需要采用一种、两种或几种类型。至于还有一些其他的方法，可以参阅有关书籍，这里不再赘述。

# 4.3 市场需求预测

市场需求预测是指通过对消费者的购买心理和消费习惯的分析，以及对国民收入水平、收入分配政策的研究，推断出市场消费水平。它是市场研究中重要的组成部分，也是最复杂的部分之一。市场需求预测具有科学性、近似性和局限性的特征。

## 4.3.1 市场需求预测的程序

为保证市场需求预测工作的顺利进行，必须合理地安排工作进程。通常的市场需求预测主要有以下8个阶段。

### 1. 确定预测的目标

预测的第一个环节是确定预测目标，这是针对某次具体预测而言，目标明确才能有的放矢。确定目标包括确定预测的范围、领域和时间要求，而且必须服从决策者的要求。

### 2. 资料的收集和整理

资料是进行预测的依据。根据问题的性质和预测目标的要求，收集有关预测对象历史的和目前的资料。另外，要大量收集预测的背景材料，即有关的科学技术、经济、社会、政治和文化等方面的材料。有时，还要收集国内外同类经济预测研究的成果。资料收集工作必须有目的地进行。

整理资料时，要着重解决时间序列和相关表的编制问题。由于涉及历史资料和相关其他方面资料，难免会出现事物性质、地区范围、计算价格和计算方法等方面的可比性问题，这就需要做出必要的调整，使其相互可比。对搜集来的资料，还要根据预测的目的要求加以选择，特别是对那些在准确性方面存在问题的资料，除非采取了必要的措施加以处理，否则应该坚决不予采用，以保证运算的质量。

### 3. 建立预测模型，选择预测方法，进行预测运算

这是预测程序的核心。在收集整理资料和征询专家意见的基础上，经过对比、检验、修正，

建立符合预测对象和预测需要的预测模型。有了预测模型，就可以进行预测运算，包括对数学模型的求解。在具体进行预测运算的过程中，要根据预测的目的、预测对象的特点、占有资料的情况、预测费用以及预测方法的应用等条件来决定，比如有的应用时间序列外推法，有的应用相关分析法，有的则宜于采用专家综合评定法等。但在多数情况下，为了尽量降低预测误差，求得比较符合未来实际情况的预测结果，可以对同一预测对象的同一预测要求同时采用两种或两种以上不同的预测技术方法，以便将运算结果进行综合、对比、平衡，并取其最优解。

**4. 调整预测方法**

在整个预测过程中，还要经常利用预测本身的实践经验，利用预测值与实际情况之间的差距去调整预测的组织方式和技术方法等问题。如果预测工作实践证明，某种预测组织方式和技术方法在人力、物力和财力消耗方面是过大的、不经济的，在时间上是不及时的，预测结果与实际情况之间的误差是超过所允许的范围的，那么，要在可能的条件下及时调整这种组织方式和技术方法，力求在经济、节约和及时的条件下取得较为可靠的预测结果。

**5. 确定预测值**

预测运算所得到的结果是根据预测对象的历史条件和发展运动的历史因素得出的，随着时间的推移，这些因素的影响程度可能会发生变化，也可能产生一些新的影响因素，以致今后可能出现新的发展趋势和发展速度，因此不能简单地作为最后预测值，应参照当前已经出现的各种可能性，利用正在形成的各种趋势、征兆、苗头，进行综合对比，判断推理，对预测初值做必要的调整，最后确定预测值。

**6. 做出预测结论**

由于预测过程受各种因素的干扰，会出现误差，我们不能轻易地把初步结果当做预测的结论。因此，对于初步预测的结果，还必须进行深入细致的分析研究，尽量考虑到各种可能出现的情况，并进行必要的调整、补充，最后再做出预测结论。这样就能使预测更准确一些。

**7. 提交预测报告**

将预测结论总结成预测报告，提供给决策机构或部门，作为编制计划、制定决策和拟定策略的依据。预测报告的主要内容有：预测的题目（项目）；预测依据资料的名称及其来源；预测选择的数学模型及其依据；参加预测的成员姓名及素质；预测过程和反复验证情况；预测值及修正值，修正的依据；预测的建议；预测者签名盖章。

**8. 进行预测反馈**

预测反馈是指根据事物发展变化，经常将实际情况或数据与预测的结论相比较，分析研究出现偏离的原因，以便在实际中及时纠正预测误差。这样做有利于不断改进预测工作、提高预测精度，因此，也是预测不可忽视的一个重要步骤。

总之，市场需求预测过程是一个预测资料、预测技术和预测分析相结合的过程。预测资料是预测的基础和出发点，预测技术的应用是核心，预测分析则贯穿了预测的全过程。可以说，没有预测分析，就不成为预测。

### 4.3.2　市场需求预测的方法

科学的预测技术是准确的预测结果的必备条件，也是营销需求预测分析的核心。近年来，预测方法日益增多，但总体上可以把它们归纳为两方面的内容，即定性预测技术和定量预测技术。

#### 1. 定性预测法

定性预测法也称直观判断法，是指根据有限的信息，依据个人的经验、知识水平和综合分析能力，判断未来事件的发展状况和发展前景，揭示某些不确定因素的方法。这也是市场预测中经常使用的方法。这种方法不需要用高难的数学方法和先进的预测工具，因此，简单易行，便于发动群众进行集思广益，一般在缺乏完备、准确的市场资料的情况下采用。它主要包括集合意见法与专家预测法两大类。

(1) 集合意见法。这种方法是由预测人员召集企业的管理者、业务人员，根据已收集的信息资料和个人的经验，对未来做出判断预测，最后由组织者把预测方案、意见集中起来，用平均数的方法进行数学处理，并根据实际工作中的情况进行修正，最终取得预测结果的方法。这类方法适合于做短期预测，主要有以下三种方法。

1) 集合经营与管理人员意见法。集合经营与管理人员意见法是由经理根据经营管理的需要，向下属管理单位和业务人员提出预测项目和预测期限的要求，然后下属管理单位及业务人员依据经理要求提出各自的预测方案，最后再将经理、管理人员、业务人员各自的预测方案进行综合分析，确定出企业的市场预测值。这种方法就是将经理、管理人员、业务人员的预测方案加以归纳、分析、判断，以便全面考虑企业各方面的情况，广泛征求各层人员的意见，使预测值更能反映实际情况。这种领导和群众相结合、质的分析和量的分析相结合的方法，比较适合我国商业企业管理状况。

2) 集合业务人员意见法。集合业务人员意见法就是集合所属经营机构的业务人员、分支机构的业务主管人员、有业务关系的批零企业的业务主管人员以及联合企业的业务主管人员的预测意见而进行的市场预测。这种方法所集合的业务人员的意见，既包括企业内部业务人员的意见，也包括与企业有业务关系的外单位业务人员的意见。所以，必须从两个方面来进行预测，最后加以归纳、分析，得出预测值。

3）业务人员意见综合法。业务人员意见综合法就是提供预测的人员仅限于企业内的业务人员，如零售企业的采购员、售货员。这种预测方法与上述两种方法性质相同，其特点是在预测人员的选择上仅限于企业内部，并且都是业务人员。由于他们缺少对宏观影响因素的分析，预测结果难免带有一定的局限性。所以，这种方法可以用于短期预测，但不宜做中期和长期预测。因此，在使用这种方法时，一定要把握住预测期的长短，否则将失去意义。

（2）专家预测法。专家预测法是基于对预测有丰富经验的专家的知识与分析判断能力，在分析各方面资料的基础上，对未来发展变化的趋势做出可靠的预测。专家预测法在具体操作上有许多方式，如专家会议法、德尔菲法等。

1）专家会议法。专家会议法又称会议调查法，是指预测人员邀请有关方面的专家，采用调查会议的形式，向与会人员获取预测信息，经判断和推算，预测经济现象发展前景的一种直观预测法。采用这种方法，不是依靠一个或少数专家，而是依靠许多专家或专家集体通过会议讨论，并在专家们分析判断的基础上，综合专家们的意见，对经济现象如对产品的市场需求及其发展趋势等做出量的预测。由于专家的知识面广、信息量大、考虑的因素多，因此这种方法能集思广益，充分发挥集体智慧，讨论的问题也较为透彻，往往能提供多个可行的方案或提出许多有益的意见。

2）德尔菲法。这种方法适用于资料很少、未知因素很多的预测主题。德尔菲法能够对预测对象在未来发展中的各种可能和期待出现的前景做出概率估计，使之获得非常重要的且以概率表示的明确答案，为决策者提供多种方案选择的可能性。德尔菲法既可用于短期、中长期预测，也可用于远景规划；不仅可以预测事物的量变过程，也可预测事物的质变过程，特别是用于中长期和远景规划，被称为最可靠的预测方法和最理想的决策工具。

### 2. 定量预测法

定量预测法是指利用比较完备的信息资料，运用数学模型，从数量上推测客观事物发展变化趋势的预测方法。运用定量预测方法，能够客观、准确地把握未来事件的发展程度，为决策提供科学的数据资料。但是这种方法计算量大，对数据的真实、准确度要求极高，多应用于具有完备的、真实的、可靠的相关资料的情况。它主要包括时间序列预测法和线性回归预测法两大类。

（1）时间序列预测法。时间序列预测法又称为趋势预测法，是指对同一经济现象或特征值按时间先后顺序排列历史资料，根据事物发展的连续性预测市场未来的变化趋势。时间序列预测法的应用范围比较广泛，如对商品销售量的平均增长率的预测，季节性商品的供求预测，产品的生命周期预测等等，都可以采用时间序列预测法。这类方法直接从时间序列统计数据中找出反映事物发展的演变模式，所以比较简单，在预测中经常采用。常用的方法主要有平均数法、指数平滑法、趋势外推法和季节指数法等。

1）平均数法。平均数法是趋势预测法中最简单的一种，它是以一定时期内预测目标的时间序列的平均数作为下期预测值的预测方法。

平均数法可以分为算术平均数法和移动平均数法两种。算术平均数法又可分为简单算术平均数法和加权算术平均数法。简单算术平均数法是利用简单算术平均数在时间序列上形成的平均数动态数列，以说明某种经济现象在时间上的发展趋势。简单算术平均数比较适合于预测对象变化趋势比较稳定的短期预测。其计算公式为：

$$X_t = (S_{t-1} + S_{t-2} + \cdots + S_{t-n}) / n$$

式中：$n$ 为观测期的长度；

　　　$S_{t-n}$ 为 $t-n$ 时期的时间序列观测值；

　　　$X_t$ 为 $t$ 时期的预测值。

例：某企业销售甲产品，8 月份的销售量为 200 万件，9 月份的销售量为 300 万件，10 月份的销售量为 400 万件，则 11 月份的销售量预测值用简单算术平均数法计算为：

$$X_{11} = (400 + 300 + 200) / 3 = 300 \text{ 万件}$$

加权算术平均数法是通过对不同的数据按其重要性乘以不同的权数，来计算平均数，并以此计算预测值。简单算术平均数法将过去不同历史时期的数据等同看待，实际上近期的数据对预测值的影响作用应当更大一些，而远期的则小一些，我们通过赋予近期的数据较大的权数，远期的数据较小的权数，一定程度上克服了简单算术平均数法远近不分的缺点。其计算公式为：

$$X_t = (S_{t-1}f_{t-1} + S_{t-2}f_{t-2} + \cdots + S_{t-n}f_{t-n}) / (f_{t-1} + f_{t-2} + \cdots f_{t-n})$$

式中：$n$ 为观测期的长度；

　　　$S_{t-n}$ 为 $t-n$ 时期的时间序列观测值；

　　　$f_{t-n}$ 为 $t-n$ 时期的权数；

　　　$X_t$ 为 $t$ 时期的预测值。

例：仍以上例计算，8 月份的权数取为 1，9 月份的权数取为 2，10 月份的权数取为 3，则 11 月份的销售量预测值用加权算术平均数法计算为：

$$X_{11} = (400 \times 3 + 300 \times 2 + 200 \times 1) / (3 + 2 + 1) = 333.33 \text{ 万件}$$

移动平均数法是利用过去若干实际值的移动平均数来进行预测的一种方法。它是在算术平均数法的基础上发展起来的，同时又克服了算术平均数法不能反映事物发展过程和趋势的缺点。

常用的移动平均数法有简单移动平均数法和加权移动平均数法。

简单移动平均数法一般用于预测对象的时间序列长期趋势基本平衡的状况，以一组实际数据的平均值作为下一期的预测值。这种方法擅长揭示发展的长期趋势。其计算公式为：

$$X_{t+1} = (S_t + S_{t-1} + \cdots + S_{t-n+1}) / n$$

式中：$n$ 为移动平均的期数；

　　　　$S_t$ 为 $t$ 时期的时间序列观测值；

　　　　$X_{t+1}$ 为 $t+1$ 时期的预测值。

例：某企业销售甲产品，从 2011 年 1 月到 4 月的销售量如表 4 - 2 所示，用简单移动平均数法计算 5 月份的销售量。

表 4 - 2　　　　　　　　　　2011 年企业甲产品销售量　　　　　　　　　单位：万件

| 月　份 | 1 月 | 2 月 | 3 月 | 4 月 |
|---|---|---|---|---|
| 销售量 | 200 | 300 | 280 | 410 |

取 $n = 3$ 来计算移动平均数，则

$$X_5 = (410 + 280 + 300) / 3 = 330 \text{ 万件}$$

加权移动平均数法是在简单移动平均数的基础上再做加权移动平均。这种方法可以消除简单移动平均法产生的不合理偏差和滞后问题。其计算公式为：

$$X_{t+1} = (S_t f_t + S_{t-1} f_{t-1} + \cdots + S_{t-n+1} f_{t-n+1}) / (f_t + f_{t-1} + \cdots f_{t-n+1})$$

式中：$n$ 为移动平均的期数；

　　　　$S_t$ 为 $t$ 时期的时间序列观测值；

　　　　$f_t$ 为 $t$ 时期的权数；

　　　　$X_{t+1}$ 为 $t+1$ 时期的预测值。

例：仍以前述例题为例，权数设计见表 4 - 3（应当注意，使用加权移动平均法时，权数之和应等于 1）。

表 4 - 3　　　　　　　　　　　　　　　权重分配

| $t$ | $t-1$ | $t-2$ |
|---|---|---|
| 0.5 | 0.3 | 0.2 |

取 $n = 3$ 来计算移动平均数，则

$$X_5 = (410 \times 0.5 + 280 \times 0.3 + 300 \times 0.2) / (0.5 + 0.3 + 0.2) = 349 \text{ 万件}$$

2）指数平滑法。指数平滑法是以上期实际值与预测值之间的差额为依据与平滑系数相乘，

再加上上期预测值作为本期预测值的一种预测方法。从前面的移动平均数法可以看到，这种方法大量选择了近期数据。同时，简单移动平均数法是对历史数据的等同利用，加权移动平均数法虽然按照时间的远近给予数据不同的权数，但权数的确定没有一定的规律可循，虽然简单易行，但预测精度难以掌握，在实际预测时会发生较大的偏差。指数平滑法是对移动平均法的改进和发展，可以通过平滑系数的选择来调节近期数据的作用，同时又不舍弃远期数据的影响，多用于中短期发展趋势的预测。所有预测方法中，指数平滑法是用得最多的一种。其计算公式为：

$$X_{t+1} = X_t + a \times (S_t - X_t) = a \times S_t + (1-a) \times X_t$$

式中：$a$ 为平滑系数 $(0 < a < 1)$；

　　　$S_t$ 为 $t$ 时期的实际数据；

　　　$X_t$ 为 $t$ 时期的预测数据。

例：某企业 2011 年第一季度的销售额为 380 万元，预测值为 400 万元，用指数平滑法预测该企业 2011 年第二季度的销售额。

若取 $a = 0.1$，则第二季度的销售额为：

$$0.1 \times 380 + (1 - 0.1) \times 400 = 398 \text{（万元）}$$

若取 $a = 0.3$，则第二季度的销售额为：

$$0.3 \times 380 + (1 - 0.3) \times 400 = 394 \text{（万元）}$$

从计算结果中我们看到，平滑系数取值不同，预测结果不同，因此，平滑系数的选取至关重要。平滑系数的选择主要依赖于时间序列的发展趋势波动性和预测者的主观判断，大致可分为五种情况：当时间序列数据呈现较稳定趋势时，应选较小的 $a$ 值，一般可在 $0.05 \sim 0.20$ 之间；当时间序列数据较小波动时，$a$ 值可在 $0.1 \sim 0.4$ 之间；当时间序列数据波动很大，呈现明显的上升或下降趋势时，应选择较大的 $a$ 值，一般可在 $0.6 \sim 0.8$ 之间；当时间序列数据波动极大时，$a$ 的取值在 $0.6 \sim 1$ 之间；如果时间序列数据不易判断时，取几个不同的 $a$ 值进行试算，比较不同的预测标准误差，选取标准误差最小的 $a$ 值。

3）季节指数法。经济活动中，某些经济现象往往受季节因素的影响而呈现出季节变动的规律性，如电暖器、冷饮、防寒服等往往受季节影响而出现销售的淡季和旺季之分。季节指数预测法就是根据经济现象按月（季）编制的时间数列资料，以一定的统计方法测算出反映其季节变动规律的季节指数，并利用季节指数进行近期预测的一种时间序列预测法。这种方法，必须具有 3～5 年以上的资料按月（季）编制时间序列，才能保证所计算出来的季节指数符合客观实际，有较高的代表性。

其预测步骤为：首先，收集历年各月或各季的数据资料。其次，求出各年同月或同季的平均数（At）。第三，求数据资料中所有月份或季节的总平均值（B）。第四，计算同月或同季度的季节指数（St = At/B）。最后，用未来季度的没有考虑季节影响的预测值，乘以相应的季节指数，取得预测年度内各月或各季度包含季节变动的预测值。

例：某公司从2008年到2010年，每一年各季度的家电用品销售量见表4-4。假设该公司2011年家电用品的销售量以2010年的销售量为依据按8%递增，预测2011年各季度家电用品的销售量。

表4-4　　　　　　　　　　　某公司各季度家电用品平均销售量　　　　　　　　　　　单位：万件

| 年份 | 年度销售量 | 第一季度 | 第二季度 | 第三季度 | 第四季度 |
|------|-----------|---------|---------|---------|---------|
| 2008 | 469 | 90 | 125 | 104 | 150 |
| 2009 | 569 | 120 | 154 | 130 | 165 |
| 2010 | 519 | 114 | 135 | 150 | 120 |
| 合计 | 1557 | 324 | 414 | 384 | 435 |

第一步：计算各季度的平均销售量 At

第一季度　324/3 = 108（万件）

第二季度　414/3 = 138（万件）

第三季度　384/3 = 128（万件）

第四季度　435/3 = 145（万件）

第二步：计算每季度的总平均销售量 B

1557/3/4 = 129.75（万件）

第三步：计算季节指数 St = At/B

第一季度　108/129.75 = 83.24%

第二季度　138/129.75 = 106.36%

第三季度　128/129.75 = 98.65%

第四季度　145/129.75 = 111.75%

第四步：计算2011年没有考虑季节影响的各季度平均销售量

519 × （1 + 8%）/4 = 140.13（万件）

第五步：计算2011年考虑季节影响的各季度预测销售量

第一季度　83.24% × 140.13 = 116.64（万件）

第二季度　106.36% × 140.13 = 149.04（万件）

第三季度　98.65% × 140.13 = 138.24（万件）

第四季度　111.75% × 140.13 = 156.60（万件）

4）趋势外推法。趋势外推法又称趋势延伸法，它是根据预测变量的历史时间序列揭示出的变动趋势外推将来，以确定预测值的一种预测方法。趋势外推法通常用于预测对象的发展规律是呈渐进式的变化，而不是跳跃式的变化，并且能够找到一个合适函数曲线反映预测对象变化趋势的情况。实际预测中最常采用的是一些比较简单的函数模型，如线性模型、指数曲线、生长曲线、包络曲线等。由于趋势外推法所使用的函数模型繁多，且计算复杂，这里就不一一举例说明了。

（2）线性回归预测法。在社会经济现象中，许多经济变量除了受时间变化的影响外，还可能受很多因素的影响，如广告投入量与产品销售量、原材料价格与产品成本、居民收入变化与购买力投向变化等。当一个经济变量发生变化后，会带来另一个经济变量发生相应的变化，两种经济变量之间的这种相互影响、相互依存的关系，称为因果关系。线性回归预测法就是寻找变量之间的因果关系，并将这种关系用数学模型表示出来，通过历史资料计算两种变量的相关程度，从而预测未来情况的一种方法。这种数学模型被称为线性回归模型，即：

$$Y = f(X_1, X_2, X_3, \cdots, X_n)$$

其中，$Y$ 是因变量，也是预测对象；$X_i$ 代表 $X_1 \sim X_n$ 中的任一变量，也是影响预测对象变化的因素。

线性回归预测法是一种比较科学的预测方法，但需要具备一定的条件，如经营管理达到一定水平，具有系统、完整的数据，必要的现代化手段等。

按照自变量的个数，线性回归预测法可分为一元回归预测法和多元回归预测法。

1）一元回归预测法。一元回归预测法就是运用两个变量间相互依存的关系形成数学模型，然后根据相关历史资料，进行市场预测的方法。期预测模型为：

$$Y = a + bX$$

其中，$a$、$b$ 为回归系数；

$X$ 为自变量；

$Y$ 为因变量。

计算公式如下：

$$b = (n\sum X_i Y_i - \sum X_i \sum Y_i) / n\sum (X_i)^2 - (\sum X_i)^2$$
$$a = (\sum Y_i - b\sum X_i) / n$$

其中，$n$ 为实际数据数量值。

例：某公司 2006～2010 年的销售总额与资本需要量如表 4-5 所示，同时对该公司 2011 年的资本需要量做了估算，预计比 2010 年增长 20%，要求应用回归模型预测公司 2011 年的销售总额。

| 表4－5 | | 某公司销售数量与资本需要量 | |

| 年　　度 | 资本需要量（x）（万元） | 销售总额（y）（万元） |
| --- | --- | --- |
| 2006 | 60 | 500 |
| 2007 | 30 | 350 |
| 2008 | 75 | 680 |
| 2009 | 82 | 750 |
| 2010 | 90 | 850 |

第一步，整理表中数据

| 表4－6 | | 回归直线方程数据整理表 | | |

| 年　度 | 资本需要量（x）（万元） | 销售总额（y）（万元） | XY | $X^2$ |
| --- | --- | --- | --- | --- |
| 2006 | 60 | 500 | 30000 | 3600 |
| 2007 | 30 | 350 | 10500 | 900 |
| 2008 | 75 | 680 | 51000 | 5625 |
| 2009 | 82 | 750 | 61500 | 6724 |
| 2010 | 90 | 850 | 76500 | 8100 |
| n＝5 | $\sum X = 337$ | $\sum Y = 3130$ | $\sum XY = 229500$ | $\sum X2 = 24949$ |

第二步，利用公式计算 $a$、$b$ 值

$$b = （5 \times 229500 - 337 \times 3130） / （5 \times 24949 - 337^2） = 8.29$$

$$a = （3130 - 8.29 \times 337） / 5 = 67.254$$

第三步，将 $a$、$b$ 代入一元线性回归模型：$Y = 67.254 + 8.29X$

第四步，应用模型求预测值

2011 年公司资本需要量比 2010 年增长 20%，则 2011 年资本需要量为 90 ×（1 + 20%）= 108（万元）。

将 2011 年的资本需要量代入已求解模型，则可计算出该公司 2011 年销售总额的预测值：$Y = 67.254 + 8.29 \times 108 = 962.574$（万元）。

2）多元回归预测法。多元回归预测法是以预测目标为因变量（Y），影响预测目标的因素为自变量（X），同时探讨两个或两个以上自变量与因变量（$X_1$，$X_2$，…，$X_n$）的相关关系，建立回归预测模型，据此开展未来情况的预测就是多元回归预测法。多元回归预测法的预测步骤与一元线性回归预测法的预测步骤基本相似，只是扩展了回归方程式的自变量数量，增加了解联立方程的过程和统计检验的复杂程度。其回归模型为：

$$Y = a + b_1 X_1 + b_2 X_2 + \cdots + b_n X_n$$

定量预测与定性预测各有优缺点，可以相互补充。在实际工作中可以将这两种方法结合使用，以便从定性和定量两个方面了解事件的发展变化趋势，预测的结果将会更为准确。

## 思考题

1. 请结合本章学习，谈谈企业如何构建有效的营销信息系统？

2. 市场调研的功能是什么？如何开展有效的市场调研？

3. 市场调查的方法有哪些？各自的优劣势是什么？

4. 问卷设计时应该注意哪些问题？

5. 有人说定量的市场需求预测法比定性的方法更加科学，因此不需要后者，你是否同意？为什么？

## 案例讨论

### 太子奶集团进军童装市场

2002 年底，位于北京市密云工业开发区的"太子"童装生产基地开始试产首批童装。引人关注的是，投资方不是什么服装企业，却是国内最大的乳酸菌企业湖南太子奶集团。无独有偶，国内的饮料巨头们均不甘寂寞，纷纷上演"串行"戏：娃哈哈卖上了方便面，统一进军白酒市场，如今太子奶集团又做起了童装。据了解，如此大规模、行业性的"串行"在饮料行业还是第一次。其实早在几年前，就有饮料巨头"百事可乐"大胆跨入运动服饰行业成功"串行"的先例。但像 2002 年这样几家企业先后行动，却极为少见。这种"大串行"现象，是与市场调查和预测分不开的。

经过周密的市场调查和预测，太子奶集团发现童装市场需求大，前景看好，于是做出了大胆的跨行经营举动。据有关部门统计，2000 年我国 16 岁以下的少年儿童约有 3.2 亿，占全国人口的 27%，国内儿童服装生产企业共有 4000 多家，年生产儿童服装 6 亿多件，而真正叫得响的儿童品牌服装也只有 200 家左右，整个儿童服装市场从数量到品质远远不能满足市场的需求。新落成的"太子"童装公司占地 320 多亩，投资数亿元，拥有数万平方米的现代化标准厂房和宽大的智能物流中心，世界先进的全智能电脑制衣生产线，独家从日本、法国进口符合当今国际流行色彩和环保要求的面料，据说每季可以推出至少 200 个以上流行款式。

**【问题】**

1. 太子奶集团进军童装市场是否科学？

2. 结合本案例谈谈市场营销调查的作用。

# 第 5 章

# 市场营销战略

■ **知识结构图**

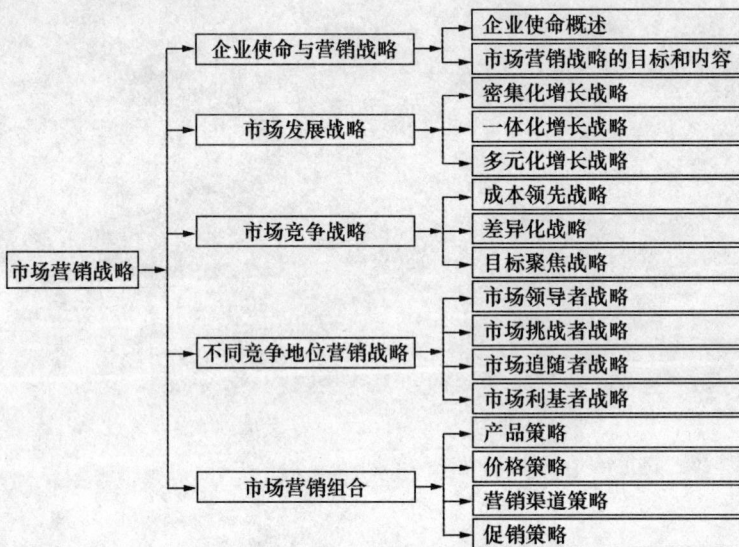

■ **本章导读**

　　企业的战略目标是企业内外环境状况和企业使命相结合的产物，在绝大多数既定的内外环境条件下，受企业使命的影响，企业的营销目标和相应的策略都存在多种选择。本章在阐述企业战略规划和企业使命、进而明确企业营销战略目标的基础上，重点介绍了企业在市场营销活动中可以选择的市场发展策略、市场竞争策略、企业处于不同竞争地位的营销策略以及市场营销组合策略。

# 郎酒的"群狼"战略

　　酒的推广最有效的方式是品鉴会，但提到品鉴会，一般的做法是组织有消费潜力的群体或单位，邀请有话语权的意见领袖参加，还要依托或捆绑公益作为外衣，含蓄运作；隆重点的还需花代价邀请媒体造势，发布软文相配衬，其组织复杂、难度大，还要寻找合适机会，无异于一场庆典活动。但从效果上评估，热闹有余，效果不足。

　　郎酒的品鉴在高端以赠酒和慰问为主，2010年"八一"建军节，郎酒上到解放军总后勤部，下到基层团级单位，横跨陆、海、二炮、武警，组织了声势浩大的慰问和赠酒活动。一来从公益上给郎酒带来"爱我国防"的美誉，二来直接挑战茅台的主阵地"军供"酒，达到了名利双收的效果。

　　在地面和市场一线，初期实施"请进来"战术。首先，各经销商以郎酒提供的不同品鉴酒为依托，邀请自己圈子里的商界、政界朋友聚会，饮用品鉴郎酒。在聚会时，介绍郎酒，共谈感受，传播郎酒的品质与文化。作为业务经理，会及时向来宾发放名片，收集客户资料，为回访和"走出去"战术打下基础。"走出去"则是在"请进来"的客户品鉴后，他们如有宴请或聚会，只要得到消息或打电话，郎酒同样会提供品鉴用酒，这种"病毒式"的以提供品鉴酒为条件而传播、体验郎酒的活动，效果极佳，可在短期内形成郎酒饮用氛围。如郎酒办事处得知某单位领导（已经品鉴过郎酒）给夫人举行生日宴会后，便和经销商及时出击，以一束鲜花和一件品鉴酒的代价，得到了将品鉴酒作为宴会生日用酒的目的，经销商还获许参加了生日宴会，达到了宣传郎酒、品鉴郎酒的目的。这种将品鉴巧妙地融入政务、商务、聚会等场所的贴身品鉴很有效，代价不大，效果明显，易组织，好实施且极富人情味。

　　团购。传统酒企业会选择有团购资源的人作为经销商开展团购工作，而郎酒则是所有经销商都可以根据自己的方式和资源开展团购工作。这会形成多个经销商轮番通过不同渠道攻取同一个目标，不同的方式，不同的人脉，不同的渠道，但购买郎酒却是共同的目的。在实施团购时，办事处可协调经销商之间相互调货，以满足团购所需。这是"狼群效应"在团购工作中的直接体现。

　　传播。郎酒是央视"相信品牌的力量"的直接践行者。郎酒很少在地方性媒体投放广告，而是集中在央视。2009年据说郎酒在央视投入4亿元，2011年投入在5亿元左右。传播主品项是红花郎，突出"头狼"，以此树立郎酒的形象和高贵品质。在地面投入切入生活的品鉴活动，突出"口碑"这种极具传染和信赖的传播，高低搭配，相映生辉，把消费者的意识认可与利益认可完美结合，真可谓是"打通任督二脉，无所不能！"郎酒还积极参加社会公益活动，两次地震，郎酒捐款都在 2000 万元以上，赚足人心，其社会责任心让人顿生敬佩。2010 年，新郎酒又夺得国家兼香型代表酒桂冠，以标准和高度的最高境界一统江湖，着实是"大手笔"。这些"大象无形，大声无音"的传播策略，从心智上彻底征服了消费者。

资料来源：常嵘：《郎酒的"群狼"战略》，中国营销传播网，2010 - 12 - 7。有删改。

# 5.1　企业使命与营销策略

## 5.1.1　企业使命概述

企业使命是在企业内外部环境分析的基础上，对企业未来发展方向的描述，直接决定着企业营销策略的制定和选择。一般来说，企业使命是企业存在的目的和理由，代表企业存在的根本价值，会影响企业所追求的目标。

### 1. 企业使命的陈述要素

企业使命可以保证整个企业经营目的的一致性，为企业配置资源提供基础或标准，建立统一的企业环境或风气，通过集中的表述，使员工认识企业的目的和发展方向，防止他们在不明白企业目的和方向的情况下参与企业活动，有助于将企业目标转变为工作组织结构，并使经营目标具体化。

目前，制定企业使命的企业越来越多。但因构成企业使命内容的要素并没有统一的理论要求，各企业的企业使命的内容也就各不相同。战略管理专家和实践者普遍认为，有效的企业使命陈述应当包括以下九个方面的要素。[1]

（1）用户（customer）：公司的用户是谁？

（2）产品或者服务（product or service）：公司的主要产品和服务项目是什么？

（3）市场（market）：公司在哪些地域竞争？

（4）技术（technology）：公司的技术是否是最新的？

（5）对生存、增长和赢利的关注（concern for survival, growth and profitability）：公司是否努

---

[1]　弗雷德·戴维著，李克宁译：《战略管理》，经济科学出版社 1998 年版。

力实现业务的增长和良好的财务状况？

（6）观念（philosophy）：公司的基本价值观、信念和道德倾向是什么？

（7）自我认识（self-concept）：公司最独特的能力或者最主要的竞争优势是什么？

（8）对公众形象的关注（concern for public image）：公司是否对社会、社区和环境负责？

（9）对雇员的关心（concern for employee）：公司是否视员工为宝贵的资源？

### 2. 企业使命的确定程序

企业使命的确定过程十分重要，应当有一个比较严密的程序。一般来说，企业使命的制定程序分五个阶段，如图 5 - 1 所示。

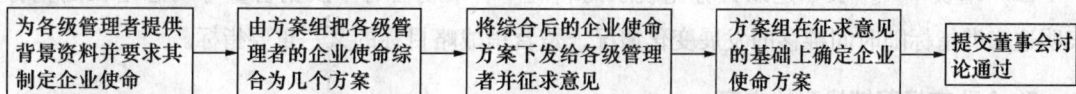

| 为各级管理者提供背景资料并要求其制定企业使命 | → | 由方案组把各级管理者的企业使命综合为几个方案 | → | 将综合后的企业使命方案下发给各级管理者并征求意见 | → | 方案组在征求意见的基础上确定企业使命方案 | → | 提交董事会讨论通过 |

**图 5 - 1　企业使命的制定程序**

在企业使命的制定过程中，应当注意以下四个方面的问题。

（1）为各级管理者提供的背景资料，应当包括主要环境因素分析、企业的关键资源与能力分析、企业过去的主要业绩以及企业存在的重大问题。

（2）对各级管理者提供的背景材料必须认真讨论，在基本意见统一的基础上提出企业使命。

（3）企业可以聘请外部咨询公司或者专业人员，对企业使命的制定过程进行管理并帮助起草文件。有时具有专业知识和不带偏见的外部人员，能够有效地帮助企业制定企业使命。

（4）企业使命确定后，应当对所有管理者、员工，甚至对用户、公众进行宣传。

特别要注意的是，企业使命不是永远不变的，在某些因素发生重大变化时，应当进行相应的调整、改变。能够影响企业使命的因素主要有内部因素和外部因素两类，内部因素主要包括股东、董事会、管理者和员工，外部因素主要包括顾客、政府、供应商、技术人员、公众等。

## 5.1.2　市场营销战略的目标和内容

### 1. 企业市场营销战略的目标

市场营销战略是企业为实现长远经营目标，对其市场营销活动制定的长期性、全局性、系统性的行动总方案。市场营销战略目标是企业营销活动所追求的长远目标，一般包括以下五个方面。

（1）利润。利润是企业经营活动所取得的净收益，是最基本的营销目标，通常通过投资利润率和销售利润率指标予以体现。

（2）市场占有率。市场占有率是指企业某种产品销售量或销售额占同类产品全部市场销售量或销售额的百分比，有时也称作市场份额。

（3）销售量。销售量是企业市场营销部门考核战略目标最常用、最直接的指标，是取得利润率与市场占有率的基础。但是，销售量的增长不一定能带来利润率的增长，有时销售量及销售额增长，而利润率没有上升，反而下降，这是由于此时的高销售量是高投入所带来的。因此，销售量指标只有同其他指标综合运用，才能全面准确地衡量企业的经营效果。

（4）产品创新及形象树立。这一目标包括两方面的内容：一是维护企业及现有产品在公众心中的持久良好形象；二是不断推出具有特色、适销对路的新产品。其实，企业追求这类目标的终极原因，还是为了能取得长期稳定的利润。

（5）增长率。增长率是以百分比表示的利润率、市场占有率及销售量等动态增长的指标，表明这三类指标随时间推移的发展变化情况，是营销战略目标的又一重要指标。

**2. 企业市场营销战略的内容**

企业市场营销战略的内容，实际上是在一定的市场营销环境之中，为了实现企业的战略目标，对一系列可供利用的市场策略的规划和组合。目前，企业最常使用的营销策略主要有：目标市场营销策略（即市场细分与市场定位策略、STP 战略）、企业形象策略（即 CIS 战略）、市场发展策略、市场竞争策略、不同竞争地位的营销策略、市场营销组合策略（包括产品策略、价格策略、促销策略和营销渠道策略）等。

# 5.2　市场发展战略

## 5.2.1　密集化增长战略

在一个特定市场的全部购买潜力尚未完全达到极限时，企业可以利用这种市场机会在原有产品经营范围内求得发展，即采取密集化增长战略。因此，现有市场尚有扩大需求和赢利的潜力是实施密集化增长战略的前提条件。具体而言，密集化增长战略可以通过以下三种形式来实现。

（1）市场渗透。市场渗透是指在现有市场上扩大现有产品的销售而实现公司业务的增长。具体有三条途径：一是刺激现有顾客更多地购买本公司现有的产品；二是吸引竞争对手的顾客，提高现有产品的市场占有率；三是刺激潜在顾客的购买动机，促使他们尝试并加入购买行列之中。

（2）市场开发。市场开发是指在新市场上扩大现有产品的销售，从而实现公司业务的增长。可采取的主要途径是扩大现有产品的销售区域，直至进军国际市场，实施这种策略的关键是开辟新的销售渠道，并大力开展各种促销活动。

（3）产品开发。产品开发是指通过向现有市场提供新产品或改进的产品，如增加花色品种和规格型号、提高档次、改进包装、增加服务等，通过满足不同顾客的需要而扩大销售，从而实现公司业务的增长。实施这种战略的关键是改进产品的设计，并大力开展以产品特色为主题的促销活动。

## 5.2.2　一体化增长战略

一体化增长战略是指一个公司把自己的经营范围扩展到供、产、销各个环节，以寻求更多的发展机会，适用于行业吸引力较高并具有增长潜力时的情况。一体化增长战略同样具有以下三种实现形式。

（1）前向一体化。即企业向前控制销售系统，实行产销一体化。具体可通过收购、兼并若干商业企业，取得控制权以至所有权。如生产企业自行设立营销渠道系统、批发企业兼营零售业务等。

（2）后向一体化。即企业向后控制供应系统，实行供产一体化。具体可通过投资、契约、联营、收购、兼并等形式实现对原材料供应商的控制，直至取得所有权。

（3）水平一体化。即企业收购、兼并竞争者的同种类型的企业，或者在国内外与其他同类企业合资生产经营等。

## 5.2.3　多元化增长战略

多元化增长战略就是企业尽量增加产品种类，跨行业生产经营多种产品和业务，扩大企业的生产范围和市场范围，使企业的特长充分发挥，使企业的人力、物力、财力等资源得到充分利用，从而提高经营效益。特别是企业在原有产品或劳务需求规模与经营规模有限，而其他行业又富有吸引力并保证多种经营安全性的前提下，多元化增长战略是企业成长的必经之路。多元化增长战略有以下三种实现形式。

（1）同心多元化。即企业利用原有的技术、特长、经验等，以现有产品为核心，发展与现有产品相关的新产品，以增加产品种类，扩大业务经营范围，吸引新顾客，扩大市场。同心多元化策略能够充分发挥企业在原有设备、技术和市场营销上的优势，风险较小，比较容易取得成功。

（2）横向多元化。又称水平多元化，即企业利用原有市场的其他需求，采取不同的技术和营销资源，开发新产品，增加产品种类，扩大业务经营范围，从而寻求新的发展。

（3）综合多元化。又称集团多元化，即大企业收购、兼并其他行业的企业，或者在其他行业投资，把业务扩展到其他有发展前途的行业中去，新产品、新业务与企业的现有产品、技术、市场可以毫无关系。

---

**阅读材料 5 - 1　　　　　　　安然公司的混合多元化战略**

　　安然公司成立于 1930 年，最初名为北部天然气公司，是北美电力电灯公司、孤星天然气公司以及联合电灯铁路公司的合资公司。20 世纪 80 年代末之前的主业是维护和操纵横跨北美的天然气与石油输送管网络。公司于 1985 年收购竞争对手休斯敦天然气公司而更名为安然公司。之后，安然公司逐渐放弃了自己经营的天然气这一主业，将巨资投向金融、水电、网络、通信、电子，向国内各行业进军，向国外大规模扩张：

　　1986 年以前，一直以经营天然气、石油的采购、销售和传输为主营业务。

　　1986 年初，将眼光瞄向金融领域，利用金融衍生工具，将能源商品"金融化"，成为一个经营期货、期权为主业的金融公司。

　　1990 年后，开始将经营领域投向国际，跨国并购电站、水厂，其经营范围先后延伸到欧洲、北美、俄罗斯、印度、中国，并不断建立各类子公司和合伙公司。

　　1999 年，公司再次由石油、电子、水等交易对象转向通信宽带网络，利用互联网的信息和优势，成立全球第一家商品交易网站——"安然在线"，并借助网络平台开展能源、期货、期权等衍生工具交易。

---

# 5.3　市场竞争战略

　　每个企业的外部环境和战略意图都不相同，但参与市场竞争的基本目标都是为了获得持续的利润增长和投资回报，而要做到这一点，企业必须建立可持续的竞争优势。企业的竞争优势可以有多种来源，但从顾客价值的角度看，最基本的不外乎低成本和差异化。这两种基本的战略优势与企业谋求获得优势的活动范围相结合，就使我们得出了为在产业中取得高于平均水平的经济效益的三种通用战略：成本领先、差异化和目标聚集。目标聚集战略又具有两种形式，即成本集中和别具一格集中。

## 5.3.1　成本领先战略

　　成本领先战略是指企业的成本状况在全行业范围内处于领先地位，即企业产品的总成本低于竞争对手产品的总成本。成本优势的来源因产业结构不同而异，包括追求规模经济、专利技术、原材料的优惠待遇和其他因素。如果一个企业能够取得并保持全面的成本领先地位，那么它只要能使价格相等或接近于该产业的平均价格水平，它的低成本地位就会转化为高收益。

成本领先战略是企业获得并保持持久竞争优势的有效战略，但同样有其局限性，具体体现在以下两个方面。

（1）丧失成本领先地位。实行成本领先战略的企业面临的最大挑战是必须始终保持产业内最低的成本地位，但要做到这一点，比获得成本领先地位更加困难。一方面，处于成本领先地位的企业，通常拥有相对先进与完善的技术体系，其竞争对手深知，基于现有技术体系来开展竞争，难以取得突破性进展，因而必然会谋求新的技术体系以取代旧的技术体系。一旦某产业的技术体系发生质变或部分质变，原有领先企业在技术领域的投资与学到的经验将大大贬值，成本优势将不复存在。另一方面，企业要想维持成本领先地位，必须不断降低成本以保持对竞争对手的成本优势。但随着技术及产业的成熟，企业降低成本的空间及幅度日渐狭小，企业成本优势的维持也日渐困难。

（2）成本的优势不能弥补差别化的劣势。在市场上，成本领先企业的优势表现为价格优势，而其劣势就是产品缺乏个性。当企业产品的价格优势难以弥补其差别化劣势时，企业也会将市场优势拱手让与实施差别化战略的企业。一般而言，实施成本领先战略的企业都过度关注企业内部经营效率的提高，缺乏对顾客需求的良好把握，当顾客需求发生变化的情况下，即使企业仍然能够保持产品的价格优势，但由于已无法满足顾客需求，原有的市场也将被实施差别化战略的企业所占领。

## 5.3.2 差异化战略

差异化战略，是指通过为产品融入顾客需要的独特个性而使产品在顾客心目中升值，赢得顾客的消费偏好，从而以较高的产品价格占领市场，赢得超过产业平均水平的收益。实施差异化战略的企业，在客户广泛重视的某些方面力求在本产业中独树一帜，差异化的手段因产业不同而异，它可以建立在产品本身的基础上，也可以以产品销售的交货系统、营销手段及其他种种因素为基础。一个能够取得和保持其差异化形象的企业，如果其溢价超过了为做到差异化发生的额外成本，就会成为其产业中高于平均水平的佼佼者。

实施差异化战略的企业立足市场的关键是独特价值的提供与因此而形成的顾客对本企业产品的消费偏好。具备独特性价值的产品通常需要企业进行大量的投资与长时间的努力，而这必然引起企业成本的增加。因此，差异化战略的风险主要有以下两类。

（1）差异化优势的丧失。对于那些具有差异化优势的企业，竞争者会想方设法予以学习与模仿，以改进自己的产品或服务，达到缩小或弥补差异化劣势的目的。因此，竞争对手的模仿是差异化优势丧失的重要原因之一，获得差异化优势的企业既要注意差异化优势的保护、维持与强化，又要不断寻求新的差异化优势。差异化优势丧失的另一重要原因是顾客对独特性的不认可。产品或服务的独特性只有满足顾客所重视的需求时，才能被顾客认可，从而为企业带来差异化优势。

（2）差异化优势无法弥补成本劣势。通常情况下，顾客愿意为所获得的独特性价值支付一定的溢价，但是，溢价的幅度不能超过顾客的承受能力。因此，当实施差异化战略的企业成本过高时，将面临两难的选择：如果大幅提高产品价格以弥补成本，就会失去大量的顾客；如果价格不变或稍微提高以保住市场份额，就会流失大量利润甚至亏损。从长远看，两种选择都会影响企业的正常发展。

### 5.3.3　目标聚集战略

采用目标聚集战略的企业，选择一个产业里的一部分或一个细分市场，通过完善适合其目标市场的战略，谋求在它并不拥有全面竞争优势的目标市场上取得竞争优势。目标聚集战略有两种不同形式：企业着眼于在其目标市场上取得成本优势的叫成本集中，着眼于在其目标市场上取得别具一格形象的叫别具一格集中。

目标聚集战略的这两种形式都是以企业在某一产业中的目标市场和其他市场的差异为基础的。目标市场上必须拥有其非同寻常需求的客户，采取目标聚集战略的企业可以通过专门致力于为这部分市场服务而取得竞争优势，如果目标市场和其他部分市场并不存在任何差异，那么集中一点的战略就无法成功。

# 5.4　不同竞争地位的营销战略

## 5.4.1　市场领导者战略

市场领导者是指占有最大市场份额，在价格变化、新产品开发、营销渠道建设和促销战略等方面对本行业其他企业起着领导作用的企业。占据市场领导者地位的企业常常是竞争对手有意识挑战、模仿或躲避的目标，而要击退其他企业的挑战，保持领导者优势，必须从扩大总需求、保持现有市场份额、扩大市场份额三个方面努力。

**1. 扩大总需求**

市场领导者占有的市场份额最大，在市场总需求扩大时受益也最多，促进产品总需求量不断扩大是市场领导者维护竞争优势的积极措施。扩大总需求的主要途径有开发产品的新用户、寻找产品的新用途、增加顾客使用量。

（1）开发产品的新用户。开发新用户包括三种途径：一是转变未使用者。即说服那些尚未使用本行业产品的人使用，把潜在顾客转变为现实顾客。二是进入新的细分市场。企业在原细分市场的需求饱和后可设法进入新的细分市场，扩大原有产品的适用范围，说服新细分市场的顾客使用本产品。三是地理扩展，寻找尚未使用本产品的地区。在开发产品的新用户上，一个非常成功的范例是庄臣公司的婴儿洗发精。由于美国 20 世纪 60 年代以后出生率下降，婴儿用品市场逐步萎缩，为摆脱困境，庄臣公司决定针对成年人发动一场广告攻势，向成年人推销婴儿洗发精，取得了良好效果。不久以后，该品牌的婴儿洗发精就成为整个洗发精市场的领导者。

（2）寻找产品的新用途。寻找产品的新用途是指设法找出产品的新用法和新用途，以增加销售。杜邦公司的尼龙就是这方面的典范。每当尼龙进入产品生命周期的成熟阶段，杜邦公司就会发现新用途。尼龙首先是用做降落伞的合成纤维，然后是做女袜的纤维，接着成为男女衬衫的主要原料，再后又成为汽车轮胎、沙发椅套和地毯的原料。每项新用途都使产品开始了一个新的生命周期，这一切都归功于该公司为发现新用途而不断进行的研究和开发计划。同样，顾客也是发现产品新用途的重要来源，例如凡士林刚问世时是作为机器润滑油，但在使用过程中，顾客发现凡士林还有许多新用途，如用做润肤脂、药膏和发蜡等。因此，公司必须要留心注意顾客对本公司产品使用的情况。

（3）增加使用量。增加使用量主要可以采取三种途径。一是提高使用频率。企业应设法使顾客更频繁地使用产品。例如牙膏生产厂家劝说人们每天不仅要早晚刷牙，最好每次饭后也要刷牙，这样就增加了牙膏的使用量。二是增加每次使用量。如宝洁公司就提醒顾客，每次洗发时，使用两次洗发精比只用一次效果更好。三是增加使用场所。例如彩电生产企业宣传有条件的家庭在客厅和卧室等分别设置彩电可方便观看，避免家庭成员之间收看的冲突。

**2. 保护市场份额**

市场领导者要维护自己现有的领导地位，以保持现有的市场份额，就必须防止和抵御其他企业、特别是挑战者的进攻。最好的防御方法是发动最有效的进攻，不断创新，在新产品开发、成本降低、营销渠道建设、顾客服务等方面始终处于行业领先地位，持续增加竞争效益和顾客让渡价值，同时针对竞争对手的薄弱环节主动出击。即使不发起主动进攻，至少要加强防御，堵塞漏洞，不给挑战者可乘之机。市场领导者的防御战略主要有以下六种。

（1）阵地防御（position defense）。阵地防御是指围绕企业目前的主要产品和业务而建立牢固的防线，根据竞争者在产品、价格、渠道、促销方面可能采取的进攻战略来制定自己的预防性营销战略，并在竞争者发起进攻时坚守原有的产品和业务阵地。主要措施有：防御性地增加规模经济；差别营销，培养顾客忠诚度；封锁营销渠道入口；提高买主的转换成本；延伸产品线；占领技术制高点等。阵地防御是防御的基本形式，是静态的防御，在许多情况下是有效的、必要的，但单纯依靠这种防御则是一种"市场营销近视症"。因为企业更重要的任务是技术更新、新产品开发和扩展业务领域。当年福特公司固守 T 型车的阵地就曾惨遭失败，使得年赢利10 亿美元的公司险些破产。

（2）侧翼防御（flanking defense）。侧翼防御是指企业在自己主阵地的侧翼建立辅助阵地，以保卫自己的周边和前沿，并在必要时作为反攻基地。采取侧翼防御的企业，一般努力填充相关产品或服务的空白点，不让进攻者从侧面有机可乘。例如，20 世纪 70 年代美国的汽车公司就是因为没有注意侧翼防御，遭到日本小型汽车的进攻，失去了大片阵地。

（3）先发防御（preemptive defense）。这种更积极的防御策略是在敌方对自己发动进攻之前，先发制人抢先攻击。具体做法是，当竞争者的市场占有率达到某一危险的高度时，就对它发动攻击；或者是对市场上的所有竞争者全面攻击，使得对手人人自危。有时，这种以攻为守是着重发挥心理作用，并不一定付诸行动。如市场领导者可发生市场信号，迫使竞争者取消攻击。例如，美国一家大型制药厂是某种药品的领导者，每当它听说一个竞争对手要建立新厂生产这种药时，就放风说自己正在考虑将这种药降价，并且在考虑扩建新厂，以此吓退竞争者。当然，企业如果享有强大的市场资产——品牌忠诚度高、技术领先等，面对对手挑战，可以沉着应战，不轻易发动进攻。如美国亨氏公司对汉斯公司在番茄酱市场上的进攻，就置之不理，结果是后者得不偿失，以败阵告终。

（4）反攻防御（counteroffensive defense）。当市场领导遭到对手降价或促销攻势，或改进产品、市场渗透等进攻时，不能只是被动应战，而应主动反攻。领导者可选择迎击对方的正面进攻，迂回攻击对方的侧翼，或发动钳式进攻，切断从其根据地出发的攻击部队等策略。例如，当美国西北航空公司最有利的航线之一——明尼波里斯至亚特兰大航线受到另一家航空公司降价和促销进攻时，西北航空公司采取的报复手段是将明尼波里斯至芝加哥航线的票价降低，由于这条航线是对方主要收入来源，结果迫使进攻者不得不停止进攻。

（5）运动防御（mobile defense）。运动防御要求领导者不但要积极防守现有阵地，还要扩展到可作为未来防御和进攻中心的新阵地，以使企业在战略上有较多的回旋余地。市场扩展可通过两种方式实现：市场扩大化和市场多角化。市场扩大化（market broadening）是企业将其注意力从目前的产品转移到有关该产品的基本需要上，并全面研究与开发有关需要的科学技术。例如，把"石油"公司转变为"能源"公司就意味着市场范围扩展到石油、煤炭、核能、水利和化学等工业。但是市场扩大化必须有一个适当的限度，否则就违背了两条基本的军事原则，即目标原则（确定明确可行的目标）和优势集中原则（集中优势兵力打击敌军薄弱环节）。市场多角化（market diversification）是向彼此不相关联的其他行业扩展，实行多角化经营。例如，美国雷诺和菲利浦·莫尔斯等烟草公司认识到社会对吸烟的限制正在加强，而纷纷转入酒类、软饮料和冷冻食品这样的新行业，实行市场多角化经营。

（6）收缩防御（contraction defense）。有时，在所有市场阵地上进行全面防御会力不从心，从而顾此失彼，在这种情况下，最好的行动是实行战略收缩——收缩防御，即放弃某些薄弱的市场，把力量集中用于优势的市场阵地中。例如，美国西屋电器公司将其电冰箱品种由 40 种缩减到占其销售额的 85% 的 30 种。

### 3. 扩大市场份额

市场领导者设法提高市场占有率，也是增加收益、保持领导地位的一个重要途径。如果单位产品的价格不降低且经营成本不增加，企业利润会随着市场份额的扩大而提高。但一般而言，市场份额的增加并不意味着利润的增加，这主要取决于企业提高市场份额所采取的战略。不过，公司切不可认为在任何情况下市场占有率的提高都意味着收益率的增长，这还要取决于为提高市场占有率所采取的营销策略是什么。有时为提高市场占有率所付出的代价会高于它所获得的收益，因此，企业在追求更高的市场份额时，还应考虑以下三个因素。

（1）经营成本。实证研究表明，提高市场份额与增加利润往往存在倒 U 形关系。当市场份额持续增加而未超过某一限度时，企业利润会随着市场份额的提高而提高；当市场份额超过某一限度时，经营成本的增加速度就会大于利润的增加速度，企业利润反而会随着市场份额的提高而降低，主要原因是用于提高市场份额的费用增加。

（2）营销组合。如果企业在提高市场份额时实施了错误的营销组合，市场份额的提高也会导致利润下降。比如过分降低商品价格，过高地支出公关费、广告费、渠道拓展费、销售员和营业员奖励费等促销费用，承诺过多的服务项目而导致服务费大量增加等。

（3）引起反垄断诉讼的可能性。为维护市场竞争，防止出现市场垄断，许多国家制定了反垄断法。当企业的市场占有率超过一定限度时，就有可能受到反垄断诉讼和制裁。这种风险的存在，会削弱企业过高追求市场份额获利的吸引力。

## 5. 4. 2　市场挑战者战略

在行业中名列第二名、第三名等次要地位的企业称为亚军公司或者追赶公司，如汽车行业的福特公司、软饮料行业的百事可乐公司等。这些亚军公司对当前的竞争情势有两种态度，一种是向市场领导者和其他竞争者发动进攻，以夺取更大的市场占有率，这时他们可称为市场挑战者；另一种是维持现状，避免与市场领导者和其他竞争者引起争端，这时他们称为市场追随者。市场挑战者如果要向市场领导者和其他竞争者挑战，首先必须确定自己的战略目标和挑战对象，然后再选择适当的进攻策略。

**1. 明确战略目标和挑战对象**

战略目标同进攻对象密切相关，针对不同的对象存在不同的目标。一般说来，挑战者可以选择以下三种公司作为攻击对象。

（1）攻击市场领导者。这一战略风险很大，但是潜在的收益可能很高。为取得进攻的成功，挑战者要认真调查研究顾客的需要及不满，这些就是市场领导者的弱点和失误。如美国米勒啤酒之所以获得成功，就是因为该公司瞄准了那些想喝"低度"啤酒的消费者为开发重点，而这一市场在以前被忽视了。此外，通过产品创新，以更好的产品来夺取市场也是可供选择的策略。例如，施乐公司通过开发出更好的复印技术（用干式复印代替湿式复印），成功地从 3M 公司手中夺去了复印机市场。

（2）攻击与己规模相当者。挑战者对一些与自己势均力敌的企业，可选择其中经营不善而发生危机者作为攻击对象，以夺取它们的市场。

（3）攻击区域性小型企业。将一些地方性小企业中经营不善而发生财务困难者作为挑战的攻击对象。例如，美国几家主要的啤酒公司能成长到目前的规模，就是靠吞并一些小啤酒公司，蚕食小块市场而得来的。

**2. 选择进攻策略**

在确定了战略目标和进攻对象之后，挑战者要考虑进攻的策略问题。其原则是集中优势兵力于关键的时刻和地方。总的来说，挑战者可选择以下五种战略。

（1）正面进攻（frontal attack）。正面进攻就是集中兵力向对手的主要市场发动攻击，打击的目标是敌人的强项而不是弱点。这样，胜负便取决于谁的实力更强，谁的耐力更持久，进攻者必须在产品、广告、价格等主要方面大大领先对手，方有可能成功。进攻者如果不采取完全正面的进攻策略，也可采取一种变通形式，最常用的方法是针对竞争对手实行削价。通过在研究开发方面大量投资，降低生产成本，从而在低价格上向竞争对手发动进攻，这是持续实行正面进攻策略最可靠的基础之一。日本企业是实践这一策略的典范。

（2）侧翼进攻（flanking attack）。侧翼进攻就是集中优势力量攻击对手的弱点，有时也可正面佯攻，牵制其防守兵力，再向其侧翼或背面发动猛攻，采取"声东击西"的策略。侧翼进攻可以分为两种：一种是地理性的侧翼进攻，即在全国或全世界寻找对手相对薄弱的地区发动攻击。例如，IBM 公司的挑战者就是选择一些被 IBM 公司忽视的中小城市建立强大的分支机构，获得了顺利的发展。另一种是细分性侧翼进攻，即寻找市场领导企业尚未很好满足的细分市场。例如，德国和日本的汽车生产厂商就是通过发掘一个尚未被美国汽车生产厂商重视的细分市场，即对节油的小型汽车的需要，而获得极大发展。侧翼进攻不是指在两个或更多的公司之间浴血奋战来争夺同一市场，而是要在整个市场上更广泛地满足不同的需求。因此，它最能体现现代市场营销观念，即"发现需求并且满足它们"。同时，侧翼进攻也是一种最有效和最经济的策略，较正面进攻有更多的成功机会。

（3）围堵进攻（encirclement attack）。围堵进攻是一种全方位、大规模的进攻策略，它在几个战线发动全面攻击，迫使对手在正面、侧翼和后方同时全面防御。进攻者可向市场提供竞争者能供应的一切，甚至比对方还多，使自己提供的产品无法被拒绝。当挑战者拥有优于对手的资源，并确信围堵计划的完成足以打垮对手时，这种策略才能奏效。日本精工表在国际市场上就是采取这种策略。在美国，它提供了约 400 个流行款式、2300 种手表，占据了几乎每个重要钟表商店，通过种类繁多、不断更新的产品和各种吸引消费者的促销手段，精工表取得了很大成功。

（4）迂回进攻（bypass attack）。这是一种最间接的进攻策略，它避开了对手的现有阵地而迂回进攻。具体办法有三种：一是发展无关的产品，实行产品多元化经营；二是以现有产品进入新市场，实现市场多元化；三是通过技术创新和产品开发，以替换现有产品。例如，美国高露洁公司在面对强大的宝洁公司竞争压力下，就采取了这种策略，即加强高露洁公司在海外的领先地位，在国内实行多元化经营，向宝洁没有占领的市场发展，迂回包抄宝洁公司。该公司不断收购了纺织品、医药产品、化妆品及运动器材和食品公司，结果获得了极大成功。

（5）游击进攻（guerrilla attack）。游击进攻主要适用于规模较小、力量较弱的企业，目的在于通过向对方不同地区发动小规模的、间断性的攻击来骚扰对方，使之疲于奔命，最终巩固永久性据点。游击进攻可采取多种方法，包括有选择的降价、强烈突袭式的促销行动等。应该指出的是，尽管游击进攻可能比正面围堵或侧翼进攻节省开支，但如果要想打倒对手，光靠游击战不可能达到目的，还需要发动更强大的攻势。

从以上可以看出，市场挑战者的进攻策略是多样的。一个挑战者不可能同时运用所有这些策略，但也很难单靠某一种策略取得成功，所以通常是设计出一套策略组合，通过整体策略来改善自己的市场地位。

## 5.4.3　市场追随者战略

市场追随者策略可分为以下三类。

（1）紧密跟随（following closely）。这指跟随者尽可能地在各个细分市场和营销组合领域仿效领导者。这种跟随者有时好像是挑战者，但只要它不从根本上危及领导者的地位，就不会发生直接冲突。有些跟随者表现为较强的寄生性，因为它们很少刺激市场，总是依赖市场领导者的市场努力而生存。

（2）有距离的跟随（following at a distance）。这指跟随者在目标市场、产品创新、价格水平和分销渠道等方面都追随领导者，但仍与领导者保持若干差异。这种跟随者易被领导者接受，同时它也可以通过兼并同行业中弱小企业而使自己发展壮大。

（3）有选择的跟随（following selectively）。这指跟随者在某些方面紧随领导者，而在另一些方面又自行其是。也就是说，它不是盲目追随，而是择优跟随，在跟随的同时还要发展自己的独创性，但同时避免直接竞争。这类跟随者之中有些可能发展成为挑战者。

此外，还有一种特殊的跟随者在国际市场上十分猖獗，即"冒牌货"。这些产品具有很大的寄生性，它们的存在对许多国际驰名的大公司是一个巨大的威胁，已成为新的国际公害，因此必须制定对策，以清除和击退这些"跟随者"。

## 5.4.4 市场利基者战略

市场利基者战略也称市场补缺者战略。几乎每个行业都有些小企业，它们专心致力于市场中被大企业忽略的某些细分市场，在这些小市场上通过专业化经营来获取最大限度的收益。这种有利的市场位置就称为"利基（niche）"，而所谓市场利基者，就是指占据这种位置的企业。

一个企业取得利基的主要策略是专业化，即公司必须在市场、顾客、产品或渠道等方面实行专业化。它主要包括以下类型：按最终用户专业化，即专门致力于为某类最终用户服务，如书店可以专门为爱好或研究文学、经济、法律等的读者服务；按垂直层次专业化，即专门致力于为生产－分销循环周期的某些垂直的层次经营业务，如制铝厂可专门生产铝锭、铝制品或铝质零部件；按顾客规模专业化，即专门为某一种规模（大、中、小）的客户服务，许多利基者专门为大公司忽略的小规模顾客服务；按特定顾客专业化，即只对一个或几个主要客户服务，如美国一些企业专门为西尔斯百货公司或通用汽车公司供货；按地理区域专业化，即专为国内外某一地区或地点服务；按产品或产品线专业化，即只生产一大类产品，如日本的 YKK 公司只生产拉链这一类产品；按客户订单专业化，即专门按客户订单生产预订的产品；按质量与价格专业化，即选择在市场的底部（低质低价）或顶部（高质高价）开展业务；按服务项目专业化，即专门提供一种或几种其他企业没有的服务项目，如美国一家银行专门承办电话贷款业务，并为客户送款上门；按分销渠道专业化，即专门服务于某一类分销渠道，如生产适用超级市场销售的产品。

市场利基者要承担较大风险，因为利基本身可能会枯竭或受到攻击，因此，在选择市场利基时，营销者通常选择两个或两个以上的利基，以确保企业的生存和发展。

# 5.5　市场营销组合

营销组合策略的因素包括产品、价格、渠道、促销，由于其英文拼写均以字母 P 开头，所以通常称为 4P 组合策略。以下四个方面的功能，基本包括了市场营销学理论的全部核心内容。

## 5.5.1　产品策略（product）

适合企业目标市场需要的产品因素包括：选择产品或产品线、调整产品线内的项目、选用品牌与商标、选用包装、标准化与分级化、提供辅助服务。

在商品交换的过程中，一切可用于交换的、顾客可接受的有形和无形的东西都是产品。所有的产品都有一个生命周期的问题，也就是市场的生命周期问题。一个产品在市场上停留一段时间以后必然要被新产品所替代，这是一个循环的、变化的现象。就是说，企业必须重视新产品开发，这就是人们经常说的产品常新，企业长青。中国的企业在同外企的竞争中之所以缺乏竞争力，常常是因为创新力不够，这一点表现得非常突出，所以我们必须给予高度重视。讲到产品，还要涉及品牌，品牌虽然只是产品的一部分，但它直接影响到顾客，顾客往往是根据品牌来选购商品的，企业要想拉动顾客，就必须重视品牌。品牌已经升华到战略层面。也就是说，品牌既是一个策略问题，又是一个战略问题。

## 5.5.2　价格策略（pricing）

确定适当的价格，使其对目标市场具有吸引力或不具有阻力，同时要顾及市场竞争情况，考虑中间商加成和它的销售条件及有关法令等。

好的产品必须要有一个令人满意的价格。令人满意的价格并不一定是一个低价格。不同的人有不同的收入水平，有不同的生活环境和不同的需求特征。令人满意的价格有可能是很高的价格，也有可能是很低的价格，因为在价格因素中有很多是心理上的因素。

## 5.5.3　营销渠道策略（placing）

有好的产品和满意的价格还不够，还应该有一个通畅的营销渠道。营销渠道使适销对路的产品及时供给目标市场。此目的的实现有赖于配置各种渠道,其中涉及有关批发、零售、运输及储存等问题。对企业来讲,要想使你的产品顺利地被顾客接受,就必须构筑通畅的营销网络,这种密集的分销网络是赢得市场营销成功的一个非常重要、非常关键的因素。分销包括两方面的内容,其中一大块是商流,也就是所有权的转移,所有权怎样从生产者转到中间商,再转到用户,最终实现商品的价值,而企业则获得回报,这就是商流。另一大块是物流,物流就是商品实际物体的移动。商品实际物体的移动总是伴随着商流的发生而发生,当然,转移、流动的次数是不等的。

在商品经济日益发达的今天,商流和物流的次数存在着越来越大的背离,商流可能有很多次,而物流可能只有一次。比如,商流可能已经发生多次,比如合同的转让,这也就是所有权的转移,而物流却只有一次,亦即直接从生产厂家、从它的中转仓库运到最终的购买者手中。这样可以降低整个分销过程中的"总量"分销成本,为赢得市场竞争力的提高构筑必要的条件。

## 5.5.4 促销策略(promotion)

当然,在营销实践当中同样离不开促销,促销策略向目标市场沟通有关产品、销售点及价格等信息。合理、有效的促销方式是激发顾客购买欲望的非常直接的营销手段。比如说,一个成功的广告对顾客的拉动效果是非常明显的,得体的促销活动也是营销过程中一个重要的手段。促销策略包括人员推销、广告、公关和销售促进等方式。

市场营销组合是市场营销学中一个十分重要的概念。现代市场营销学运用系统理论,认为企业在组织其营销活动时,应当针对不同的市场环境和内部条件,将上述四个方面的策略进行最佳组合,使它们互相配合,产生一种协同作战的综合作用。一个市场导向的经营者的任务,就是有效地设计和实现各种市场营销手段的最佳组合,而市场营销组合就是各种市场营销手段的综合运用。关于以上四种策略的具体内容,将在随后的各章中予以详细阐述。

---

思考题

1. 企业使命的陈述包括哪些要素?简述企业使命的确定程序。
2. 简述多元化战略的三种形式,并分析其各自的优缺点。
3. 何谓后向一体化?企业实施后向一体化应具备什么样的条件?

4. 试论述市场挑战者可选择的五种战略。

5. 请以某一企业为例对营销组合策略进行解释。

# 山东鲁花集团：细分市场冠军的秘密

山东烟台莱阳市的主干道龙门东路上，很远就能看见一座座明黄色的"鲁花风格"的办公楼群，在阳光下显得温暖耀眼。鲁花集团的员工很自豪地说："这是我们的鲁花黄。"

虽然 2009 年在金融危机的影响下，消费市场一直阴霾不尽，但鲁花集团却有了不俗的业绩，2009 年的销售额达到 74 亿元，税前利润 16.9 亿元，税后净利接近 6 亿元。而它在 2008 年的销售收入是 65 亿元，2007 年是 58 亿元，2006 年则是 37 亿元。业绩的增长，一方面源自于近年来食用油价格的震荡走高，另一方面则是鲁花在小包装花生油市场的独特市场策略。

## 1. 创立品牌

老百姓日常生活离不开食用油，但是中国的小包装食用油行业却是个年轻的行当。小包装食用油的出现，颠覆了老百姓持续多年拿着油瓶子去粮油站打散油的历史，吃上了更有营养、更健康的精炼食油。

作为老百姓日常生活中必不可少的产品，食用油的需求刚性非常强，因此也成为众多大企业和大资本的必争之地。鲁花能够在这个市场上逐渐确立自身的地位，专注和坚持是非常重要的因素。

在盛产花生的胶东半岛上，向来不缺的是生产花生油的小厂，每年 9 月下旬到第二年春天，成百上千的小型花生油厂一齐炼油，使得胶东半岛香气扑鼻。鲁花是如何在这样一个花生油生产大省脱颖而出，并挤进了品牌第三的行列呢？

小包装食用油的国内市场占有率第一名益海嘉里喜欢全线发展，集团作战。多品牌策略是益海嘉里一贯的举措。不同的消费习惯使得不同的地区有着明显的地域区分：长江流域喜欢食用菜籽油，于是他们在长江流域主打的是鲤鱼牌菜籽油；而华北、山东等地区则喜欢食用花生油，益海嘉里又推出了胡姬花品牌的花生油。益海嘉里经过 20 多年的发展，推出了 16 个品牌的小包装食用油。

另一方面，益海嘉里的当家品牌"金龙鱼"也拥有相当全面的产品线：色拉油、花生油、大豆油、调和油、粟米油等等一应俱全。

益海嘉里如此的市场推广，虽然是"集团军作战"，有大规模的优势，但在专业性、细分领域上却也给了竞争品牌的机会。

鲁花则正是看准了花生油这个细分市场，集中全力出击，抢占了这个细分市场的头筹。在益海嘉里跑马圈地地发展色拉油、调和油的同时，鲁花在莱阳默默研发花生榨油的生产工艺，1992 年成功创造了"5s 纯物理压榨工艺"。这种工艺通过先进技术对选料、焙炒、压榨、过滤、存储几大环节严格管控，可以保存成品油脂中的天然营养成份和花生的天然香味。

如何让鲁花研发了 6 年的 5s 压榨技术区别于传统的土榨油和浸出法榨油技术，并获得大家的认同呢？总经理孙孟全请来知名广告公司为鲁花的品牌形象做策划，并开始在央视上做广告，快速建立起鲁花的花生油品牌。

多年来，鲁花花生油的广告一直都是一双手挤压着一颗大花生，压出一滴滴金灿灿的花生油来，并且画外音永远都是那句：5s 压榨花生油，榨取花生的第一道原汁。这个广告将复杂的花生生产工艺深入浅出地诠释给受众，给观众留下了深刻的印象，建立了鲁花以优质花生油打天下的品牌形象。

不仅如此，鲁花还打出了民族牌。首先花生油与调和油不同，调和油是"舶来品"，而花生油则是发源于中国，老百姓有多年吃花生油的传统。而且也有别于益海嘉里这样的外资企业，鲁花的 51% 股权掌握在民营资本手中。于是鲁花的宗旨"产业报国，惠利民生"都是在反复打这样的民族牌。

2010～2015 年中国食用油市场投资分析及前景预测报告显示："中国油脂产业总体增长在 5%～6%，小包装食用油的增长幅度远远高于散油的平均增长，年增幅预计超过 20%。现阶段，小包装食用油已在城市市场打开销路，并逐步向农村市场渗透。"

开拓国内小包装食用油市场是横向和纵向结合的过程，横向就是企业和品牌之间的竞争，而纵向就是在整个市场的开拓。

至今，鲁花集团的利润率、花生油市场份额领先于同行，成为其他粮油巨头们不敢小视的对手。但鲁花坚持主打花生油的路线，调和油、芝麻香油只是很少的一部分，鲁花开始着力在花生油领域贯通上下游产业链。

## 2. 向上游延伸

近年来，鲁花年均收购花生原料 130 万～150 万吨，而全国花生年产量约 1500 万吨。从数字来看，鲁花是国内的花生消费大户。向上游延伸，降低原材料成本也是鲁花的内在发展需求。

2009 年，尤其在下半年，花生油的价格短期波动犹如过山车一般，但是鲁花抓住了上游的原料，也就抓住了成本。

鲁花集团发展了 20 多家油厂，首当其冲的选址原则是靠近原料产地。总部莱阳一直是花生盛产地，之后在河南周口、湖北襄阳、江苏新沂等花生产地开建了鲁花的花生油公司。对于鲁花来说，这些紧靠着原料产地的油厂能快速收购到更好更新鲜的原料，并节省了运输成本，能更好地掌握上游原料。

2009 年鲁花集团正式组建了山东鲁花种业有限公司。目前，鲁花种业公司拥有员工 100 多人，其中技术人员 56 人。鲁花种业公司与农科院合作进行花生优质种子的研发，培育高产量、高含油量、高油酸的花生良种。经过小范围实验，相似的土壤、气候条件，过去花生果单产 300~350 公斤，现在用鲁花种业培植的新花生品种，单产可达 450~500 公斤。

对用鲁花种业公司优质种子的花生农，鲁花有这样一条收购政策：如果是用鲁花种业公司研发的种子的花生农，收购价格会比同等质量的花生高 0.2 元/市斤。这样，可进一步提高花生农的收入，进一步推动花生农种花生的积极性。

鲁花种业成立第一年就已经发展花生农民种了近 7 万亩花生。鲁花种业的目标是，发展花生种植基地 1000 万亩，让千万花生农民成为鲁花的厂外员工。鲁花向上游延伸，从种植基地开始做起，建成种子推广、原料控制、加工生产、市场销售的完整的花生油产业链条。

**3. 终端控制力**

小包装食用油销售的规律性极强，惯例的销售高潮出现在每年的中秋、春节前夕。2010 年农历春节前夕，鲁花又开始了紧张刺激的"龙虎榜"排行，即在每年农历春节前一个月，全国的销售人员按照这一个月的销售情况评比排出"龙虎榜"，在春节后张榜公布，论功行赏。

历年的"龙虎榜"排行，源于鲁花销售模式和其他主要以经销商经营模式的企业迥异。益海嘉里多年来一直沿袭在全国直接寻找强势经销商代理经销。

鲁花在全国建立了 63 个销售公司，每个省至少有一个销售分公司，而个别花生油消费大省（市），譬如山东，则有好几个销售分公司，由 63 个销售公司面对当地的客户（包括经销商与卖场）。这种自建销售公司的模式最初曾遭到过业界的质疑，"这样的成本很大、风险很大！"但是经过市场的检验，这种自建销售公司对鲁花是适合的。

鲁花集团总部一发号施令，63 个销售公司就能迅速执行相应的销售措施，对于统一市场价格和销售方式很有利。对于小包装食用油瞬息万变的市场来说，鲁花的营销模式能极快地应对市场的变化。

如何掌握销售终端的真实情况，往往让品牌商感到头痛。但鲁花的对策是：每一瓶鲁花的花生油都可以追溯到自己的"出生资料"：哪个油厂、哪条生产线生产的花生油，不仅仅以外箱和瓶子上的二维条码来反映。每个鲁花油瓶的瓶身上有一个唯一的喷码,从哪里来(生产单位、车间、生产线、出厂日期等相关信息)、到哪里去(在系统里能查到它到了哪个销售公司,进入哪个卖场)都有清晰的反映。相比起二维条码,喷码的优势更大,因为条码通常印刷在花生油的瓶身标签上或者外箱上,很容易被撕掉损毁。但是喷码基本可以完全保留,实现每瓶花生油的"身份"可追溯,防止了假冒和窜货,确保对生产、流通全流程的监督。

因为很多终端渠道都是全国性连锁经营的,鲁花集团通过三方寄售业务管理模式来管理连锁渠道。由鲁花集团与连锁集团签订总的购销合同,并负责票务和结款。对各地分店的业绩进行汇总统计,实现了一张单据三方记账,信息高度共享,解决了集团对连锁销售业务的精细管理问题。

作为一家农产品企业,鲁花所奉行的策略是纵向一体化,不仅要在终端市场建立有影响力的品牌和渠道控制能力,还要向上游延伸,对花生的品种和种植业要有足够的影响力。这样的企业,将不仅仅因为定位独特而获得细分市场的相对份额,更是在某一个产业领域拥有绝对的控制地位。

**【问题】**

1. 请评价鲁花公司的市场营销战略。
2. 我国本土食用油经营企业遇到的困难主要有哪些?请谈谈你的解决之道。

资料来源:丁娅琳,鲁花:《细分市场冠军的秘密》,《IT经理世界》,2010年3月,有删减。

# 第 6 章

# 市场细分与市场定位

■ 知识结构图

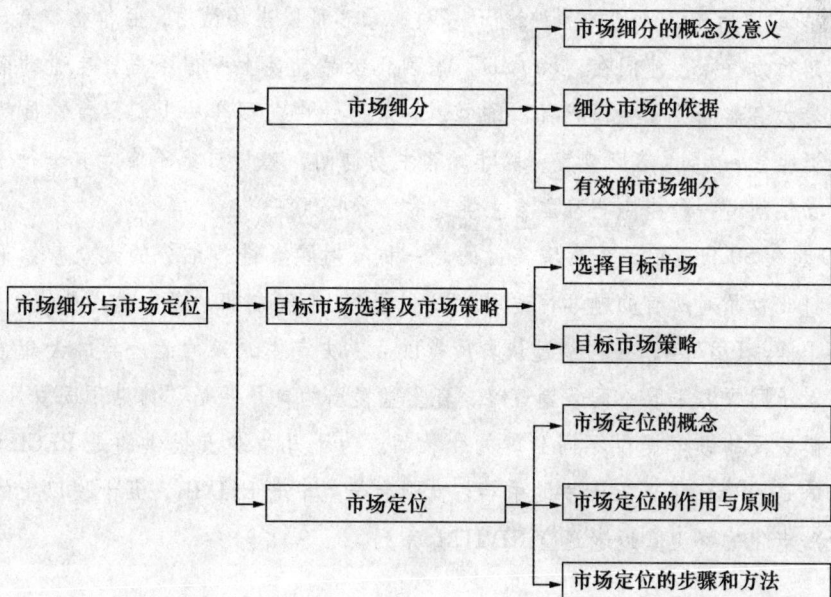

市场细分与市场定位
- 市场细分
  - 市场细分的概念及意义
  - 细分市场的依据
  - 有效的市场细分
- 目标市场选择及市场策略
  - 选择目标市场
  - 目标市场策略
- 市场定位
  - 市场定位的概念
  - 市场定位的作用与原则
  - 市场定位的步骤和方法

**■ 本章导读**

　　市场营销的好坏不仅关系到企业的效益，更关系到企业的生死存亡。企业的资源是有限的，面对广袤的市场，如何才能利用好企业的优势和现有条件，为客户提供最充分的服务，从而使企业得到良性的发展成为市场营销需要解决的问题，而这就要有赖于市场细分。本章主要介绍市场细分的概念、意义。

## 资生堂细分"岁月"

日本的化妆品，首推资生堂。近年来，它连续名列日本各化妆品公司榜首。资生堂之所以长盛不衰，与其独具特色的营销策略密不可分。

与一般化妆品公司不同，资生堂对其公司品牌的管理采取所谓品牌分生策略。该公司以主要品牌为准，对每一品牌设立一个独立的子公司。这样，每个子公司可以针对这一品牌目标顾客的不同情况，制定独立的产品价格、促销策略；同时，公司内部品牌与品牌之间，子公司与子公司之间也要进行激烈竞争。例如，90 年代初，该公司推出了以年龄在 20 岁左右、购买能力较低、对知名品牌敬而远之，但对默默无闻的品牌能自主选择的女性为目标顾客，推出"ettusais"系列化妆品。该品牌的营销管理就比较特别，他们在东京银座一楼专卖"ettusais"系列品的商店中，陈列的品种达 30 多种，顾客可以当场试用，且价格较低。考虑到目标顾客的思想行为特点，他们在"ettusais"系列化妆品包装上一律不写资生堂的名字，让人不易觉察这是大名鼎鼎的资生堂产品。通常，一般店铺中，顾客一上门，售货员就会做一大串说明，而资生堂 ettusais 店则规定，除非顾客主动询问，售货员绝不能对其进行干扰，而应为这些年轻女性创造一种能完全独立自主挑选的购物气氛。

但在 20 世纪 80 代以前，资生堂实行的是一种不对顾客进行细分的大众营销策略，即希望自己的每种化妆品对所有的顾客都适用。20 世纪 80 年代中期，资生堂因此遭到重大挫折，市场占有率下降。1987 年，公司经过认真反省以后，决定由原来的无差异的大众营销转向个别营销，即对不同顾客采取不同营销策略，资生堂提出的口号便是"体贴不同岁月的脸"。他们对不同年龄阶段的顾客提供不同品牌的化妆品。为十几岁少女提供的是 RECIENTE 系列，二十岁左右的是 ettusais，四五十岁的中年妇女则有长生不老 ELIXIR，五十岁以上的妇女则可以用防止肌肤老化的资生堂返老还童 RIVITAL 系列。

# 6.1　市场细分

由于受能力和资源所限，任何一家企业都不可能服务于所有的客户。在相对无限的市场上，企业如果盲目四处出击，不但得不到新的顾客，可能连现有的顾客也无法维系。因而企业必须有效识别客户，将异质市场中那些需求相近的消费者进行分类，以便集中资源选择合适的目标客户。

## 6.1.1　市场细分的概念及其意义

### 1. 市场细分的概念

市场细分亦称市场细分化，是美国学者温德尔·史密斯（Wendell R. Smith）在 20 世纪 50 年代中期提出的，其核心的含义是将一个整体的市场根据消费者需求的差异性，划分为若干个具有共同特征的子市场，并确定企业的目标市场的活动过程。

任何一个服务于广阔市场的公司都会意识到，因为顾客分布广泛，购买需求差异很大，例如手表的生产，有的顾客追求产品的走时准确，有的追求防水，有的追求机械性能，有的追求其代表的身份象征。因而无论其产品性能和品质如何，都无法用一种产品为所有的顾客提供完善的服务，因为竞争对手会利用这种购买需求的差异为那些具有特定需求的顾客提供服务。因而一个公司要取得竞争优势，就必须识别那个（或那些）由于自己所具有的资源优势而能够为其提供有效服务的最具有吸引力的细分市场，而不是到处参与竞争。对于一个处于竞争环境的公司来说，市场细分是一个创造性的过程，为企业的市场营销提供了新的思路，对营销工作的成败起到了关键的作用。

### 2. 市场细分的意义

（1）挖掘新的市场机会，形成新的有吸引力的目标市场。企业必须利用自身的能力来占领有利可图的市场。有些市场看似十分拥挤，如果使用传统的思维方式来考察市场就很难发现新的市场机会，从而丧失了商机。企业必须根据消费者的各种属性、发展趋势来对市场进行充分的分析，并了解哪些需求得到了充分的满足，哪些需求基本得到满足，而哪些需求尚未得到满足，从而发现新的市场机会，并可能成为目标市场。例如，在日本的口香糖市场上曾经发生过这样的案例：甲企业在日本口香糖市场上一枝独秀，占领了日本绝大部分的口香糖市场。如果用普通的视角去分析，这个市场已经被满足，不会再有机会了，但是乙企业在进行了充分的市场调研后认为，甲企业产品缺乏对成人的、购买方便的、包装规格较大的需求的满足，据此制定了营销计划，从而使乙企业的产品投放市场后一举成功。这个案例充分说明，通过市场细分，能够挖掘出新的富有吸引力的市场，使企业获得新的机会。

（2）有利于企业提高经济效益。每个企业都希望获得最佳的投入产出比，企业市场营销的成功首先依赖于能否把握住能够为企业带来足够利润的市场，而足够的利润则取决于两个因素：单位产品的销售利润和销售量。企业可以根据这两个因素结合自身的资源条件来选择市场。任何企业的资源都是有限的，尤其是中小型企业，在人、财、物都比较紧张的情况下，如果投入到单位产品利润低、销售量大的市场中进行竞争，那么显然其资源很难支撑巨大的包括新产品开发和市场推广的先期投入，而且较大的市场会引入新的竞争者加入从而增加竞争的激烈程度并进一步压低价格。相反，单件产品利润较高而市场相对比较集中的市场却能为企业提供相对丰厚的回报。因而销售企业并不一定要仅仅盯住大的市场，而是要根据自身企业的资源情况最大限度地满足适合于自身条件的消费者。

（3）适应市场的快速变化和消费者需求多元化的发展趋势。随着世界经济文化的融合速度加快，市场上消费者需求的变化节奏也日趋加快，消费行为和偏好的离散程度加大，企业很难对整体市场上消费者的行为变化都做出相应的反应。同时，由于消费者生活水平和文化程度的提高，使消费者的追求趋于多元化，市场更加趋于"微型营销"的方向。销售企业越来越难以用某种产品来覆盖整体市场。而细分市场的优势在于，销售厂商专注于某个或几个具有鲜明特征的细分市场，对于这些相对较小的市场而言，消费者行为变化的一致性比较高，容易被销售厂商发现并做出有效的反应。另外，由于销售厂商专注于这些细分市场，将会对消费者的任何变化更为留意，从而防止竞争对手的蚕食。因此，对市场进行细分，可以充分利用企业的资源对市场的任何变化做出有效的快速反应。

## 6.1.2　细分市场的依据

市场细分作为企业营销的重要部分，首先要保证其细分结果的有效性，而其有效性依赖于进行市场细分的变量选择。变量选择必须是那些确实可以依据其来区分消费者群体，并能够使销售公司制定出相应的市场计划的。否则，其细分市场的划分将是徒劳的。通常，将市场分为两类来讨论：消费者市场和产业市场。

### 1. 消费者市场细分的依据

消费者市场的细分变量分为两大类：一类是根据消费者的特征或属性来分类，如地理特征、人口特征和心理特征，然后考察这些细分市场是否具有不同的需求；另一种分类方法是按照消费者追求的利益、使用产品的时间或对品牌的反映来细分市场，之后再考察这些细分市场是否具有不同的消费特征。表6-1列出了一些细分市场的常用变量。

（1）地理细分。地理细分是将市场根据具体情况划分为不同的地域，如国家、城市、地域等。首先，销售公司按照地理细分市场可以获得渠道管理上的便利；其次，由于地理区域的不同，消费者的偏好也会有所不同，按照地理区域来细分市场，有利于销售公司针对区域不同造成的消费者偏好的不同而采取不同的营销策略。例如，我国南方人的口味较轻，不喜欢过咸

表 6 - 1　　　　　　　　　　消费者市场的主要变量列表

| 变　量 | | 典型分类 |
|---|---|---|
| 1. 地理变量 | 地区 | 亚洲地区、东亚、西欧 |
| | 城市规模 | 1 万人以下、100000 ~ 199999 人、50 万 ~ 100 万人等 |
| | 气候 | 热带、亚热带、温带 |
| 2. 人口变量 | 年龄 | 6 岁以下、6 ~ 11 岁、31 ~ 40 岁 |
| | 性别 | 男、女 |
| | 家庭规模 | 1 ~ 2 人、3 ~ 5 人、8 人以上 |
| | 家庭类型 | 中等家庭、大型家庭 |
| | 家庭生命周期 | 青年单身、青年已婚、已婚无子女、已婚有子女，子女 6 岁以上 |
| | 家庭月收入 | 1000 元以下、1001 ~ 3000 元、3000 ~ 7000 元、7000 元以上 |
| | 职业 | 专业技术人员、经理、官员、业主、失业者、学生 |
| | 教育 | 小学以下、中学、大学、研究生以上 |
| | 宗教 | 佛教、基督教、无信仰 |
| | 种族 | 汉族、回族、蒙古族 |
| | 国籍 | 中国、新加坡 |
| 3. 心理变量 | 社会阶层 | 上层、中层、下层 |
| | 生活方式 | 变化型、参与型、自由型、稳定型 |
| | 个性 | 冲动型、进攻型、交际型、权力主义型、自负型 |
| 4. 行为变量 | 时机 | 一般时机、特殊时机 |
| | 追求的利益 | 便利、经济、易于购买 |
| | 使用者的地位 | 未曾使用者、曾使用者、潜在使用者、首次使用者、经常使用者 |
| | 使用率 | 不使用、少量、中量、大量使用 |
| | 忠诚度 | 无、中等、强烈、绝对 |
| | 准备阶段 | 不了解、了解、熟知、感兴趣、想买、打算购买 |
| | 对产品的态度 | 热情、肯定、不关心、否定、敌视 |

资料来源：菲利普·科特勒著，《市场营销原理》，清华大学出版社 2003 年版，第 228 页。

或酱味，比较喜欢小包装，而北方人在这几点上与南方人对比强烈，这些明显的特点可以通过地理细分发掘出来作为公司营销工作的基础。

（2）人口细分。人口变量是市场细分中的一个重要变量，包括年龄、性别、家庭人口、家庭类型、家庭生命周期、收入、职业、教育程度、宗教、种族、国籍等变量。由于消费者对产品的需求、偏好、使用率、购买行为以及决策过程等因素与人口变量联系比较密切，同时，人口变量的数据较其他变量的可获得性要高，并且作为选择目标市场重要依据的市场规模以及选择恰当媒体以影响目标市场来说，人口变量也是不可或缺的。

1）年龄和家庭生命周期。消费者的需求随着年龄和家庭生命周期的变化而改变，不同的年龄对产品的需求显然是不同的。年轻人喜欢时尚和体现自我个性的衣着，中年人注重衣着的质地和得体，老年人注重衣着的舒适性。同时，随着家庭生命周期的变化，消费者的需求也随之改变，没有结婚的青年人大都喜欢制成品食物，而结婚但没有小孩的家庭偏向于时尚且自己动手烹制的半成品食物，小孩上学后，由于家庭负担较重，则偏向于采购营养丰富但比较方便的食品，且采购的量大而次数较少。

2）家庭类型。家庭类型也是一个重要的人口变量，中国城市的家庭类型同农村的家庭类型有着很大的区别，城市人口中不同阶层的家庭类型也存在着较大的差异。同老年人一起居住的属于扩展家庭，中国旧式大家庭属于大型扩展家庭。由于一个家庭中不同的角色对日用品或大件消费品的购买决策起着不同的作用，因而不同的家庭类型的购买过程和结果也就不尽相同。销售公司应该针对自己产品的具体情况，结合目标市场的家庭结构所决定的购买行为而制定营销策略。

3）收入。作为市场细分的一个重要变量，利用收入变量来细分市场在汽车、服装等产品市场上已经很常用。例如，针对35～50岁女士的化妆品市场的细分时会发现，收入同化妆品的使用、购买数量和频率有很强的正向相关性。在其他产品如房地产、汽车、服装等的市场细分也会出现类似的情况。

4）性别。性别变量在市场细分中发挥着重要作用，在美容美发、化妆品等产品或行业中得到了大量的应用。在诸如汽车、香烟等产品中也在引入性别变量来对市场进行细分。中国吉利汽车公司针对国内市场情况推出的"美人豹"车型就是针对时尚女性的产品。在人们的潜意识中，很多产品或产品的外形代表着应该是"男性"或"女性"使用的产品，从而影响着人们的购买行为。

需要特别指出的是，只有在有限的条件下公司才使用单个人口变量进行市场细分，销售公司更经常使用的是"多变量人口细分"，即用两个以上的人口变量来进行市场的细分。例如，在金融产品设计时采用收入和年龄来进行细分，因为年轻人虽然收入高但是积蓄并不多，且花费很高；老年人的收入虽然不高但是积蓄多且花费不大，因而他们在金融产品的需求上差异很大。这种情况适用于绝大多数的产品市场细分。

（3）心理细分。即使是在地理和人口因素细分为同类特征的人群，在心理特征上也会显示出很大的差异，因而心理细分是市场细分的重要变量。经常使用的心理细分变量有个性、购买动机、生活方式等。

1）个性。个性是个体所具有的心理特征，成熟的个性会导致个体同环境的接触得到比较一致的反应。消费者个性的差异在他们的购买行为中也会非常强烈的反映出来，因而销售公司经常使用个性来作为市场细分的变量。如苹果公司在日本推出一款计算机，其新奇的外表为这款计算机的成功起到了重要作用。

2）购买动机。购买动机是消费者购买产品的内在原因，由于消费者本身情况、产品不同、使用的频率和方式不同，以及产品品牌含义的不同，导致了购买动机的不同。消费者比较普遍的购买动机有求实心理、喜新心理、爱美心理、慕名心理等。销售公司根据顾客的特点，需要在产品中突出满足目标顾客的特点，以获得良好的市场份额。例如，雷达手表突出的是品质和技术，在潜水、航空等方面都营造了良好的形象和口碑，从而吸引了追求产品品质的顾客。而作为同一公司产品的劳力士手表，则充分利用了人们的爱慕心理，在产品生产中极尽奢华之能事，打造出高贵的品质，从而吸引了"贵族"消费者。

3）生活方式。生活方式是指人们在工作、娱乐、消费等方面的相对持久的习惯和倾向。由于生活习惯的不同，消费者喜好的产品也会有很大的差异，如美国服装公司将女士服装分为朴素型、时髦型、男子气等来细分市场。通常，在使用生活方式进行市场细分的时候，引用 AIO（A 表示活动，即 activity；I 表示兴趣，即 interest；O 表示意见，即 opinion）尺度来进行测量。销售公司通过对这三个指标的测量来发现不同的消费群体。

（4）行为细分。消费者行为是消费者表现出来的客观行为，比心理活动更加容易察觉。因而许多营销人员认为行为细分是市场细分的最佳出发点。行为细分的变量通常有使用者地位、品牌忠诚度、消费数量、待购阶段、态度、产品使用率等。

1）使用者地位。按照使用者地位可以将市场划分为未曾使用者、曾经使用者、潜在使用者、首次使用者和正常使用者。销售公司应根据消费者使用地位的划分结合自身的市场地位，制定有效的营销策略。一般来说，市场上处于领先的公司侧重于吸引未曾使用者和潜在使用者，原因是他们拥有巨大的利润用以投入广告宣传；而较弱小的公司则侧重于吸引其他公司的正常使用者。

2）品牌忠诚度。消费者对许多产品都存在着"品牌偏好"，因此市场可以据此来细分。消费者的忠诚对象是品牌、商店或其他实体。我们可以将品牌忠诚度划分为如下几类。

- 绝对忠诚者：消费者在任何时候购买某种产品时只选择一个品牌，即对品牌的忠诚永远不变。
- 不坚定的忠诚者：这种消费者同时忠诚于 2~3 个品牌，即对两三个品牌保持同时的忠诚。目前这类顾客群体的发展很快，他们在自己认为同层次的品牌中选择购买。

- 转移型忠诚者：指消费者的忠诚对象由原来的对象转变为另一个对象。
- 易变者：指对任何品牌都不表示出忠诚的消费者。他们具有较大的选择空间，在购买时能够讨价还价，并对不同品牌产品的差异性做出重组的比较。

对于不同的市场结构而言，如果是前两类顾客的比重较大，那么对于新的进入者来说开拓市场将是投入巨大风险的业务，而对转移型消费者所占比重较大的市场来说，如果进入者能够确实分析出消费者转移的真正原因，则可以据此在产品设计、营销、服务等环节做出有针对性的设计，从而占领市场份额。

3）消费数量。根据消费者使用产品的频率和数量，可以将消费者分为少量使用者、中等使用者和大量使用者。在很多行业中，大量使用者所占的比例比较小，但是其消费量所占的比重却比较大，同时由于大量使用者往往在人口特征、心理特征、媒体习惯以及购买渠道上具有一定的相似性，因而销售公司需要针对大量消费者做出比较详细准确的分析和研究。例如，对于啤酒的大量消费者和少量消费者相比，大量消费者通常具有以下特征：他们属于劳工阶层，年龄介于25～50岁之间，每天看电视的时间大于3.5小时，尤其喜爱体育节目。这些信息有助于啤酒的制造厂商对电视广告做出正确的决策。

4）待购阶段。消费者在购买商品的时候处于不同的阶段，有的消费者并不知道这种产品，有的消费者仅仅是知道这种产品，有的消费者对这种商品已经发生了兴趣，有的消费者正在准备购买这种产品。根据消费者所处的市场上的不同阶段来对市场进行细分也是很有效的一种手段。例如，对于消费者并不知道的新产品，销售公司可以进行产品宣传，而在市场上的大多数消费者知道本公司产品的情况下，销售公司应针对本公司产品的特点、性能和价值进行宣传。

**2. 产业市场细分的依据**

对消费者市场进行细分的很多变量都可以用于产业市场的细分，如地理、人口等，但是由于产业市场自身所特有的特点和同消费者市场截然不同的购买行为，导致对产业市场进行细分要遵照一些自身独特的标准。波罗玛（Bonoma）和夏皮罗（Shapiro）提出了用表6-2的变量来细分产业市场。

表6-2　　　　　　　　　　　　　　产业市场的主要细分变量

| 变　量 | 划分方式 |
|---|---|
| 客户情况 | 行业：我们应将重点放在哪些行业上<br>公司规模：我们的重点应放在多大规模的公司上<br>地域：我们应将重点放在哪些地域上 |

续表

| 变　量 | 划分方式 |
|---|---|
| 经营特点 | 技术：我们的重点应放在哪些顾客关心的技术上<br>使用者与非使用者地位：重点是处于什么地位的使用者<br>顾客能力：重点放在需要什么服务的顾客上 |
| 采购方式 | 采购职能组织：选择采购组织高度集中化的公司还是采购组织高度分散化的公司<br>权利结构：重点应放在技术人员占主导地位的公司还是财务人员占主导地位的公司<br>现存关系的性质：是重点服务已经建立可靠关系的公司还是寻求更理想的客户<br>总的采购政策：重点放在乐于采用租赁的公司，重视服务的公司，系统采购的公司，还是秘密投标的公司 |
| 形式因素 | 紧迫性：是否将重点放在要求迅速交货或突然要货（服务）的公司<br>特殊用途：是否将重点放在产品的某些用途上，而不是重视全部的用途<br>订货量：是否将重点放在大宗订货上还是少量订货上 |
| 个性特征 | 买卖双方的相似性：是否将重点放在与本公司的人员组成及价值观相似的公司上<br>对待风险的程度：重点放在敢于冒险的公司上还是避免风险的公司上<br>忠诚度：是否将重点放在对供应商忠诚的公司 |

资料来源：菲利普·科特勒著，《市场营销原理》，清华大学出版社 2003 年版，第 236 页。

　　下面我们用一个玻璃生产厂商的例子来说明销售公司是如何运用表 6-2 的细分变量来细分产业市场的。首先，公司要对市场进行宏观的细分，宏观细分分为三个步骤：第一，公司必须确定其服务的行业。显然，玻璃的用途广泛，可以应用于住宅、装饰、汽车、钟表等。公司结合自身设备的情况，选定了住宅作为其服务的行业；同时，根据市场地理集中度的调查结果，公司认为华北市场应该作为其服务的主要地区。其次，公司需要确定产品的用途以生产最具吸引力的产品。根据市场调查的结果，华北地区的冬天比较寒冷，同时由于汽车的保有量较大，街道的噪声比较大，建筑物往往需要双层真空玻璃，而且高档建筑大都使用有色的产品。因此公司决定以有色双层真空玻璃为主要产品。最后，公司需要考虑为多大规模的公司提供服务。大型建筑公司为了降低成本，采用集中度高的采购方式，且非常重视财务核算，经常跟一家供货商签订长期供货合同，忠诚度很高；而中小型建筑公司则是以一个项目为单位来寻求供货商，对于新的进入者比较容易接受。因而公司决定为中小型建筑公司提供服务。接下来，玻璃公司需要进行微观细分价格取向、服务取向和质量取向三种，并认为公司的产品质量过硬，能够提供比较复杂的定制服务，但是产品的价格优势并不明显，因此公司决定主攻服务取向和质量取向的建筑公司。至此，该公司有效地细分了市场。

　　上面仅仅是举了一个应用的实例，在具体细分产业市场的时候，根据不同的情况细分变量都十分实用，同时，在很多时候需要根据市场和产品的具体情况来增加其他对细分具体市场有显著作用的变量。

### 6.1.3 有效的市场细分

需要指出的是，前面所陈述的是单一变量的市场细分，在更多的情况下，销售公司大都使用综合因素的方法来进行市场细分，即使用一种以上的细分变量。同样有效的方法还有系列因素法，也就是逐一使用单一变量对市场进行逐层的细分。这些方法在市场细分中都是十分常用的。

细分市场的方法很多，同时可选择的细分变量也令人眼花缭乱，选用哪些变量才能够对市场做出有效的细分呢？例如对冷食市场的细分，显然用肤色细分是徒劳的，而用年龄细分则是有效的。因此我们必须了解以下有效的细分市场特征。

（1）可区分性。通过市场细分得出的不同细分市场人群之间是存在明显区别的，并且对不同的营销组合具有不同的反应。例如箱包的生产厂商，对高级公文包和学生用书包的区分是可识别的，这两种产品所针对人群接触媒体的习惯、购买渠道、购买行为、价格都是有着明显的不同，因而可对不同的营销组合做出不同的反应。

（2）可测量性。即对细分市场的规模、购买潜力和大致轮廓可以测量。销售公司可以通过一些重要的消费者的属性来描述细分市场并通过充分的市场调研来得到结果。需要注意的是，在描述消费者属性的时候要注意这些属性间的关联性。

（3）可进入性。即指销售公司能够通过一定的渠道和营销手段进入细分市场并为之提供产品或服务。有些市场由于地理分布太广或距离过于遥远，或是没有有效的媒体接触手段而不能够使公司进入这一细分市场。

（4）可赢利性。即细分市场应该足够大，并且具有足够的支付能力并能够使公司获利。如果细分市场的结果是没有一个市场能够弥补公司为之投入的研发、生产、销售的费用，那就说明市场细分是无效的。

## 6.2  目标市场选择及市场策略

### 6.2.1  选择目标市场

销售公司在使用各种有效的变量来划分细分市场后，下一个任务就是选择适合于本公司情况的目标市场。在选择目标市场之前需要完成的工作就是有效地评价每个细分市场的情况。

**1. 评价细分市场**

在细分市场之后，研究者会发现各个细分市场都有其特点，有的市场很大，但是地理分布分散；有的虽然市场较小，但是区域相对集中；有的市场虽然很有吸引力，但是缺乏接触的渠道……所有这些都需要谨慎地进行评价。通常，细分市场的评价从以下几个方面着手。

首先，要考虑的是细分市场的规模和发展前景。公司需要的细分市场是要有适度的市场规模的，对于特定的公司来说，过于狭小的市场不足以使公司获利；而过于庞大的市场又会使公司的资源耗罄，同时吸引过多的竞争对手加入而使公司更加需要投入，从而陷入恶性循环。因此，市场大小的适度是十分必要的。另外，一个衰退的市场同一个新兴的、正在成长的市场相比，公司更愿意进入成长性良好的细分市场，因为公司都希望未来能够有良好的获利能力。

其次，需要考虑细分市场结构的吸引力。细分市场可能具备理想的规模和发展特征，然而从赢利的观点来看，它未必有吸引力。波特认为有五种力量决定整个市场或其中任何一个细分市场的长期的内在吸引力。这五种力量是同行业竞争者、潜在的新参加的竞争者、替代产品、购买者和供应商。他们具有如下五种威胁性。

(1) 细分市场内激烈竞争的威胁。如果某个细分市场已经有了众多的、强大的或者竞争意识强烈的竞争者，那么该细分市场就会失去吸引力。如果该细分市场处于稳定或者衰退，生产能力大幅度扩大，固定成本过高，撤出市场的壁垒过高，竞争者投资很大，那么情况就会更糟。

(2) 新竞争者的威胁。如果某个细分市场可能吸引、增加新的生产能力和大量资源并争夺市场份额的新的竞争者，那么该细分市场就会没有吸引力。问题的关键是新的竞争者能否轻易地进入这个细分市场。某个细分市场的吸引力随其进退难易的程度而有所区别。根据行业利润的观点，最有吸引力的细分市场应该是进入的壁垒高、退出的壁垒低。

(3) 替代产品的威胁。如果某个细分市场存在着替代产品或者有潜在替代产品，那么该细分市场就失去吸引力。替代产品会限制细分市场内价格和利润的增长，公司应密切注意替代产品的价格趋向。如果在这些替代产品行业中技术有所发展，或者竞争日趋激烈，这个细分市场的价格和利润就可能会下降。

(4) 购买者讨价还价能力加强的威胁。如果某个细分市场中购买者的讨价还价能力很强或正在加强，该细分市场就没有吸引力。如果购买者比较集中或者有组织，或者该产品在购买者的成本中占较大比重，或者产品无法实行差别化，或者顾客的转换成本较低，或者由于购买者的利益较低而对价格敏感，或者顾客能够向后实行联合，购买者的讨价还价能力就会加强。

（5）供应商讨价还价能力加强的威胁。如果公司的供应商、公用事业、银行等，能够自由控制供应的产品和服务的质量或数量，那么该公司所在的细分市场就会没有吸引力。如果供应商集中且替代产品少，或供应的产品是重要投入要素，且转换成本高，或供应商可前向联合，那么供应商的讨价还价能力就会较强。

再次，要考虑产品特征对细分市场的可传递性。无论细分市场的规模如何，获利能力如何，一旦公司确定其为公司的目标，就必须有针对性地做出营销计划。而营销计划的一个重要参考是公司产品的相关信息是否能够有效地传递给细分市场的顾客。对于一个规模有限的公司来说，即使是细分市场的规模够大、可获利能力很强，如果该细分市场的顾客分散程度过大、接触的媒体过于分散，那么也意味着大量的宣传费用抵消甚至超过了产品的利润。

最后，在评价细分市场的时候，公司必须将自己的目标和资源进行严格的审视。对于一个有吸引力的细分市场，公司首先要考虑的是这一细分市场是否符合公司的目标，例如一个致力于为儿童提供素质教育动画片的非赢利组织，当它意识到为成人提供娱乐性动画片的市场很有潜力的时候，就要考虑自身的目标是什么，从而放弃这一市场。同时需要考虑的是公司自身的资源和条件，任何一个细分市场都有其成功的条件，例如，一个为中低端市场提供手表的中等规模的生产厂商，当意识到高档手表市场正在发展的时候，应该理智地放弃进入高档手表市场的竞争，因为公司不具备进入高档手表市场所需要的资源（如生产设备、员工技能、品牌优势等）。

---

**阅读材料 6 - 1**　　　　　　　市场细分的基础

**1. 顾客需求的差异性是客观基础**

顾客需求的差异性是指不同的顾客之间的需求是不一样的。在市场上，消费者总是希望根据自己的独特需求去购买产品，我们根据消费者需求的差异性可以把市场分为同质性需求和异质性需求两大类。

同质性需求是指由于消费者的需求的差异性很小，甚至可以忽略不计，因此没有必要进行市场细分。而异质性需求是指由于消费者所处的地理位置、社会环境不同，自身的心理和购买动机不同，造成他们对产品的价格、质量、款式上需求的差异性。这种需求的差异性就是我们市场细分的基础。

**2. 顾客需求的相似性是理论基础**

在同一地理条件、社会环境和文化背景下的人们形成有相对类似的人生观、价值观的亚文化群，他们的需求特点和消费习惯大致相同。正是因为消费需求在某些方面的相对同质，市场上绝对差异的消费者才能按一定标准聚合成不同的群体。所以，消费者需求的绝对差异造成了市场细分的必要性，消费需求的相对同质性则使市场细分有了实现的可能性。

**3. 企业有限的资源是外在基础**

现代企业由于受自身实力的限制，不可能向市场提供满足一切需求的产品和服务。为了有效地进行竞争，企业必须进行市场细分，选择最有利可图的目标细分市场，集中企业的资源，制定有效的竞争策略，以取得和增加竞争优势。

资料来源：http://baike.baidu.com/view/24278.htm。

**2. 选择目标市场**

细分市场的目的就是便于公司选择目标市场。目标市场是公司准备进入并为其提供产品或服务的细分市场。公司有五种目标市场的选择方法，如图6-1所示。

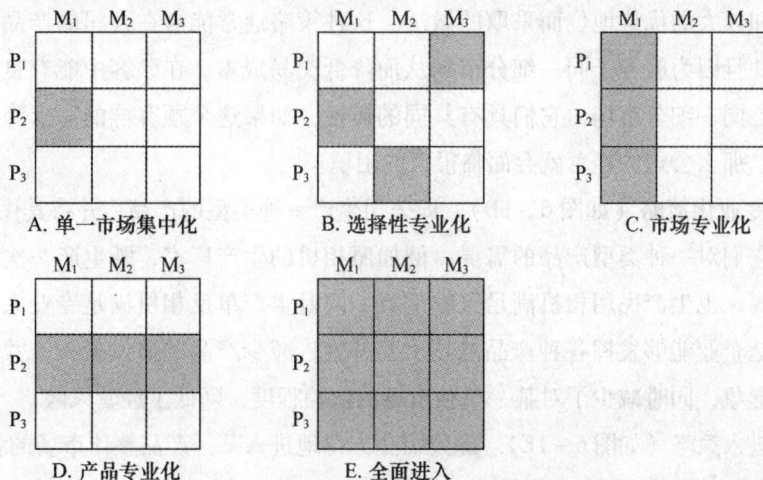

**图6-1 目标市场选择的五种模式**

注：图中 M 为市场，P 为产品。

（1）单一市场集中化策略（如图6-1A）。即公司面对一个目标市场，只提供一种产品，满足其一种特定的需要。例如，面对宾馆的电器设备这一细分市场只提供彩色电视机这一单一产品的做法。较小的企业和刚进入市场的公司通常采用这种策略。这种策略有其优点：由于专注于某一细分市场，从而能够把握该细分市场的动态，能够对市场的变化做出准确的反应；同时由于产品的单一化带来的规模和管理上的优势，能够最大限度地降低包括营销在内的费用，形成成本领先。但是这种策略也存在着一定的风险，一旦目标市场消费者的偏好发生根本的改变，例如人们对矿泉水的需求由解决口渴转变到增加体内电解质的需求，就意味着这一细分市场的萎缩和消失。因此，更多的公司会在多个细分市场上展开业务。

（2）选择性专业化策略（如图 6-1B）。即公司有选择地同时进入几个不同的细分市场，并有针对性地向各个不同的细分市场提供不同类型的产品，以满足其各自特定的需要。这一般是生产经营能力较强的企业在几个市场部分均有较大吸引力时所采取的决策。公司所选择的几个细分市场之间很少或者根本没有联系，公司可以运用不同的营销组合来吸引每个细分市场并在各个市场上赢利。这种策略的优点是公司可以分散风险，即使是其中一个细分市场丧失了吸引力，其他的细分市场也可以赢利。但缺点是公司必须在几个细分市场上同竞争者作战，公司的资源在一定程度上被分散。

（3）市场专业化策略（如图 6-1C）。即公司面对同一细分市场，生产并提供该市场所需的多种产品，以满足其需求。例如，公司为宾馆电器这一细分市场同时提供电视、冰箱、电话、空调等设备的策略。通常，这适用于经营能力较强的企业，是它们试图在某一细分市场上取得较好的适应性和较大的优势地位而采取的做法。这种策略通常能够在公司的产品线之间的营销上协同作用，并且因为服务于同一细分市场从而降低交易成本，在顾客中能有良好的信誉。但是由于面对的是同一细分市场，它们具有共同的属性，如果这个顾客群的需求降低或者这一市场失去吸引力，那么公司的经营就会面临很大的困境。

（4）产品专业化策略（如图 6-1D）。即公司生产一种类型的产品，并将其供应给不同的细分市场，满足它们对一种类型产品的需要。例如照相机的生产厂家，既生产一次成像的相机来满足旅游的需要，也生产民用相机满足家庭需要，同时生产单反相机满足专业人士的需要。这种策略的优点是企业能够发挥各种产品的技术互补性，减少产品的研发投入，并在某一产品领域形成良好的形象，同时减少了对某一单独市场的依赖程度，降低了经营风险。

（5）全面进入策略（如图 6-1E）。即公司全方位地进入某一产品整体市场的各个细分市场，并有针对性地向各个不同的顾客群提供不同类型的系列产品，以满足产品整体市场各个市场部分的各种各样的需要。这主要是大企业为在一种产品的整体市场上取得领先地位而采取的做法。

在运用上述策略时，企业一般是先进入最有吸引力且最有条件进入的市场部分，只是在机会和条件成熟时才酌情有计划地进入其他市场部分，逐步扩大目标市场范围。

## 6.2.2　目标市场策略

实行目标市场营销方式的公司，在市场细分、选择目标市场之后还要确定目标市场营销策略，即企业针对选定的目标市场确定有效地开展市场营销活动的基本方针。企业确定目标市场的方式不同，选择的目标市场范围不同，其营销策略也就不一样。可供企业选择的目标市场营销策略主要有无差异性营销策略、差异性营销策略及密集性营销策略。

**1. 无差异性营销策略**

当企业面对的是同质市场或同质性较强的异质市场时，可以采用这一策略开展市场营销活动。在实际营销活动中，这一策略对那些拥有广泛应用价值，能够大量生产、大量销售的产品基本上都是适用的。因此，不仅是同质市场，即便是异质市场（现实或潜在的），只要具备条件，也能够有效地实行这种策略。这种策略的基本特点是：企业不进行市场细分或者忽略各个细分市场的差异，将整体市场作为自己的一个大的目标市场；营销活动只注意市场需求的共同点，而不顾及其存在着的差异性；企业只推出一种类型的标准化产品，设计和运用一种市场营销组合方案，试图以此吸引尽可能多的购买者，为整个市场服务（如图 6 - 2）。可口可乐公司就是成功运用了这一营销策略为整体市场推出单一产品并取得了成功。

```
公司市场营销组合  ———→  整个市场
```

**图 6 - 2　无差异性市场营销**

（1）无差异性营销策略的优点。无差异性营销策略的主要优点表现为：①采用这种策略的企业一般可以设立大规模的单一产品生产线、广泛和大众化的销售渠道，通过大量的广告和统一的宣传等开展强有力的促销活动，因而往往能够在消费者或用户的心目中树立起"超级产品"的形象。②大批量生产、储运和销售，可以降低单位产品的成本，无差异的广告宣传等促销活动可以节省促销费用，不搞市场细分也会相应地减少市场调研、产品开发、制定多种市场营销组合方案等方面所要耗费的人力、物力和财力资源，而这种经济性也正是该种策略立论的主要基础。

（2）无差异性营销策略的缺点。尽管无差异性营销策略具有很明显的优点，但是也有其局限性，具体表现为：①由于消费需求不断变化，一种产品长期为所有消费者或用户接受的情况越来越少，许多过去的同质市场已经转变为异质市场或正在向异质市场转化，因此在现代社会经济条件下这种策略的适用范围越来越小。②当同行业中的多个企业都采用这种策略时，必然造成整体市场上的激烈竞争，而较小的细分市场的消费群体的特殊需求又得不到满足，这对生产经营者和消费者来说都是不利的，同时也为潜在的进入者留下了进入的空间。③由于许多同质市场都是潜在的异质市场，因此一些企业在试图运用该策略吸引尽可能多的顾客时，其他一些公司则在竞争中为得不到满足的顾客提供适合他们需要的产品，这些公司往往更能够满足某些细分市场消费者的需求，并蚕食了整体市场。从而使实行无差异性市场策略公司的竞争努力受挫，处于被动的境地。

鉴于以上原因，不少过去长期实行无差异性营销策略的企业，都随着环境的变化被迫转而采用了其他的目标市场营销策略。例如，可口可乐公司根据消费者喜好的变化推出了多种饮料，并占领了多个细分市场。

**2. 差异性营销策略**

这是企业面对异质市场时可以选择的一种目标市场营销策略。这种策略的基本特点是：企业在对异质市场进行细分的基础上，从整体市场中选择多个乃至全部细分市场为自己的目标市场，并根据每个目标市场的需要分别制定相应的市场营销组合方案，提供特定的产品，在多个市场部分上有针对性地开展营销活动（如图6-3）。

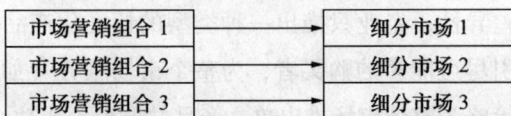

| 市场营销组合 1 | → | 细分市场 1 |
| 市场营销组合 2 | → | 细分市场 2 |
| 市场营销组合 3 | → | 细分市场 3 |

图 6-3　差异性市场营销

（1）差异性营销策略的优点。差异性营销策略的优点表现为：①企业针对各个细分市场的要求实行了产品和市场营销组合的多样化策略，因而可以较好地满足一种产品整体市场中各个消费者的不同需要，能提高企业的适应能力和竞争能力，扩大产品销售。②如果企业在数个细分市场上都取得了较好的营销效果，就能树立起良好的企业形象，大大提高消费者或用户对该企业及其产品的信赖程度、接受速度和购买频率，从而形成较大的优势。

鉴于以上原因，现在有相当多的企业都采用了这种目标市场营销策略，并取得了成功。

（2）差异性营销策略的缺点。差异性营销策略的局限性主要表现为：①运用这种策略的企业进入的细分市场较多，而且针对各个细分市场的需要实行了产品和市场营销组合的多样化策略，因此使企业的业务范围较宽、内容较为繁杂、业务量较大、生产经营费用较高、力量使用分散，管理的难度大。因此，有些企业在采用这一策略的时候，采取了只对产品的整体市场进行粗分或少进入一些细分市场的做法，以便缓解上述问题的出现，避免对企业产生的不利影响。②采用这种策略要受到企业资源能力的很大限制，因此实行策略的多为资源雄厚、物质技术力量强、专业人才较多、经营管理基础好的大企业。

**3. 密集性营销策略**

这也是企业面对异质市场时可以选择的一种目标市场营销策略。这种策略是集中力量进入一个细分市场或是整体市场的几个细分市场，为目标市场开发一种理想的产品，实行高度专业化的生产和营销，集中力量为之服务。实行这种策略的企业，希望的不是不同的细分市场上都拥有较小的份额，而是力求在一个较小或少数几个细分市场上取得较高的甚至支配地位的竞争优势（如图6-4）。

```
                                    ┌──────────────┐
                                    │   细分市场 1   │
                      ┌──────────────┐├──────────────┤
                      │ 企业市场营销组合 │→│   细分市场 2   │
                      └──────────────┘├──────────────┤
                                    │   细分市场 3   │
                                    └──────────────┘
```

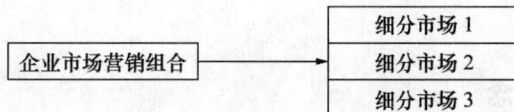

**图 6－4　密集性市场营销策略**

（1）密集性市场营销策略的优点。密集性市场营销策略的优点表现为：①由于企业集中力量于一个细分市场或其中几个更小的市场上，便于深入了解目标市场的需求情况及有针对性地开展营销工作，易于迅速占领市场并取得优势，提高自己的目标市场上的知名度。②企业的目标市场范围较小，集中使用力量实行了生产和营销等方面的专业化，可以减少投资和资金占用，降低生产成本和经营费用，加快资金周转，提高投资收益率，取得较好的经营效益。这种策略主要适用于小企业。小企业由于资源力量有限，因而无力在整体市场或多个细分市场上与大企业抗衡，但在大企业未予注意和不愿顾及的某几个细分市场上全力以赴，易于取得成功。寻找市场缝隙，实行密集性营销，为企业的成长打下坚实的基础，是小企业变劣势为优势的一种明智的选择。

（2）密集性市场营销策略的缺点。密集性市场营销策略的局限性是：由于企业选定的目标市场范围窄小，业务单一，因而市场需求一旦发生较大的变化或遇到强有力的竞争对手侵入，企业往往会因回旋余地小而陷入困境。因此，采用这种策略的企业必须密切注意目标市场的需求动向及其他营销环境因素的变化，制定适当的应急措施；而且，自身的力量一旦有了增强，就要寻找机会，适当地扩大目标市场的范围或实行多角化经营。

以上可供企业选择的三种目标市场营销策略。一个企业在决定采取何种策略时，应全面考虑企业的资源条件、经营管理能力、产品的性质、产品所处的市场生命周期阶段、市场的性质、市场的供求状况和发展趋势、竞争对手的实力及其采取的目标市场营销策略等多方面的主客观条件因素，然后权衡利弊做出抉择。此外，企业的目标市场营销策略应保持相对稳定，但随着上述各种条件和影响因素的变化，企业也应适时地加以调整。

# 6.3　市场定位

"定位"（positioning）这一概念最早出现于艾·里斯和杰克·特劳特在 1969 年 6 月的《工业营销》（Industrial Marketing）杂志上发表的一篇论文当中，经过多年的发展和实践，定位观念日渐成熟与完善。定位理论是在与市场营销环境、营销观念对传播业的影响变化中同步发展起来的。

## 6.3.1　市场定位的概念

进入20世纪70年代后，在迅猛发展的科技和管理等因素的作用下，企业和商品在飞速地增长，产品供应远远大于需求。生产的过剩造成了竞争的加剧，原有的品牌形象宣传已经不能再吸引消费者的眼球了，所以企业不仅要有良好的产品和形象，更重要的是被人们接受。企业只有在好的产品和形象基础上迅速在人们心里建立起优势地位，才能在顾客选择商品时影响顾客的购买行为。为取得成功，市场营销此时开始进入定位至上时代。

里斯和特劳特认为，消费者头脑中存在一级一级的小阶梯，将产品按一个或多个方面的要求在这些小阶梯上排队，定位就是要找到这些小阶梯并将产品与某一阶梯联系上。十年后两人出版了第一本定位方面的专著——《定位》，将定位策略上升到了系统的定位理论，标志着定位理论的正式诞生。

定位理论真正从产品和服务消费者两方面进行了全面准确的区分，将原本完整的蛋糕切成许多小块。因为对一个整块的充满异质性的大市场进行多年孜孜不倦的诉求之后，经营者已经疲惫不堪，于是市场细分——化整为零、各个击破成为新的应对思路。定位的核心是确定其诉求重点向有效的目标消费者，而不是庞杂的整体市场展示商品的卖点。尽管这会带来受众规模的缩小，但是有效到达指数的大大增加在进行数学演算后证明仍然优于那种不计成本盲目一气的铺摊子策略。同时，对于目标消费者的准确界定，为经营者开展更有效的双向沟通和接触管理创造了条件，也降低了广告诉求重点的难度且使之更具针对性。营销效果也因此可以被更准确地预测和把握，做到了有的放矢。

市场定位的定义和含义有很多，其中最早提出"定位"这一名词的里斯和特劳特是这样解释的：定位是以产品为出发点，如一种商品、一项服务、一家公司、一所机构甚至一个人，但定位的对象不是产品，而是针对潜在顾客的思想。菲利浦·科特勒给出的定义是：市场定位是指公司设计出自己的产品和形象，从而在目标顾客心中确定与众不同的有价值的定位。定位要求公司能够确定向目标顾客推销的差别数目及具体差别。定位不在定位对象本身而是在消费者心中，是在消费者的大脑中占据的一个合理的位置，其具体的含义有以下四种。

（1）市场定位不仅仅局限于产品营销而有着更为广阔的应用范围。市场定位的目的在于集中地找到定位对象想要突出给消费者的一面，同时这个突出的一面正是消费对象想要看到的，并运用各种传播手段把这一面进行强化，使消费对象能够清楚地注意到并长久地留在记忆当中。

（2）市场定位不是对产品本身做实质性的改变，而是对市场的发现。定位中可能要求产品在名称、价格、包装等方面进行改动，但这些改动只是为了寻找在潜在消费者心中有价值的位置而做的形式上的改动。说到底，是由于发现了市场的顾客需求，为了使产品能够更好地满足消费者的新需求所做的修饰上的变动，产品本身可能并没有发生实质性的变化。

（3）市场定位的关键是找出消费者心中对所需产品的位置，定位所要占据的是消费者的心理位置，即所做的定位给消费者传达的信息要长时间地停留在消费者的记忆当中，一旦消费者接收到与该定位相关的外部信息的时候，消费者第一时间就可以想到那个定位所占据的位置。决定这一心理位置的因素有两个：一个是消费者的心理活动，另一个是竞争对手的宣传策略。而要正确找到消费者心中对所需产品的位置，就必须同时分析这两个因素，结合自身情况找到最佳的结合点以确定这个位置。

（4）好的定位一旦得到消费者的认可，将使企业形成巨大的竞争优势，而这一优势往往非产品质量和价格所带来的优势可比。但是不能把定位简单地看成就是竞争优势。定位是要发现市场上存在的顾客需求，定位表现的优势并不一定就是企业自身所拥有的，只有在找到定位并充分挖掘企业自身资源，将该定位深入到消费者心中并得到了消费者认可后，定位所带来的结果才能称得上是企业的竞争优势，即不仅要找到好的定位，并且要能够很好地实现这个定位。

## 6.3.2　市场定位的作用与原则

### 1. 市场定位的作用

市场定位对市场营销活动主要在以下两个方面起到作用。

（1）市场定位有利于建立企业及产品的市场特色，是参与现代市场竞争的有力武器。在现代社会中，许多市场都存在严重的供大于求的现象，众多生产同类产品的厂家争夺有限的顾客市场，竞争异常激烈。为了使自己的产品获得稳定销路，防止被其他厂家的产品所替代，企业必须从各方面树立起一定的市场形象，以期在顾客心目中形成一定的偏爱。市场定位的作用之一在于帮助企业更好地了解消费者需求，找到消费者的关注点及兴趣点，结合自身优势，有效地向消费者传递信息，从而达到获取消费者心理偏好的目的。

（2）市场定位决策是企业制定市场营销组合策略的基础。例如，假设某企业决定生产销售优质低价的产品，那么这样的定位就决定了产品的质量要高，价格要定得低，广告宣传的内容要突出强调企业产品质优价廉的特点，要让目标顾客相信低价也能买到货真价实的好产品，分销储运效率要高，保证低价出售仍能获利。也就是说，企业的市场定位决定了企业必须设计和发展与之相适应的市场营销组合。市场定位将营销活动中的各个环节有机地结合起来，使得各个环节共同促进并发挥各自的作用，从而使得企业整个的营销活动得以顺利的展开并取得成功。

**2. 市场定位的原则**

不同企业经营的产品、提供的服务不同，面对的顾客就不同，所处的竞争环境也不同，因而市场定位所依据的原则也不尽相同。总的来讲，市场定位所依据的原则有以下四点。

（1）根据具体的产品特点定位。构成产品内在特色的许多因素都可以作为市场定位所依据的原则。例如所含成分、材料、质量、价格等。七喜汽水的定位是非可乐，强调它是不含咖啡因的饮料而与可乐类饮料不同。

（2）根据特定的使用场合及用途定位。为老产品找到一种新用途是为产品创造新的市场定位的好方法。小苏打曾一度被广泛地用做家庭的刷牙剂、除臭剂和烘焙配料，现在已有不少的新产品代替了小苏打的上述一些功能。例如果珍饮料的定位，果珍饮料进入中国市场的时候恰逢改革开放之初，人们对国外产品比较欣赏，生产厂商利用这一优势，将果珍定位于礼品取得了成功。此外，我国曾有一家生产曲奇饼干的厂家最初将其产品定位为家庭休闲食品，后来又发现不少顾客购买是为了馈赠，于是将之定位为礼品并取得了成功。

（3）根据顾客的利益定位。产品提供给顾客的利益是顾客最能切实体验到的，也可以用做定位的依据。1975 年美国米勒（Miller）公司推出了一种低热量的 Lite 牌啤酒，将其定位为喝了不会发胖的啤酒，迎合了那些经常饮用啤酒而又担心发胖的人的需要。

（4）根据使用者类型定位。企业常常试图将其产品指向某一类特定的使用者，以便根据这些顾客的看法塑造恰当的形象。美国米勒啤酒公司曾将其原来唯一的品牌"高生"啤酒定位于啤酒中的香槟，以吸引不常饮用啤酒的高收入妇女。但后来发现占 30% 的狂饮者大约消费了啤酒销量的 80%，于是该公司在广告中展示石油工人钻井成功后狂欢畅饮的镜头，还有年轻人在沙滩上冲刺后开怀畅饮的镜头，塑造了一个个精力充沛的形象，并在广告中提出"有空就喝米勒"的广告语，从而成功占领啤酒狂饮者市场达 10 年之久。

---

**阅读材料 6 – 2　　　　　　市场定位存在的误区**

市场定位对企业营销活动的成功起着决定性的作用，但市场定位本身也存在着风险。通常来说，企业市场定位中主要存在的问题分为以下几个方面。

**1. 定位近视**

企业往往从自身角度而不是从消费者角度出发，依然沿用传统的产品观念进行市场定位，只看到自己的产品质量好，而看不到市场需求已经发生了变化。由于市场环境的变化，消费者的需求可能已经发生了变化，如果企业不能及时发现并了解消费者心理的变化，而一味地认为自己的产品好，那就很容易造成原有的客户流失，并最终丧失原有定位带来的优势。

## 2. 不充分定位

由于定位概念模糊，消费者认识不到定位的产品和品牌的独特之处，没有在心中树立明确的形象。因为人的大脑很难记住复杂的东西，如果企业的定位过于模糊或者复杂，没有特别突出的重点或单一的特点传递给消费者，那么消费者对于该定位就很难留下深刻的印象，在出现了其他能够给消费者以更强刺激的定位后，就会把原来这个模糊不清的定位忘掉。简单明了的东西往往会更容易给人以深刻的印象，并长久地留在记忆中。

## 3. 过分定位

没有认清消费者的心理偏好，或者价格定得不合理，或者服务定得不恰当，没有满足消费者真正的需要，而过分强调了产品的某些特性，就会使消费者产生不信任感。由于消费者自身对产品及市场的了解，已经形成了某种消费心理及对产品的认知，形成了自己心中的某种概念，如果企业没有充分了解到消费者心中的这种概念，没有意识到消费的切实需求而过分强调产品的特性，往往会造成消费者的抵触情绪。一是消费者可能会觉得企业的定位超出自己需求，自己将为超出部分额外付出代价，二是消费者会认为企业的定位不是真实的定位，含有虚假的成分而产生不信任感。

## 4. 混淆定位

这是指品牌特征太多或品牌定位变换过于频繁，使消费者对产品品牌形象感到困惑。在定位当中没有分清产品特征的轻重，而是全部予以传播，最终导致没有特点或者是对于已有的定位信心不足。在短时间内没有明显的效果就盲目改变定位方向，从而给消费者带来无所适从之感。从根本上说，以上做法都是对消费者心理了解不够造成的，没有对消费者的需求进行认真调查分析而盲目的进行定位。

## 6.3.3　市场定位的步骤和方法

如何进行市场定位不仅需要技巧，而且涉及营销观念的改变和更新。在当今信息爆炸的市场上，那种以吹嘘和夸大树立产品形象的做法已经落伍，代之而起的是实事求是地认定并强化自己在消费者心目中所占有的位置。市场定位一般包括以下三个步骤。

### 1. 明确潜在的竞争优势

作为销售企业，首要工作就是要调查研究影响定位的因素，了解竞争者的定位状况：竞争者向目标市场提供了何种产品及服务，在顾客心目中的形象如何等。对其成本及经营情况做出评估，并了解目标顾客对产品的评价标准。企业应努力搞清楚顾客最关心的问题，以作为决策的依据，并要确认目标市场的潜在竞争优势是什么：是同样条件能比竞争者定价低，还是能提供更多的特色满足顾客的特定需要。企业通过与竞争者在产品、促销、成本、服务等方面进行对比分析，以了解自己的长处和不足，从而认定自己的竞争优势。

**2. 选择相对的竞争优势**

相对的竞争优势也就是一个企业能够胜过竞争者的能力。这种能力可以是企业本身具备的或是具备发展潜力的，也可以是通过努力创造的。总之，相对的竞争优势是本企业能够比竞争者做得更好的地方。企业还可以根据自己的资源配置（资金、技术、设备、土地资源、铁路专用线、优越的地理位置等），通过营销方案差异化突出自己的经营特色，如产品差异（突出产品的某种属性、特色、性能等）、服务差异（送货及时、准确、储运、装卸、配送等）、形象差异（品牌、标志等），使顾客感觉自己从中得到了价值最大的产品及服务。

**3. 显示独特的竞争优势**

显示竞争优势也就是准确向目标市场传播企业的定位以期获得消费者的心理共鸣。企业做出市场定位决策后，要与选定的目标市场进行有效的沟通，包括建立与市场定位相一致的形象，让目标顾客知道、了解并熟悉企业的市场定位。如果是一家以"优质高档"定位的企业，就必须推出优质产品，制定较高售价，提供高水平的相关服务，通过高档次中间商分销及通过高档次报刊做广告，才能树立持久而令人信服的优质形象。

市场上原有产品通常已经在顾客心目中形成一定形象，占有一定地位。例如，人们认为可口可乐是世界上最大的软饮料公司，奔驰、卡迪拉克是豪华型汽车等。这些品牌拥有自己的地位，竞争对手很难取代他们。在这些产品市场上，参与竞争的企业要想争得立足之地，难度很大，因此，企业必须有适当的定位方式，并选准一个切入点。一般有以下四种定位方法。

（1）避强定位（另辟蹊径式）。当企业意识到自己无力与强大的竞争者抗衡时，则远离竞争者，根据自己的条件及相对优势，突出宣传自己与众不同的特色，满足市场上尚未被竞争对手发掘的潜在需求。由于避开强手，这种方式风险小、成功率高，即使是实力较弱的小企业，如能正确运用此方式准确定位，仍能取得成功。例如，河北华龙集团最初是由几位农民合办的股份制企业，在创业初期就在找准定位上下工夫。他们避开大企业竞争激烈的城市市场而定位于为农民服务，其产品定位是"物美价廉"——生产中低档方便面。由于定位准确及营销策略得当，华龙集团目前已成为我国第三大方便面生产企业。

（2）迎头定位（针锋相对式）。这是一种以强对强的市场定位方法，即将本企业形象或产品形象定位在与竞争者相似的位置上，与竞争者争夺同一目标市场。实行这种定位的企业应具备的条件是：市场容量大，能比竞争者生产出质量更好或成本更低的产品；能够容纳两个或两个以上竞争者产品；比竞争者有更多资源和实力。这种定位存在一定风险，但能够激励企业以较高目标要求自己奋发向上。

（3）创新定位（填空补缺式）。寻找新的尚未被占领但有潜在市场需求的位置，填补市场的空缺，生产市场上没有的、具备某种特色的产品。例如，"金利来"进入中国市场时就填补了男士高档衣物的空缺。高能集团也是采用这种定位方式并获得极大成功的，该企业创业时仅200元资产，却能够在激烈的市场竞争中生存并迅速发展，12 年间资产达 4 个亿，其成功得益于正确的定位方式及准确的切入点。该企业属于通信行业，但他们不去选择生产竞争者云集的传统的通信产品，而选择了做通信与计算机的结合部——传输和管理。因为传统计算机及传统通信有许多企业在做，竞争激烈，他们不具备优势；而在两者结合部却形成真空，他们具有相对优势，有足够大的市场。由于其产品技术难度大，国内同行很难进入，而且这是个具有中国特色的市场，国外大公司也难以进入。因此，他们如鱼得水，迅速发展，目前已成为江苏省最大的民营企业。采用这种方式时，企业应明确创新定位所需的产品在技术上、经济上是否可行，有无足够的市场容量。

（4）重新定位。企业在选定了市场定位目标后，如果定位不准确或虽然开始定位得当，但市场情况发生变化——如遇到竞争者定位于本企业附近，侵占了本企业部分市场；或由于某种原因使消费者或用户的偏好发生变化而转移到竞争者方面时，就应考虑重新定位。重新定位是以退为进的策略，目的是为了实施更有效的定位。

综上所述，市场定位是设计企业产品和形象的行为，以使目标市场知道企业相对于竞争对手的地位。市场定位正确，能给企业带来巨大的经济效益和广阔的发展前途；反之，市场定位不正确，则会使企业蒙受巨大的经济损失。因此，企业在进行市场定位时，应慎之又慎，通过反复比较和调查研究，找出最合理的突破口。一旦建立了理想的定位，企业必须通过一致的表现与沟通来维持此定位，并应经常加以监测以随时适应目标顾客和竞争者策略的改变。

---

思考题

1. 市场细分的概念和意义是什么？
2. 如何进行市场细分？市场细分的基础是什么？
3. 目标市场选择有哪五种方法？各自的特点是什么？

4. 简述市场定位与营销战略的关系。

5. 选取一家你所熟悉的企业并分析其产品的市场定位。

## 案例讨论

### "万宝路"的市场定位

20世纪20年代，在美国被称为迷惘的时代。经过第一次世界大战的冲击，许多青年都自认为受到了战争的创伤，并且认为只有拼命享乐才能将这种创伤冲淡。他们或在爵士乐的包围中尖声大叫，或沉浸在香烟的烟雾缭绕当中。无论男女，他（她）们嘴上都会异常悠闲雅致地衔着一支香烟。妇女们愈加注意起自己的红嘴，她们抱怨白色的香烟嘴常沾染了她们的唇膏。于是"万宝路"出世了。"万宝路"这个名字也是针对当时的社会风气而定的。"MARLBORO"其实是"Man Always Remember Lovely Because Of Romantic Only"的缩写，意为"男人们总是忘不了女人的爱"。其广告口号是"像五月的天气一样温和"，用意在于争当女性烟民的"红颜知己"。

为了表示对女烟民关怀，莫里斯公司把"Marlboro"香烟的烟嘴染成红色，以期广大爱靓女士为这种无微不至的关怀所感动，从而打开销路。然而几个星期过去，几个月过去，甚至几年过去了，莫里斯心中期待的销售热潮始终没有出现，不得不面对现实中尴尬的冷场。

"万宝路"从1924年问世，一直至20世纪50年代，始终默默无闻。它的温柔气质的广告形象似乎也未给广大淑女们留下多少利益的考虑，因为它缺乏以长远的经营、销售目标为引导的带有主动性的广告意识。莫里斯的广告口号"像五月的天气一样温和"显得过于文雅，而且是对妇女身上原有的脂粉气的附和，致使广大男性烟民对其望而却步。这样的一种广告定位虽然突出了自己的品牌个性，也提出了对某一类消费者（这里是妇女）特殊的偏爱，但却为其未来的发展设置了障碍，导致它的消费者范围难以扩大。女性对烟的嗜好远不及对服装的热情，而且一旦她们变成贤妻良母，她们并不鼓励自己的女儿抽烟！香烟是一种特殊商品，它必须形成坚固的消费群，重复消费的次数越多，消费群给制造商带来的销售收入就越大。而女性往往由于其爱美之心，担心过度抽烟会使牙变黄，面色受到影响，在抽烟时较男性烟民要节制得多。"万宝路"的命运在上述原因的作用下，也趋黯淡。

在20世纪30年代，"万宝路"同其他消费品一起，度过由于经济危机带来的"大萧条岁月"。这时它的名字鲜为人知。第二次世界大战爆发以后，烟民数量上升，而且随着香烟过滤嘴出现，可以承诺消费者，过滤嘴可以使有害的尼古丁进入不了身体，烟民们可以放心大胆地抽自己喜欢的香烟。菲利普·莫里斯公司也忙着给"万宝路"配上过滤嘴，希望以此获得转机。然而令人失望的是，烟民对"万宝路"的反应始终很冷淡。

抱着心存不甘的心情，菲利普·莫里斯公司开始考虑重塑形象。公司派专人请利奥-伯内特广告公司为"万宝路"做广告策划，以期打出"万宝路"的名气销路。"让我们忘掉那个脂粉香艳的女子香烟，重新创造一个富有男子汉气概的举世闻名的'万宝路'香烟!"利奥-伯内特广告公司的创始人对一筹莫展的求援者说。一个崭新大胆的改造"万宝路"香烟形象的计划产生了。产品品质不变，包装采用当时首创的平开式盒盖技术，并将名称的标准字（MARLBORO）尖角化，使之更富有男性的刚强，并以红色作为外盒主要色彩。

广告的重大变化是："'万宝路'的广告不再以妇女为主要对象，而是用硬铮铮的男子汉"。在广告中强调"万宝路"的男子气概，以吸引所有爱好追求这种气概的顾客。菲利普公司开始用马车夫、潜水员、农夫等做具有男子汉气概的广告男主角。但这个理想中的男子汉最后还是集中到美国牛仔这个形象上：一个目光深沉、皮肤粗糙、浑身散发着粗犷、豪气的英雄男子汉，在广告中袖管高高卷起，露出多毛的手臂，手指总是夹着一支冉冉冒烟的"万宝路"香烟。这种洗尽女人脂粉味的广告于1954年问世，它给"万宝路"带来了巨大的财富。仅1954~1955年间，"万宝路"的销售量提高了3倍，一跃成为全美第10大香烟品牌，1968年其市场占有率上升到全美同行第二位。

现在，"万宝路"每年在世界上销售香烟3000亿支，用5000架波音707飞机才能装完。世界上每抽掉4支烟，其中就有一支是"万宝路"。是什么使名不见经传的"万宝路"变得如此令人青睐了呢？美国金融权威杂志《富比世》专栏作家布洛尼克于1987年与助手们调查了1546个"万宝路"爱好者。调查表明，许多被调查者明白无误地说他喜欢这个牌子是因为它的味道好，烟味浓烈，使他们感到身心非常愉快。可是布洛尼克却怀疑真正的使人着迷的不是"万宝路"与其他香烟之间微乎其微的味道上的差异，而是"万宝路"广告给香烟所带来的感觉上的优越感。布洛尼克做了个试验，他向每个自称热爱"万宝路"味道品质的瘾君子以半价提供"万宝路"香烟，这些香烟虽然外表看不出牌号，但厂方可以证明这些香烟确为真货，并保证质量同商店出售的"万宝路"香烟一样，结果只有21%的人愿意购买。布洛尼克解释这种现象说："烟民们真正需要的是'万宝路'包装带给他们的满足感，简装的'万宝路'口味质量同正规包装的'万宝路'一样，但不能给烟民带来这种满足感"。调查中，布洛尼克还注意到这些"万宝路"爱好者每天要将所抽的"万宝路"烟拿出口袋20~25次。"万宝路"的包装广告所赋予"万宝路"的形象已经像服装、首饰等各种装饰物一样成为人际交往的一个相关标志。而"万宝路"的真正口味在很大程度上是依附于这种产品所创造的美国牛仔形象之上的一种附加因素。这正是人们真正购买"万宝路"的动机。

从"万宝路"两种风格的广告戏剧性的效果转变中，我们可以看到广告的魔力。正是广告塑造产品形象，增添了产品的价值。采用"集中"的策略，定位目标市场，使"万宝路"成长为当今世界第一品牌。

【问题】

1. "万宝路"原来的市场定位存在什么问题？

2. "万宝路"的重新定位为何能够成功？

# 第 7 章

# 产品策略

## 知识结构图

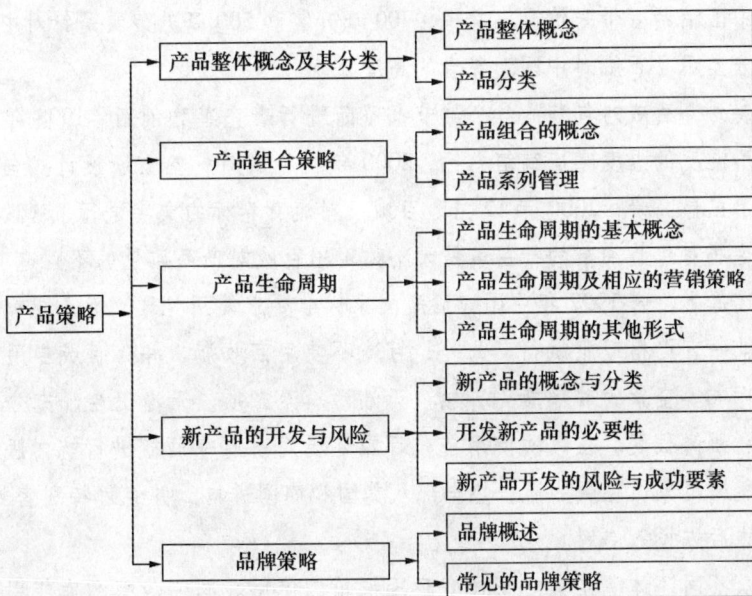

## 本章导读

产品是市场营销活动的基础，产品策略是市场营销组合策略中最重要的策略。企业在营销活动中，通过向市场提供某些产品或服务用以满足客户的需求，并以此为基础综合运用多种营销策略来开展与竞争对手的激烈竞争。本章主要介绍整体产品的概念及分类、产品组合策略、产品延伸、产品生命周期、新产品的开发与风险等内容，最后探讨了品牌策略。

## 百威啤酒的产品包装创新

消费者在选购啤酒时，除了质量和口感外，包装也是一个重要的考虑因素，因为包装能从一方面体现出品牌的整体形象。世界畅销啤酒品牌——百威对于这一点谙熟于心。为了保证每一箱、每一瓶、每一罐百威啤酒都拥有从内到外的卓越质量，"啤酒之王"百威始终通过不断改良的优质包装来进一步提升其品牌形象。

百威啤酒长期以来注重产品包装的创新，并以其在包装上所体现出来的丰富创意闻名于世。百威（武汉）国际啤酒有限公司秉承了这一传统，不断在包装上推陈出新，为中国消费者提供更多选择：1997年的压花玻璃小瓶装百威，1999年的大口盖拉环罐装百威，2000年的4罐便携装百威，2008年面世的700毫升装百威和最新推出的500毫升装，百威在包装上的每一个创新都为中国消费者带来惊喜。其中，700毫升装和500毫升装更是针对中国的啤酒市场特别推出，充分显示了百威对中国消费者的高度重视。

除整体包装外，百威对包装的各个细节也不断进行着完善和创新。1998年百威推出可显示啤酒最佳饮用温度的温度感应锡箔卷标；2000年初百威对标签重新设计，全新的标签在金色叶片的衬托下更显高贵；2000年12月，百威又对瓶身卷标的文字进行了修改，以方便消费者阅读。所有这些对包装细节的精益求精无不体现出百威对产品质量的不懈追求。

在酒瓶的选择上，自1997年中国啤酒瓶国家标准要求使用"B"瓶（即啤酒专用瓶）包装以来，百威就一直严格遵照执行。此外，百威不使用回收瓶，并为百威专用酒瓶制定了非常严格的检测标准。全新的玻璃瓶无异物、无油污、无杂质，干净卫生，充分保证了百威啤酒的纯正口味和新鲜程度。在每次使用前，百威还要对所有啤酒瓶进行抗内压力检测，以最大限度地减少瓶爆现象。百威的瓶盖垫全部从美国和德国进口，并经过特别密封和风味测试，确保无任何异味后方投入使用。

百威的与众不同还体现在其对高强度耐压纸箱的使用。同一般啤酒商使用塑料箱外包装不同，百威从1998年起就开始使用高强度耐压纸箱外包装。这种保护力强、高质量的多重包装，保证了百威啤酒瓶不会裸露在外，避免啤酒口味因阳光的直射而被破坏，从而确保了百威啤酒的新鲜程度。这样，消费者品尝到的百威啤酒就和它出厂时的口感一样清澈、清醇、清爽。

此外，对所有为其生产易拉罐和啤酒瓶的供货商，百威都一律实行严格的资格审核，包括厂房及生产工艺技术、抽样检测产品，甚至于对每个原材料进行审核等。即使是在对方获准成为百威的供货商后，百威仍保持对他们实行严格的管理措施。

　　优质的包装与卓越的质量紧密相连，体现了百威不懈进取、精益求精的企业精神。正是这种对每一个细节追求完美的工作态度，成就了百威在中国啤酒市场上的领先外资品牌地位。百威还将继续努力，在包装上不断改良和创新，将更高质量的百威啤酒奉献给广大的中国消费者。

# 7.1　产品概述

　　产品是企业市场营销组合中的重要因素，是实现商品价值交换的基础。通常，产品有广义和狭义之分。狭义的产品一般是指生产者生产出来的，用于满足消费者物质需要的有形实体。它主要由产品的物质属性和实体部分构成。而广义的产品概念不仅包括产品的物质属性，同时也包括产品的非物质属性。

## 7.1.1　产品整体概念及其意义

### 1. 产品整体概念

　　从现代市场营销的角度看，产品整体概念包括五个层次，即核心产品、形式产品、期望产品、附加产品和潜在产品，见图 7 - 1。

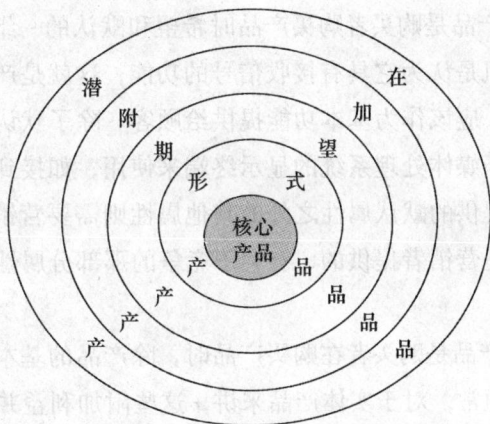

图 7 - 1　产品整体概念图

　　（1）核心产品。产品的第一层为核心产品，它是产品最基本的层次。它是指消费者购买某种产品时所追求的利益和效用，是产品整体概念中最基本、最主要的部分。消费者购买某种产品，并不是为了占有产品本身，而是要获得满足某种特定需要的效用和利益。如人们购买电视机并不是为了买到一个电子、塑料和金属元器件的组合物，而是为了通过电视机的信息接收功能，满足自己"信息和娱乐"的需要。所以，营销者在形式上是出售产品，但在本质上出售的是顾客的核心利益或服务。核心产品在形式上是无形的，它不能独立于产品的实体或服务的活动方式而存在，只是当人们使用或消费某种产品时，才能够体现出来。因此，合格的营销人员应当具有善于发现购买者购买产品时所追求的真正的实际利益的本领，这方面做得好，将会由此产生出无数的对企业新产品的"创意"，有利于挖掘市场机会。

（2）形式产品。形式产品是核心产品借以实现的形式，即向市场提供的产品实体和服务的形象。营销者要将利益出售给顾客，就必须借助一定的承载体将其输送到顾客那里，而形式产品起到的就是传输核心产品的作用。形式产品对于有实物形体的产品来说，就是有形产品，它包括的主要内容有产品样式、特点、质量、品牌、包装等；而就没有实物形体的服务产品来讲，形式产品就是进行这项服务所采用的活动方式，包括服务设施、服务内容和服务环境与气氛等。

购买形式产品并不是购买者的真正目的，通过购买形式产品来得到所需要的核心产品才是真正目的所在。也就是说，形式产品是作为核心产品的载体，核心产品只有通过某些具体的形式产品的基本效用才能得以实现。

认识形式产品，对于很多企业现行的营销活动有重要的指导意义。许多企业讲究货真价实，很注意产品的内在质量，但不太重视诸如商标、品名、包装、外观设计等外部质量，以至于在国际市场的竞争中失败。

（3）期望产品。期望产品是购买者购买产品时希望和默认的一组产品、属性或条件。一般来讲，顾客选购一台电视机是认为它具有接收信号的功能，这就是产品的默认属性。默认属性对于顾客来讲，没有偏好，应该作为基本功能提供给顾客。除了默认属性外，或许还有顾客希望电视机能够作为其他电子媒体处理系统的显示终端来使用，如接到个人电脑上用来玩电子游戏等。而顾客希望在产品提供的默认属性之外的其他属性则需要营销者去了解，以满足顾客的这种预期。期望产品往往是营销者提供的、有利于竞争的那部分属性或功能，造就出营销者独有的特色。

（4）附加产品。附加产品是购买者在购买产品时，除产品的基本功能和基本属性外，所得到的附加的服务和利益。通常，对于实体产品来讲，这些附加利益并不包含在产品实体里，而是以一种外加方式或活动来提供，如免费安装、运送、售后服务、质量保证等；对于服务产品来说，则直接表现为增加的其他产品或服务，如在旅馆客房中增设电视机、洗漱用具，为客人免费洗衣等。一般情况下，营销者在出售产品时，如果不提供附加利益，顾客也可以享用到核心产品。附加产品的意义就在于能使顾客更好地享受到核心产品或增加顾客购买产品时所得到的利益。因此，附加产品虽然不是得到核心产品所必须具备的条件，即顾客不一定要通过附加产品才能得到核心产品，但顾客如果得到附加产品就能够更好地享用核心产品。

（5）潜在产品。潜在产品是指产品最终可能实现的全部附加部分和新转换部分。如果附加产品包含着产品的今天，则潜在产品指出了它明天可能的演变。

由于市场竞争的加剧与科学技术的发展，当一个产品以现有形式出现后会不断地进行附加功能的扩展，如目前的电视机与以前相比具有了更多的功能，已经成为许多家用影视产品的终端装置。这种对现有产品进行的附加与扩展就是其潜在产品。但是对于一个采用特定技术生产的产品来说这种附加与扩展是有限的。如目前电视机采用的模拟技术，是不能实现数字化的。

许多企业通过不断地提供潜在产品，满足了顾客的需求，不仅让顾客满意，而且令顾客感到愉悦，与此同时也使顾客对产品的期望越来越高。这就要求企业注重产品的研究与功能的扩展，不断将潜在产品变成现实产品，以满足顾客多方面需求。

**2. 产品整体概念对企业市场营销的意义**

产品整体概念的提出，不仅对营销理论是一个发展，对实际工作也有重要的指导作用，具体体现在以下三个方面。

（1）产品整体概念是企业贯彻市场营销观念的基础。产品整体概念是以顾客基本利益为核心，以指导整个市场营销活动。企业市场营销的根本目的就是要保持顾客的基本利益。概括起来，顾客所追求的基本利益包括功能和非功能两方面，对前者的要求是出于实际使用的需要，而对后者的要求则往往是出于社会心理动机。这两方面的需要往往交织在一起，并且非功能需求所占的比重越来越大，已成为企业竞争的重要手段。而产品整体概念则明确地向产品经营者指出，要竭尽全力地通过提供整体产品去满足顾客的一切功能和非功能的需求。因此，只有懂得和把握产品整体概念的企业，才能真正贯彻市场营销观念。

（2）建立完整的产品概念，有利于提高企业的营销水平。通过对产品整体概念的把握，使企业认识到顾客接受产品过程中的满足程度，既取决于五个层次中每一层的状况，也取决于产品整体组合效果。产品整体概念的各个层次以及各层次中的组成要素对企业策略有不同程度的影响。企业在考虑整体效果的前提下，对不同层次、不同因素侧重程度的确定要与企业的营销策略相符合。

（3）产品整体概念指出了产品的特征、拓宽发展新产品的领域。改变产品整体概念中五个层次中的任何部分，都会在顾客心目中形成不同产品的印象，企业既可以利用这一特征进行产品局部的改变以增加新产品，又要注意避免轻举妄动损害名牌产品在顾客心目中的形象，让顾客误认为是另一种产品。

## 7.1.2　产品的分类

根据使用产品和服务的用户的类型，可以将产品和服务分成两大类：消费品和产业用品。广义上讲，产品还包括其他可出售的实体，比如经验、组织、人员、地点和观念等。

消费品和产业用品之间的显著区别就在于它们被购买的目的。消费品是最终消费者购买用于个人消费的产品；产业用品是购买后用来进一步加工或用于企业经营的产品。如果一个人购买一台割草机在自家草坪上使用，那么这台割草机就是消费品；如果购买这台割草机用于做美化环境的生意，那么这台割草机就成了产业用品。

**1. 消费品分类**

根据消费者购买方式的不同，可将消费品进一步分为便利品、选购品、特殊品和非渴求品，下面分别加以介绍。

（1）便利品。便利品是指消费者经常购买和即刻购买的消费品和服务，购买的时候几乎不做什么比较，也不费什么精力，很快就会决策。例如报纸、香烟、肥皂、糖果等。便利品通常价格低廉，营销人员应该把它们摆放在很多地方，以确保消费者随时随地购买。

（2）选购品。选购品是消费者在购买过程中，对产品的适用性、质量、价格和款式等方面会做有针对性比较和选择，购买频率比较低的消费品，如家具、服装、大家电等。在购买选购品时，消费者花费比较多的时间和精力用来收集信息和比较。通常，营销人员在较少的店面分销选购品，但是提供深入的销售支持帮助消费者进行比较。

（3）特殊品。特殊品是指具有独一无二的特性或品牌标识的产品。一般来说，绝大多数消费者习惯上愿意为购买到这类产品付出大量的时间和精力。比如特定品牌和款式的汽车、高价格的摄影器材、名牌的男装、供收藏的特殊邮票和钱币等。购买者一般不会去比较特殊品，他们只把时间用于找到经营他们想要的商品的经销商。

（4）非渴求品。非渴求品是指消费者未曾听说或者即使知道但一般不考虑购买的消费品。大多数新发明在消费者通过广告了解它们之前都是非渴求品。典型的实例就是人寿保险和红十字会的献血活动。非渴求品的特性决定了企业必须加强广告和推销工作，使消费者对这些产品有所了解并产生兴趣，千方百计吸引潜在消费者，扩大销售。

**2. 产业用品分类**

产业用品和服务可分为三类：材料和部件、资本品、辅助品和服务。

（1）材料和部件。材料和部件材料包括原材料以及加工过的材料和部件。原材料包括农产品（小麦、棉花、牲畜、水果和蔬菜）和天然产品（鱼、木材、原油、铁矿石）。加工过的材料和部件包括构料（钢、沙、水泥、金属丝）和构件（轮胎、铸件）。

（2）资本品。资本品包括辅助购买者生产和运营的产业用品，包括装备和附属设备。装备包括建筑物（工厂、办公室）和固定设备（发电机、电梯、大型计算机系统）。附属设备包括易于搬动的设备和工具（手工工具、自卸卡车）和办公设备（传真机、办公桌）。其使用寿命较之装备要短，在生产过程中简单地发挥着作用。

（3）辅助品和服务。辅助品包括作业辅助品（润滑剂、煤、纸、铅笔）和维修维护品（油漆、钉子、扫帚）。辅助品是产业领域的便利品，因为在购买过程中很少花费精力和时间进行比较。商务服务包括维护和维修服务（清洁窗户、计算机维修）以及商务咨询服务（法律、管理咨询、广告），这些服务通常根据协议提供。

# 7.2  产品组合策略

## 7.2.1  产品组合的概念

产品组合指企业制造或经营的全部商品的有机构成方式，或者说就是企业生产和经营的全部产品的结构。在科学技术飞速发展的今天，一方面企业随着生产专业化程度的提高，要以分工细、大批量生产、提高劳动生产率满足社会需要，以取得较好的经济效益；另一方面，又要发展多品种的产品，以适应消费需求方面的多样化。如何在专业化的同时达到多样化，经营什么品种及怎样搭配成为摆在企业经营决策中的难题。而解决这个问题的前提是学会认识、分析和选择企业的产品组合。

分析产品组合，首先要明确与之相联系的基本概念。产品组合是一个企业生产和销售的全部产品线和产品项目的组合。在这里，产品线是指一组密切相关的同类产品，又称产品大类或产品系列。所谓密切相关，是指它们或者功能相似，或者卖给同类顾客，或者通过同样的渠道销售，或者价格在同一范围内。产品项目指在同一产品线或产品大类中各种不同型号、规格、质量、档次和价格的产品。

企业的产品组合包括四个维度：宽度、长度、深度和关联度。

（1）产品组合的宽度，是指企业产品组合中包含的产品线的数目。产品线越多，产品组合越宽。一般来说，增加产品组合的宽度，可以满足消费者多层次的需要，可以提高市场占有率，充分挖掘企业现有资源的潜力。多产品线组合通常是企业实施多元化经营战略在产品组合上的体现。产品线越多，说明企业经营范围越广。

（2）产品组合的长度，是指企业产品组合中所包含的产品项目的总数。产品项目的总数除以产品线的数目，可得出产品组合的平均长度。产品组合长度能够反映企业产品在整个市场上的覆盖面大小，一般来说，增加产品组合的长度，可以使产品组合更加丰满，吸引更多的消费者选购本企业的产品。

（3）产品组合的深度，是指企业产品组合中某一产品线内的产品项目数，即每一产品线所包含的不同花色、规格、尺码、型号及功能等产品数目的多少。一般来说，产品组合的深度越深，可以占领同类产品更多的细分市场，满足更多消费者的需求。产品组合深度一般表现企业某个产品线的专业化程度，同时对于满足目标市场消费者的多样化需求降低成本具有重要意义。

（4）产品组合的关联度，是指企业产品组合中各条产品线在最终用途、生产条件、分销渠道或其他方面的相关程度。产品组合的相近程度越大，其关联度也越高。反之，则越低。例如宝洁公司的产品都是通过相同的渠道分销，其产品组合的关联度就较高。企业产品组合的关联度高，有利于实现企业资源的共享，充分发挥协同作用，提高企业竞争力，因而也越容易降低成本，节约费用，取得相对好的、稳定的效果。

产品组合的长度、深度、宽度和关联度不同，就构成不同的产品组合。企业在进行产品组合决策时，应考虑以下因素：①企业资源。企业资源是指企业的人、财、物和生产经营能力。产品的生产受这些资源制约，企业无论生产什么产品，都要根据自身的资源状况进行科学的决策。②市场需求。以市场为导向是企业经营的基本原则。市场需求是不断发生变化的，企业必须根据市场需求的发展，在充分利用企业资源的基础上，发展具有良好市场前景的产品线和产品组合。③竞争状况。竞争状况也是产品组合决策中应当考虑的一个重要因素之一。如果新增加的产品线竞争激烈，经营的风险性会很大，这时增加产品组合的长度或加深产品组合的深度可能更为有利。

## 7.2.2 产品系列管理

### 1. 产品组合分析

分析产品组合，既包括分析企业每一种产品所处的市场地位及其在企业经营中的重要程度，也包括对各个不同产品项目的相互关系和组合方式的分析，其最主要的目的在于弄清在不断变化的市场营销环境中企业现有的产品组合与企业的总体战略、营销策略的要求是否一致，并根据内、外部环境的要求对现有的企业产品组合进行调整。

分析产品组合，一般需考虑以下三方面因素。

（1）对产品处境的分析。要对企业的每一项产品逐一分析，可利用杜拉克的"六层次"产品处境分析法来进行分析。这六个层次分别如下。

- 企业未来的主要产品是什么，有哪些？
- 企业目前的主要商品有哪些？
- 在竞争条件下，可能是企业主要赢利的产品有哪些？
- 企业过去的主要产品、产销量大但销路日渐萎缩的产品有哪些？
- 仍可继续经营，尚未完全失去销路的产品有哪些？
- 完全失去销路或未打开销路的产品有哪些？

企业将产品组合中全部产品项目的"处境"进行判定后，再决定每一个项目的剔除、保留和发展。对产品处境的分析，要结合对产品生命周期的研究（见本章7.3节"产品生命周期"）。

（2）产品定位分析。分析本企业产品定位的优劣，提出产品再定位的设想。

（3）产品项目关系及对企业的贡献分析。主要考察产品的总体组合方式、每项产品对企业经营的影响，以明确经营产品项目中的主次关系，做到有主有次、主次扶持，以充分发挥企业的优势和潜力。

**2. 产品组合调整策略**

产品组合调整策略就是指企业根据企业资源、市场需求和竞争状况对产品组合进行适时调整，以达到最佳的产品组合。

合理调整产品组合的宽度，可以充分发挥企业的资源、技术等优势，提高经济效益，同时实行多元化经营还可以减少风险；调整产品组合的长度，可以改变企业在整体市场或局部市场的服务范围，优化其目标市场结构；调整产品组合的深度，能够更好地适应同一消费群体或不同消费群体需求与偏好的改变，巩固企业的市场地位；调整产品组合关联度，可以更有效地利用企业资源，加强企业在竞争市场的相对优势地位，提高企业在某一地区和行业的声誉。

从长远来看，最佳产品组合是动态的优化过程，只有通过不断开发新产品和剔除衰退产品来实现。企业要求产品组合最佳化，必须使每条产品线都取得较好效益。因而，企业决策者、产品线主管和营销人员必须经常了解、分析和评价每一个项目的营销和利润情况。此外，还需了解、分析本企业的产品线与竞争对手产品线的对比情况，以此作为决策的依据。企业可以根据实际情况，采取不同的产品组合调整策略，主要包括产品项目的增加、调整或剔除，产品线的增加、延伸以及产品线之间关联度的加强和简化。可供企业选择的产品组合的调整策略有以下几种。

（1）扩大产品组合策略。扩大产品组合策略包括拓宽产品组合的宽度、增加产品组合的长度和加强产品组合的深度。也就是说，增加产品线或项目，扩大经营范围，生产经营更多的产品以满足市场的需要。扩大产品组合，可以使企业充分利用人力、物力和财力资源，有助于企业避免风险，增加企业的竞争力。对生产企业而言，扩大产品组合策略的方式主要有以下三种。

1）平行式扩展。平行式扩展指生产企业在设备和技术力量允许的条件下，充分发挥生产潜能，向专业化和综合性方向扩展。这种扩展方式的特点是在产品线层次上进行平行延伸，增加产品线，扩大经营范围。

2）系列式扩展。系列式扩展是指企业产品向多规格、多型号、多款式方向发展。这种扩展方式通过增加产品项目，使产品组合在产品项目层次上向纵深扩展。这样能向更多的细分市场提供产品，满足更广泛的市场需求。

3）综合利用式扩展。综合利用式扩展指企业生产与原有产品系列不相关的产品，通常与综合利用原材料、处理废物、防治环境污染结合进行。这种扩展方式的目的主要是为了充分利用企业资源，获得综合的经济效益。

（2）缩减产品组合策略。在市场萧条不景气，特别是原料和能源供应紧张时，许多企业趋向于缩减产品组合策略，即从产品组合中剔除那些获利甚微或已经没有获利希望的产品线和产品项目，以便集中资源经营那些获利较大或经营前景看好的产品线或产品项目，具体做法有两种：一种是削减产品线，即根据市场的变化，集中企业的优势资源，减少产品生产的类别，只生产和经营少数几条产品线。另一种是减少产品项目，即减少产品线中不同品种、规格和花色产品的生产，淘汰亏损或低利润的产品，尽量生产利润高的产品。

（3）产品线延伸策略。产品线延伸是指将现有产品线加长，增加企业的经营档次和范围，部分或全部地改变企业原有产品线的市场地位。产品线延伸的主要原因是为了满足不同层次的顾客需要和开拓新的市场。

1）产品线延伸的形式。产品线延伸可以分为三种形式：向下延伸、向上延伸和双向延伸。

向下延伸指企业原来生产经营高档产品，后来增加一些中低档产品。企业采取向下延伸决策的主要原因：一是企业发现其高档产品增长缓慢，不得不将产品线向下延伸开拓新的市场；二是企业的高档产品遇到了激烈的竞争，进入低档市场能缓解企业的竞争压力；三是企业当初进入高档市场是为了建立质量形象，在目的达到的情况下，向下延伸可以扩大产品的范围；四是企业向下延伸是为了填补空隙，否则低档产品会成为竞争者争夺市场的目标。

但是，企业采取向下延伸策略有一定的风险：第一，可能会刺激原生产低档产品的企业进入高档产品市场，使竞争加剧；第二，向下延伸可能会损害企业的品牌形象，建议新的低档产品最好采用新的品牌；第三，低档产品的利润较少，经销商可能不太愿意经营，企业不得不采用新的销售政策，以至于又可能增加企业营销费用开支。

向上延伸指企业原来生产低档产品，现决定在原有产品线内增加高档产品项目，使企业进入高档产品市场。采用这一策略的主要原因，是由于高档产品的市场潜力大，有较大的利润空间，而竞争者实力较弱，且企业在技术和市场营销能力方面已具备进入高档市场的条件；或者是企业想发展各个档次的产品，想使自己成为生产种类全面的企业，形成完整的产品线。

采用向上延伸策略也要冒一定风险：首先，低档产品在消费者心目中的地位难以改变，消费者不太容易接受原低档产品生产企业生产的高档产品，因而在市场营销方面的投入较大；其次，原生产高档产品的企业会向下延伸进行反击，进入低档产品市场，从而导致竞争的加剧；再次，原有的销售系统缺乏销售高档产品应具备的技能和经验。

双向延伸是指原生产中档产品的企业在取得市场优势后，决定同时向产品线的上、下两个方向延伸，一方面增加高档产品，另一方面增加低档产品，力争全方位占领市场。延伸成功后，能大幅度提高市场占有率，占据市场上的领导地位。采用这一策略最大的风险是：随着产品项目的增加，市场风险加大，经营难度增加。因此，采用该策略的企业应具有较高的经营管理水平，否则可能会招致失败。

2）产品线延伸的优点。通过对以上延伸方式的剖析，可以看到产品线延伸对企业的利益有以下几项。

其一，能满足更多的消费者需求。随着市场经济的发展，市场调研技术日益完善，使得营销人员能够细分出更小的子市场，进而把复杂的市场细分过程变成立竿见影的促销活动。在这种情况下，往往是产品线延伸得越长，机会越多，利润就越大。不少公司的某些重大失误，就是由于没有及时填补其产品线上的空当而造成的。如通用汽车公司拒不生产小型汽车，施乐公司不愿意生产小型复印机。由于它们的产品组合的长度有限，失去了很大一部分市场。而此时日本公司发现了这些市场，并迅速打入，取得了成功。

其二，迎合顾客求异求变的心理。随着市场竞争的加剧，企业越来越难要求消费者对某一品牌绝对忠诚，越来越多的消费者在转换品牌，尝试他们未曾使用过的产品。产品线延伸就是通过提供同一个品牌下的一系列不同商品或同一系列下一系列不同品牌的商品来尽量满足顾客这种求异心理。企业希望这种延伸成为既满足消费者愿望，又保持他们对本企业品牌忠诚的两全之策。

研究表明，消费者对日用品、保健品、美容品的购买 2/3 是属于冲动型的。零售商给某个企业的货架空间越大，该企业的产品就越能吸引消费者的注意，其市场占有率就越大。在当今市场竞争日趋激烈的情况下，越来越多的企业希望通过产品线延伸来占领更多的货架空间，从而扩大产品销售。

　　其三，减少开发新产品的风险。产品线延伸所需要的时间和成本比创造新产品更加容易控制。在美国，大约需要 3000 万美元才能推出一个成功的新产品，而产品线延伸只需 500 万美元。

　　在市场营销中还有这样一个现象：知名的品牌具有持久的效力。美国目前被消费者认知的品牌中的前 20 位在 20 年前差不多也处于同样的位置。开发成功的新产品上市后只有 25% 的市场寿命超过一年。由于大部分消费品的生产技术已经成熟与普及，产品线延伸可以以最小的风险迅速地获得利润。

　　其四，适应不同价格层次的需求。无论产品线上原有产品的质量如何，企业往往宣传其延伸产品质量如何好，并据此为延伸产品制定高于原有产品的价格。在销售量增长缓慢的市场上，营销者就可以通过提高价格来增加单位产品的利润。当然，也有一些延伸产品的价格低于原有产品。

　　3）产品线延伸的缺点。正是由于产品线延伸具有上述优越性，许多企业对此很感兴趣。然而，产品线延伸也会给企业带来如下副作用。

　　首先是品牌忠诚度降低。品牌忠诚是对某种品牌的产品重复购买的行为。过去很长一段时间里，许多知名老牌子拥有两三代的顾客。当企业增加产品品种时，就会冒打破顾客原来的购买方式和使用习惯的风险，这种风险往往会降低顾客品牌忠诚度，并使消费者重新考虑购买决定。

　　其次是产品项目的角色难以区分。产品线延伸可能会导致过度细分。同一产品线上各产品项目的角色混乱，每个产品项目所针对的子市场过小以致难以区分，或各子市场之间的特征交叉太多。企业应该能够用一句话说明某一项目在产品线上的角色。同样，消费者应该能够迅速知道哪个产品项目适合自己的需要。如果做不到这一点，消费者和零售商就会感觉混乱。零售商只能凭借自己收集的信息来决定进什么货。只有极少数的零售商才会进产品线上所有的产品。因此，如果产品线上各项目的角色难以区分，零售商就更有理由只进一部分产品。这样，产品线延伸的目的之一——满足顾客求异求变的心理就失去了意义。

　　再次是产品线延伸引起成本增加。产品线延伸会引起一系列的成本增加，由此而产生的市场调研、产品包装、投产的费用是比较明显的，也便于掌握。但下列因素可能被忽略：频繁的产品线变动使生产的复杂程度提高；研究和开发人员不能集中精力于真正新产品的开发；产品品种越多，营销投入就越大。

　　综上所述，产品线延伸有利有弊，所以把握延伸的度至关重要。管理人员应当审核利润率情况，并集中生产利润较高的品种，削减那些利润低甚至亏损的品种。当需求紧缩时，缩短产品线和减少产品项目；当需求旺盛时，延伸产品线并且增加产品项目。

# 7.3 产品生命周期

## 7.3.1 产品生命周期的基本概念

### 1. 典型的产品生命周期及其划分标准

市场营销学认为产品是有生命的。任何一种产品在市场上的销售地位和获利能力都是处于变化之中的,即随着时间的推移而变化,这种变化的规律正像人和其他生物的生命一样。新产品的构想和开发就是产品生命的孕育,新产品投入市场以后,经过一定时间的成长,逐渐成熟,接着慢慢衰退,直至最后退出市场,呈现一个从产生到消亡的过程。所谓的产品生命周期,是指产品从进入市场到被市场所淘汰的整个时间过程。典型的产品生命周期一般经历介绍期、成长期、成熟期和衰退期四个阶段(如图 7-2 所示),其形状呈现为 S 形。在产品生命周期的各个阶段,产品的销售量和利润都会发生一定规律性的变化。因此,企业需要制定不同的营销策略。

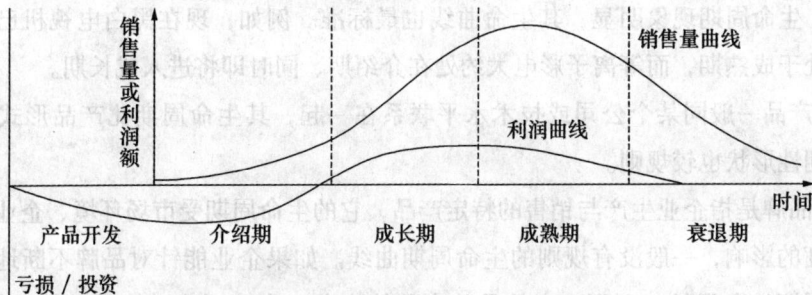

图 7-2 产品生命周期

产品的介绍期是新产品投入市场的初级阶段,销售量和利润的增长都比较缓慢,利润一般为负;产品进入成长期后,市场销量迅速增长,公司开始赢利;市场销量在成熟期达到顶峰,但此时的增长率较低,利润在后期开始下降;之后,产品的销量和利润显著下降,产品将退出市场,这时产品也就处于最后的衰退期。

以上只是对产品生命周期各个阶段的简单的定性描述,具体划分时,除了要根据各个阶段的特点之外,还可以结合以下几种方法来进行。

(1) 类比分析法。即根据类似产品的发展情况,进行类比分析和判断某种产品的寿命周期,如我们可以根据 VCD 的发展过程来预见 DVD 的发展前景。

（2）年销售增长率分析法。这种方法就是对产品销售量与时间序列进行观察，一般来说，销售初期的销售增长率小于 10%，可判断为介绍期，而在成长期的销售增长率则大于 10%，成熟期的增长率大约在 0.1% ~ 10%，衰退期的增长率则小于 0。

（3）产品普及率分析法。这种方法是根据产品的普及率来推断产品的生命周期。一般当产品在市场上的普及率小于 10% 时，为介绍期；普及率为 10% ~ 60% 时为成长期；普及率在 60% ~ 90% 时为成熟期，普及率开始下降则进入衰退期。

**2. 理解产品生命周期应注意的问题**

（1）产品生命周期与产品定义的范围有直接关系。在讨论产品生命周期时，应该注意区分不同产品水平的生命周期。根据产品定义的范围不同，可分为产品种类、产品形式、具体产品和产品品牌四种不同水平层次的产品。

1）产品种类是指具有相同功能及用途的所有产品，它同人类的需求联系在一起，具有最长的生命周期。例如，交通工具这类产品是满足人们移动的需要，古已有之，现在及将来仍将需要。

2）产品形式是指同一类产品中，辅助功能、用途或实体销售有差别的不同产品，它同行业联系在一起，生命周期现象明显，其生命曲线也最标准。例如，现在黑白电视机已经衰退，一般的彩电正处于成熟期，而等离子彩电大约处在介绍期、同时即将进入成长期。

3）具体产品一般同某个公司或技术水平联系在一起，其生命周期比产品形式的生命周期短，生命周期性形状也较规则。

4）产品品牌是指企业生产与销售的特定产品，它的生命周期受市场环境、企业的营销策略及品牌知名度的影响，一般没有规则的生命周期曲线。如果企业能针对品牌不断地创新，产品品牌的生命周期就会很长，否则，产品品牌会很快衰落。由此看来，产品品牌的知名度越高，其生命周期也就会越长；反之亦然。

在这四个不同层次水平的产品中，产品形式和产品品牌的生命周期现象最为明显，分析其生命周期对企业的营销实践具有重要的指导意义。

（2）产品生命周期理论主要是指产品的市场寿命。产品生命周期是指某一产品从完成试制、投放到市场开始，直到最后被淘汰推出市场为止所经历的时间过程。也就是说，产品只有经过开发、试销，然后才能投放市场，那时它的生命周期才开始，产品退出市场则标志着其寿命期的结束。

（3）产品生命周期各阶段的划分是典型的分析，而不是绝对的。产品生命周期四个阶段的划分是以产品的销售量或利润额的变化情况为根据的,但实际上,各种产品生命周期的曲线形状是有差异的。有的产品一进入市场就快速成长,而迅速跳过介绍期;有的产品则可能越过成长期而直接进入成熟期。因此,产品生命周期各个阶段的划分是相对的。

## 7.3.2 产品生命周期各阶段的特点及相应的营销策略

产品生命周期理论说明,任何一种产品都不会经久不衰,永远获利;在产品生命周期的不同阶段,产品的销售量、利润等都具有不同的特点。因此,企业应对产品的生命周期进行准确的划分,在产品生命周期的不同阶段采取不同的营销竞争策略,以实现产品在整个生命周期中的利润最大化。

### 1. 介绍期的特点及营销策略

介绍期是产品首次投入市场的最初销售阶段,也称投入期或诞生期。该阶段的主要特点是:消费者对产品不大了解;销量低,单位生产成本较高,利润少,甚至亏损;产品的质量不大稳定;还没有建立起稳定的分销渠道,分销和促销费用高;一般竞争者很少。

在产品的介绍期,企业一方面应尽量完善产品技术性能,尽快形成批量生产能力,另一方面应采取有效的市场营销组合,来缩短产品介绍期。企业可能按主要营销变量,如价格、促销、分销渠道和产品质量等分别设计不同水平的营销组合,促使产品迅速进入成长期。如果以价格和促销活动作为主要策略,则介绍期的营销策略有以下四种组合方式,如图 7-3 所示。

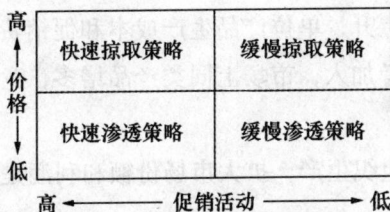

| | 高促销活动 | 低促销活动 |
|---|---|---|
| 高价格 | 快速掠取策略 | 缓慢掠取策略 |
| 低价格 | 快速渗透策略 | 缓慢渗透策略 |

图 7-3 介绍期的营销策略

(1) 快速掠取策略。快速掠取策略即以高价格和高促销水平的方式推出新产品,以求迅速扩大产品的销售量,并获得较高的市场占有率。企业制定一个高的价格,获取高额的利润,同时通过大量的促销来吸引目标顾客购买,以加快市场推广。采用该策略必须具备下列市场环境:大多数潜在的消费者还不了解这种产品;已经了解该产品的消费者则急于求购,并愿意按照高价购买;企业面临着潜在的竞争威胁,需要尽快建立顾客的品牌偏好。这一策略一旦成功,企业可较快地收回产品投资,获取较高的市场回报。

(2) 缓慢掠取策略。在这种策略下,企业以高价格和低促销水平的方式推出新产品。这一策略的促销费用低，而产品制定的价格高，因此企业可以获得较高的利润。采用该策略应具备下列市场环境：产品总体市场规模有限，市场上大多数消费者已经了解这种产品并愿意支付高价；竞争者的加入有一定的困难，潜在的竞争威胁不大。

（3）快速渗透策略。这是企业以低价格和高促销水平的方式推出新产品，以求达到最快的市场渗透速度和最高的市场份额的策略。采用该策略应具备下列市场环境：市场容量足够大；消费者不了解这种新产品；大多数消费者对价格反应敏感；潜在竞争十分激烈；产品成本将随生产规模的扩大和学习经验的积累而下降，从而支持该策略的实施。

（4）缓慢渗透策略。采取这种策略的企业以低价格和低促销水平的方式推出新产品。低价格可以使市场较快地接受该产品；而低促销费用又可以降低营销成本，使企业获取更多的早期利润。采用该策略应具备下列市场环境：市场容量大；市场上该产品的知名度较高或者说消费者熟悉这种产品；这种产品的价格弹性大而促销弹性很小；存在某些潜在竞争。

在选用上述策略时，企业应把产品生命周期作为一个整体来加以选择和调整，而不应该就某一阶段来选择营销策略，并且应努力保持产品生命周期各个阶段营销策略的连续性和一致性。

**2. 成长期的特点及营销策略**

产品在介绍期的销售取得成功后，销售量开始实现较快的增长，产品进入成长期。该阶段的主要特点是：产品性能趋于稳定，产品的质量、功能、优点已逐渐为人们所接受，领先者会重复购买，新的消费者则纷纷涌现，市场逐步扩大；消费者已了解该产品，销售量迅速增长；生产规模扩大，随着销售量的上升，单位产品生产成本和促销费用下降，利润迅速增长；产品分销渠道业已建立；大批竞争者加入，市场上同类产品增多，竞争开始加剧，使同类产品供给量增加，价格随之下降。

针对成长期的特点，大力组织生产，扩大市场份额和利润是这一阶段营销的重点。可以采取以下几种策略。

（1）不断提高产品质量和性能，改善产品品质。例如，增加产品新的功能和花色品种，逐步形成本企业的产品特色，提高产品的竞争力，以增强产品对消费者的吸引力。

（2）努力寻求和开拓新的细分市场，开辟新的分销渠道。通过市场细分，找到新的尚未满足的市场，根据需要组织生产，并迅速进入新的市场。

（3）适当改变广告目标。企业的广告目标，应从介绍和传达产品信息、建立产品知名度转移到树立企业和品牌形象，说服和诱导消费者接受和购买产品上来，使消费者建立品牌偏好。

（4）在适当的时机降低价格。企业应当在适当的时机降低价格，以激发那些对价格敏感的潜在购买者产生购买动机并采取购买行动，从而扩大产品市场份额，增加产品的销售量。

**3. 成熟期的特点及营销策略**

产品经过成长期的迅速增长，销售增长的速度会开始下降，产品进入成熟期。成熟期的特点是：销售量增长缓慢，逐步达到最高峰，然后开始缓慢下降；市场竞争十分激烈，各种品牌的同类产品和仿制品不断出现；企业利润开始下降；绝大多数属于顾客的重复购买，只有少数迟缓购买者进入市场；本阶段一般是产品生命周期中最长的一个阶段。

企业在这个阶段不应满足于保持既得利益和地位，而是要积极进取，其营销重点是延长产品的生命周期，巩固市场占有率，这就需要采取以下两种策略。

（1）市场改良。市场改良策略不是要改变产品本身，而是要发现产品的新用途或改变推销方式，以使产品的销售量得以扩大。产品销售量主要受品牌的使用人数和每个使用者的使用量的影响。因此，要扩大产品的销售量，具体可以从两个方面入手：扩大品牌的使用人数和寻求刺激消费者增加产品使用量的方法。

（2）市场营销组合改良。这种策略是通过改变市场营销组合因素来延长产品的成熟期。营销组合的改进，是成熟期刺激销售的有效方法，一般可从以下方面入手：①产品改良。一方面努力改进产品质量，另一方面可以扩大产品的使用功能，提高产品使用的安全性、方便性，以吸引那些追求安全、方便的顾客。②采用价格竞争手段。企业可以通过直接降低价格、加大销售折扣、提供多种免费服务的项目等方法，以保持老顾客并吸引新顾客。③企业可以通过向更多的分销网渗透，或建立一些新的分销网，以扩大产品的市场覆盖面，争取一些新顾客或保持原有的市场份额。④采取更加灵活的促销方式，积极开展促销活动，有效地利用广告等宣传工具，以保持既有的产品销量，甚至掀起新一轮的消费热潮。

**4. 衰退期的特点及营销策略**

尽管企业努力延长产品的成熟期，但大多数产品最终还是要进入衰退期。衰退阶段的主要特点是：产品销量急剧下降；价格已经难以维持原有水平，利润也迅速下降直至为零甚至出现亏损；消费者的消费习惯发生改变或持币待购；市场竞争转入激烈的价格竞争，很多竞争者退出市场。

产品进入衰退期以后，企业应视其经营实力和产品是否具有市场潜力，对老化的产品及时谨慎地做出放弃或保留的决策，因为简单的放弃或不顾实际的保留，都会使企业付出昂贵的代价。在衰退期，企业可以选择的营销策略有以下三种。

（1）放弃策略。放弃那些迅速衰落的产品，将企业的资源投入到其他有发展前途的产品上来。企业既可以选择完全放弃，也可以选择部分放弃。但在使用该策略时应妥善处理现有顾客的售后服务问题，否则企业停止生产经营该产品，原来用户需要的服务得不到满足，会影响他们对企业的忠诚度。

（2）维持策略。在衰退期，由于有些竞争者退出市场，市场留下一些空缺，这时留在市场上的企业仍然有赢利的机会。具体的策略包括：继续沿用过去的营销策略；将企业资源集中于最有利的细分市场；维持老产品的集中营销。

（3）重新定位。通过产品的重新定位，为产品寻找到新的目标市场和新的用途，使衰退期的产品再次焕发新春，从而延长产品的生命周期，甚至使它成为一个新的产品。这种策略成功的关键就是要正确找到产品的新用途。

### 7.3.3 产品生命周期的其他形式

上面讨论了典型的 S 形产品生命周期曲线及其各阶段相应的营销策略。但并不是所有的产品生命周期曲线都是 S 形的，还有其他产品生命周期形式，如图 7-4 所示。

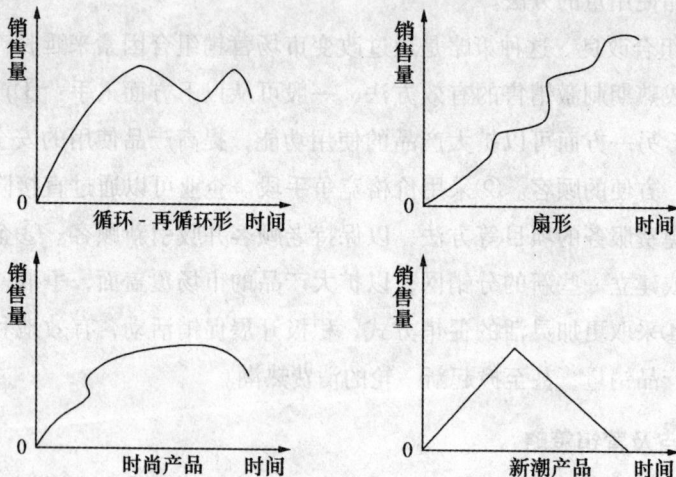

**图 7-4 产品生命周期的其他形式**

（1）循环 - 再循环形。产品在市场经过一个周期衰退以后，过一段时期又重新兴起，开始第二个周期。这种现象产生的原因是由于企业采取各种不同的市场营销策略，使产品生命周期出现再循环的现象。如医药产品的生命周期曲线中最具有代表性的就是循环 - 再循环形。

（2）扇形。这是指产品进入成熟期以后，在产品销量还没有下降以前，由于发现了新的产品特性，或者是找到了新的用途，或者是找到了新的细分市场，使得产品的需求呈阶梯式向上发展。如尼龙开始是用来制造降落伞，后来袜子、衣服和地毯等都用它作为原料，从而使其需求不断大幅增长。

（3）时尚产品。时尚产品是指某一方面的特性已经被消费者普遍接受的产品。其生命周期与正常生命周期类似，都要经历产品生命周期的几个阶段。消费者购买这类产品的动机是追求一致性，一旦消费者的购买兴趣发生转移，其生命周期马上就结束。

（4）新潮产品。新潮产品是一种存在时间极短的流行时尚产品，生命周期曲线形状与一般的时尚产品不同。这类产品在某一段时间内非常流行，产品迅速进入市场并很快达到销售顶峰，然后又迅速衰退，生命周期相当短。例如，呼啦圈从流行到衰退不到半年的时间。这类产品的发展状况难以预测，经营风险较大。

# 7.4 新产品的开发与风险

通过上一节"产品生命周期"的学习，我们知道产品最终是要进入衰退期的，对于企业来说必须要采取适当措施，进行新产品开发，以替代不再具有生命力的产品。

据统计，在现代企业中，新产品的销售收入已占其销售额的 40%～50%。新产品开发已经成为企业经营中的一项重要工作，这项工作直接关系到企业的生存与发展。因此，企业必须重视新产品的开发工作，有组织地开展新产品的开发活动。

## 7.4.1 新产品的概念与分类

### 1. 新产品的概念

本书所说的新产品，是就企业而言的新产品，是指企业向市场提供的较原有产品具有一定差别的产品。这些新产品应该具有两个特点：第一，新产品应该在技术或某些关键属性方面具有突破性的改进和发展。第二，新产品是提供给市场、能够满足消费者需求的产品，它与一般的发明创造有所不同。新产品是具有了能为消费者获得和使用的实际价值，而发明创造必须经由企业或其他专业开发机构，经过商业性转化后，才能实际用来满足消费需求。

要正确地理解新产品的含义，首先要从产品整体的概念上来理解，也就是说要结合本章7.1节的内容来理解。可以说，新产品并不一定是新发明的产品。固然，市场上出现的前所未有的崭新的产品都是新产品，例如汽车、电话的发明等。但是这种新产品并不是经常出现的。有些产品在形态或功能方面略有改变，人们也习惯于把它们看做新产品，例如新型号的汽车、无线电话等。由此可见，新产品的"新"具有相对的意义。

### 2. 新产品的分类

从营销的角度来考察，新产品是一个广义的概念，既指绝对的新产品，又指相对的新产品；生产者变动整体产品任何一个部分所推出的产品，都可以理解为一种新产品。为了明确新产品的范围，我们可以从市场营销的角度，将新产品划分为以下四种。

（1）全新产品。这是指采用新原理、新技术和新材料研制出来的市场上从未有过的产品。这是绝对的新产品，它的创新程度最高，具有其他类型新产品所不具备的经济、技术上的优势：可取得发明专利权，享有独占权利；能通过其明显的新特征与新用途改变传统的生产、生活方式，取得全新的市场机会，创造需求。为此，实力较大的企业为了实现战略目标，不失时机地开发全新产品。当然，全新产品的研制是一件相当困难的事情，需要技术、资金、时间的保证，还要承担巨大的投资风险。重视开发全新产品是必要的，但为了应付眼前的市场竞争，也应重视开发相对的新产品，即在原有产品的基础上进行更新换代、改进与仿制。

（2）换代新产品。这是指采用新材料、新元件、新技术，使原有产品的性能有飞跃性提高的产品。换代新产品的技术含量比较高，是在原有产品基础上的新发展，因此它是企业进行新产品开发、提高竞争能力的重要创新方式。现代科学技术的进步，消费者日益多变的需求，为企业对产品进行更新换代创造了良好条件和环境。

（3）改进新产品。这是指从不同侧面对原有产品进行改进创新而创造的产品。下列情况同属这种类型：采用新设计、新材料改变原有产品的品质，降低成本，但产品用途不变；采用新式样、新包装、新商标改变原有产品的外观而不改变其用途；把原有产品与其他产品或原材料加以组合，使其增加新功能；采用新设计、新结构、新零件增加其新用途。改进新产品技术含量低或不需要使用新技术，是较容易设计的新产品形式。它可以增强竞争能力、延长产品生命周期、减少研制费用和风险、提高经济效益。

（4）仿制新产品。仿制新产品是指企业未有但市场已有而模仿制造的产品。仿制是开发新产品最快捷的途径，风险也较小，只要有市场需求，又有生产能力，就可以借鉴现成的样品和技术来开发本企业的新产品。日本汽车、家电产品扬威世界，它们的第一步都是从仿制开始，但仿制不能违反专利法等法律法规，还需对原有产品进行适应性的修正。

## 7.4.2　开发新产品的必要性

### 1. 客观上的必要性

（1）从产品属性的角度来考察。产品最重要的属性之——产品的使用价值往往是多方面的。它是人们在同自然作斗争的过程中，随着生产经验的积累、生产技术的提高以及科学知识的增进而逐步发现的。这种使用价值的新发现要求进行新产品的开发和产品创新。

（2）从消费需求的角度来考察。随着社会经济的发展、人们收入的逐步提高和科学技术的不断进步，人们对商品的需求也越来越复杂，更迫切要求生产部门扩大产品的花色品种，加快更新换代速度，开发出更多的新产品，以适应他们不断发展的新生活方式的需要。

**2. 主观上的必要性**

（1）从长远利益的角度来考察。新产品的成功率很低，短期内会给企业带来较大的损失，但可得到长远利益。据一项调查表明，成功的新产品可给企业带来 65% 的赢利。换言之，成功的新产品除可收回包括失败新产品在内的全部研制费用外，还能取得可观的利润，即推出新产品与利润是成正比的。正是由于这一原因，促使企业不怕失败，失败了还要拼命地开发新产品。

（2）从市场竞争的角度来考察。企业的竞争力在很大程度上取决于能否向市场提供适销对路的新产品，因为新的市场环境、消费需求必然要求新产品与之相适应。更重要的是，激烈的市场竞争和日新月异的科学技术正在加速产品的更新换代，以产品创新取胜，成为企业参与竞争的锐利武器。为此，有远见的企业家都把研制新产品看成是企业竞争力旺盛的重要标志，不惜花费巨大的人力、财力、物力来开发新产品。例如，1997 年以来，海尔冰箱公司平均 1.5 天便研制出一个新产品，平均 1 天就有 1.8 个专利产生，使海尔的科技创新进入世界最先进家电企业行列，因而海尔冰箱在严重供过于求的国内冰箱市场上异常火暴。

（3）从企业发展的角度来考察。企业可通过增加原有产品产量和发展新产品这两条途径来谋求生存与发展。前者在短期内是可以奏效的，但从长远来看，产量越多则风险越大。因为产品具有自己的生命周期，在成熟期后期及衰落期里，增加产量会导致产品积压；同时，当原有产品进入衰落期时，企业也会随之走向衰退。这从反面告诫人们：企业若不发展新产品，则无法生存，不断创新才是企业生存与发展的唯一途径。这样，当第一代产品处于衰落期时，就有第二代产品进入成长期；当第二代产品进入成熟期时，又有第三代产品推出市场……此起彼伏，连续不断，始终保持企业的稳定或向上的势头，避免衰退或大起大落。

（4）从资源利用的角度来考察。开发新产品可解决"大材小用"的问题，以低成本的原材料替代高成本的原材料，提高经济效益；可充分利用被废弃的物质资源，变废为宝并减少环境污染；可在不增加人力、财力、物力的条件下增加生产新产品，通过充分利用厂房、设备和劳动力来降低单位产品成本，这对一些生产季节性产品的企业更有实际意义。

## 7.4.3　新产品开发的风险与成功要素

新产品开发是现代企业面对的最重要的挑战之一。企业的持续发展越来越多地依赖于新产品的开发。面对日益激烈的市场竞争，企业必须预先为已经进入衰退阶段的产品寻找替代品。根据对大量企业调查的资料显示，在未来的发展中，一些企业利润的31%将来源于新产品。但新产品开发难度大、失败率高，为此，企业必须针对新产品开发存在的风险，设法提高新产品开发的成功率。

**1. 新产品开发的风险**

新产品开发的风险性是相当大的。有资料显示，新产品中消费品的失败率占40%，工业品占20%，服务业为18%。导致新产品失败率较高的原因主要有以下几个。

（1）产品本身的缺陷。可能是产品技术判断失误，或是产品无特色或性能质量不佳。

（2）忽视市场需求。主要从企业的技术优势出发，过分强调产品技术，忽视市场需求或者是需求预测失误。

（3）成本估计出现严重偏差。新产品的价格制定是关键问题，价格过高或过低，对新产品的推广都会产生影响。

（4）竞争对手的抗衡。企业低估了竞争对手的力量，不了解竞争对手的营销策略，在竞争中处于劣势。

（5）营销组合策略运用和选择不当。比如说渠道的不适宜、促销的不利。

（6）目标市场不明确。未对潜在顾客进行深入调查，对影响顾客购买的因素分析不足。

**2. 成功进行新产品开发应遵循的原则**

不少学者对大量的新产品开发成功和失败的案例进行研究，总结出一些新产品开发中应遵循的原则。

（1）坚持以市场为导向。企业开发新产品的目的就是满足消费者尚未得到满足的需求，为此，企业开发的产品是否适应市场的需要是新产品开发成功与否的关键。为此，企业在进行新产品开发时，必须深入进行市场研究，了解消费者对产品的品质、性能、价格和款式等方面的要求，开发满足市场需求的新产品。但市场是卖方、买方、竞争者的集合，在新产品开发中，仅仅以消费者为导向还不够，必须关注竞争者的情况，从而了解新产品未来的市场空间。因此，树立以市场为导向的新产品开发观念，并将这一观念贯穿于新产品开发的全过程，是新产品开发中应首先遵循的原则。

（2）选择有特色的产品。有特色的产品是指能为消费者带来独特的利益和超值享受的产品。特色可以表现在功能、造型等方面，这些有助于满足消费者的特殊偏好，激发购买欲望。但应注意的是，产品是否有特色是由消费者而不是由企业的研究人员、工程师和营销部门进行评价。企业只有在对消费者和竞争者有充分了解的基础上，才能开发出有特色的新产品。

（3）以企业的资源为依托，获取经济效益。企业在进行新产品开发时，要以企业自身的资源为依托，开发与企业技术水平和市场营销能力相适应的新产品。有些新产品，尽管市场前景相当诱人，但若企业尚不具备开发能力，企业也不能盲目进行开发。企业开发的新产品，最好能利用好企业的各种资源，实现企业经营的协同效应。这种协同可以是共用企业原有的销售力量和销售渠道的营销协同，也可以是利用企业原有技术和生产资源的技术协同。

企业开发的新产品必须具有良好的经济效益，也就是说新产品进入的市场应有市场吸引力。这些市场的特征包括高增长、高需求、高利润以及缺乏强有力的竞争对手。因此，企业对拟开发的产品，要进行可行性分析，以保证开发的新产品获得预期的利润。可以说，取得经济效益是新产品开发的基本目的和原则。

（4）建立并实施有效的组织支持。新产品开发并不是企业一个部门的工作，需要多个部门的共同参与。因此，设计科学的组织机构，组成跨职能的项目团队，是新产品开发成功的组织保障。另外，在新产品开发中，高层管理者的支持也是必不可少的。高层管理者可以集中企业的优势资源和减少组织中的官僚主义，进而加快新产品开发的进程。

（5）选择恰当的产品开发方式。企业的新产品开发可分为内部开发、外部获得和契约式开发三种形式。

1）内部开发是企业通过自己的研究开发部门新产品。

2）外部获得的形式有：公司获得，即通过对拥有符合企业战略要求的产品线的较小公司的收购，取得新产品的制造设备、技术工艺以及分销渠道和市场的主要部分或全部；专利获得，即通过购买新产品发明专利，获得其制造技术以及部分或全部工艺、设备和市场前景的信息资料或设备实物；许可证获得，即通过许可证协议，获得制造销售新产品的权利。外部获得方式的共同特点是，企业并没有开发任何新产品，而只是简单地通过付费获得了新产品的制造销售权。

3）契约式开发是由企业提出特定的新产品开发项目或条件，通过委托社会上独立的研究人员或新产品开发机构，来开发本企业的新产品，契约式开发属于企业内部和外部联合开发的方式。企业可以根据自身的研究与开发能力以及经济上的合理性，决定是采取获取方式、开发方式、契约方式还是几种方式并用来开发新产品。许多企业往往是几种方式兼用来进行新产品的开发。

（6）遵循新产品开发程序。新产品开发由一系列多样化的、平行进行的活动组成，是一项巨大的系统工程。新产品开发程序描述了从新产品设想到实施的操作过程。制定一套新产品开发程序并严格遵循新产品开发的程序，能确保新产品开发的按期完成，并实现企业开发新产品的目标。

# 7.5 品牌策略

在产品趋于同质化的今天，激烈的市场竞争使越来越多的企业认识到品牌的重要性。品牌是整体产品的重要组成部分，也是一个企业重要的无形资产。著名的品牌不仅可以提高产品的身价和企业的知名度，而且可以获得稳定的市场份额，增强企业的竞争力。

## 7.5.1 品牌概述

### 1. 品牌的概念

品牌应该是目标消费者及公众对于某一特定事物的心理的、生理的、综合性的肯定性感受和评价的结晶。感受好、评价高，品牌价值就高，反之，品牌价值就低。人、风景、艺术家、企业、产品、商标等，都可以发展成为品牌对应物。我们在市场营销中说的品牌，则指的是狭义的商业性品牌，是公众对于某一特定商业事物，包括产品、商标、企业家、企业四大类型商业事物的综合感受和评价结晶。品牌可以理解为：品牌（brand）是销售者给自己的产品规定的商业名称，通常由文字、标记、符号、图案、颜色、设计等要素或这些要素的组合构成，借以辨认某个销售者或某群销售者的产品及服务，并使之与竞争对手的产品和服务区别开来。品牌是一个集合概念，通常包括品牌名称（brand name）、品牌标志（brand mark）、商标（trade mark）等部分。

品牌名称，是指品牌中可以用语言称呼的部分。如海尔品牌中的"海尔"，再如"同仁堂"、"可口可乐"、"沃尔玛"等。

品牌标记，是指品牌中可以通过视觉识别、认知，能用语言描述，但不能用语言直接称呼的部分，如一些符号、图像、图案、色彩等。海尔品牌中那两个相互拥抱的儿童形象就是其品牌标志。品牌标记则更形象地传递信息，以汽车为例，消费者能从各种汽车的标识上识别出桑塔纳、丰田、奥迪、奔驰、富康等品牌。

### 2. 品牌与产品、商标、名牌

（1）品牌与产品。品牌与产品名称是两个完全不同的概念：①产品是工厂里制造的东西，是带有功能性目的的物品，产品名称主要体现的是辨别功能，而产品品牌则是由消费者带来的东西，传递着比产品更丰富的内容，如产品的功能、价值、个性、与文化等；②产品可以有品牌，也可以无品牌，但如今厂家越来越重视品牌创造，因为一件产品可以被竞争者模仿，但品牌独一无二，产品很快会被淘汰，成功的品牌却能经久不衰；③一种品牌可以只用于一种产品，也可以用于多种产品，进而产生品牌延伸；④所有的品牌都是产品，但是并非所有的产品都是品牌。

（2）品牌与商标。商标是指品牌或品牌中的一部分，包括产品文字名称、图案记号或两者相结合的一种设计，向有关部门注册登记后，经批准享有其专用权的标志。在我国，国务院工商行政管理部门商标局主管全国的商标注册和管理工作，商标一经商标局核准即为注册商标，商标注册人享有商标专用权，受法律保护。但在习惯上，我们对一切商标不论其注册与否，统称为商标，而另有"注册商标"和"非注册商标"之分。在西方国家，商标是一个专门的法律术语，是一项重要的工业产权和知识产权。企业的商标可在多个国家注册并受各国法律的保护。

商标与品牌都是无形资产，两者的区别在于：①商标是区别不同产品的一个标记，是一个法律术语，具有专门的使用权，具有排他性，而品牌是一个商业用语；②品牌比商标更具内涵，品牌代表一定的文化与价值，有一定个性；③所有的商标都是品牌，但并非所有的品牌都是商标。

（3）品牌与名牌。与品牌相关的一个概念是名牌，名牌并无准确的概念，但名牌一定是具有一定知名度、信誉度和美誉度，具有高市场占有率和高利润率的品牌。名牌是产品在消费者中的影响度、形象知名度，名牌产品代表着企业的形象，是高质、独特、领先和文化等要素的结晶。

企业要在市场中取胜，必须要有自己的著名品牌。名牌策略已是成功企业的法宝之一，名牌是有时效性的，昨日的名牌今日未必是名牌。企业实施名牌战略，必须提高服务质量，加强促销宣传，讲求规模效益，并借助法律的保护巩固产品的市场名牌地位，增强企业的整体竞争实力。如何创名牌、保名牌？简单地说，创名牌要：使产品的特征适应顾客需求；质量高、复杂度低；具有可区分性和可交流性；花大气力进行宣传和广告。而保名牌要：使产品的特征继续适应顾客需求；保持产品的稳定性并根据社会需求不断开发新产品；继续投入宣传和广告；进一步开拓市场。

### 3. 品牌的特征

（1）品牌代表着一定产品的特色和质量特征。在营销活动中，品牌并非是符号、标记等的简单组合，而是产品的一个复杂的识别系统。品牌实质上代表着卖者对交付给买者的一系列产品的特征、利益和服务的一贯性的承诺。最佳品牌就是质量的保证。

（2）品牌是企业的一种无形资产。品牌是有价值的，品牌的拥有者凭借其优势品牌能够不断地获取利润，但品牌价值是无形的，其收益具有不确定性。品牌不像企业的其他有形资产直接体现在资产负债上，它必须通过一定的载体来表现自己，直接载体就是品牌元素，间接载体就是品牌知名度和美誉度。品牌价值特别是知名品牌如"可口可乐"、"海尔"等，很多时候已超过企业有形资产的价值。当然，现在对品牌价值的评估还未形成统一的标准，但品牌是企业的一项重要无形资产已是事实。正因为品牌是无形资产，所以其收益具有不确定性，它需要不断地投资，企业若不注意市场的变化及时地调整名牌产品的结构，就可能面临"品牌贬值"的危险。

（3）品牌具有一定的个性。可以说品牌无一不是文化的象征。列举几种典型的国际品牌个性：有朝气的、年轻的、最新的、外向的，如百事可乐；有教养的、有影响力的、称职的，如惠普；自负的、富有的、谦逊的，如奔驰和凌志；运动的、粗野的，如耐克。我国一些知名品牌中，品牌个性也尤为突出："金利来"广告词"男人的世界"传达了一种阳刚、气度不凡的个性；"娃哈哈"则象征着一种幸福、安康，一种希望。所以，在创造品牌过程中，一定要注意品牌个性的塑造，赋予品牌一定的文化内涵，满足广大消费者对品牌文化的需求。

（4）品牌具有专有性。一定的品牌成为知名品牌，特别是品牌商标一经注册成为注册商标后，具有维护专用权利的防御性作用，品牌的拥有者就对该品牌享有专有权，其他企业不得再用。一件产品可以被竞争者模仿，但品牌却是独一无二的，品牌在其经营过程中，通过良好的质量、优质的服务建立良好的信誉，这种信誉一经消费者认可，很容易形成品牌忠诚，它也强化了品牌的专有性。

**4. 品牌的作用**

（1）品牌对消费者的作用。

1）品牌有助于消费者识别产品的来源，保护消费者的合法权益。不同品牌的产品是由不同企业生产的，顾客在购买商品时，一般是依据不同的品牌加以区别的。《中华人民共和国消费者权益保护法》规定："保护消费者的合法权益是全社会的共同责任"，"消费者因购买、使用商品或者接受服务受到人身、财产损害的，享有依法获得赔偿的权利"，"经营者应当标明其真实名称和标记"。另外，同一品牌商品表明应该达到同样的质量水平和其他指标，这样也维护了消费者利益。

2）品牌有助于消费者避免购买风险，降低购买成本。消费者避免购买风险的方法主要有两种：一是从众，二是品牌忠诚。由于消费者经过学习形成经验，对品牌积累了一定知识，他们很容易辨别哪类品牌适合自己，因为在顾客心目中许多品牌已被定位，只要提到某一品牌名称，人们就能知道其产品特色，经常购买同一品牌的消费者知道他们每次都会买到相同质量的产品。

对品牌的了解也可以减少搜索购买信息的成本。品牌是一个整体概念，它代表着产品的品质、特色、服务，在消费者心中成为产品的标志，这种标志能帮助购买者迅速找到可能有利于他们的产品，这就缩短了消费者识别产品的过程和购买的时间。这对于生活节奏日益加快的人们来说无疑可减少时间压力，降低为购买商品所付的精力，从而有利于选购商品。世界著名庄臣公司董事长杰姆斯·莱汉说："如果你心中拥有一个了解、信任的品牌，那它将有助于使你在购物时能更轻松快捷地做出选择。"

3) 品牌有助于顾客建立品牌偏好，方便重复购买。享有盛誉的品牌，有利于消费者形成品牌偏好。消费者一旦形成品牌偏好，了解了购买该品牌所能带来的好处或利益，认为购买是值得的，从而获得一种满足，他们也乐意继续购买该品牌。另外，品牌是有个性的，当这种个性与消费者个性相对一致时，消费者会购买该品牌，并且认为该品牌成为他们生动形象的一种象征性标志，可以获得消费同种产品的消费者群体的认同，或产生与自己喜爱的产品或公司交换的特殊感情，而用品牌来传递某种信息，也从使用该品牌中获得一种满足成为该品牌忠实的顾客。

(2) 品牌对生产者的作用。

1) 品牌有利于产品的销售和占领市场。品牌一旦形成一定的知名度和美誉度后，企业就可利用品牌优势扩大市场，促成消费者的品牌忠诚。品牌忠诚使销售者在竞争中得到某些保护，并使他们在制定市场营销策划时具有较大的控制能力。知名品牌代表一定的质量和性能，这比较容易吸引新的消费者，从而降低营销费用。

2) 品牌有利于增强企业对动态市场的适应性，降低经营风险。由于品牌具有排他专用性，在市场激烈竞争的条件下，一个强有力的知名品牌可以像灯塔一样为不知所措的消费者在信息海洋中指明"航程"，消费者乐意为此多付出代价，这能保证厂家不用参与价格大战就能保证一定的稳定销售量。而且，品牌具有不可替代性，是产品差异化的重要因素，能减少价格对需求的影响程度。比如，国际品牌可口可乐的价格均由公司统一制定，价格弹性非常小。

3) 品牌有利于进行市场细分，进而进行市场定位。品牌有自己的独特的风格，企业可以在不同的细分市场推出不同品牌，以适应消费者个性差异，更好地满足消费者需求。很多企业都采用多品牌战略，给每类或每种产品分别命名，根据产品的特性、品质、功能等多种因素，使每个品牌在消费者心目中占据一个独特的、适当的位置。

4) 品牌有利于维护企业的经济利益。品牌名称成为报道产品特殊质量的基础，品牌有利于产品的宣传和推广。品牌要去注册，经过商标注册获得专用权，受法律的保护，其他企业未经许可不得在同类或类似商品上使用，企业在此基础上进行的营销宣传和推广才有意义，才可防止他人的抄袭、模仿或假冒，从而保护了企业的正当权益。

5）品牌是企业竞争的一种重要工具。品牌可以向消费者传递信息，提供价值，在信息爆炸的时代，消费者需要品牌，也愿意为他们崇拜的品牌支付溢价。高价值品牌能为企业带来许多竞争优势，名牌产品借助品牌优势，挤压普通品牌产品，提高自己的市场占有率；或制定较高价格，获取高额利润；企业也可较容易地拓展品牌，在激烈的价格竞争中增强防御能力。拥有市场的唯一途径是先拥有具有市场优势的品牌，未来的营销将是品牌互争长短的竞争。因此，品牌经营成了企业经营活动中的重要组成部分，品牌策略备受关注。

**5. 品牌定位**

品牌定位的实质是确定产品与服务的特色，突出自身的个性，能与竞争者的同类产品和服务加以区别。品牌定位是营销战略中品牌战略的重要组成部分。品牌建设是企业一种长远的、永续的规划，而品牌定位就是从更长远的角度来实现企业长久占领市场的目标。品牌定位的运作应从以下三方面考虑。

（1）品牌定位要强调品牌的核心价值。品牌的典故、功能、个性、风格都可能成为品牌定位的依据，但是，通常一个品牌理论上只能有一种真正意义上的定位。所以，在进行品牌定位时，应该在企业最擅长的领域找到品牌的价值核心，并加以强调。如联邦快递定位于"次日送达"，这就是它的特征，不论物品要送到什么地方，都可以保证第二天送达目标人手中，又快又准地送达，就是联邦快递的核心价值。又如乐百氏纯净水定位于"27 层渗透"，其核心价值是纯而又纯的水，其他品牌如果再说 32 层或更多层次渗透，消费者也不一定认可，因为这一核心价值已深入人心。

（2）品牌定位要有清晰的概念。概念清晰准确，就能振奋人心，先声夺人，受众在清晰的概念中，知道自己应该选择什么品牌。同样是饮料，可口可乐给人的印象是老可乐，百事可乐则是新一代选择，七喜又强调是非可乐，三者给人的印象迥然不同，非常易于消费者识别和选择。

（3）品牌定位要有鲜明的定位口号。简洁、明了、富有感染力的定位口号，既表达了品牌的基调和特征，又反映了品牌与目标顾客群体的关系，很容易在消费者心目中占据位置。同时，定位口号也便于品牌的推广，能迅速传播开来，辅助品牌形象的提升，如海尔的"真诚到永远"、小天鹅的"全心全意小天鹅"、雅芳的"比女人更了解女人"等定位口号已深入人心，人们一提起这些口号，就联想到它们的品牌。

品牌名称常常预示出产品的定位，比如"太太口服液"中"太太"这一名称就直接表明了这种口服液的消费者是那些太太们。"可口可乐"、"舒肤佳"，则把消费者在消费这种产品功能特质时能够期待产生的心理和生理感受作为品牌命名的起点，从而使命名本身就具备明确而有力的定位营销力量。品牌名称还可以定位于产品情感形象上，"娃哈哈"这个品牌命名除了通俗、准确地反映了消费者的需求外，最关键一点是将一种祝愿、一种希望、一种消费的情感效应结合儿童的天性作为品牌命名的核心。另外，还有把名牌名称定位于消费观念上的，如"孔府家酒"。定位于产品形式、状态的品牌名称也比比皆是，如"白加黑"、"大大"泡泡糖等。

## 7.5.2　常见的品牌策略

品牌策略（brand tactic）是增强企业产品市场竞争力的重要策略之一，选择正确的品牌策略是做好市场营销、提高企业经济效益的一项重要策略。常见的品牌策略主要有以下几种。

### 1. 品牌有无策略

品牌有无策略是指企业决定是否要使用品牌，即是否要给产品起名字、建立一个牌子和设计标志的活动。一般有两种选择：品牌化策略和非品牌化策略。

（1）品牌化策略。品牌化策略又称品牌使用策略。根据品牌功能的分析可以看出，在市场经济条件下，一般产品都应使用品牌，品牌化趋势是未来社会的发展趋势。历史上，许多产品不用品牌，生产者和中间商把产品直接从桶、箱子和容器内取出来销售，无需供应商的任何辨认凭证。今天，品牌化迅猛发展，像大豆、水果、蔬菜、大米和肉制品等过去从不使用品牌的商品，现在也被放在有特色的包装袋内，冠以品牌出售，这是因为使用品牌有如下好处：便于企业订单处理和存货管理；有助于企业进行市场细分；有助于吸引更多的品牌忠诚者；注册商标可使企业的产品得到法律保护，防止竞争者模仿；有助于树立良好的产品和企业形象。

（2）非品牌化策略。非品牌化策略也称不使用品牌策略。对于单个企业而言，是否要使用品牌还必须考虑产品的实际情况，因为在获得品牌带来的上述好处的同时，建立、维持、保护品牌也要付出巨大成本，如包装费、广告费、标签费和法律保护费等。企业实行非品牌化策略，可以节省费用，降低价格，扩大销售。一般来说，下列情况可以不使用品牌：

- 商品本身同质性很高、在加工过程中无法形成一定特色的商品，主要是一些未经加工的原料产品、农产品，如电力、原油、木材、玉米、棉花等。
- 生产简单、选择性不大、消费者在购买时只看重产品的式样和价格而忽视品牌的商品，主要是一些小商品，如火柴、纸张、针线等。
- 企业临时性或一次性生产经营的商品。

如果企业一旦决定建立品牌，那不仅仅只是为产品设计一个图案或取一个名称，而必须通过各种手段来使消费者达到对品牌识别的层次，否则这个品牌的存在也是没有意义的。

### 2. 品牌归属策略

品牌归属策略，又称为品牌使用者策略，即品牌的所有权是归制造商还是中间商或两种品牌同时兼用的问题。一般来说，企业有以下三种可供选择的策略。

（1）制造商品牌。企业可以决定使用本企业的品牌，即对其产品自命的品牌，这种品牌叫做制造商品牌或企业品牌、生产者品牌。我国知名品牌大都为制造商品牌。

（2）中间商品牌。企业也可以决定将其产品大批量卖给中间商，中间商再用自己的品牌将商品转卖出去，这种品牌也叫做中间商品牌或渠道品牌、经销商品牌、私人品牌。

（3）混合品牌。企业还可以决定有些产品使用自己的品牌，有些产品使用中间商品牌。

一般情况下，品牌是制造商的产品标记，制造商决定产品的设计、质量、特色等。享有盛誉的制造商还将其商标租借给其他中小制造商，收取一定的特许使用费。但近年来，经销商的品牌日益增多。一些大型的零售商开发出他们自己的品牌，通常以较低成本购买有过剩生产能力的制造商的产品，然后以自己品牌销售，以自己品牌优势获取较高利润。西方国家许多享有盛誉的百货公司、超级市场、服装商店等都使用自己的品牌，有些著名商家（如美国的沃尔玛）经销的90%的商品都用自己的品牌。同时，强有力的批发商中也有许多使用自己的品牌，增强对价格、供货时间等方面的控制能力。

在现代市场经济条件下，制造商品牌和经销商品牌之间展开激烈的竞争，也就是所谓品牌战，实质是制造商与经销商之间实力的较量。在这种对抗中，中间商有营销网络、有成本优势，以其有利条件向制造商品牌发起挑战，使得以前占统治地位的制造商品牌地位下降，制造商品牌昔日的优势正在被削弱。

一般来说，在制造商具有良好的市场声誉、拥有较大市场份额的条件下，应多使用制造商品牌，无力经营自己品牌的经销商只能接受制造商品牌。相反，当经销商品牌在某一市场领域中拥有良好的品牌信誉及庞大的、完善的销售体系时，利用经销商品牌也是有利的。因此，进行品牌使用者决策时，要结合具体情况，充分考虑制造商与经销商的实力对比，以求客观地做出决策。

### 3. 品牌统分策略

企业决定所有的产品使用一个或几个品牌，还是不同产品分别使用不同的品牌，这就是品牌统分策略。它大致有以下四种策略模式。

（1）个别品牌策略。个别品牌策略也称为品牌多样化策略，即企业决定每个产品分别使用不同的品牌，一个企业的不同产品采用不同的品牌进入市场。采用个别品牌名称，为每种产品寻求不同的市场定位，有利于增加销售额和对抗竞争对手，还可以分散风险，使企业的整个声誉不致因某种产品表现不佳而受到影响。如宝洁公司在中国生产的洗衣粉使用了"汰渍"、"碧浪",肥皂使用了"舒肤佳",牙膏使用"佳洁士",洗发用品分别采用"海飞丝"、"飘柔"、"潘婷"等。

个别品牌策略的主要优点是:便于区分高、中、低档各类型产品,以适应市场上不同顾客的需要;某一产品的失败不致影响其他产品,可提高企业整体在市场竞争中的安全感。

个别品牌策略的最大缺点是:加大产品的促销费用,使企业有限的资源分散,在竞争中处于不利地位;每一个品牌都需花费大量的设计及命名、注册与续展、宣传和推广费用,会增加企业的营销成本;此外,企业品牌过多,也不利于企业创立名牌。

(2)统一品牌策略。统一品牌策略也称家族品牌策略,是指企业的所有产品都使用同一品牌,各种产品都以统一的品牌进入市场。如美国通用电气公司的所有产品都用 GE 作为品牌名称。现有声誉、形象好的企业采用这种品牌策略,不仅可以利用原产品在市场上好的影响力,带动新产品上市,大量节省推广费用,而且可以强化顾客对该品牌的印象。而现有声誉、形象一般或较差的企业不宜采用这种策略。一种品牌代表着一定品质的商品,品质相差悬殊的商品亦不宜采用此策略,否则低档产品会造成对高档产品的不利影响,造成品牌品质市场形象模糊,不利于树立鲜明的市场形象。

这种品牌策略的主要优点是:企业可以运用多种媒体集中宣传一个品牌,充分利用其品牌效应,使其相关产品畅销。同时,还有助于新产品快速进入目标市场,而不必为建立新品牌的认识和偏好花费大量的广告费。但是,采用统一品牌的各种产品应注意具体相同的质量水平,否则会影响品牌信誉,特别是有损于较高质量产品的信誉。

(3)分类品牌策略。分类品牌策略是指企业生产经营的各类产品采用不同的品牌进入市场,如西尔斯公司的器具类产品用"肯摩尔"、妇女服装类产品用"瑞溪"、家用设备类产品用"家艺"。这就很好地解决了公司生产经营品种截然不同的产品的品牌问题。企业使用这种策略,一般是为了区分不同大类的产品,一个产品大类下的产品再使用共同的家族品牌,以便在不同大类产品领域中树立各自的品牌形象。

(4)个别品牌名称与企业名称并用策略。该策略是企业对不同类别的产品分别采取不同的品牌名称,且在各种产品的品牌名称前还冠以企业的名称或公司的商号。海尔集团就推出了海尔"大力神"冷柜、海尔"小神童"洗衣机,江中制药厂有江中健胃消食片、江中草珊瑚、江中博洛克、江中痔康片等。

采用这种品牌策略的出发点是希望兼有以上两种策略的优点,既可以使新产品合法化,能够享受企业的声誉,节省广告费用,又可以使各品牌保持自己的特点和相对独立性。企业的声誉很好时,有助于迅速推广产品。其缺点是任一产品的失败或事故,均可严重影响公司的品牌信誉。

**4. 品牌延伸策略**

（1）品牌延伸策略的意义。

品牌延伸（brand extension），是指一个现有的品牌名称使用到一个新类别的产品上。品牌延伸策略，亦称品牌扩展策略或品牌拓展策略，是指企业利用已具有市场影响力的成功品牌来推出改良产品或新产品的一种策略。例如，以雀巢咖啡成名的"雀巢"商标，被扩展使用到奶粉、巧克力、饼干等产品上。品牌延伸并非只借用表面上的品牌名称，而是对整个品牌资产的策略性使用。

随着全球经济一体化进程的加速，市场竞争愈加激烈，厂商之间的同类产品在性能、质量、价格等方面强调差异化变得越来越困难。厂商的有形营销威力大大减弱，品牌资源的独占性使得品牌成为厂商之间较量的一个重要筹码。于是，使用新品牌或延伸旧品牌成了企业推出新产品时必须面对的品牌决策。品牌延伸是实现品牌无形资产转移和发展的有效途径。品牌也受生命周期的约束，存在介绍期、成长期、成熟期和衰退期。品牌作为无形资产，是企业的战略性资源，如何充分发挥企业的品牌资源潜能并延续其生命周期便成为企业的一项重大的战略决策。品牌延伸一方面在新产品上实现了品牌资产的转移，另一方面又以新产品形象延续了品牌寿命，因而成为企业的现实选择。

（2）品牌延伸策略的优点和缺点。

采用品牌延伸策略具有的显著优点是：利用无形资产可以获得更大的收益。一个受人注意的好品牌能使产品立刻被消费者认知、认同、接受、信任，它可以加快新产品的定位，保证新产品投资决策的快捷准确；有益于降低新产品的市场导入费用，减少新产品的市场风险。如果品牌扩展成功，还可以进一步扩大原品牌的影响和企业声誉，强化品牌效应，增加品牌这一无形资产的经济价值，增强核心品牌的形象，能够提高整体品牌组合的投资效益。

但是，实施品牌延伸策略，特别要注意品牌扩展使用到的产品的相关性和质量的稳定性。当某一类产品在市场上取得领导地位后，这一品牌就成为强势品牌，它在消费者心目中就有了特殊的形象定位，甚至成为该类产品的代名词。如果企业把强势品牌延伸到和原市场不相容或者毫不相干的产品上时，这类不当的品牌延伸，不但没有什么成效，而且还会影响原有强势品牌在消费者心目中的特定心理定位。如果企业将强势品牌名冠于别的产品上，如果不同产品在质量、档次上相差悬殊，这就使原强势品牌产品和延伸品牌产品产生冲击，不仅损害了延伸品牌产品，还会株连原强势品牌，损害原有品牌形象。因此，企业运用品牌延伸策略时，一定要根据具体条件谨慎行事。如果延伸不当，则会冒一定的风险。

**5. 多品牌策略**

多品牌策略是指企业在同一类别产品上同时使用两个或两个以上相互竞争的品牌。这种策略由宝洁公司首创。一个企业建立品牌组合，实施多品牌战略，往往也是为了减少风险，增加赢利机会，并且这种品牌组合的各个品牌形象相互之间是既有差别又有联系的，组合的概念蕴含着整体大于个别的意义。

（1）企业采用多种品牌策略的意义。

1）发展多种不同的品牌，有助于企业培植市场，使企业深入到多个不同的细分市场，有机会最大限度地覆盖市场。没有哪一个品牌单独可以培植一个市场，并能单独占领一个市场，众多市场竞争者共同开垦一个市场，才有助于该市场的快速发育与成熟。以个人计算机市场为例，如果只有苹果一家企业唱独角戏，没有其他电脑厂家跟进，绝对不可能形成今天这样火暴的 PC 市场。随着市场的成熟，消费者的需要逐渐细分，一个品牌不可能保持其基本意义不变而同时满足几个目标，多个品牌一同出现是支持一个整体性市场所必需的，这就要求有的企业要创造数个品牌以对应不同的市场细分。

2）多种不同的品牌可吸引更多顾客，提高市场占有率。这是因为，一贯忠诚于某一品牌而不考虑其他品牌的消费者是很少的，大多数消费者都是品牌转换者。发展多种不同的品牌，才能赢得这些品牌转换者。

3）发展多种不同的品牌，有助于在企业内部各个产品部门、产品经理之间展开竞争，提高企业生产经营效率。

4）多品牌可以限制竞争对手和有力地回应零售商的挑战。多品牌提供了一种灵活性，有助于限制竞争者的扩展机会，使得竞争者感到在每一个细分市场的现有品牌都是进入的障碍。近年来，西方零售商自我品牌的崛起向制造商发出了有力的挑战，动摇着制造商在树立和保持品牌优势上的主动和统治地位，多品牌战略有助于制造商遏制中间商和零售商控制某个品牌进而左右自己的能力。在西方，零售系统对品牌多样化兴趣浓厚，制造商运用多品牌策略提高整体市场份额，以此增加自己与零售商较量的砝码。

5）多品牌可以突出和保护核心品牌。企业的核心品牌肩负着保证整个产品门类赢利能力的重任，其地位必须得到捍卫，否则，一旦它的魅力下降，产品的单位利润就难以复升，最后该品牌将遭到零售商的拒绝。在价格大战中捍卫核心品牌时，多品牌是不可或缺的。把那些次要品牌作为小股部队，给发动价格战的竞争者以迅速的侧翼打击，有助于使挑衅者首尾难顾，与此同时，核心品牌的领导地位则可毫发无损。当需要保护核心品牌的形象时，多品牌的存在更显得意义重大，核心品牌在没有把握的革新中不能盲目冒风险。例如，为了捍卫品牌资产，迪斯尼公司在其电影制作中使用多个品牌，使得迪斯尼公司可以制作各种类型的电影，从而避免了降低声望卓著的迪斯尼的形象。

（2）多品牌策略的局限性。

1）随着新品牌的引入，其净市场贡献率将呈现一种边际递减的趋势。经济学中的边际效用理论告诉我们，随着消费者对一种商品消费的增加，该商品的边际效用呈递减的趋势。同样，对于一个企业来说，随着品牌的增加，新品牌对企业的边际市场贡献率也将呈递减的趋势。这一方面是由于企业的内部资源有限，支持一个新的品牌有时需要缩减原有品牌的预算费用；另一方面，企业在市场上创立新品牌会由于竞争者的反抗而达不到理想的效果，他们会针对企业的新品牌推出类似的竞争品牌，或加大对现有品牌的营销力度。此外，随着企业在同一产品线上品牌的增多，各品牌之间不可避免地会侵蚀对方的市场。在总市场难以骤然扩张时，很难想像新品牌所吸引的消费者全部都是竞争对手的顾客，或是从未使用过该产品的人，特别是当产品差异化较小，或是同一产品线上不同品牌定位差别不甚显著时，这种品牌间相互蚕食的现象尤为显著。

2）品牌推广成本较大。企业实施多品牌策略，就意味着不能将有限的资源分配给获利能力强的少数品牌，各个品牌都需要一个长期、巨额的宣传预算。对有些企业来说，这是可望而不可即的。

采用多品牌策略的主要风险就是使用的品牌数量过多，以致每种品牌产品只有一个较小的市场份额。解决的办法就是对品牌进行筛选，剔除那些比较疲软的品牌。

### 6. 更换品牌策略

更换品牌策略，也称品牌重新定位策略，一是在原有品牌的基础上做某些改进更新；二是企业完全废弃原有的品牌，采用全新的品牌。应用更换品牌策略，必须改变以往品牌的形象。

一种品牌在市场上最初的定位也许是适宜的、成功的，但是到后来企业可能不得不对之重新定位。原因是多方面的，如竞争者可能继企业品牌之后推出其他的品牌，并削减企业的市场份额，顾客偏好可能转移，对企业品牌的需求减少等，但主要原因有三点：一是原品牌已不能反映企业现有的发展状况；二是为了使品牌适应新的观念、新的时代、新的环境、新的需求；三是公司决定进入新的细分市场，可以给人以不断创新的感受。

在做出品牌再定位决策时，首先应考虑将品牌转移到另一个细分市场所需要的成本，包括产品品质改变费、包装费和广告费。一般来说，再定位的跨度越大，所需成本越高。其次，要考虑品牌定位于新位置后可能产生的收益。收益大小是由以下因素决定的：某一目标市场的消费者人数；消费者的平均购买率；在同一细分市场竞争者的数量和实力，以及在该细分市场中为品牌再定位要付出的代价。"七喜"品牌的重新定位是一个成功的典型范例。七喜饮料是许多软饮料中的一种，调查结果表明，主要购买者是老年人，他们对饮料的要求是刺激性小和有柠檬味。七喜公司使了一个高招，标榜自己是生产非可乐饮料的，从而获得了非可乐饮料市场的领先地位。

### 7. 合作品牌策略

合作品牌，也称为双重品牌，是两个或更多的品牌在一个产品上联合起来使用，每个品牌都期望另一个品牌能强化整体的形象或购买意愿。

合作品牌的形式有多种。一种是中间产品合作品牌，如富豪汽车公司的广告说，它使用米其林轮胎。另一种形式是同一企业合作品牌，如摩托罗拉公司的一款手机使用的是"摩托罗拉掌中宝"，掌中宝也是公司注册的一个商标。还有一种形式是合资合作品牌，如日立公司的一种灯泡使用"日立"和"GE"联合品牌。

### 8. 新品牌策略

为新产品设计新品牌的策略称为新品牌策略。当企业在新产品类别中推出一个产品时，它可能发现原有的品牌名不适合它，或是对新产品来说有更好、更合适的品牌名称，企业需要设计新品牌。例如，春兰集团以生产空调著名，当它决定开发摩托车时，采用"春兰"这个女性化的名称就不太合适，于是采用了新的品牌"春兰豹"。又如，原来生产保健品的养生堂开发饮用水时，使用了更好的品牌名称"农夫山泉"。

### 思考题

1. 产品整体概念的提出对现代企业营销的意义是什么？
2. 什么是产品组合？评价产品组合的关键因素是什么？
3. 产品组合调整的策略有哪些？如何调整？
4. 产品线延伸策略的三种形式是什么？在延伸过程中应注意哪些问题？
5. 产品线延伸与品牌延伸的区别是什么？
6. 企业研究产品生命周期的意义是什么？
7. 进行新产品开发应遵循的原则是什么？常见的品牌策略有哪些？试举例说明。

# 吉列公司的产品策略

美国吉列公司生产的蓝吉利剃须刀片已享誉世界几十年之久，它的成功离不开吉列公司出色的产品决策。

1891年，有人向吉列公司创始人吉列先生建议：集中精力去开发顾客必须反复购买的产品，是一条成功的捷径。

这一建议虽然激起了吉列的兴趣和好奇心，但一直缺少具体设想，直到1895年一个夏日之晨，他要剃须时发现其剃须刀很钝不能使用，只有等磨刀师磨利后才能再用，为此他很生气。突然，开发另一种新剃须刀的设想浮现眼前……他非常兴奋，因为这种产品可以实现顾客的反复购买，这正是他几年来梦寐以求的新产品。

在吉列先生把设想变成设计并付诸行动的试验中，他信心十足，努力工作，期望新产品能更加完美，但结果却成为朋友取笑的话柄。最使他不安和气馁的是，当他去请教那些机械工具的专家和学者时，他们都认为他的新产品设想是不切实际的幻想，应当立即放弃。1901年，他的好友将吉列剃须刀的设想告诉了麻省理工学院毕业的机械工程师尼克逊后，尼克逊同意研究吉列的设想。数周后，尼克逊成为吉列的合伙人。为了筹措所必需的5000美元生产设备费用，1902年公司的名称改为美国安全剃须刀公司。

公司在芝加哥物色了一家代销机构，并规定其安全剃须刀套件（一支刀架和20片刀片）的售价为每套5美元，刀片每20片为一包，每包1美元。当年10月，首次广告提供30天退款保证，在《系统》杂志上登刊，至1903年底的两年间，共售出51万套安全刀架和168万片刀片。

公司在1906年首次发放股票，以后的十年中继续以每年30万~40万套的销量出售安全剃须刀，刀片的销售从45万包增加到7亿包。至1911年，公司的南波士顿厂雇用了1500个员工。3年后，尼克逊发明了全自动刃磨机，使其生产能力迅速增加。这些新设备，不仅大大地降低了生产成本，还提高了刀片的质量。

原型的安全剃须刀的专利权于1921年10月满期，吉列公司管理当局早就为此做了准备。在当年5月，使其竞争对手吃惊的是，吉列推出了两种新产品：一种按原价出售的新型改进吉列安全剃须刀和另一种售价1美元的Sliver Brownie安全剃须刀。1923年，公司再推出镀金剃须刀，售价仍为1美元。当妇女盛行短发的时候，吉列又推出称为Debutante的女用安全刀，而售价仅为79美分。

到了 20 世纪 30 年代初期，安全刀片的竞争变得非常激烈，数百家公司以低价刀片充斥着整个市场，并广泛受到公众的欢迎，这严重侵蚀了质量和价格都较高的吉列刀片的市场占有率。因此，从 1931 年初起，公司采用了多种市场营销策略。在其所谓"社会意识型"广告中，吉列强调"刮干净与成功的关系"。其他的广告则直接针对竞争产品，提醒消费者劣质刀片的经常刺激将导致严重的皮肤病。公司还进行了降价以争取更多消费者的策略。比如，那时推出的 Probak 和 Valet 两种刀片都减价至 5 片 25 美分与 10 片 49 美分。尽管如此，1933 年的利润仍比 1932 年减少了 2 亿美元。

1934 年，公司又推出一种单面安全剃须刀和 Probak Junior 刀片，售价为 4 片 10 美分或 10 片 25 美分。至 1936 年，公司推出安全刀系列以外，还推出吉列无刷剃须膏，售价为 98 美分。

1938 年秋，公司又推出吉列薄刀片。吉列电动剃须刀也于当年圣诞节问世。电动剃须刀是在数年前发明的，但直至 30 年代后期才被接受。对公司来说，这一年最重要的是史攀（Joseph Spang）出任公司的总经理。在他的领导下，公司虽仍然保持低价策略，但十分强调产品质量，以保持产品的信誉。公司采用了本企业研究人员发展的新制造工艺，以便在制造过程中严格检查刀片的数量。在 1931～1945 年间，公司没有推出新产品，这时由于战争的缘故。尽管如此，公司的研究开发人员仍研制成了第一台双刃刀片分配机，从而改进了过去的包装工作。1946 年，公司的经营状况很好，其年销售额约为 52000 万美元，这时，吉列的名字已享誉全世界。

第二次世界大战后，吉列公司开始实行对外兼并和内部创新策略，以便成为世界性的多样化经营企业。经过认真分析之后，公司于 1948 年决定扩大市场。同年，购进托尼家用烫发器制造公司，1955 年兼并在加利福尼亚生产圆珠笔和剃须膏的梅特公司。

1960 年，公司又推出超级兰吉利刀片，即全世界第一种涂层刀片。1964 年，公司重新调整了产品组合，形成两大类产品并由两个事业部分管：吉列产品组合——负责剃须刀产品和男用品；多样化产品组合——负责其他所有产品。吉列产品组负责人吉格勒（Vincent Ziegler）升任公司总经理后的 10 年，是公司销售和产品发展最迅速的年代。在他领导下的前几年，公司连续推出盒式剃须刀组、多笔尖圆珠笔、Hot-One 剃须膏、可调盒式剃须刀、超级不锈钢刀片、增塑刀片、微孔笔和几种止汗剂等，这些产品的市场投放都取得了成功。

虽然公司的多样化经营主要是靠内部产品开发来实现的，但是在 1967 年，公司也购进了一家制造电动剃须刀、家用电器和照相器材的西德公司。1971 年，公司重新调整了产品组合和管理机构。

这样，公司在 70 年代初期开发和营销了许多新产品。1974 年以前，公司一半以上的销售额来自近5年内的新产品。安全剃须刀部在推出 TracⅡ型剃须刀系列之后，迅速成为市场上的最畅销品，继而又推出女用 Daisy 削发刀及男用 Good News 剃须刀。保健用品部也研发了多种新产品，如柠檬洗发精、无碱洗发精。公司于1972年进入个人用具市场，如开发和营销 Max 手提式烘发机。

自1971年吉列公司购进一家服务行业公司后，便正式开始了服务的社会营销。公司的兼并虽然涉及了范围广泛的行业，但强调高质量和具有好的消费形象却是其共同点。至此，吉列已成为名符其实的多样化跨国公司。

【问题】

1. 新产品上市要面临哪些风险？

2. 吉列剃须刀上市后采用了什么产品策略？

资料来源：http：//marketing. jpkc. gdcc. edu. cn/show. aspx？id＝139&cid＝18。

# 第 *8* 章

## 价格策略

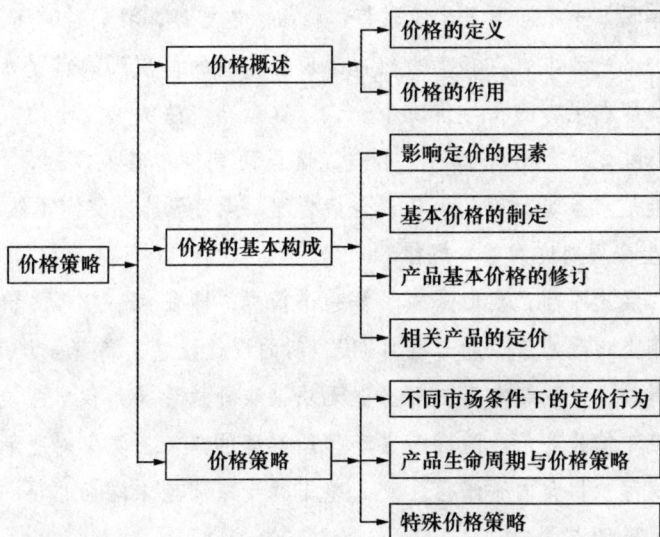

价格策略
- 价格概述
  - 价格的定义
  - 价格的作用
- 价格的基本构成
  - 影响定价的因素
  - 基本价格的制定
  - 产品基本价格的修订
  - 相关产品的定价
- 价格策略
  - 不同市场条件下的定价行为
  - 产品生命周期与价格策略
  - 特殊价格策略

## 本章导读

　　价格是市场营销组合中一个极其重要的因素，它直接关系到市场对产品的接受程度。影响企业产品定价的因素多且复杂，制定价格策略是市场营销活动的重要组成部分。本章主要讲述价格的重要性、影响定价的因素、制定价格的基本过程、产品基本价格的修订和相关产品的定价，不同市场竞争条件下企业的定价行为，产品生命周期与定价策略，企业的降价和提价策略等。

# Q5 加价背后的营销规律

国产奥迪 Q5 公布 37.98 万 ~53.98 万元的售价后,消费者惊喜之余,加价也如约而至,让不少人有"被泼凉水"的感觉。上市初国产奥迪 Q5 的订单已经排满,而且根据地区的不同,加价幅度从 5 万 ~7 万元不等。消费者只有两种选择,要么选择加价 + 较短时间的等待,要么选择不加价,但几乎遥遥无期的等待。对于喜欢 Q5 的人来说,两种选择显然都是不太让人舒服的。"加价"现象并非奥迪 Q5 所独创,因为加价引发争议的车型也不少。那么,这一现象到底是如何形成的?其背后到底有多少合理与不合理的地方呢?

**1. 成交价取决于供需平衡,加价也不例外**

任何商品的价格都不是完全固定的,它虽然牵扯到厂家的产品策略,但最终仍由市场供需所决定,只不过体现方式不同罢了。像服装、食品、电器等,我们常常可以看见类似打折、返券、买一送一等价格波动方式。汽车当然也不例外,它的体现形式就是加价和优惠——当市场需求大于供给,即在现有的指导价之下,认可这款车、想买这款车的人多于厂家生产量时,就会出现加价,反之就会出现优惠。当然,这里面有很多其他原因,但核心原因在此。如此看来,似乎加价是"市场行为"而已,合情合理,无可厚非。实则不然。

**2. 汽车价格在生命周期内的基本规律**

要了解背后的深层次原因,我们必须了解一个前提,即任何一款车,价格都不可能是一成不变的。新车刚刚上市时处于"新车蜜月期",新的设计让它充满竞争力,之前期待这款车的人购买力的集中释放,以及新车上市后产能无法彻底释放影响到供求平衡,都意味着此时可以卖到其生命周期中的最高价。随后随着车型新鲜度的降低、竞争对手新车型的推出以及产能的逐步释放,实际价格会向下滑落。到了整车的生命周期末端面临再一次换代时,价格会落到生命周期中的最低点。

**3. "加价销售"在营销方面的神奇效果**

一些擅长营销的厂商,就开创了所谓"加价"的定价方式。这种方式其实并不玄妙。举个例子,假设某款车在其生命周期中,新车阶段市场能接受的价格是 50 万元,成熟期市场能接受的价格是 45 万元,厂家就在推出时就按照 45 万元标定指导价。很显然,此时必然会出现供不应求,为了更早提到车,消费者愿意花 50 万元来买这款车,于是就会出现加价 5 万元的现象。

这种营销策略的效果还不仅在于此。由于上市时加价的出现,导致在消费者心目中形成"抢购"的心理，最终还能起到成交价高于供需平衡所对应的价格。这种效应凡是有"炒作"经验的人应该很好理解。于是假设上面说的那款车市场供需平衡的价格是 45 万元，但由于抢购效应的放大，它有可能买到 50 万元以上。

除了新车初期以外，在接近成熟期也会如此。前面的"正常套路"——通过优惠来促销，会让消费者有种"想再看看"的心理，而且大量的库存车也没有造成任何稀缺效应。加价销售则不然，由于订单一直存在，产生了一些稀缺性，会延缓整车成熟期的到来，让它拥有更长的"卖高价"的时间。

除此之外，这种做法还有利于品牌形象的树立。不是每个人都知道加价背后的真正原因。随着车型走向成熟期，加价逐步消失，消费者也不会认为车子再降价或贬值——毕竟从表面上看，当初接受这个加的价钱，是消费者自愿的。

**4. 奥迪 Q5 等车的加价，在于厂家营销策略的改变**

从营销角度看，谁都会发现后者的好处。最早发现这一"玄妙"的并非奥迪，而是日系厂商，其中以本田为首。当年的本田雅阁在第六代向第七代换代时就定出了一个让市场惊叹的低价，随后加价便如期而至，并收到奇效。后来的 CR－V 以及丰田的一些产品，都有过类似的经历。而那个时候采用"正常套路"的大众、奥迪等欧系厂商，则相形之下可谓吃尽了苦头。

近年来，在加价方面闹得最凶的变成了大众和奥迪，旗下高尔夫、途观和奥迪 Q5 都无不成为加价明星，实际上这是这些欧系厂商"终于想明白了"以后的结果。

**5. "加价销售"并非无可厚非的正常现象**

加价销售取决于供需平衡，厂商采用适合自己的营销策略看似并无太多过错。而且从表明上看，有类似"都是大家抢购造成的、你不去买不就不加计价了吗、没有人逼着你买加价车"等说法可以为厂家找到加价合理性的理由，但实际并非如此。

从本质上看，厂家更像是加价销售的一个导演者或者策划者，虽然最终并未强迫消费者买加价车，但它通过对消费者心理的把控，影响甚至操纵了消费者的购买行为。房市、股市之所以能被炒高，就是庄家或者炒家通过对参与者心理的把控，来形成一种"羊群效应"最终达到目的。虽然汽车价格策略与房市、股市不可同日而语，但从把控和影响消费者心理，最后促成一定"羊群效应"这个角度看，它在某些方面其实也与"炒作"已有互通之处。毕竟不是每个消费者都能看到这一层的，所以不能说每一个买了加价车的消费者，都是真正的"宁愿被加价"。

资料来源：http//：www.xcar.com.cn/bbs/viewthread，php，2010 年 6 月，有删改。

# 8.1 价格概述

## 8.1.1 价格的定义

经济学认为，价格是商品价值的货币表现，或者说以货币来表示的产品或服务的价值就是该产品或服务的价格。因此，在经济学中，价格是严肃的不能够随意变动的，所以经济学中的定价是一门科学。市场营销学认为，价格是顾客购买商品所支付的经济成本，或者说顾客购买产品或服务所愿意支付的经济成本就是该产品或服务的价格。因此，在营销学中，价格是活泼的和可以变动的，它应对市场变化做出灵活的反应，企业定价要以目标顾客愿意接受和能够接受为基本原则，因此营销学中的定价在很大程度上是一门艺术。

价格是市场营销组合因素中一个十分敏感而又难以控制的因素。价格的这种特点，既与价格的多方面影响有关，同时又与影响定价的因素较为复杂有关。

## 8.1.2 价格的作用

美国著名营销学家托马斯·克尼尔（Thomas C. Kinnear）指出："近年来迅速变化的市场营销环境的特性，不断增强了市场营销中价格决策的重要性。研究表明，20年前经理们把定价策略放在市场营销决策中的第三因素，居于产品策略和推广策略之后；然而现在，许多人都觉得定价策略应居于市场营销决策的最重要位置。"

价格的重要性主要表现在以下几个方面。

（1）价格影响着顾客的购买行为。企业销售商品与顾客购买商品都是在一定的交易条件下进行的。交易条件是由企业提供、由购买者进行选择的，交易条件主要包括六个方面的内容，即商品的功能、商品的质量、商品的类型、交货期限、销售服务以及商品价格。在实际生活中，上述六个方面的交易条件往往很难同时满足顾客的要求，不过只要能够较好地满足顾客侧重关心的方面，交易就能够实现。在不同的时间、地点和购买对象上，顾客对交易条件中各个因素的取舍很不一致，有些因素可能被排除在外，但其中的价格因素通常是不会被忽略的。实际情况表明，同其他因素相比，价格对顾客购买行为的影响最为直接，并且总是作用于顾客做出购买决定的关键时刻。因此，价格影响着顾客的购买行为，关系着市场对产品的接受程度和需求的数量。价廉物美，消费者购买后能够获得较大利益，就愿意购买；质次价高，消费者购买后难以获利，就会拒绝购买。

（2）价格影响着竞争者的营销行为。在现代市场经济条件下，任何企业都不可能长期保持对某一产品的市场独占，任何产品都有很多企业同时生产和经营，因此，竞争无处不在。但当前企业基本的竞争手段仍只有两种，即价格竞争和非价格竞争。也就是说，价格水平高低在很大程度上影响和决定着企业的竞争实力。

除了纯粹垄断市场之外，在其他几种类型的行业市场上，一个企业的定价和调价都会对竞争者的行为发生影响，使他们做出一定的反应，从而改变着竞争的态势，使该企业的市场地位发生有利或不利的变化。

（3）价格影响着企业及其产品的市场形象。市场定位的一个重要目的就是要树立企业及其产品特定的市场形象，市场定位的战略目的是依靠制定有效的营销组合方案来实现的。因此，价格作为市场营销组合中的一个重要因素，必然会对企业及其产品的市场形象发生重要影响。

（4）价格制约着市场营销组合中其他因素的安排。价格水平的不同会改变顾客对交易条件中其他几个方面因素的评价、取舍和接受情况。价格水平高，顾客就会对其他几个方面的交易条件提出较高的要求；价格水平较低，顾客就会降低对其他几个方面交易条件的要求。以上讲到的交易条件是与企业市场营销组合中的各个因素相对应的，我们说交易条件的各个因素之间应保持一种协调性，实际上也就是说市场营销组合中的各个因素要保持一种协调性。所以，价格水平的不同会改变顾客对交易条件中其他几个方面因素的评价、取舍和接受情况，实际上指的就是价格因素对市场营销组合中其他因素制约和影响的情况。

（5）价格制约着企业的生存与发展。价格通过对以上一些方面的影响，决定着企业产品的销售量、市场占有率、价值补偿、利润水平和企业目标的实现，制约着企业的生存和发展。以上情况表明，正确地制定价格是企业面对的一个非常重要的问题。

## 8.2　价格的基本构成

### 8.2.1　影响定价的因素

许多内部和外部因素影响着企业的定价决策。内部因素包括企业的营销目标、营销组合战略、成本以及定价机构。

定价战略很大程度上取决于企业的目标市场和市场定位目标。普通的定价目标包括生存、现期利润最大化、市场份额领导和产品质量领导。但是，价格只是企业用来实现目标的营销组合工具中的一种，并且定价决策影响和受影响于产品设计、销售和促销决策。成本是企业价格的底价，价格必须抵补所有生产和销售产品的成本，再加上一个合理的收益率。最后，管理部门必须决定由组织中的哪个机构来负责定价。

影响定价决策的外部因素包括生产和需求的性质、竞争者的价格和供应，以及经济、中间商需要和政府行动等因素。销售商的定价自由程度随不同的生产类型而不同，在垄断竞争生产和寡头市场中，定价特别具有挑战性。但是，最后由消费者决定企业是否设定了正确的价格。消费者根据使用产品的理解价值来判断价格的好坏。如果价格超过价值，消费者就不会购买该产品。

## 8.2.2　基本价格的制定

企业在为产品制定价格时，必须考虑影响定价的一些主要因素。这些因素包括：产品成本、产品需求和供给的价格弹性、市场竞争、中间商、政府干预和调控等。企业要通过对这些因素与产品价格之间相互作用的关系的分析和研究，为产品确定恰当的定价方法，制定出产品的价格。

企业定价的步骤主要包括：选择定价目标、确定需求、估计成本、分析竞争者的产品及价格、选择定价方法、选定最终价格。

### 1. 定价目标

定价目标是指企业要达到的定价目的。企业的定价目标是从属于企业经营目标的。企业的定价目标是以满足市场需要和实现企业赢利为基础的，它是实现企业经营总目标的保证和手段。同时，它又是企业定价策略和定价方法的依据。企业面临的市场环境和竞争条件不同，企业的目标会有差别。不同的企业有不同的定价目标，就是同一企业在不同的发展时期也有不同的定价目标。

（1）利润目标通常用投资报酬率表示。投资报酬可以追求高利润率或"满意"利润率，可以追求短期或长期收回投资利润目标。

（2）市场目标包括增加销售量、提高市场占有率、强化市场渗透等目标。

（3）竞争目标根据市场竞争状况，可以选择市场竞争"领袖价格"、"稳定价格"、"适应性竞争价格"等。

企业的定价目标受到企业的市场定位决策的制约。当企业选择了目标市场和进行了市场定位之后，价格策略也就明确了。如京广线上加挂的豪华软卧包厢，其目标顾客是高收入高消费阶层，票价甚至超过飞机票价，但平均乘坐率仍高达80%以上。

**2. 确定需求**

市场需求是影响企业定价的重要因素。当产品高于某一水平时，将无人购买，因此市场需求决定了产品价格的上限。一般的，市场需求随着产品价格的上升而减少，随着价格的下降而增加。但是也有一些产品的需求和价格之间呈同方向变化的关系，如能代表一定社会地位和身份的装饰品及有价值的收藏品等。

（1）需求的价格弹性。价格会影响市场需求。在正常情况下，市场需求会按照与价格相反的方向变动。价格上升，需求减少；价格降低，需求增加，所以需求曲线是向下倾斜的。

就声望高的商品来说，需求曲线有时呈正斜率。例如，香水提价后，其销售量却有可能增加。当然，如果价格提得太高，需求将会减少。

企业定价时必须依据需求的价格弹性，即了解市场需求对价格变动的反应。价格变动对需求影响小，这种情况称为需求无弹性；价格变动对需求影响大，则叫做需求有弹性。

在以下条件下，需求可能缺乏弹性：代用品很少或没有，没有竞争者；买者对价格不敏感；买者改变购买习惯较慢或寻找较低价格时表现迟缓；买者认为产品质量有所提高，或认为存在通货膨胀等，价格较高是应该的。如果某产品不具备上述条件，那么产品的需求有弹性，在这种情况下，企业应适当降价，以刺激需求，促进销售，增加销售收入。

（2）影响需求价格弹性的因素。当需求价格弹性大于 1 时，称为需求富有弹性；当需求价格弹性小于 1 时，称为需求缺乏弹性。影响需求价格弹性的因素主要有：①消费者对产品的需要程度。消费者对生活必需品的需要强度大且比较稳定，因而生活必需品的需求弹性小；消费者对高档消费品和奢侈品的需求强度小且不稳定，因而高档消费品、奢侈品的需求弹性大。②产品的重要性。某种产品的支出在消费者的总支出中所占比例较小，那么该产品的价格变动对消费者的影响较小，因而其需求的价格弹性也较小；反之，需求的价格弹性较大。③产品替代品数目和可替代程度。一种产品的替代品越多，可替代的程度越高，其需求弹性就越大；反之，需求弹性就越小。④产品用途的广泛性。一般的，产品的用途越多，其需求弹性就越大。⑤产品的耐用程度。一般情况下，耐用品的需求弹性大，而非耐用品的需求弹性小。⑥消费者的收入水平。同一产品对不同收入水平的人来说，需求弹性是不同的。因为一种产品对于高收入水平的人来说可能是必需品，需求弹性小，但对于低收入水平的人来说则可能是奢侈品，需求弹性大。

（3）价格弹性与产品定价。由于不同产品的需求弹性不同，同一产品在不同价格水平上的需求弹性也可能不同。因此，企业为产品定价时应该考虑需求的价格弹性，当需求富有弹性时，应该降低价格以刺激需求，扩大销售，增加收益。这时虽然由于价格下降，单位产品的销售收入减少，但需求增加的幅度大于价格下降的幅度，因此由于需求增加、销售扩大而增加的收益在弥补由于价格降低减少的收益后还有剩余，企业的总收益会增加。对于需求富有弹性的产品，如果提高价格，反而会造成总收益的减少。当需求缺乏弹性时，企业可以适当提高产品售价，这时由于提价的幅度大于需求减少的幅度，会增加企业的总收益。对于需求缺乏弹性的产品，降价会减少企业的总收益。

**3. 估计成本**

需求在很大程度上为企业确定了一个最高价格限度，而成本则决定着价格的下限。从长期来看，任何产品的价格都应高于所发生的成本费用，在生产经营过程中的耗费才能从销售收入中得到补偿，企业才能获得利润，生产经营活动才能继续进行。价格应包括所有生产、分销和推销该产品的成本，还包括对公司的努力和承担风险的一个公允的报酬。

（1）成本类型。成本是企业收益的减项，降低成本是提高企业经济效益的有效途径之一。企业成本大致可分为：①固定成本，在短期内不随企业产量和销售收入的变化而变化的生产费用，如厂房设备的折旧费、租金、利息、行政人员薪金等，与企业的生产水平无关。②可变成本，随生产水平的变化而直接变化的成本，如原材料费、工资等，企业不开工生产，可变成本等于零。

（2）长短期成本变化的规律。在短期内，企业的生产规模既定，为实现利润最大，企业应该在产量既定的条件下选择最低的生产要素的最佳投入组合，在成本既定的条件下选择使产出最大的生产要素最佳投入组合。

在长期情况下，企业的生产规模可以调整。同样的产出数量可以由不同的生产规模生产出来，但由于存在规模经济效益，不同的生产规模所发生的平均成本是不一样的。这时，企业应选择能使它以最低的平均成本生产既定产量的生产规模。

**4. 分析竞争者的产品和价格**

企业为产品定价时必须考虑竞争者的产品和价格。企业可以派出人员去市场上了解竞争者产品的价格（沃尔玛的"市场行情调查员"和我国广州等一些城市出现的"抄价员"），也可搜集竞争者的产品价目表或买回竞争者的产品进行分析研究。企业可以将竞争者的产品及其价格作为企业产品定价的参考。如果企业的产品和竞争者的同种产品质量差不多，那么两者的价格也应大体一样；如果企业的产品不如竞争者的产品，那么产品价格就应定低些；如果企业的产品优于竞争者的产品，那么价格就可以定高些。P&G公司在1988年打入中国洗涤用品市场成立合资企业广州宝洁有限公司时，分析了市场中竞争者产品的情况：中国国产产品质量差，包装简陋，缺乏个性，但价格低廉；进口产品质量虽好，但价格昂贵，很少有人问津。因此，P&G公司将合资品牌定在高价位上，价格是国内品牌的3～5倍，但比进口品牌便宜。这种竞争的价格定位使广州宝洁的合资品牌在中国洗涤用品市场上占有很大份额，取得了很好的经济效益。

**阅读材料 8-1　　　　　　本田飞度——低价，一步到位**

　　在国内经济型轿车市场上，像广州本田的飞度一样几乎是全球同步推出的车型还有上海大众的 POLO。但与飞度相比，POLO 的价格要高得多。飞度 1.3L 五速手动挡的全国统一销售价格为 9.98 万元，1.3L 无级变速自动挡销售价格为 10.98 万元。而三厢 POLO 上市时的价格为 13.09 万~16.19 万元。飞度上市后，POLO 及时进行了价格调整，到 12 月中旬，在北京亚运村汽车交易市场上，三厢 POLO 基本型的最低报价是 11.11 万元。即使这样，POLO 的价格还是高于飞度。虽然飞度 9.98 万元的价格超过了部分消费者的心理预期，但在行家眼里，这是对竞争对手致命的定价。

　　飞度在定价上体现了广州本田的营销技巧。对于一般汽车企业来说，往往从利润最大化的角度考虑定价，想办法最大限度地获得第一桶金。这体现在新车上市时，总是高走高开，等到市场环境发生变化时才考虑降价。但这种方式存在一定的问题，即在降价时，因为没办法传递明确的信号，消费者往往更加犹豫，因为他们不知道企业是否已经将价格降到谷底。

　　飞度的做法则不同，它虽然是一个技术领先的产品，但采取的是一步到位的定价。虽然这种做法会使消费者往往要向经销商交一定费用才能够快速取得汽车，增加了消费者的负担，但供不应求的现象会让更多的消费者产生悬念。如果产量屏障被打破以后，消费者能够在不加价的情况下就可以买到车，满意度会有很大的提高，因为它给予了消费者荣誉上的附加值。

　　对于飞度为什么能够实现如此低的定价这个问题，广州本田方面的解释是，飞度起步时国产化就已经超过 80%。而国产化比例是决定国内轿车成本的两大因素之一。

　　整体来看，飞度良好的市场表现最重要的原因之一是广州本田采用了一步到位的低价策略。汽车性能和价格在短期内都难以被对手突破。这就使得长期徘徊观望的经济型轿车潜在消费者打消了顾虑，放弃了持币待购的心理，纷纷选择了飞度。

**5. 选择定价方法**

　　影响企业定价的因素很多，其中最基本的因素有四个：①成本，它规定了价格的下限；②市场需求或顾客对企业产品独特的特点评价，它规定了价格的上限；③竞争者产品的价格和替代品的价格，它确定了在最高价格和最低价格之间企业产品的标价点；④消费者心理因素也会给定价造成影响。企业在为产品定价时，主要是通过考虑这几种因素中的一个或几个选择定价方法。因此，企业为产品确定具体的价格时可以采取的定价方法也可分为三类：成本导向定价法、竞争导向定价法、需求导向定价法。

　　（1）成本导向定价法。以产品成本为基础，加上预期利润，结合销售量等有关情况，确定价格水平,是企业最基本、最普遍的定价方法。在企业确定定价策略时,以成本导向的应用不同,有加成定价法、目标利润定价法和边际贡献定价法三种不同的具体方法。

1)加成定价法。加成定价法是企业根据所确定的加成率和单位产品总成本来制定产品的价格。由于毛利率确定的方法不同,加成定价法又可分为成本加成定价法和售价加成定价法两种。

成本加成定价法,即按照单位成本加上一定百分比的加成率来制定价格。成本加成定价法中的加成率的计算公式是:

$$加成率 = 毛利 \div 销售成本$$

产品单价计算公式为:

$$产品单价 = 单位产品总成本 \times (1 + 加成率)$$

例如,某皮鞋公司的单位成本为 15 元,加成率 20%,则皮鞋的销售价格为 18 元。这种方法的优点是计算简便,同行业的企业都采用这种定价方法时,因为各企业的成本和目标利润率差别不大,制定出的价格也相差不大,能够避免出现过度的价格竞争,企业都能够获取稳定的利润。但是,这种定价方法是从企业的角度出发来考虑定价问题的,忽视了市场需求、竞争情况、消费者的心理因素,因而制定出来的价格与顾客的评价相关性不大,不利于产品的销售。

售价加成定价法中的加成率的计算公式是:

$$加成率 = 毛利 \div 销售收入$$

产品价格的计算公式为:

$$产品单价 = 单位产品总成本 \div (1 - 加成率)$$

售价加成定价法的优缺点与成本加成定价法类似。但在售价相同的情况下,用这种方法计算出的加成率低于成本加成定价法的加成率,能给人以合理的感觉,更容易被接受。零售部门较多的采用售价加成定价法。

2)目标利润定价法(收益率定价法),即根据估计的总销售收入(销售额)和估计的产量(销售量)来制定价格。产品价格的计算公式为:

$$产品价格 = (总成本 + 目标利润) \div 预计销售量$$

假设企业的生产能力为 100 万个产品,估计未来时期 80% 的生产能力能开工生产,则可生产、出售 80 万个产品;生产 80 万个产品的总成本估计为 1000 万元;若公司想得到 20% 的目标利润率,则目标利润为 200 万元;总收入为 1200 万元,目标价格为 15 元。这种方法计算简便,如果企业能按制定的价格实现预计的销售量,就能达到预定的利润目标。在产品销售情况比较稳定的条件下,可以采用这种方法。但这种方法没有考虑顾客的需求弹性和竞争者产品价格等因素对企业产品的影响。

3)边际贡献定价法。边际贡献是指产品销售收入与产品变动成本的差额,单位产品边际贡献指产品单价与单位产品变动成本的差额。边际贡献弥补固定成本后如有剩余，就形成企业的纯收入；如果边际贡献不足以弥补固定成本，那么企业将发生亏损。在企业经营不景气，销售困难，生存比获取利润更重要时，或企业生产能力过剩，只有降低售价才能扩大销售时，可以采用边际贡献定价法。边际贡献定价法的原则是，产品单价高于单位变动成本时，就可以考虑接受。因为不管企业是否生产、生产多少，在一定时期内固定成本都是要发生的，而产品单价高于单位变动成本，这时产品销售收入弥补变动成本后的剩余可以弥补固定成本，以减少企业的亏损（在企业维持生存时）或增加企业的赢利（在企业扩大销售时）。如某企业某产品的生产能力为年产 70 万件，年固定成本 50 万元，单位产品变动成本为 1.80 元，产品单价为 3 元，现在企业只接到订单 40 万件。按此计划生产，边际贡献弥补部分固定成本后企业仍亏损 2 万元。如果有客户追加订货 20 万，每件报价为 2.40 元，根据边际贡献定价法原则，这一报价是可以接受的。接受此订单后，企业将实现赢利 10 万元。

（2）竞争导向定价法。市场竞争导向定价，其目的在于开拓、巩固和改善企业在市场上的地位，保持市场竞争的优势。其具体做法灵活多样，具体如下三种。

1）随行就市定价法。企业按照行业的平均现行价格水平来定价。此法常用于难以估算成本；企业打算与同行和平共处；如果另行定价，难以估计购买者和竞争者的反应等情形。

2）密封投标定价法。买方在报刊上登广告或发出函件，说明采购商品的品种、数量、规格等要求，邀请卖方在规定的期限内投标。买方在规定的时间开标，选择报价最低、最有利的卖方成交，签订采购合同。

3）薄利多销定价法。即以减少单位产品销售利润作为代价，争取薄利多销，扩大销售量，获得规模效益，在市场竞争中巩固自己的地位。

（3）需求导向定价法。这是以市场对产品的需求强度作为定价基础，结合成本、收入变动关系，确定产品价格。其具体做法有以下两种。

1）需求弹性定价法。需求弹性定价法是根据需求的价格弹性的原理，分析在不同的需求价格弹性状态下，采取提价或降价的定价策略，以刺激需求的变化，保证企业定价目标的实现。

2）认知价值定价法，又称理解价值定价法。企业按照消费者在主观上对该产品所理解的价值，而不是产品的成本费用水平来定价。企业利用市场营销组合中的非价格变数来影响购买者，在他们的头脑中形成认知价值，然后据此来定价。企业在运用此法时，需要正确估计购买者所承认的价值。

## 5. 选定最终价格

企业最后拟定的价格必须考虑以下三种因素。

（1）最后价格必须同企业定价政策相符合。企业的定价政策是指明确企业需要的定价形象、对价格折扣的态度以及对竞争者的价格的指导思想。

（2）最后价格还必须考虑是否符合政府有关部门的政策和法令的规定。在我国，规范企业定价行为的法律和相关法规有《中华人民共和国价格法》、《反不正当竞争法》、《明码标价法》、《制止牟取暴利的暂行规定》、《价格违反行为行政处罚规定》、《关于制止低价倾销行为的规定》等。如1996年，北京百货大楼等8家商场和小天鹅洗衣机厂等9个厂家签订协议，联手统一北京洗衣机市场上9种洗衣机的零售价格的行为，被北京市工商行政管理部门和物价管理部门认定是一种价格违法行为而被制止。

（3）选定最后价格时，还必须考虑企业内部有关人员（如推销人员、广告人员等）对定价的意见，考虑经销商、供应商等对所定价格的意见，考虑竞争对手对所定价格的反应。

## 8.2.3 产品基本价格的修订

价格是企业竞争的主要手段之一，企业除了根据不同的定价目标选择不同的定价方法，还要根据复杂的市场情况，采用灵活多变的方式修订产品的价格。

### 1. 地区性定价

许多企业生产的产品不仅销售给当地的顾客，而且也销售给外地的顾客。在将产品销往外地的情况下，会发生运输、仓储、装卸、保险等费用。这时，企业就面临着地区性定价问题，即企业在将产品卖给不同地区的顾客时，是执行同样的价格还是执行不同的价格。

（1）FOB（free on board）产地定价。即企业负责将产品装运到产地某种运输工具上交货，并承担交货前的一切风险和费用；交货后的风险和费用则由买方承担。这样定价，每个顾客都是按照企业的厂价来购买产品，并分别负担从产地到目的地的风险和运费，是比较合理的。但这种定价法对企业的不利之处在于，远地的顾客可能因为要承担较高的运费而不购买企业的产品，转而选购离其较近的企业的产品。

（2）统一交货定价。这种定价方法和FOB产地定价刚好相反。企业对不同地区的顾客都实行同样的价格，即按出厂价加上平均运费定价。这种定价方式计算简便，也便于顾客事先知道所购产品的总成本的确切数字。它比较适合于运费在总价格中所占比重较小的产品，否则虽然对远方的顾客有吸引力，但会使近处的顾客感到不合算。如新飞电器集团从1998年起，对新飞冰箱在全国实行统一到岸价，由新飞集团统一配送货物并承担其所需费用。据新飞集团称，这将有效地理顺销售渠道、稳定产品价格、维护商家正常利益，而且有助于增强企业竞争力、降低损耗、巩固成熟市场和开拓边远市场。

（3）分区定价。即将产品的销售市场划分为若干个区域，为每个区域制定不同的价格，在同一区域内执行相同的价格。离企业较远的区域，价格定得较高。这种定价方式也有不足之处：在同一价格区域内，顾客与企业距离远近不一，离企业较近的顾客会觉得不太合算；处在相邻的两个价格区域边界两侧的顾客，相距不远，但要按不同的价格来购买产品，要支付较高价格的顾客会觉得不合算。

（4）基点定价。即企业选定某些城市作为基点，然后按厂价加上从基点城市到顾客所在地的运费来定价，而不管产品实际上是从哪个城市起运的。有些企业为了加大灵活性，选取许多基点城市，按离顾客最近的基点来计算运费。基点定价的产品价格结构缺乏弹性，竞争者不易进入，有利于避免价格竞争。顾客可在任何基点购买，企业也可将产品推向较远的市场，有利于市场扩展。

基点定价方式比较适合下列情况：产品运费成本所占比重较大；企业产品市场范围大，在许多地方有生产点进行产品的生产；产品的价格弹性较小。

（5）免收运费定价。当定价急需和某个顾客达成交易或进入某个市场时，企业为购买产品的顾客负担部分或全部运费。企业认为，这些交易实现增加了销售额，由此而引起的平均成本的降低能够弥补这部分运费支出，同时企业也加深了市场渗透，增强了竞争能力。

**2. 价格折扣和折让**

大多数企业通常都酌情调整其基本价格，以鼓励顾客及早付清货款、大量购买或增加淡季购买，这种价格调整叫做价格折扣和折让。折扣（discount）是指在指定的时间内购买时直接对价格的一种减让。折让（allowance）是指从目录价格降价的另外一种形式。

**3. 促销定价**

促销定价是指在某些情况下，企业临时调低产品的价格，以促进销售。常见的促销定价的方式有以下四种。

（1）招徕定价。一些超市和百货商店将某几种产品的价格定得特别低，以招徕顾客购买正常价格的产品。采取招徕定价方式时，要注意两个方面：一是特廉价格产品的确定，这种产品既要对顾客有一定的吸引力，又不能价值过低，以致大量低价格销售会给企业造成较大的损失；二是数量要充足，保证供应，否则没有购买到特价产品的顾客会有一种被愚弄的感觉，会严重损害企业形象。

（2）特别事件定价。企业利用开业庆典、开业纪念日或节假日等时机，降低某些产品的价格，以吸引顾客的购买。如一些商店利用寒暑假开学前的时机，降低学习用品的价格，吸引学生购买。

（3）现金回扣。制造商向在特定的时间内购买企业产品的顾客给予现金回扣，以清理存货。

美国的汽车生产厂商曾多次使用现金回扣来促进汽车销售，在最初阶段比较有效，后来便失效了。因为它只可能给那些准备买的顾客以优惠，但并不能刺激其他人来买车。

（4）心理折扣。企业开始时给产品制定很高的价格，然后大幅度降价出售，如标出"原价5000元，现价4500元"。采取这种方式，不得违反有关法规，如不得虚增原价，所标原价无根据、所标原价非本次降价前的售价等。日本三越百货公司针对顾客"便宜没好货"的心理，实行"100元买110元商品"的错觉折价术。表面上看，这和打九折似乎都是10%的差价，但消费者的心理对两者的反应却有显著差别。"九折法"给消费者的直觉反应是削价促销，质量可能有问题；"100元买110元商品"则易使顾客产生货币价值提高的心理，达到刺激购买欲望的目的。

### 4. 差别定价

差别定价是指企业用两种或多种价格销售一个产品或一项服务。企业考虑到顾客、产品、地点等差异经常调整基本价格。

差别定价有以下几种形式。

（1）顾客细分定价。它是指同一种产品或服务以不同价格售给不同的顾客群。例如，博物馆对学生和老人收费较低。

（2）产品形式定价。它是指不同的产品型号有不同的定价。

（3）地点定价。它是指企业对不同的位置有不同的价格，尽管对每个地点的供货成本是相同的。

（4）时间定价。它是指企业根据季节、月、日甚至小时不同来设定不同的价格。公共设施对商业客户收取的能源费在白天、周末和平时定价都不同。

### 5. 心理定价

这是企业为迎合消费者的消费心理需要采取的定价策略和方法。以下列举几种：

（1）尾数或整数定价。许多商品的价格宁可定为0.98元或0.99元，而不定为1元，是适应消费者购买心理的一种取舍，尾数定价使消费者产生一种"价廉"的错觉，比定为1元反应积极，促进销售。相反，有的商品不定价为9.8元，而定为10元，同样使消费者产生一种错觉，迎合消费者"便宜无好货，好货不便宜"的心理。

（2）声望性定价。此种定价法有两个目的：一是提高产品的形象，以价格说明其名贵名优；二是满足购买者的地位欲望，适应购买者的消费心理。有些商品由于企业多年的苦心经营，在顾客中有了一定声誉，顾客对它们也产生了信任感，所以即使价格定得比一般商品高一些，顾客还是能够接受的。这种定价策略特别适合于药品、饮食、化妆品及医疗等质量不易鉴别的行业产品。如美国宝洁（P&G）公司生产的系列产品，尽管比同类产品价格高许多，但仍备受众多消费者的青睐。跌价保证策略即卖主向买主保证，当商品价格跌落时，对于买主的原有存货，依其数量进行退还或依其跌价所造成的损失部分进行补贴。这种办法对于中间商和用户是一种有效的保证措施，有利于调动他们购货的积极性。

（3）习惯性定价。某种产品由于同类产品多，在市场上形成了一种习惯价格，个别生产者难于改变。降价易引起消费者对品质的怀疑，涨价则可能受到消费者的抵制。

（4）利用顾客趋利心理，人为地在短时间内以特价优惠顾客。日本横滨的龟田商店曾贴出告示："定于今日下午 1 时 45 分至 2 时，做 15 分钟最低价优惠大酬宾，敬请光临。"事后的统计数字表明，15 分钟的销售额是平时一天的 2 倍，取得了微利多销的效果。

（5）梯子价格。美国一名叫爱德华·华宁的商人在波士顿市中心开了一家商店，广为传播采用"梯子价格"降价销售商品的信息，而具体商品只标出价格、上架时间和售完为止。其做法是：前 12 天按全价销售，从第 13 天到第 24 天降价 25%；第 25 天到第 30 天降价 75%；第 31 天到第 36 天，如仍未售出，则送给慈善机构。之所以敢采用此法，原因是他掌握了消费者的心理："我今天不买，明天就会被他人买走，还是先下手为强。"事实上，许多商品往往未经降价就被顾客买走了。

（6）有意制定差价。法国一家专营玩具的商店购进了两种"小鹿"，造型和价格一样，只是颜色不同，该玩具被摆上柜台后很少有人问津。店老板想出个主意制造差价，他把其中一种小鹿的售价由 3 元提高到 5 元，另一种标价不变。把这两种价差鲜明的玩具置于同一柜台上，结果提了价的小鹿很快销售一空。

---

**阅读材料 8 - 2**　　　　　　　　**商品定价十三种技巧**

**1. 同价销售术**

英国有一家小店，起初生意萧条，很不景气。一天，店主灵机一动，想出一招：只要顾客出 1 英镑，便可在店内任选一件商品（店内商品都是同一价格的）。这可谓抓住了人们的好奇心理。尽管一些商品的价格略高于市价，但仍招徕了大批顾客，销售额比附近几家百货公司都高。在国外，比较流行的同价销售术还有分柜同价销售，比如，有的小商店开设 1 分钱商品专柜、1 元钱商品专柜，而一些大商店则开设了 10 元、50 元、100 元商品专柜。

**2. 分割法**

没有什么东西能比顾客对价格更敏感的了，因为价格代表他兜里的金钱，要让顾客感受到你只从他兜里掏了很少很少一部分，而非一大把。

价格分割是一种心理策略，卖方定价时，采用这种技巧，能造成买方心理上的价格便宜感。

价格分割包括两种形式：其一，用较小的单位报价。例如，茶叶每公斤 10 元报成每 50 克 0.5 元，大米每吨 1000 元报成每公斤 1 元等。巴黎地铁的广告是："只需付 30 法郎，就有 200 万旅客能看到您的广告。"其二，用较小单位商品的价格进行比较。例如，"每天少抽一支烟，每日就可订一份报纸。""使用这种电冰箱平均每天 0.2 元电费，只够吃一根冰棍！"

### 3. 特高价法

独一无二的产品才能卖出独一无二的价格。特高价法即在新商品开始投放市场时，把价格定得大大高于成本，使企业在短期内能获得大量盈利，以后再根据市场形势的变化来调整价格。

例如，某地有一商店进了少量中高档女外套，进价 580 元一件。该商店的经营者见这种外套用料、做工都很好，色彩、款式也很新颖，在本地市场上还没有出现过，于是定出 1280 元一件的高价，居然很快就销完了。

### 4. 低价法

便宜无好货，好货不便宜。这是千百年的经验之谈，你要做的事就是消除这种成见。

这种策略先将产品的价格定得尽可能低一些，使新产品迅速被消费者所接受，优先在市场取得领先地位。由于利润过低，能有效地排斥竞争对手，使自己长期占领市场。这是一种长久的战略，适合于一些资金雄厚的大企业。

对于一个生产企业来说，将产品的价格定得很低，先打开销路，把市场占下来，然后再扩大生产，降低生产成本。对于商业企业来说，尽可能压低商品的销售价格，虽然单个商品的销售利润比较少，但销售额增大了，总的商业利润会更多。

### 5. 安全法

价值 10 元的东西，以 20 元卖出，表面上是赚了，却可能赔掉了一个顾客。

对于一般的商品来说，价格定得过高，不利于打开市场；价格定得太低，则可能出现亏损。因此，最稳妥可靠的是将商品的价格定得比较适中，消费者有能力购买，推销商也便于推销。

安全定价通常是由成本加正常利润构成的。例如，一条牛仔裤的成本是 80 元，根据服装行业的一般利润水平，期待每条牛仔裤能获 20 元的利润，那么，这条牛仔裤的安全价格为 100 元。安全定价，价格适合。

### 6. 非整数法

这种把商品零售价格定成带有零头结尾的非整数的做法，销售专家们称之为"非整数价格"。这是一种极能激发消费者购买欲望的价格。这种策略的出发点是认为消费者在心理上总是存在零头价格比整数价格低的感觉。

例如，有一年夏天，一家日用杂品店进了一批货，以每件 1 元的价格销售，可购买者并不踊跃。无奈商店只好决定降价，但考虑到进货成本，只降了 2 分钱，价格变成 0.98 元。想不到的是，这 2 分钱之差竟使局面陡变，买者络绎不绝，货物很快销售一空。售货员欣喜之余，慨叹一声，只差 2 分钱呀！

### 7. 整数法

美国的一位汽车制造商曾公开宣称，要为世界上最富有的人制造一种大型高级豪华轿车。这种车有 6 个轮子，长度相当于两辆凯迪拉克高级轿车，车内有酒吧间和洗澡间，价格定为 100 万美元。为什么一定要定 100 万美元的整数价呢？这是因为，高档豪华的超级商品的购买者，一般都有显示其身份、地位、富有、大度的心理欲求，100 万美元的豪华轿车，正迎合了购买者的这种心理。

### 8. 弧形数字法

"8"与"发"虽毫不相干，但宁可信其有，不可信其无。满足消费者的心理需求总是对的。

据国外市场调查发现，在生意兴隆的商场、超级市场中，商品定价时所用的数字，按其使用的频率排序，先后依次是 5、8、0、3、6、9、2、4、7、1。这种现象不是偶然出现的，究其根源是顾客消费心理的作用。带有弧形线条的数字，如 5、8、0、3、6 等似乎不带有刺激感，易为顾客接受；而不带有弧形线条的数字，如 1、7、4 等比较而言就不大受欢迎。所以，在商场、超级市场的商品销售价格中，8、5 等数字最常出现，而 1、4、7 则出现次数少得多。

### 9. 分级法

法籍华裔企业家林昌横生财有道，在制定产品销售价格时，总是考虑顾客的购买能力。例如，他生产的皮带，就是根据法国人的高、中、低收入定价的。低档货适合低收入者的需要，定在 50 法郎左右，用料是普通牛、羊皮，这部分人较多，就多生产些。高档货适合高收入者的需要，定在 500~800 法郎范围内，用料贵重，有蟒皮、鳄皮，但是这部分人较少，就少生产些。有些独家经营的贵重商品，定价不封顶，因为对有些人来说，只要是他喜欢的，价格再高他也会购买的。中档货就定在 200~300 法郎上下。

### 10. 调整法

好的调整犹如润滑油，能使畅销、平销、滞销商品都畅通无阻。

德国韦德蒙德城的奥斯登零售公司，经销任何商品都很成功。例如，奥斯登刚推出 1 万套内衣外穿的时装时，定价超过普通内衣价格的 4.5~6.2 倍，但照样销售很旺。这是因为这种时装一反过去内外有别的穿着特色，顾客感到新鲜，有极强的吸引力。可是到 1988 年 5 月，当德国各大城市相继大批推出这种内衣外穿时装时,奥斯登却将价格一下骤降到只略高于普通内衣的价格,同样一销而光。这样,又过了8个月,当内衣外穿时装已经不那么吸引人时,奥斯登又以"成本价"出售,每套时装的价格还不到普通内衣的60%,这种过时衣服在奥斯登还是十分畅销。

### 11. 习惯法

许多商品在市场上已经形成了一个人所共知的基本价格,这一类商品一般不应轻易涨价。在我国,火柴每盒2分,这个习惯价一直稳定了20多年。1984年湖南省的火柴涨至每盒3分,一段时间,当地消费者宁愿买2分一盒的小盒旅行火柴,也不愿买本省的火柴。但是,如果商品的生产成本过高,又不能涨价,该怎么办呢?其实可以采取一些灵活变通的办法,如可以用廉价原材料替代原来较贵的原材料,也可以减少用料,减轻分量,如将冰棒做得小一点,将火柴少装几根。

### 12. 明码法

某一天,地处延平北路的新华皮鞋公司门口,挂出了"不二价"的特大招牌。这在当时的延平北路可谓风险冒得太大。因为当时人们到延平北路买东西时,厂商们都把售价提高两倍左右,以便还价时给折扣。新华皮鞋公司实施"不二价"不久,很多顾客对它的皮鞋非常中意,可总觉得照价付钱亏了,使许多眼见成交的生意吹了。该公司老板认为,"顾客会货比数家,再来'新华'的",便决定再挺一阵子。果然不出所料,时隔不久,新华公司门庭若市。许多顾客到可以还价的商店购买,打折后,皮鞋价格往往仍比新华皮鞋公司的要高,因此顾客们纷纷回头光顾那儿。

### 13. 顾客定价法

例如,餐馆的饭菜价格,从来都是由店主决定的,顾客只能按菜谱点菜,按价计款。但在美国的匹兹堡市却有一家"米利奥家庭餐馆",在餐馆的菜单上,只有菜名,没有菜价。顾客根据自己对饭菜的满足程度付款,无论多少,餐馆都无异议,如顾客不满意,可以分文不付。但事实上,绝大多数顾客都能合理付款,甚至多付款。当然,也有付款少的,甚至在狼吞虎咽一顿之后,分文不给,扬长而去的。但那毕竟只是极少数。

资料来源:http://www.linkshop.com.cn/CLUB/uploadFiles/2006-9/2006922115228917.doc,有删减。

## 8.2.4 相关产品的定价

(1)产品线定价。企业产品线中一般不止一个产品,这时企业应该适当地确定产品线中相关产品的价格差异。在确定价格差异时,要考虑各相关产品之间的成本差异、顾客对相关产品的不同特点的评价及竞争者产品的价格。当产品线中前后系列的产品的价格差异较小，顾客会购买更先进的产品，这时如果两种产品的价格差异大于成本差异，企业的赢利会增加；而价格差异较大时顾客又会购买较低级的产品。

（2）选购品的定价。许多企业在提供主要产品的同时，还提供与主要产品密切相关的一些产品，如自行车的车篮、舞厅里提供的口香糖及饮料、汽车的防盗报警器等。企业首先要确定是将这些产品与主要产品一起出售，产品的总价格中包括这些产品的价格，还将这些产品作为选购品，由顾客自主决定是否购买。对于单独计价的选购品，企业还必须考虑如何为它们制定价格。企业可以将选购品的价格定得很低以吸引顾客，也可以定得很高来获得更多的利润。

（3）附带产品的定价。附带产品是指必须和主要产品一起使用的产品，如照相机的胶卷、计算机软件、主机的辅助设备和零部件等。企业往往将主要产品的价格定得很低，将附带产品的价格定得较高，通过低价促进主要产品的销售来带动附带产品的销售，附带产品的高额利润不仅足以弥补主要产品降价的损失，还能增加企业的赢利。

（4）副产品定价。肉类加工和石油化工等行业的企业在生产过程中，往往会有副产品。如果企业不能加以利用，那么就要花钱来处理这些副产品，这会影响企业主要产品的定价。因此，企业必须为这些副产品寻找买主。只要买主愿意支付的价格大于企业储存和处理这些副产品的费用，那么都是可以接受的。这样，能够减少企业的支出，可以为主要产品制定更低的价格，增强竞争力。

（5）组合产品的定价。企业可以将相关产品组合在一起，为它们制定一个比分别购买更低的价格，进行一揽子销售，如世界杯足球赛出售的套票、配套的茶具及餐具等。采用这种方式时，提供的价格优惠应该足以吸引原本只准备购买部分产品的顾客转而购买全套产品，同时也要注意不能搞硬性搭配，否则不但不利于产品的销售，反而会损害企业形象。

# 8.3　价格策略

## 8.3.1　不同竞争市场条件下企业的定价行为

经济学通常按照这样四个特征来区分不同的市场结构：交易者数量；交易商品的单一性，即交易商品的质量是否相同；进入市场有无障碍；交易者所得到的信息是否完全。在假定买方处于完全竞争的条件下，根据以上四个特征，按照卖方在市场上的竞争程度不同，则市场结构可分为完全竞争市场、完全垄断市场、垄断竞争市场和寡头垄断市场四种类型。

**1. 完全竞争市场条件下的企业定价行为**

完全竞争市场是一种没有任何人为干扰或垄断因素存在的市场情形，它具有以下四个特点。

（1）市场上存在着众多的买者和卖者，但其中任何单个买者和卖者的购买量和销售量都不足以影响整个行业的供求状况，从而不能够影响整个行业的价格水平。

（2）产品是完全同质的，对消费者或用户具有完全的替代性，从而不同企业之间可以完全平等竞争。

（3）厂商可以自由地进入或者退出某个行业，即行业进入或退出的壁垒不存在，资源可以完全自由流动。

（4）生产者和消费者都具有充分和对称的商品知识和市场信息，从而不存在信息不灵对市场竞争的阻碍。

在完全市场竞争条件下，价格是在竞争中由整个行业的供求关系自发决定的，每一个企业都只是既定价格的接受者，而不是价格的决定者，从而卖主既不可能按高于现行市场价格的价格出售商品，也没有必要降低价格出售。同时，由于产品完全同质，卖主也无需在营销上花费过多精力。

完全竞争市场所要求的条件过于苛刻，因此，它只是一种理论假设，在现实生活中几乎不存在，只有部分农产品市场比较接近完全竞争市场。

**2. 完全垄断条件下的企业定价行为**

完全垄断市场是由一家厂商完全控制某一部门或行业全部产品的生产和销售的市场情形，它具有以下四个特点。

（1）市场上只存在唯一的厂商，该厂商的产销量就是全行业的产销量。

（2）垄断者提供的产品是独一无二的，市场上没有任何相同或相近的替代品。

（3）市场进入壁垒极高，新厂商无法加入该行业。

（4）卖主掌握较多的市场信息，而买主对市场信息了解较少。

在完全垄断市场条件下，卖方完全控制了市场，因此，它可以在法律允许的范围内随意定价，即企业有充分的定价权。但事实上，垄断者出于不同的定价目标和对市场占有的长期考虑，往往都不会肆意制定过高的价格，以免失去广大消费者。由于在现实生活中几乎找不到完全没有替代品的产品，因此，完全垄断市场基本上也是一种理论假设，在现实生活中几乎不存在，只有一些公用事业产品和服务比较接近完全垄断市场。

**3. 垄断竞争市场条件下的企业定价行为**

垄断竞争市场是一种既有垄断又有竞争的市场情形，它具有以下四个特点。

（1）市场上存在较多的厂商，厂商和厂商之间存在着激烈的竞争。

（2）厂商之间生产和供应的产品既有一定的差别，又有较大的替代性。

（3）厂商进入或退出行业较容易，但并非完全自由。

（4）交易双方所掌握的信息基本上是充分的。

在垄断竞争市场条件下，由于卖者提供的产品在质量、品牌等方面都存在着一定程度的差异，因此，每一个生产者对自己的产品都有一定的垄断权，从而每一个生产经营者都是他的产品价格的制定者，即都有一定程度的定价自由。

在现实生活中，垄断性竞争广泛地存在于日用工业品、食品、服装、家电等行业，从而这些行业的制造商在定价时往往都通过强调本企业产品与竞争对手产品的差别，以使顾客接受其价格来制定对自己较为有利的价格。

**4. 寡头垄断市场条件下的企业定价行为**

寡头垄断市场是由少数几家大的厂商共同控制某一部门或行业产品生产和销售的市场情形，它具有以下四个特点。

（1）行业内部存在少数几家规模较大的厂商，每一家厂商的产销量都占全行业的极大部分，它们都有足够的能力来影响全行业的供求状况和价格水平。

（2）产品同质和异质的情况都有，如钢铁、制铜、制铝、水泥等行业基本上是同质性产品，产品的替代程度很高；汽车、飞机、电脑等行业基本上是异质性产品，产品的替代程度相对较低。

（3）厂商进出市场都有相当的障碍，或者是自然障碍，或者是人为障碍。

（4）交易双方所掌握的信息不完全，也不对称。

在寡头垄断市场上，价格往往不是由供求关系直接决定，而是由少数寡头垄断者协商操纵的，因为任何一家企业做决策时都必须把竞争对手的反应考虑在内。因此，企业不是价格的制定者，也不是价格的接受者，而是价格的探索者。一般来说，在寡头垄断市场上，价格竞争趋于缓和，而非价格竞争较为强烈。

寡头垄断市场在现实生活中大量存在，大部分工业制成品如钢铁、石油、化工、汽车、电脑等，基本上都是由寡头垄断行业提供的。

## 8.3.2 产品生命周期与价格策略

产品生命周期是指产品从进入市场到退出市场所经历的市场生命循环过程。产品只有经过研究开发、试销，然后进入市场，其市场生命周期才算开始。产品退出市场，标志着生命周期的结束。典型的产品生命周期一般可分为四个阶段，即导入期、成长期、成熟期和衰退期。在生命周期的不同阶段，采取的价格和营销策略是不同的。

当产品在导入期的销售取得成功以后，便进入成长期，这时顾客对产品已经熟悉，大量的新顾客开始购买，市场逐步扩大。产品已具备大批量生产的条件，生产成本相对降低，企业的销售额迅速上升，利润也迅速增长。在这一阶段，竞争者看到有利可图，将纷纷进入市场参与竞争，使同类产品供给量增加，价格随之下降，企业利润增长速度逐步减慢，最后达到生命周期利润的最高点。经过成长期以后，市场需求趋向饱和，潜在的顾客已经很少，销售额增长缓慢直至转而下降。在这一阶段，竞争逐渐加剧，产品售价降低，促销费用增加，企业利润下降。随着科学技术的发展，新产品或新的代用品出现，将使顾客的消费习惯发生改变，转向其他产品，从而使原来产品的销售额和利润额迅速下降。

**1. 导入期的价格策略**

导入期开始于新产品首次在市场上普通销售之时。新产品进入导入期以前，需要经历开发、研制、试销等过程。当新产品投入市场，进入导入期，顾客对产品还不了解，只有少数追求新奇的顾客可能购买，销售量很低。为了扩展销路，需要大量的促销费用，对产品进行宣传。在这一阶段，由于技术方面的原因，产品不能大批量生产，因而成本高，销售额增长缓慢，企业不但得不到利润，反而可能亏损。导入期产品的市场特点是：产品销量少，促销费用高，制造成本高，销售利润常常很低甚至为负值。

（1）撇脂定价法。新产品上市之初，将价格定得较高，在短期内获取厚利，尽快收回投资。就像从牛奶中撇取所含的奶油一样，取其精华，称之为"撇脂定价"法。这种方法特别适用于有专利保护的新产品的定价。撇取定价法又可分为两种：①快速撇脂策略。这种策略采用高价格、高促销费用，以求迅速扩大销售量，取得较高的市场占有率。采取这种策略必须有一定的市场环境，如大多数潜在消费者还不了解这种新产品，已经了解这种新产品的人急于求购，并且愿意按价购买；企业面临潜在竞争者的威胁，应该迅速使消费者建立对自己产品的偏好。②缓慢撇脂策略，即以高价格、低促消费用的形式进行经营，以求得到更多的利润。这种策略可以在市场面比较小，市场上大多数的消费者已熟悉该新产品，购买者愿意出高价，潜在竞争威胁不大的市场环境下使用。

撇脂定价方法适合需求弹性较小的细分市场，其优点是：新产品上市，顾客对其无理性认识，利用较高价格可以提高身价，适应顾客求新心理，有助于开拓市场；主动性大，产品进入成熟期后，价格可分阶段逐步下降，有利于吸引新的购买者；价格高，限制需求量过于迅速增加，使其与生产能力相适应。

撇脂定价方法的缺点是：获利大，不利于扩大市场，并很快招来竞争者，会迫使价格下降，好景不长。

（2）渗透定价法。在新产品投放市场时，价格定得尽可能低一些，其目的是获得最高销售量和最大市场占有率。这种方法适用于没有显著特色的产品。该方法也可分为两种：①快速渗透策略，即实行低价格、高促销费用的策略，迅速打入市场，取得尽可能高的市场占有率。在市场容量很大，消费者对这种产品不熟悉，但对价格非常敏感、潜在竞争激烈、企业随着生产规模的扩大可以降低单位生产成本的情况下适合采用这种策略。②缓慢渗透策略。这种策略是以低价格、低促销费用来推出新产品。这种策略适用于市场容量很大、消费者熟悉这种产品但对价格反应敏感，并且存在潜在竞争者的市场环境。

对于企业来说，采取撇脂定价还是渗透定价，需要综合考虑市场需求、竞争、供给、市场潜力、价格弹性、产品特性、企业发展战略等因素。

**2. 成长期的价格策略**

新产品经过市场介绍期以后，消费者对该产品已经熟悉，消费习惯业已形成，销售量迅速增长，这种新产品就进入了成长期。进入成长期以后，老顾客重复购买，并且带来了新的顾客，销售量激增，企业利润迅速增长，在这一阶段利润达到最大。随着销售量的增大，企业生产规模也逐步扩大，产品成本逐步降低，新的竞争者会投入竞争。随着竞争的加剧，新的产品特性开始出现，产品市场开始细分，分销渠道增加。企业为维持市场继续成长，需要保持或稍微增加促销费用，但由于销量增加，平均促销费用有所下降。在产品的成长阶段，价格制定应视导入期采用的是撇脂法还是渗透法而定。在适当的时机，可以采取降价策略，以激发那些对价格比较敏感的消费者产生购买动机和采取购买行动。

**3. 成熟期的价格策略**

产品经过成长期的一段时间以后，销售量的增长会缓慢下来，利润开始缓慢下降，这表明产品已开始走向成熟期。进入成熟期以后，产品的销售量增长缓慢，逐步达到最高峰，然后缓慢下降；该产品的销售利润也从成长期的最高点开始下降；市场竞争非常激烈；各种品牌、各种款式的同类产品不断出现。对成熟的产品，只能采取主动出击的策略，使成熟期延长，或使产品生命周期出现再循环。此时竞争激烈，企业的首要工作是降低价格。大量小型企业将在竞争中被淘汰，从而形成以大型企业为主的垄断局面。

**4. 衰退期的价格策略**

在成熟期，产品的销售量从缓慢增加直到缓慢下降，如果销售量的下降速度开始加剧，利润水平很低，在一般情况下，就可以认为这种产品已进入市场生命周期的衰退期。衰退期的主要特点是：产品的销售量急剧下降；企业从这种产品中获得的利润很低甚至为零；大量的竞争者退出市场；消费者的消费习惯已发生转变等。面对处于衰退期的产品，企业需要进行认真的研究分析，决定采取什么策略、在什么时间退出市场。通常有以下四种策略可供选择。

（1）继续策略。继续沿用过去的策略，仍按原来的细分市场、使用相同的分销渠道、定价及促销方式，直到这种产品完全退出市场为止。

（2）集中策略。把企业能力和资源集中在最有利的细分市场和销售渠道上，从中获取利润。这样有利于缩短产品退出市场的时间，同时又能为企业创造更多的利润。

（3）收缩策略。大幅度降低促销水平，尽量减少销售和推销费用，以增加目前的利润。这样可能导致产品在市场上的衰退加速，但又能从忠实于这种产品的顾客中得到利润。

（4）放弃策略。对于衰落比较迅速的产品，应该当机立断，放弃经营。可以采取完全放弃的形式，如把产品完全转移出去或立即停止生产；也可以采取逐步形成的方式，使其所占用的资源逐步转向其他的产品。

## 8.3.3 特殊价格策略

### 1. 降价策略

企业通常在以下几种情况下发动降价：第一种情况是生产能力过剩，企业通过采用攻击性降价的方法来提高销售量；第二种情况是企业面临激烈的价格竞争，市场份额下降。例如，通用汽车公司在与日本竞争最激烈的西海岸，把它的超小型汽车的价格降低10%；第三种情况是企业为了控制市场，通过降低成本来降价。

### 2. 提价策略

虽然提价常常会遭到客户、经销商，甚至本企业销售人员的反对，但是成功的提价会极大地促进利润的增长。例如，如果企业的边际利润是销售额的3%，提价1%不至于影响销售额的话，利润就增长33%。价格上涨的一个主要原因是成本膨胀。企业可以用许多方法来提高价格，与增长的成本保持一致。提价可以通过取消折扣和在产品线中增加高价产品来实现，这种方法比较隐蔽。企业也可以公开涨价。

如果企业决定采取有效的行动，那么它可能会采取以下四种特殊价格策略。

（1）减价，以便和竞争者的价格相匹敌。企业可能认为市场对价格很敏感，因此在减价竞争中，如果企业不减价就会失去太多市场份额，或者企业担心以后重新夺回失去的市场份额太艰难。减价会减少企业的短期利润。一些企业还可能降低产品质量、减少服务和市场营销交流活动来维持原利润差，但是这最终会伤害企业的长期市场占有率。企业在减价的同时应努力维持它的质量。

（2）维持原价，但是提高顾客感知到的质量。它可以改善与顾客的交流活动，强调优于低价竞争者的产品质量。企业会发现，维持原价和改善顾客理解的质量，比减价和低利润经营要便宜一些。

（3）改善质量和提高价格，对企业品牌进行高价格定位。较高的质量可以用来证明较高的价格，较高的价格反过来能使企业保持较高的利润。或者企业可以维持现有产品的价格，同时引进一种价格定位较高的新品质。

（4）设立一种低价格的"战斗品牌"。最好的做法是在产品线中增加较低价格的产品，或者单独创建一种较低价格的品牌。当正在丢失的细分市场对价格很敏感并且不会对较高质量的说法感兴趣时，这样做就十分必要了。例如，在价格上遭到富士胶卷的进攻时，柯达开发了一种低价格的胶卷——"欢乐时光"。

## 思考题

1. 价格的重要性体现在哪些方面？
2. 企业的定价方法有哪些？主要有哪些定价技巧？
3. 在产品生命周期的各个阶段，应采取什么样的定价策略？
4. 企业应如何应对竞争对手的价格改变？

## 案例讨论

### 耐克和阿迪的降价反击

2009年第四季度财报显示，耐克中国区息税前利润率高达40.3%，北美市场的息税前利润率仅24.2%，这给耐克留出了足够的降价空间。

瑞银通过成本核算，推算出耐克低价鞋的售价——300元/双，较目前售价下调25%。如何让一部分消费者以更低的代价获得自我个性的追求，同时维系中产阶层的消费诉求，面对中国企业的赶超宣言，耐克、阿迪达斯的反击已经到来。

"如果多花 50 元，你愿意改变主意买一双耐克鞋吗？"耐克推出低价鞋的消息一出，资本市场立马做出了反应：李宁、安踏、特步、匹克、中国动向等中国运动品牌的股价应声而落。

6 月，在耐克 2010 财年电话会议上，花旗分析师曾经询问耐克品牌总裁查理·登森"是否有进入中国二、三线城市的计划"时，登森回应称，耐克确实有计划进入中国的二、三线甚至四线城市，并在推出 NIKE 系列不同价位中低端产品的同时，考虑收购或引进一些其他品牌。阿迪达斯集团大中华区董事总经理杜柏瑞也表示，将会从经销商手中收回这些城市的运营权，让阿迪达斯团队亲自控制二、三线城市的市场，同时希望通过降价来给"竞争对手重重一击"。

罗尔福是德国留学生，尽管他精心给自己的名字 Rolf 挑选了一个很中国化的译名，但是这改变不了他那种日耳曼民族深入骨髓的严谨——在校园里的篮球场上，学生随意组队打着玩的 3V3 半场篮球赛里，罗尔福依然会严格地执行战术纪律，不玩任何花活，一板一眼地寻找最简洁的得分手段。

不过，这还不是罗尔福最引人注目的地方，最让人觉得有趣的是，在中国学生都脚踏耐克、阿迪达斯各款"战靴"的时候，一头金发的罗尔福却穿着一双学校小卖部里出售的老式布帮篮球鞋。大伙都说这老外"真是酷毙了"、"这么个性，德国人居然不穿阿迪达斯"，但是罗尔福自己不觉得这有什么酷不酷的，他反而觉得自己的同学有些大惊小怪。"在国内我也穿阿迪达斯，这在当地是最容易买到的鞋子，价格也不贵"，罗尔福认为自己只是在遵循自己一贯的消费习惯，选择了一件性价比很高的运动装备而已。

罗尔福不太理解自己的中国同学对耐克、阿迪达斯这些品牌的推崇。在欧美，这些品牌确实是质量好、设计新颖的名牌，但是也仅仅是著名而已——"穿着这些牌子的鞋子，确实可以让你增加一点弹跳，但是不会因此让你高人一等"。

"外来的和尚好念经"，似乎所有的外国品牌进入中国后都会有一个被神话的过程。可口可乐当初进入中国市场的时候，曾经被当做在过年时节赠送亲友的贵重礼物，但是现在谁还会觉得喝可口可乐是一件值得炫耀的事情？也许，在国内品牌的冲击下，阿迪达斯和耐克早晚有一天会恢复到普通名牌的身份，但是正是因为有了这个被神话、被抬高的过程，所以当耐克与阿迪达斯决定降低价格，走入二、三线城市与国产品牌正面对抗之时，凭空多出了一个很大的战略优势。

"仰而求之，不如俯而就之"。品牌的提升需要长年累月的经营，而产品价格的提升更需要市场长时间的消化；但是，反向的变化则要简单得多，没有消费者会反对获得质优价廉的产品。瑞银的一份分析报告指出，来自耐克、阿迪达斯品牌和产品质量的吸引力，能促使消费者多支出 50 元，也就是"多花 50 元就能买到一双耐克鞋"的想法，很可能会驱使那些现在购买李宁、安踏等国内运动鞋品牌的消费者率先移情别恋。

运动服饰的消费主力为 16～35 岁的年轻人群。在一线城市中，这一人群有着更为丰富而成熟的品牌认知能力。而在二、三线城市，年轻消费者对某一品牌的认可更多地受到身边人的影响，他们对个性的追求仍会留有传统消费观念的印记。相比一线城市的消费能力，如何让他们以更低的代价获得价值理念的认同，是赢得这一消费群体认可的一个方向。

匹克 CEO 许志华曾善意地提醒耐克，"若改变品牌定位，弊大于利"。但是，对于阿迪达斯和耐克而言，这种品牌定位的改变究竟是一种"下沉"，还是一种"回归"？

一个稍稍有些讽刺的事情是，就在中国国内品牌以耐克与阿迪达斯为榜样，不断提高产品定位之时，耐克与阿迪达斯在欧美市场也在做着同样的事情。

早在 2002 年，阿迪达斯就开始在运动产品中引入时尚概念，以对抗 Prada、Ralph Lauren 这些时尚奢侈品牌在运动产品领域的入侵。当时，阿迪达斯请来世界著名的日本时装设计师山本耀司担任运动时尚高端系列（SportStyle）的创意总监，打造了以"时尚的引领者"为目标的 Y－3 等品牌。

而耐克和阿迪达斯一样，关注着运动产品与时装的结合。一方面耐克从时尚界挖掘人才，另一方面对此类企业展开并购，高级休闲鞋名牌 COLEHAAN、曲棍球名牌 BAUER 等先后加入了耐克阵营。

就在中国体育品牌因为耐克、阿迪达斯放下身段走下神坛，主动放弃品牌效应带来的巨大产品溢价而"担心"的时候，阿迪达斯旗下的 SLVR 系列产品已经进驻了北京三里屯的阿迪达斯全球品牌中心。SLVR 系列产品的定价大约是普通阿迪达斯运动产品价格的 3 倍，而前面提及的 Y－3 系列价格是阿迪达斯普通运动产品的 10 多倍。这背后是中国人的消费能力在不断增强，如今，中国已经赶超美国成为世界第二大奢侈品消费国，LV、香奈儿等已经纷纷下沉至中国的二、三线城市。

阿迪达斯集团大中华区董事总经理杜柏瑞曾经承认，降价将会对阿迪达斯的品牌带来伤害，并认为这是一种"暂时的牺牲"。不过，这算是什么样的牺牲？这不过是把王冠戴到真正的王者身上——阿迪达斯普通运动产品的主动"下沉"，恰恰为 SLVR 系列、Y－3 系列等高端产品的"上升"让开了道路，留出了市场空间。显然，在未来的一线城市体育用品战场上，国产体育品牌的主要对手将不是褪去光环的阿迪达斯普通运动产品，而是 SLVR、Y－3。

如果说 SLVR 系列、Y－3 系列是阿迪达斯对中国体育品牌挑战的正面反击，那么锐步就是它包抄中国品牌后路的一支奇兵。2010 年 1 月，阿迪达斯宣布将锐步品牌交与宝胜国际共同设计生产，而未来的锐步将"以中国为中心"。在宝胜国际接手后，锐步品牌定位发生了巨变，其产品价格最低的已降至 133 元，极强的性价比，无疑对国产品牌造成直接威胁。

杜柏瑞曾经表示，"我们并不介意在中国改变一点阿迪达斯的品牌形象"。也许，他说的形象改变不仅仅是指阿迪达斯普通运动产品形象的回归，还包括了 SLVR 系列、Y-3 系列在中国市场上的横空出世，以及锐步定位的 180° 转弯。

2009 年 5 月的时候，阿迪达斯曾经爆发了一次"打折券风波"。当时，阿迪达斯内部员工打折券大量流入社会，而持打折券最高可享受 1.5 折的优惠。这导致在北京和上海两家专卖店举行的特卖会上，出现 600 余人排队的长龙，场面一度失控，不得不让警察出面维持秩序。

这 1.5 折的"倾销"似乎仅仅是一次偶然事件，但是阿迪达斯已经开始隐性降价确是一个不争的事实。受因于对奥运的高期待而导致的库存过高，从 2008 年下半年开始，阿迪达斯就一直在努力地"去库存化"。在这个过程之中，出于维护价格体系、保持品牌溢价的考虑，阿迪达斯一度反对旗下经销商的折扣销售行为，但到了 2009 年初，阿迪达斯最终面对现实，允许经销商开折扣店。随即，阿迪达斯在中国市场折扣店大幅增加，于是大量的 7 折、5 折的阿迪达斯产品涌入市场。

在瑞银报告中，总体上看，2010 年中国的运动鞋市场规模有望达到 690 亿元人民币，到 2020 年知名品牌运动鞋市场规模可能达到 2970 亿元人民币。面对这大块的"蛋糕"，中外运动品牌的争夺风暴即将上演。

【问题】

1. 耐克和阿迪达斯运动鞋降价的背景是什么？

2. 耐克和阿迪达斯的降价行为是否会损害其在华的高端产品形象？请说出理由。

3. 面对耐克和阿迪的降价策略，国内主要的运动品牌应如何应对？

资料来源：王熊，《耐克和阿迪的降价反击》，南都周刊，2010-9-24，有删减。

# 第 9 章

# 渠道策略

## 知识结构图

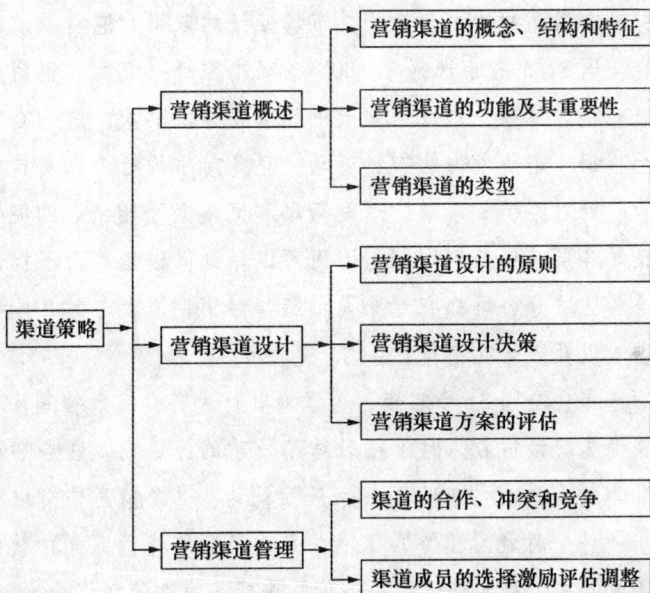

## 本章导读

渠道是企业实现销售的通路，是营销组合中的重要组成部分。时下流行渠道为王的论断，可见其在企业营销活动中的重要作用。本章在阐述营销渠道的概念、特征、功能、类型等基本问题和介绍当前营销渠道发展趋势的基础上，着重探讨制造商如何选择最佳营销渠道的营销渠道设计决策，以及针对营销渠道中的合作、冲突和竞争的管理决策。

# 娃哈哈：渠道的成功与困惑

杭州娃哈哈集团有限公司是中国最大的食品饮料生产企业之一，在全国23个省市建有60多家合资控股、参股公司，在全国除台湾地区外的所有省、自治区、直辖市均建立了销售分支机构，拥有员工近2万名，总资产达66亿元。娃哈哈公司主要从事食品饮料的开发、生产和销售，已形成年产饮料600万吨的生产能力及与之相配套的制罐、制瓶、制盖等辅助生产能力，主要生产含乳饮料、瓶装水、碳酸饮料、茶饮料、果汁饮料、罐头食品、医药保健品七大类50多个品种的产品。2003年，公司营业收入突破100亿元大关，成为全球第五大饮料生产企业，仅次于可口可乐、百事可乐、吉百利、柯特4家跨国公司。自1998年以来，娃哈哈在资产规模、产量、销售收入、利润、利税等指标上一直位居中国饮料行业首位。

娃哈哈的产品并没有很高的技术含量，其市场业绩的取得和它对渠道的有效管理密不可分。首先，娃哈哈在全国31个省市选择了1000多家能控制一方的经销商，组成了几乎覆盖中国每一个乡镇的联合销售体系，形成了强大的销售网络。其次，娃哈哈非常注重对经销商的促销努力，公司会根据一定阶段内的市场变动、竞争对手的行为以及自身产品的配备推出各种各样的促销政策。针对经销商采取的返利激励和间接激励相结合的促销政策，既可以激发其积极性，又保证了各层销售商的利润，因而可以做到促进销售而不扰乱整个市场的价格体系。再次，娃哈哈各区域分公司都有专业人员指导经销商，参与其具体销售工作，如帮助经销商管理铺货、理货以及广告促销等业务。

娃哈哈的经销商分布在全国31个省市，为了对其行为实行有效控制，娃哈哈采取了保证金的形式，要求经销商先交预付款。对于按时结清货款的经销商，娃哈哈偿还保证金并支付高于银行同期存款利率的利息。娃哈哈总裁宗庆后认为："经销商先交预付款的意义是次要的，更重要的是维护一种厂商之间独特的信用关系。我们要经销商先付款再发货，但我给他利息，让他的利益不受损失，每年还返利给他们。这样，我的流动资金十分充裕，没有坏账，双方都得了利，实现了双赢。娃哈哈的联销体以资金实力、经营能力为保证，以互信互助为前提，以共同受益为目标指向，具有持久的市场渗透力和控制力，并能大大激发经销商的积极性和责任感。"

为了从价格体系上控制窜货，娃哈哈实行级差价格体系管理制度。也就是根据区域的不同情况，制定总经销价、一批价、二批价、三批价和零售价，使每一层次、每一环节的渠道成员都取得相应的利润，保证了有序的利益分配。

同时，娃哈哈与经销商签订的合同中严格限定了销售区域，将经销商的销售活动限制在自己的市场区域范围之内。娃哈哈发往每个区域的产品包装上都打上编号，编号和出厂日期印在一起，很难撕掉或更改，借以准确监控产品去向。娃哈哈专门成立了一个反窜货机构，巡回全国，严厉稽查，保护各地经销商的利益。娃哈哈的反窜货人员经常巡察各地市场，一旦发现问题，马上会同企业相关部门及时解决。总裁宗庆后及各地的营销经理也时常到市场检查，一旦发现产品编号与地区不符，便严令彻底追查，按合同条款严肃处理。娃哈哈奖罚制度严明，一旦发现跨区销售行为，将扣除经销商的保证金以支付违约损失，情节严重的将取消其经销资格。

娃哈哈全面激励和奖惩严明的渠道政策有效地约束了上千家经销商的销售行为，为庞大渠道网络的正常运转提供了保证。凭借其"蛛网"般的渠道网络，娃哈哈的含乳饮料、瓶装水、茶饮料销售到了全国的各个角落。2004 年 2 月新产品"激活"诞生，3 月初铺货上架，从大卖场、超市到娱乐场所、交通渠道、学校和其他的一些传统的批发零售渠道，"激活"出现在了它能够出现的一切地方。娃哈哈将其渠道网络优势运用得淋漓尽致，确保了"激活"在迅速推出的同时尽快形成规模优势。

面对可口可乐、百事可乐和康师傅、统一的全面进攻，娃哈哈大胆创新，尝试大力开展销售终端的启动工作，从农村走入城市。总裁宗庆后认为，现在饮料企业的渠道思路主要有三种：一是可口可乐、百事可乐的直营思路，主要做终端；二是健力宝的批发市场模式；三就是娃哈哈的联销体思路。娃哈哈在品牌、资金方面不占优势，关键就是要扬长避短，尽可能地发挥自己的优势，而抑制对方的长处。娃哈哈推出非常可乐，从上市之初就没有正面与可口可乐、百事可乐展开竞争，而是瞄准了中西部市场和广大农村市场，通过错位竞争，借助于强大的营销网络布局，把自己的可乐输送到中国的每一个乡村与角落地带，利用"农村包围城市"的战略在中国碳酸饮料市场占据了一席之地。

有学者将娃哈哈的成功模式归结为"三个一"，即"一点，一网，一力"。一点指的是它的广告促销点，一网指的是娃哈哈精心打造的销售网，一力指的则是经营经销商的能力。"三个一"的运作流程是：先通过强力广告推新产品，以广告轰炸把市场冲开，形成销售的预期；接着通过严格的价差体系做销售网，通过明确的价差使经销商获得第一层利润；最后常年推出各种各样的促销政策，将企业的一部分利润通过日常促销与年终返利让渡给经营经销商。但这种模式也存在着问题：当广告愈来愈强调促销的时候，产品就会变成"没有文化"的功能产品，而不是像可口可乐那样成为"文化产品"，结果会造成广告与产品之间的刚性循环：广告要愈来愈精确地找到"卖点"，产品要愈来愈多地突出功能，结果必然是广告的量要愈来愈大，或者是产品的功能要出新意，才能保证销量。

资料来源：吴晓波，胡宏伟，中国营销传播网。

# 9.1 营销渠道概述

营销渠道是营销组合中的一个重要因素。近年来，由于产品策略、价格策略和促销策略非常容易被竞争对手模仿，许多专家、学者和营销管理人员开始致力于营销渠道管理决策的研究和探索，以期谋求不易被竞争对手模仿的竞争优势。

## 9.1.1 营销渠道的概念、结构和特征

### 1. 营销渠道的概念

目前，关于营销渠道（marketing channel）的概念，有很多种描述，其中最具代表性的有以下几种。

（1）美国市场营销协会对营销渠道的定义是：企业内部和外部的代理商和经销商的组织机构，通过他们的运作，商品才能得以上市销售。

（2）著名营销学家斯特恩和艾尔·安塞利对营销渠道所下的定义是：促使产品或服务顺利流通到消费者手中被消费或使用的一整套相互依存的组织。

（3）肯迪夫和斯蒂尔给营销渠道所下的定义是：当产品从生产者向最后消费者或产业用户移动时，直接或间接转移所有权所经过的途径。

（4）菲利普·科特勒对营销渠道的定义是：营销渠道就是指某种货物或劳务从生产者（制造商）向消费者（用户）转移时取得这种货物或劳务的所有权的所有组织和个人。

在市场营销理论中，还有几个与渠道有关的概念，例如分销渠道（distribution channel）、贸易渠道、销售渠道（sales channel）、销售通路等，经常被混淆使用，特别是营销渠道和分销渠道这两个概念，更是不好区别。其实，菲利普·科特勒在其《市场营销管理》一书中论述了营销渠道和分销渠道的区别。

营销渠道是指配合生产、分销和消费某些生产者的商品和服务的所有企业和个人，包括产品供产销过程中所有有关企业和个人，如供应商、生产商、中间商、代理商、辅助商以及最终消费者或者用户等；而分销渠道是指某种商品和服务从生产者向消费者转移过程中，取得这些商品和服务的所有权或者帮助所有权转移的所有企业和个人，包括生产者、中间商、代理商、最终消费者或者用户。与营销渠道的概念不同的是，分销渠道不包括供应商和辅助商。但为了

分析问题的方便，本书仍然将二者统一起来。

**2. 营销渠道的特征**

从上述各个关于营销渠道的定义，我们不难发现营销渠道具备以下几个基本特点。

（1）营销渠道是一组路线。这组路线是由参与产品交易过程的各种类型的机构或人员组成的，而且参与交易过程的各种类型的机构或人员都参与了这组路线的活动。

（2）商品或服务只有通过这些机构的活动，才能脱离生产领域，最后进入消费领域。

（3）每一条营销渠道的起点是生产者（或服务提供者），终点是个人消费者或用户。

（4）商品从生产领域向消费领域转移时，至少要转移商品所有权一次，也只有通过这种转移，企业的营销目标才能得以实现。

**3. 营销渠道的流程**

营销渠道由五种流程构成，即实体流程、所有权流程、付款流程、信息流程及促销流程。

（1）实体流程。如图9-1所示。实体流也称物流，是指产品从生产领域向消费领域转移过程中的一系列产品实体的运动，既包括产品实体的储存以及由一个机构向另一个机构进行运输的过程，同时还包括与之相关的产品包装、装卸、流通加工等活动。企业产品由生产领域向消费领域的转移，是通过物流活动予以实现的。

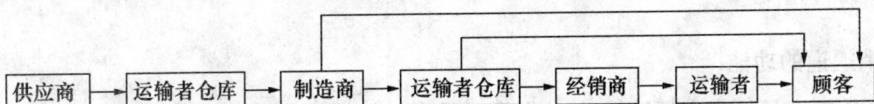

**图9-1 营销渠道中的实体流程**

（2）所有权流程。如图9-2所示。所有权流也称商流，是指产品从生产领域向消费领域转移过程中的一系列买卖交易活动。在这个交易活动过程中，实现的是产品所有权的转移。

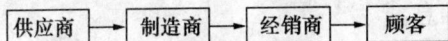

**图9-2 营销渠道中的所有权流程**

（3）付款流程。如图9-3所示。付款流也称货币流，是指产品从生产领域向消费领域转移的交易活动中所发生的货币运动。一般来说，付款流与所有权流正好呈反方向运动。一般是顾客通过银行或其他金融机构将货款付给中间商，再由中间商扣除佣金或差价后支付给制造商。

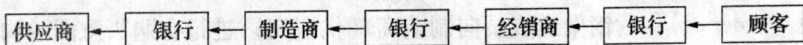

**图9-3 营销渠道中的付款流程**

（4）信息流程。如图9－4所示。信息流是指产品从生产领域向消费领域转移过程中所发生的一切信息收集、传递、加工和处理活动，既包括制造商向中间商及其顾客传递产品、价格、销售方式等方面的信息，也包括中间商及其顾客向制造商传递购买力、购买偏好、对产品及其销售状况的意见等信息。与其他流程不同，信息流的运动是双向的。

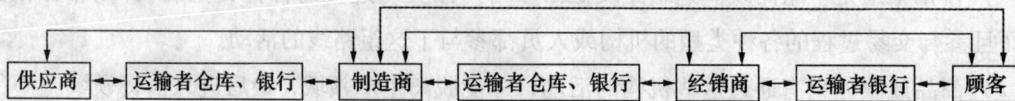

```
┌──────┐   ┌──────────────┐   ┌──────┐   ┌──────────────┐   ┌──────┐   ┌────────────┐   ┌──────┐
│ 供应商 │←→│ 运输者仓库、银行 │←→│ 制造商 │←→│ 运输者仓库、银行 │←→│ 经销商 │←→│ 运输者银行 │←→│ 顾客 │
└──────┘   └──────────────┘   └──────┘   └──────────────┘   └──────┘   └────────────┘   └──────┘
```

**图9－4　营销渠道中的信息流程**

（5）促销流程。如图9－5所示。促销流是指企业为了产品销售，通过广告、宣传报道、人员推销、营业推广、公共关系等促销活动，对顾客施加影响的过程。

```
┌──────┐   ┌────────┐   ┌──────┐   ┌────────┐   ┌──────┐   ┌──────┐
│ 供应商 │→│ 广告代理商 │→│ 制造商 │→│ 广告代理商 │→│ 经销商 │→│ 顾客 │
└──────┘   └────────┘   └──────┘   └────────┘   └──────┘   └──────┘
```

**图9－5　营销渠道中的促销流程**

## 9.1.2　营销渠道的功能及其重要性

### 1. 营销渠道的功能

营销渠道把产品从生产领域转移到消费者手中，解决了产品或劳务与使用者之间存在的数量、品种、时间、地点等方面的矛盾。在产品转移的这个过程中，营销渠道的成员执行了以下一系列重要功能。

（1）信息（information）：即调研功能，收集和传播营销环境中有关潜在和现行的顾客、竞争对手和其他参与者的营销信息。

（2）促销（promotion）：发送和传播有关供应物的、富有说服力的、用来吸引顾客的沟通材料，联系潜在的购买者。

（3）接触（contact）：寻找潜在购买者，并与之进行沟通。

（4）交易谈判（negotiation）：尽力达成有关产品的价格和其他条件的最终协议，以实现所有权或者持有权的转移。

（5）订货（ordering）：营销渠道成员向制造商（供应商）进行有购买意图的沟通行为。

（6）配合（matching）：使所提供的产品能符合购买者需要，包括制造、分级、装配、包装等活动。

（7）融资（financing）：获得和分配资金以负担渠道各个层次存货所需的费用。

（8）承担风险（risk taking）：在执行渠道任务的过程中承担有关风险（库存风险、呆账风险等）。

（9）物流（physical possession）：产品实体从原料到最终顾客的连续的运输和储存工作。

（10）付款（payment）：买方通过银行和其他金融机构向销售者支付账款。

（11）所有权转移（title）：所有权从一个组织或个人转移到其他组织或人的实际转移。

（12）服务（service）：服务支持是渠道提供的附加的服务（信用、交货、安装、修理）。

在上述功能中，前六项功能主要在于协助促成交易，后六项功能主要在于帮助履行交易。可见，营销渠道的功能是非常必要的，但关键是由谁来执行这些功能，这关乎企业的效率和效益。

**2. 营销渠道的重要性**

对生产企业来说，营销渠道及其管理决策的重要性主要表现为以下几个方面。

（1）营销渠道是企业生产经营活动得以正常进行的基础。在现代社会经济条件下，由于企业目标市场范围的不断扩大，使得大部分生产企业并不是将产品全部直接销售给最终消费者或用户，而是借助于一系列中间商的转卖活动进行的。企业只有合理地选择和利用营销渠道，才能将生产出来的产品以最高的效率和最低的费用送到适当的地点，在适当的时间以适当的价格销售给消费者和用户，通过满足他们的需要实现商品的价值，保证企业生产经营活动的正常进行。

（2）营销渠道的选择，直接制约和影响着企业其他方面营销策略的确定。营销渠道的选择与目标市场策略、市场定位策略、产品策略、价格策略、促销策略等方面密切相关。例如，营销渠道的选择会影响到价格制定，因为产品价格的确定不仅要考虑产品的生产成本，而且要考虑流通费用的补偿，而不同类型的营销渠道以及营销渠道运行的状况直接影响着流通费用的多少。因此，企业在营销渠道决策时不仅要分析渠道本身的利弊优劣，还要考虑到营销渠道策略与其他营销策略之间的关系。

（3）营销渠道策略的成功不仅取决于企业内部各方面的支持与配合，而且取决于企业外部有关市场营销渠道企业的合作与协调。如果没有这些外部市场营销渠道企业的合作与协调，营销渠道就建立不起来，即使建立起来了也难以有效地运行。然而，与企业外部有关的市场营销渠道企业的合作与协调关系的建立与维持是较为困难的。

（4）营销渠道的选择是一种相对长期的决策。营销渠道按照一定的模式建立并相对稳定下来后，要想改变或替代原有的模式与经销关系难度是很大的，因此营销渠道的选择是一种相对长期的决策。企业的营销管理部门在进行营销渠道决策时，既要考虑现实需要，又要着眼于企业内外环境长期发展变化可能提出的新要求。

（5）营销渠道反馈回来的市场信息是企业调整生产经营行为的重要依据。对一个生产企业来说，营销渠道不仅是产品输送的工具，而且要很好地实现市场信息反馈的功能。营销渠道选择不当，市场信息不能反馈、传递滞后或变形失真，将给企业的生产经营决策造成不良影响，以致使企业蒙受巨大损失。

## 9.1.3 营销渠道的类型

营销渠道如图 9－6 和图 9－7 所示，可以依据不同的标准划分为不同的类型。

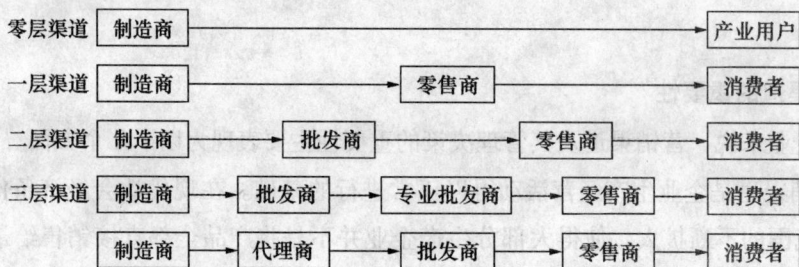

图 9－6 消费品市场的营销渠道

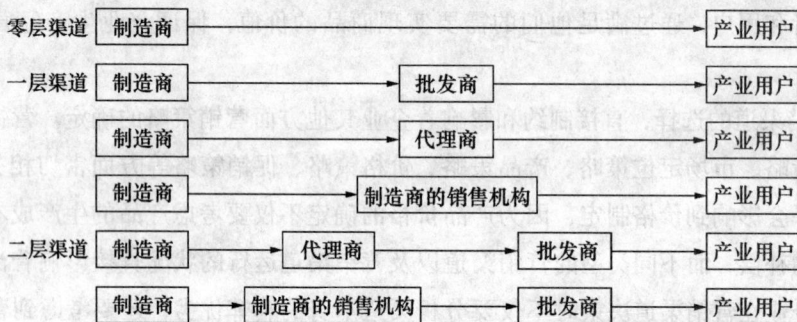

图 9－7 产业市场的营销渠道

### 1. 直接营销渠道和间接营销渠道

按照是否有中间商参与，可以将营销渠道分为直接营销渠道和间接营销渠道。直接营销渠道是指制造商不通过任何中间商，直接将产品销售给消费者或者用户，即零层渠道。产业市场的产品销售主要采用直接渠道。间接营销渠道是指产品从制造商向消费者或用户的转移过程中，需要经过一个或者一个以上的中间商。生活消费品主要采用间接渠道进行销售。

### 2. 长渠道和短渠道

产品从制造商向消费者或用户的转移过程中，只通过一个中间环节的渠道，我们一般称之为短渠道，而将通过一个以上中间环节的渠道称之为长渠道。

（1）零层渠道（zero-level channel），就是以上提到的直接渠道，是由生产者直接销售给目标客户及消费者（M-C）。主要方式有上门推销、通过订货会或展销会与客户直接签约供货，网络直销、电视直销、制造商自设商店、自营自动售货机等也是十分有效的方式。

（2）一层渠道（one-level channel），包括一个销售中间机构。在消费品市场中，这个中间机构通常是零售商（M-R-C）；在产业市场，这个中间商一般是批发商、代理商或者制造商的销售机构。

（3）二层渠道（two-level channel），包括两个销售中间机构。在消费品市场，通常由批发商和零售商构成（M-W-R-C）；在产业市场，通常由代理商和批发商构成。

（4）三层渠道（three-level channel），包括三个销售中间机构。与二层渠道不同的是，三层渠道在批发商和零售商之外增加了一个环节，这个环节可能处于批发商和零售商之间（M-W-J-R-C），也可能处于制造商和批发商之间（M-J-W-R-C）。

以此类推，销售的层数越多，营销渠道就越长。不过，就消费品而言，间接渠道主要以三层渠道以内为主，因为渠道的层数越多，控制的成本和难度就越大。

### 3. 宽渠道和窄渠道

按照渠道中每个层次的同类中间商数目的多少，可以将营销渠道分为宽渠道和窄渠道。宽渠道是指制造商同时选择两个以上的同类中间商销售其产品，窄渠道是指制造商在某一地区或某一产品分类中只选择一个中间商销售其产品。宽渠道和窄渠道各有优缺点，制造商一般根据其产品特点进行选择。一般而言，生产资料和一部分专业性较强或较贵重的消费品适合采用窄渠道进行销售。

### 4. 单渠道和多渠道

按照制造商所采用的渠道类型的多少，可以将营销渠道分为单渠道和多渠道。单渠道是指制造商采用同一类型渠道销售企业的产品，渠道较单一。多渠道是指制造商根据不同层次或地区消费者的情况，选用不同类型的营销渠道销售其产品。

企业对营销渠道进行分析，目的在于选择有利于企业产品销售的营销渠道策略。

# 9.2　营销渠道设计

营销渠道设计（marketing channel design）是指为实现营销目标，对各种备选渠道结构进行评估和选择，从而开发新型的营销渠道或改进现有营销渠道的过程。营销渠道设计是企业营销渠道决策的重要组成部分，目的是使企业产品从生产领域到消费领域这一过程的效益最大化。

## 9.2.1　营销渠道设计的原则

和企业的其他决策一样，营销渠道的设计既要使风险最小，又要做到效益最大化。至于如何设计营销渠道，企业必须结合内外部环境，同时遵循以下六个原则①。

（1）畅通高效原则。营销渠道既是产品从生产领域向消费领域实现实体转移的通路，也是制造商与最终消费者之间信息沟通的渠道。作为产品的通路，消费者在哪里，营销渠道就必须伸到哪里，远离消费者的营销渠道是不切实际、不可能给企业带来效益的，麦当劳、肯德基、可口可乐等的营销渠道设计就体现了这一点；作为信息的通路，营销渠道设计必须能在广泛收集客户信息的基础上，充分展示和传播企业及其产品的信息，以提高企业的知名度和产品对消费者的吸引力。

（2）适度覆盖原则。营销渠道是制造商和消费者的接触媒介，一方面，企业要通过增加渠道的长度和宽度，以扩大产品对市场的覆盖范围，力争让消费者随处可见，随处可买，这一点对日常消费品、快速消费品异常重要。三株、红桃K当初的成功是和密集布点、覆盖市场的营销渠道设计分不开的；可口可乐的营销渠道设计也充分体现了这一点。另一方面，企业必须明确界定产品的目标市场，对营销渠道的长度和宽度加以限制，如果盲目扩张，将导致企业高额的销售费用以及市场秩序的混乱。

（3）稳定可控原则。首先，消费者的购买习惯一般保持相对的稳定性，这就要求企业的营销渠道保持一定的稳定性，以满足消费者的购买预期，从而巩固消费者对企业和产品的忠诚度。其次，营销渠道成员往往是制造商在市场上的代表，对产品的缺陷及其可能给消费者带来的损失和危害承担着相应的市场责任，保持营销渠道的稳定性，有利于强化消费者对企业和产品的消费信心。再次，一般情况下，实力不济的制造商要求渠道成员仅仅经营本企业的产品往往是

①　刘宝成著：《现代营销学》，对外经济贸易大学出版社2004年版，第341~342页。

不切实际的，但必须对渠道成员保持相对的控制程度，特别是避免渠道产品的同质性、增加渠道产品互补性，对企业实现长期的营销目标是关键所在。

（4）协调平衡原则。第一，营销渠道的覆盖程度和可控性之间是对立统一的矛盾体。覆盖程度小，可控性固然增强，但覆盖的不足，无法提高市场占有率；覆盖程度过高，一方面会增加渠道的费用，也容易导致企业对渠道失控。第二，作为企业产品的经销商，在产品培训、技术及服务支持、产品推广等各方面都有一定程度的依赖性。第三，在营销渠道层级之间、不同成员之间，在主流渠道和辅助渠道之间，利益的分配问题往往不容忽视。所以，企业必须根据营销目标，不断地在各种因素之间进行协调和平衡，从而强化渠道成员的忠诚度，避免渠道成员间的纠葛，并最终维护本企业的利益。

（5）扬长避短原则。企业在设计营销渠道时，必须对企业本身的优势和劣势有充分的认识，注意发挥自己各个方面的优势，特别是企业的独特优势，以增强营销组合的整体优势。同时，对优势和劣势不断进行评估，适当调整渠道设计决策。

（6）不断创新原则。在不同的企业发展阶段和不同的品牌发展阶段，营销渠道的设计应该有所不同。因此，营销渠道的设计也应该注重求新、求变。根据竞争和市场的发展，根据消费者的变化和个性化需求，不断调整营销渠道，让营销渠道和企业、产品、品牌共同进步和发展。

## 9.2.2 营销渠道设计决策

营销渠道的设计决策，就是选择最佳的营销渠道。而所谓最佳的营销渠道，就是销售费用小、效率高，使企业的产品能尽快实现销售，实现最佳经济效益的渠道。一般而言，营销渠道设计决策应从三个方面入手，即确定营销渠道模式、确定中间商的数目、规定渠道成员的权利和义务。

### 1. 确定营销渠道模式

确定营销渠道模式，也就是确定渠道的长度问题，这是营销渠道决策的一个重要内容，对企业营销成败关系重大。制造商在进行营销渠道长度的设计前，应对产品、市场及企业本身各种因素进行综合分析，以便做出正确的选择。

（1）产品因素。

1）产品单位价值。产品单位价值较低时，往往通过中间商来进行销售，让中间商承担部分营销成本，增加市场的覆盖面，其营销路径长，环节多，且每一个环节层次多。反之，单位价值高的产品的营销渠道则应该短一些。

2）产品的体积和重量。体积大、分量重的产品，往往意味着高的装运成本，一般应尽量选择最短的营销渠道。如机械设备一般只通过一个中间环节，甚至由生产者直接供应给用户。

3）产品的耐腐性。产品是否会迅速腐烂，容易损坏，是在实体运输和储存中非常关键的问题。易腐、易毁的产品，应尽量缩短营销渠道，迅速把产品出售给消费者。鲜活产品的营销渠道一般都较短，就是这个道理。

4）产品的技术性和服务性。技术需求比较复杂、对售后服务要求较高的产品，一般要求较高的技术性，生产企业要派专门的人员去指导用户安装、操作和维修，如大型机电设备等，这些产品一般由生产企业直接销售给用户，其营销渠道一般是既短又窄。因中间商可能对产品的各项性能不是很了解，而且很可能对顾客产生误导。

5）产品的款式。时尚程度较高的产品，即式样或款式较容易发生变迁的产品，营销渠道应尽量缩短，如新奇玩具、时装等，以免流转环节太多、周转时间过长。而过时或时尚性不强、款式不易发生变化的产品，营销渠道可以适当延长，以便广泛销售。

6）产品的标准化程度。一般而言，营销渠道的长度和宽度与产品的标准化程度成正比，产品的标准化程度越高，渠道越长也越宽。

7）产品的生命周期。为了尽快把处于导入期的新产品、新品牌投入市场，通常应采取强有力的推销手段去占领市场，生产企业往往不惜付出大量的资金组成推销队伍，直接向消费者推销，渠道很短。而对成熟产品，企业一般经过中间商销售，渠道相应较长。

8）特殊商品。某些具有传统特色的产品，一般采用直接渠道进行销售。如各地特殊风味的食品等，适合采用前店后厂、自产自销的方式经营。

（2）市场因素。

1）市场范围的大小。一般情况下，产品的销售范围越大，则营销渠道就越长。如果产品在全国范围内销售，或者要进入国际市场，就应该广泛利用中间商，即选择宽渠道；如果产品的销售范围很小，或者仅在生产地销售，则生产者可以直接销售，也可以部分通过零售商进行销售。

2）潜在顾客的地理分布情况。如果某种产品的潜在顾客分散在全国广大地区，制造商就要通过若干不同的中间商转卖给潜在顾客，使用较长的营销渠道。如果某产品的潜在顾客仅集中在少数地区，制造商就可以直接进行销售而不使用中间商，使用最短的营销渠道。

3）消费者的购买习惯。一些日用生活必需品，其价格低，消费者数量大，购买频率高，顾客不必做仔细的挑选，需要随时随地都能买到，制造商应尽量多使用中间商扩大销售网点，其营销渠道应该长而宽。而对于一些耐用消费品，制造商就可以只通过少数几个精心挑选的零售商进行销售，甚至在一个地区只通过一家零售商推销其产品，其营销渠道可以短而窄。

4）市场上的竞争者使用营销渠道的情况。一般来说，制造商要尽量避免和竞争者使用相同的营销渠道。如果竞争者使用和控制着传统的营销渠道，本企业就应该使用其他不同的营销渠道销售产品。但是，也不乏同类产品采用与竞争者相同的营销渠道，以便让顾客进行产品质量、价格等方面的比较。

5）市场的其他特点。企业在进行营销渠道设计时，还应该考虑季节商品、节日商品等市场的其他特点。

（3）制造商自身的因素。

1）制造商的声誉与资金。制造商的声誉越卓著，资金越雄厚，就越可以自由选择其营销渠道，甚至还可以建立自己的销售网点，采取产销合一的方式经营，而不经过任何中间商。当然，如果制造商财力微薄，或者声誉不高，对中间商的依赖性就高。

2）制造商自身的销售力量和销售经验。如果制造商自身有足够的销售力量，或者有丰富的销售经验，就可以不用或少用中间商。否则，就只能依靠中间商来完成其产品销售工作。

3）制造商对营销渠道的控制需求。如果制造商的市场营销策略要求严格控制产品的价格和新鲜程度，或为了产品的时尚，则要选择尽可能短或尽可能窄的营销渠道。因为短而窄的营销渠道，企业比较容易控制。

4）制造商提供服务的态度和能力。如果制造商出于自身利益的要求，愿意为最终消费者或用户提供更多的服务，就可以采用短的营销渠道；如果制造商愿意而且有能力为中间商提供更多的服务，就会吸引更多的中间商来经营企业的产品。

（4）环境因素。影响营销渠道设计的环境因素较多，可以概括为社会文化环境、经济环境、竞争环境等。社会文化环境包括一个国家或地区的社会风气、社会习俗、生活方式、民族特性、思想意识形态、道德规范等许多因素。经济环境是指一个国家或地区的经济制度和经济活动水平，它包括经济制度的效率和生产率，如经济周期、通货膨胀、科技发展水平、人口分布、资源分布等。竞争环境是指竞争者对某营销渠道及其成员施加的经济压力。

**2. 确定中间商的数目**

确定中间商的数目，也就是确定渠道的宽度，这主要取决于产品本身的特点、市场容量的大小和需求面的宽窄等方面。通常，可以选择以下三种形式。

（1）密集型。也称广泛分销（extensive distribution），即企业在某一渠道层次上，运用尽可能多的批发商、零售商，使渠道尽可能加宽，主要目标是扩大市场覆盖率。便利的日用消费品、工业用品的标准件、通用的中小型工具等，适合采用这种营销渠道形式，强调产品销售的地点效应，使消费者和用户随时随地能买到商品。

（2）独家型。也称独家分销（exclusive distribution），是指在一定的区域内，只选择一家中间商经销或代理销售，并通过双方协商，实行独家经营。独家经销是一种极端的形式，是最窄的营销渠道，一般更适用于一些技术性强的耐用消费品、名牌产品和专利产品。独家经销的好处是有利于控制中间商，提高中间商的经营水平，也有利于强化产品的市场形象，并获得较高的利润率。但这种形式也具有一定的风险，如果独家经销商经营管理不善或发生意外情况，厂商也将蒙受巨大的经济损失。

采用独家型经销，产销双方通常议定销方不得同时经营其他竞争性商品，产方也不得在同一区域内有别的中间商，销方享有产方产品经销的特权，其经营具有排他性。这种独家经销妨碍竞争，因而在某些国家为法律所禁止。

（3）选择型。也称选择性分销（selective distribution），这是介于上述两种形式之间的销售形式，指制造商在一定的销售区域内，精选几家具有一定销售实力的中间商销售公司的产品，一般适用于需选购的消费品，如时装、家用电器等，也特别适用于试销阶段的新产品。

采用这种经销形式的好处有：①它比独家经销面宽，有利于开拓市场、扩大销路、展开竞争；②比密集型经销面窄，有利于对中间商的控制和管理，并有效地节省营销费用；③有条件地选择中间商，有利于被选中的中间商之间加强了解和联系、相互竞争，并努力提高经营管理水平；④有利于稳固制造商的市场竞争地位，也便于维护品牌声誉。

**3. 规定渠道成员的权利和义务**

制造商在确定了营销渠道的长度和宽度之后，还要通过协议进一步规定渠道成员之间的权利和义务，协议主要涉及以下四个方面。

（1）价格政策。价格政策要求制造商制定价格表，对不同地区、不同类型的中间商及其不同的购买数量给予不同的价格折扣率和回扣。为鼓励中间商进货，制造商一般乐于采用相应的价格政策，但中间商对价格以及各种折扣、回扣都十分敏感，制造商在制定价格政策时一定要十分慎重，其主要内容一定要得到中间商的理解和认可。

（2）买卖条件。买卖条件是中间商的付款条件和制造商对中间商的价格担保。对于及时或提早付清全部货款的中间商，制造商应给予一定比例的现金折扣，刺激中间商的付款积极性，有利于加速企业的资金周转。制造商应对中间商提供产品质量保证和跌价保证，解除中间商的后顾之忧，保障和鼓励中间商大量进货。

（3）中间商的地区权利。制造商在不同地区可能有不同的特许专营中间商，所以要明确不同中间商的地区权利，特别是同一地区或邻近地区中间商的权利，这在很大程度上会影响中间商的销路，进而影响中间商的销售积极性。

（4）特定服务内容。双方应提供的特定服务内容包括广告宣传、资金帮助、人员培训、交货时间、销售数据统计等。对于双方特定的服务内容必须慎重对待，在一个销售周期内一般可以用条约的形式固定下来，侧重于制造商对中间商的特定服务内容。一方面，条约规定的特定服务内容要让中间商满意，觉得有利可图，愿意花大力气推销制造商的产品；另一方面，条约规定的特定服务内容必须以制造商的承受能力为限。

### 9.2.3 营销渠道方案的评估

每一个营销渠道选择方案都是企业的产品送达目标顾客的可能路线，为了从已经拟定的方案中选择出能够满足企业长期目标的最好方案，企业就必须对各种可供选择的方案进行评估。营销渠道方案的评估标准有以下三个方面。

**1. 经济性标准**

经济性标准是评估营销渠道方案好坏的最重要标准，判别一个营销渠道方案好坏，不应单纯看其能否保证较高的销售额或较低的成本，而应看其能否取得最大利润。也就是对每一个渠道方案在经济上进行成本收益分析，这个经济分析按以下三个步骤进行。

(1) 估计每个渠道方案的销售水平，因为有些成本会随着销售水平的变化而变化。

(2) 估计各种方案实现某一销售额所需花费的成本。

(3) 分析各种方案可能得到的利润额。

对制造商特别重要的是，无论采用哪种营销渠道方案，长期利益的最大化永远是企业经营的最终目的，渠道的经济性标准并不是单一的成本或收入的计算，决策者在进行经济分析时必须全面考虑，选择出回报率最高又能最大可能发挥渠道功能的方案，以实现企业长期利益的最大化。在不能预料两种渠道方案是否能达到相同销售水平的时候，企业一般用投资收益率指标进行渠道方案评估。

**2. 控制性标准**

制造商对营销渠道进行控制的目的是降低渠道可能产生的风险，产品的流通过程是企业营销过程的延续，从生产企业出发建立的营销渠道，如果生产企业不能对其运行有一定的主导性和控制性，营销渠道中的物流、所有权流、付款流、信息流、促销流就不能顺畅有效地进行。为了使营销渠道向预定的目标运行，制造商必须控制整个营销渠道，但控制过紧，渠道成员会失去积极性。因此，制造商可以与中间商构筑利益共同体，通过利益机制和权益约定，以较小的投入争取到营销渠道的控制权。

**3. 适应性标准**

营销渠道系统具有相对的稳定性，但市场环境却在不断变化。在市场发生变化的时候，营销渠道是否能够相应的调整。也就是说，渠道是否具备适应性是评价一个营销渠道是否完备的重要指标。制造商是否具有适应环境变化的能力，与其建立的营销渠道是否具有弹性密切相关。但是，每个渠道方案都会因生产企业某些固定期间的承诺而失去弹性。例如，当某一制造商决定利用销售代理商推销产品时可能要签订 5 年的合同，这段时间内即使采用其他销售方式更有效，但制造商也不得任意取消销售代理商。因此，生产者在选择和设计营销渠道时必须考虑营销渠道的环境适应性和可调整性问题。

总之，一个营销渠道方案只有在经济性、控制性和适应性等方面都较为优越时，这才是成功的营销渠道，也才能够予以选择使用。

# 9.3　营销渠道管理

营销渠道管理（marketing channel management）是指针对营销渠道中渠道成员之间存在的不同程度的合作、冲突和竞争，对渠道成员进行选择、激励、评估与调整的过程。营销渠道管理是营销渠道决策的另一重要组成部分，目的是使营销渠道更好地发挥营销职能。

## 9.3.1　渠道合作

渠道合作是指为了解目标市场的需求、谋取共同利益，渠道成员相互之间的结合和依赖。事实证明，渠道成员之间相互合作而获得的利益要比各自单独从事销售工作获得的利益要大得多，渠道的合作是市场营销观念的必然产物，已经是一种通常的行为。

例如，消费品的传统渠道模式中，制造商、批发商、零售商为了赢得消费者的信任，扩大市场占有率，增加销售量而共同努力、相互合作，这往往比制造商自己承担渠道的全部工作更加有利。不同渠道成员之间的通力合作，对合作的各方都是有利的，制造商应尽力创造合作的条件，促使各成员间的相互协调。

## 9.3.2　渠道冲突①

渠道冲突是指渠道成员发现其他渠道成员从事的活动阻碍或者不利于本企业实现自身的目标。在营销渠道系统中，渠道冲突更为常见，下面将对冲突的成因、类型、影响和应对措施重

---

① 王方华，奚俊芳编著：《营销渠道》，上海交通大学出版社 2005 年版，第 144～158 页。

点予以分析。

### 1. 渠道冲突的原因

引起渠道冲突的原因很多，总的来说可分为根本原因和直接原因。

渠道冲突的最根本原因是制造商与中间商的目标不同。制造商希望抢占更多的市场，以获得更多的销售增长和利润，但大多数零售商，尤其是中小型零售商，当销售额及利润达到满意的水平时，更希望在当地市场上维持一种相对舒适的地位；制造商希望中间商只销售自己的产品而不销售竞争产品，但中间商只关心其获得的利润，而并不关心销售的是谁的产品；制造商希望中间商为促销做一些广告宣传，而中间商则要求制造商自己做广告或者承担全部广告费用；制造商希望中间商将折扣给予消费者，而中间商只想将折扣留给自己；等等。当然，渠道成员对制造商的依赖性过强、渠道成员的权利和义务不明确、渠道成员市场知觉的差异等也是渠道冲突的根本原因。

渠道冲突的直接原因有以下几个方面：

（1）存货水平。制造商和中间商为了各自的经济利益，都希望把自己的存货水平控制在最低水平。一方面，中间商的存货水平过低会导致销售商无法及时向客户提供产品而引起销售损失，甚至使客户转向竞争对手；另一方面，中间商的低存货水平一般会导致制造商的高存货水平，从而影响制造商的经济效益。此外，存货过多还会产生产品过时或过剩的风险。因此，如果存货水平不合理，很容易导致渠道冲突。

（2）大客户。制造商在通过中间商销售产品的同时，往往因不愿将与大客户交易中的部分利润分给中间商而直接与大客户建立购销关系。在工业品市场表现更为显著，中间商必然担心其大客户直接向制造商购买产品而威胁其生存。有鉴于此，导致双方间的冲突。

（3）价格。首先，制造商制定的各级批发价的价差常常是渠道冲突的诱因；其次，制造商常抱怨中间商的价格过低或过高，从而影响其产品形象和定位；再次，中间商则抱怨制造商给其的差价折扣过低而无利可图。

（4）技术咨询和服务问题。中间商不能提供良好的技术咨询和服务往往是制造商直接开发客户的重要理由，而中间商认为提供技术咨询和服务是制造商应该承担的主要工作。这时，双方就会产生冲突。

（5）中间商经营竞争对手的产品。制造商一般不愿意中间商同时经营其竞争对手的产品，在用户对品牌忠诚度不高的工业品市场更是如此，而中间商常常希望经营同类其他制造商的产品，扩大经营规模以获得更多的利润，并避免受制于唯一的制造商，以降低其经营风险。

（6）争占对方资金。在市场需求存在不确定因素时，制造商希望先付款、后供货，而中间商希望采用代销的方式，先供货、后付款，降低经营风险。前者增加的是中间商的资金占用，后者增加的是制造商的资金占用，双方在争占对方资金时，就会产生冲突。

### 2. 渠道冲突的表现

渠道冲突通常有三种表现形式，即横向渠道冲突、纵向渠道冲突和渠道系统间冲突。

（1）横向渠道冲突。横向渠道冲突是指处于同一渠道模式、同一层级的渠道成员之间的冲突。产生横向渠道冲突的原因大多数是因为制造商未能对目标市场的中间商数量及各自的区域权限做出合理的规划，使得每个中间商为获取更多的利益而抢占其他渠道成员的市场份额。对此，制造商一方面应采取有效措施，以消除和缓和可能影响渠道合作、声誉和产品销售的这些冲突，另一方面应采取得力的政策和措施，防止这些情况的出现。

（2）纵向渠道冲突。纵向渠道冲突是指同一渠道模式里不同层级渠道成员之间的冲突，也称为上下游冲突，它比横向渠道冲突更为常见。一方面，制造商或上游中间商为获取更多的利润，采取分销和直销相结合的方式销售商品时，就不可避免要和下游中间商争夺客户，从而挫伤下游中间商的积极性；另一方面，下游中间商的实力增强后，不满足目前的地位，希望在渠道系统中有更大的权利，势必向上游渠道成员发起挑战。对于制造商来说，有些纵向渠道冲突并不是一件坏事，有时反有益处，因而要求制造商处理问题时不能单纯予以压制，而要因势利导，使大家受益。

（3）渠道系统间冲突。渠道系统间冲突是指当制造商在建立多渠道营销系统后，不同渠道服务于同一目标市场时所产生的冲突。在渠道系统降低价格或降低毛利时，渠道系统间冲突表现得最为强烈。要避免出现渠道系统间冲突，制造商必须对渠道之间的竞争加以引导，并予以协调，防止过度竞争。

### 3. 渠道冲突的影响

一般来讲，适当的渠道冲突对制造商是有好处的。但是如果渠道冲突扩大到难以驾驭的程度，不仅会影响整个渠道的效率，还会导致窜货、扰乱市场秩序等严重负面影响，最终导致商品滞销，影响渠道中各成员的利润。

渠道效率是指实现营销目标所需资本投入的最优回报率，渠道效率的概念为渠道管理者提供了评估渠道冲突影响的一个依据。随着渠道冲突水平的上升，渠道效率在下降，说明它们之间成反比关系，这是冲突影响渠道效率的普遍观点。

下面的例子正说明了这种关系：一个大型批发商 A 从两家制造商（$B_1$ 和 $B_2$）批发同类型的产品。若 $B_1$ 注意到 A 从他这里的进货大量减少，$B_1$ 就会产生担心，他想方设法让批发商 A 的批发量回到原先水平。于是 $B_1$ 将重新获得 A 的原定货量作为分销目标。$B_1$ 的投入决定了其完成分销目标的效率。假设经过调查，$B_1$ 了解到 A 从 $B_2$ 那里进的货销量比较好，因此不会再从 $B_1$ 那里批发过多产品了。假设 $B_1$ 感情用事决定减少分给 A 利润，A 作为反击，于是从 $B_1$ 那里批发的产品数量更少了。由此产生的冲突局面会随对方的僵持而越加恶化，这种冲突就降低了渠道的效率。

渠道冲突还有可能产生一个市场营销中没有的概念，但在销售实践中让销售人员头痛的问题——窜货。窜货行为是现阶段中国绝大多数企业渠道管理中遇到的问题。窜货，又称冲货，即产品越界销售，是渠道管理的瓶颈问题，也是目前许多企业甚至一些知名企业销售工作中遇到的顽疾之一。下面对窜货的类型、原因和解决之道进行深入分析。

(1) 窜货的分类。并不是所有窜货都是不好的，应针对其成因加以区分，窜货可分成以下几类。

一是恶性窜货。经销商为了获取非正常的利润，蓄意向其指定区域之外的市场销售产品，对其他区域经销商的销售和网络造成严重影响，从而导致激烈的渠道冲突。恶性窜货通常是以低于制造商规定的出货价向其他区域销货，它对已经建立起来的分销网络具有极强的破坏力，是危害企业销售网络生存的最大隐患之一。

二是自然性窜货。经销商在获取正常利润的同时，无意中向自己辖区之外倾销产品的行为称为自然性窜货。通常的表现方式有相邻辖区的边界附近互相窜货；在流通型市场上产品随物流走向而倾销到其他地区。它会导致辖区边界区域及批发商通路利润呈下降趋势，影响其积极性，严重时可发展为二级批发商之间的恶性窜货；产品随物流走向流到其他区域，货量大时会影响该区域的通路价格体系，造成通路利润下降。

三是良性窜货。企业在市场开发初期，有意或无意地选中了流通性较强的市场中的经销商，使其产品流向非重要经营区域或空白市场的现象即是良性窜货。这种窜货使企业在增加销售量的绝对值的同时，还节省了运输成本；在空白市场每投入一分钱就提高了产品品牌的知名度，但通路价格体系处于自然形态，等重点经营时再进行整合。

(2) 窜货的原因。由于商品流通的本性是从低价区向高价区流动、从滞销区向畅销区流动的，因此，同种商品只要在不同地区的畅销程度不同，或者只要价格存在地区差异，就必然产生地区间的流动。窜货乱价的根本原因在于目前制造商与经销商之间单纯的买卖经销关系。其直接原因有以下八种。

一是价差诱惑。价差是窜货的必要条件。当市场存在价差，而足以弥补运输成本时，窜货的必要条件便形成。价差的来源较多，主要有：制造商在不同市场实行差别定价；经销商提前透支各种奖励和年终返利形成价差；制造商控价措施在实际操作中由于各种人为因素造成大批发商通常能获得更多的优惠政策和销售补贴；制造商提供的促销支持和一些费用补贴被一些商家变成差价补贴；经销商低价处理库存积压产品；经销商出于商业目的，带货销售故意压价，人为制造竞争筹码等。

二是不现实的销售目标。为抢占市场份额，许多制造商盲目追求上量、上规模，并将销售压力直接转移给经销商。这些制造商不顾当地市场容量、品牌现状及经销商的分销能力，给经销商施加过重的任务量，对持续合作要求过于苛刻。当制造商盲目给经销商定下不合理的销售目标时，经销商在完成不了指标的情况下，只能向周边地区倾销产品，导致窜货的发生。

三是经销商激励措施不当。为激励经销商合作的积极性，提高产品销售量，现在很多制造商通常在销售政策中设定各种形式的奖励，且大多采取以鼓励销量为目的的台阶返利形式，即奖励与销售挂钩，销量越大，奖励折扣就越高。于是，原先制定好的价格体系被这一年终折扣拉开空间，导致那些以只顾完成销量以赚取年终奖励的经销商，为了博取这个百分比的基数差额，开始不择手段地向外"侵略"，以达到提升销量的目的。

四是大量销售，实现融资目的。在我国，目前很多制造商采取与客户以银行承兑汇票为主的结算方式的销售策略。在这种结算体系下，当经销商虽然经营某一品牌产品，但并不是通过经营该产品获取利润为主要目的时，经销商就会通过在承兑期内分销产品套现，再投入到其他高利润经营活动中。这类经销商一般没有长久合作的思想，他们不会主动遵守市场规范、区域划分。一些全国性的畅销品牌通常成为其融资对象，而窜货则是实现其快速套现的捷径。

五是推广费运用不当。推广费是企业在运作市场时的一种基本投入。一些制造商因缺乏相关的企划人才，又不想过多跟经销商争论，往往会同意经销商的要求，按销售量的比例作为推广费拨给经销商使用。而后，制造商只是派人看看经销商有没有运作，而运作得怎样往往是要等结果出来后才能评判，至于经销商将制造商拨给的推广费是否全部用于推广，根本无法掌握。因此，推广费由经销商自己掌握，变相为低价位时，就造成新的价格空间，给越区销售提供了有利的条件。

六是制造商对市场控制不力。在制造商市场管理不力的情况下，就会出现混乱的市场秩序中商家的报复性窜货行为。此时市场价格已趋于失控，市场竞争演变成了商家之间拼实力、比规模的价格竞争，而经销大户通常能在这场竞争中占据优势。

七是经销商处理库存积压。库存积压产品在很大程度上是由于在当地不适销，为了减少过大的库存而带来的资金压力，经销商一方面通过降低价格尽快抛售出去，另一方面使产品尽量流向适销区域。特别当经销商经营出现问题或与厂家中止合作后，更会不计后果地跨区低价抛售，短期内会严重影响其他地区经销商的经营，控制难度也相对较大。

八是不同区域渠道发展的不平衡。许多企业进行市场拓展时，在资金、人力等方面都会存在一定的不足，从而造成有些区域渠道建设没有跟上，区域间渠道发展不平衡，适度的跨区销售能形成有益的补充。

（3）解决窜货的措施。窜货通常会加剧渠道冲突，导致市场价格混乱、分销效率下降、业绩下降、销售网络萎缩甚至崩溃等种种问题。因此，确保市场健康、稳定的发展是每个企业销售管理工作的主要目标，而如何防止窜货则成为达成这一目标的重中之重，针对上述产生窜货的根源，可以考虑从以下几个方面来解决窜货问题。

一是稳定价格体系。建立合理、规范的级差价格体系，同时严格对那些自己有零售终端的总经销商进行出货管理。最好使各地总经销商都能在同一价格水平上进货，应确定制造商出货的总经销价格为到岸价，运输费应由厂方负担，以此保证各地总经销商具备相同的价格基准。

二是制定合理的销售目标。制造商要结合自身产品以及经销商的市场实际情况，来制定合理的年终销售目标，这样才能避免因目标制定过高而导致经销商的越区销售。

三是科学地运用现金激励及促销措施。从激励经销商的角度讲，销售奖励可以提高销售商的产品销售积极性。但现金返利的措施容易引发砸价销售。因此，销售奖励应该采取多项指标进行综合考评，除了销售量外，还要考虑其他一些因素，比如价格控制、销售增长率、销售赢利率等，甚至也可以把是否窜货作为奖励的考核依据，以此来避免窜货现象。

四是以现款或短期承兑结算。从结算手段上控制商家因利润提前实现或短期内缺少必要的成本压力而构成的窜货风险。建立严格有效的资金占用预警及调控机制，根据每一经销商的商业信誉、市场组织能力、支付习惯、分销周期以及目标市场的现实容量、价格弹性制度、本品牌市场份额等各项指标，设立商品资金占用评价体系，以使铺货的控制完全量化，将发出产品的资金占用维持在一个合理的水平，避免因商家占用较大而形成窜货的恶性"势能"。

五是规范经销商的市场行为。用签订合同的方式来约束经销商的市场行径。首先，在合同中应明确加入"禁止跨区销售"的条款，以此将经销商的销售活动严格限定在自己的市场区域之内；其次，在合同中载明级差价格体系，在全国执行基本统一的价格，并严格禁止超限定范围波动；最后，将给各地总经销商的返利与是否发生跨区销售行为结合起来。

六是加强市场监管。设立市场总监，建立市场巡视员工作制度。对发生越区销售行为的经销商视其窜货行为的严重程度分别予以处罚。市场总监的职责就是带领市场巡视员经常性地检查巡视各地市场，及时发现问题并予以解决。很多企业还对销往不同地区的产品实行差异化的外包装，比如在产品的外包装上印上"专供地区销售"的字样，这样为监督和查处窜货现象提供了方便。同时，对越区销售行为一定要严惩不贷，一旦发现，要根据情节严重程度进行处罚。情节严重者，甚至要中断合同关系。

总之，对于越区窜货现象，首先要识别其产生的真正原因，通过提高企业渠道管理水平，做到"防患于未然"。同时，对于市场上出现的越区窜货行为，一定要及时处理，决不可听之任之。

### 4. 渠道冲突的避免

虽然适当的渠道冲突对制造商可能有益，但渠道管理者还是应该尽量避免渠道冲突的发生，以免渠道冲突激化，影响整个渠道体系的正常运转。一般来讲，可以从以下几个方面避免渠道冲突的产生。

（1）渠道一体化。渠道一体化是避免渠道冲突的根本方法。从我国的实际看，制造商与渠道其他成员之间的关系，将存在一个逐步演变的过程，这个过程可以分为四个阶段，即单纯的买卖关系——代理批发关系——代理关系——资本关系。其中，单纯的买卖关系就是目前存在的经销关系。而代理批发关系是指制造商在进入一个新的地区时，该地区的经销商往往对该商品缺乏信心，厂方则首先采取本公司业务员直接开发终端零售商的方式。在某个地区终端零售商开发达到一定数量（占该区至少 10% 以上）时，则在该地区寻找具有一定网络和信用的批发经销商，利用其网络和资金，扩大销售量。同时，原来自己直接开发的终端零售商，仍然从厂方办事处或由公司提供，但其销量可以累计为所选择的批发经销商的奖励基数。显然，此类批发经销商就具有部分代理商的功能。在我国，由于缺乏明确的代理方面的法律，从而导致经销商无法从事代理行为。因此，厂方在各个地区设立的非法人地位的办事处，实际上就是在行使代理职能。

制造商为了加强对市场的控制，降低与其他渠道成员之间因签订合同、履行合同所产生的交易费用，降低终端零售价格，必然缩短销售渠道，从而逐步缩短直至取消批发环节。在这种情况下，如果某批发商建立起自己庞大的销售网络，一旦我国的代理法正式实施，就可以与制造商建立获取佣金的代理关系。随着代理关系的发展，制造商为了进一步降低交易成本，将具有较大销售网络的代理公司购买过来或控股，从而建立资本关系。只有拥有了自己的销售网络，制造商才可能真正控制市场，并彻底解决窜货乱价问题。

因此，对处于过剩经济期的生产型企业来讲，今后投资的重点应从设备等固定资产的硬投资转到市场网络建设的软投资上来。对商业企业来讲，尽快建立自己的销售网络，是适应我国市场经济代理时代的重要生存方式。

（2）渠道扁平化。在目前供过于求、竞争激烈的市场环境下，传统渠道存在着不可克服的缺点，对制造商来讲，多层次的渠道格局不仅使制造商难以有效地控制销售渠道，多层次渠道中的各层次价差更是垂直冲突的主要诱因。多层次的网络销售不仅进一步瓜分了渠道利润，而且经销商不规范的操作手段如竞相杀价、跨区销售等，常常造成严重的网络冲突。

许多企业正将销售渠道改为扁平化的结构，即销售渠道越来越短，网点则越来越多。销售渠道短，增加了企业对渠道的控制力；销售网点多，则增加了产品的辐射面和销售量。例如，戴尔越过以二级分销商为代表的渠道中间层实施直销方式，缩短了供应链，从而降低了渠道成本，使产品销售额和利润稳步上升。

（3）包装差别化。包装差别化是指制造商对相同的产品，采取不同地区不同外包装的方式，可以在一定程度上控制窜货。主要措施有以下三种。

一是通过文字表示，在每种产品的外包装上，印刷"专供××地区销售"。可以在产品的外包装箱上印刷，也可以在产品商标上加印。这种方法要求这种产品在该地区的销量达到一定程度，并且外包装无法回收利用，才有效果。问题是，如果在该地区产品达到较大销量，就为制假窜货者提供了规模条件。

二是商标颜色差异化，即在不同地区，将同种产品的商标，在保持其他标识不变的情况下，采用不同色彩加以区分。该方法要求在某地区的销量达到足够大时，厂方才有必要采取该措施。但同样，只要达到一定的销售量，成为该地区畅销的主导商品，窜货行为也有可能随着制作假商标（某些商品除外，例如啤酒等）而发生。

三是外包装印有条形码，不同地区印刷不同的条形码。这样一来，厂方必须给不同地区配备条形码识别器。采用代码制，就可使制造商在处理窜货问题上掌握主动权。首先，由于产品实行代码制，能对产品的去向进行准确无误的监控，避免经销商有恃无恐，使之不敢贸然采取窜货行动；其次，即使发生了窜货现象，也可以明白产品的来龙去脉，有真凭实据，处理起来相对容易。但有的经销商会将条码撕掉。

以上措施只能在一定程度上解决不同地区之间的窜货乱价问题，而无法解决本地区内不同经销商之间的价格竞争。

（4）约束合同化。该协议是一种合同，一旦签订，就等于双方达成契约，如有违反，就可以追究责任。关于处罚方式，对本公司业务员，厂方加大内部办事处的相互监督和处罚力度，一经查出恶意窜货，就地免职，厂内下岗。

实际上，只有个别情况导致偶然窜货，如某经销商不经销甲厂产品，但该经销商在经过某个地区时顺路带甲方产品回到自己地区。因为该经销商没有销售甲厂产品的网络，所以最简捷的方法是低价向该地区的甲厂经销点销售，厂方销售人员对自己所负责的客户是否具有窜货行为，是非常清楚的。但是，由于相当多的企业对销售人员的奖励政策是按量提成，从而导致本公司销售人员时常庇护经销商，因为只要他所负责的地区的经销商的销量增加，自己的收入就增加。因此，这种制度安排，决定了厂方销售人员对自己负责地区客户的窜货行为，不可能去认真监督防治。但是，可以通过签订不窜货协议，为加大处罚力度提供法律依据。在众合同中，尤以总经销合同最为重要，它是用来约束总经销商的市场行为的工具。

签订不窜货协议，首先要在合同中明确加入禁止跨区销售的条款，将总经销的销售活动严格限定在自己的市场区域之内。其次，为使各地总经销商都能在同一价格水平上进货，应确定制造商出货的总经销价格为到岸价，所有在途运费由厂方承担，以此来保证各地总经销商具备相同的价格基准。再次，在合同中载明级差价格体系，在全国执行基本统一的价格表，并严格禁止超限定范围浮动。最后，将年终给各地总经销商的返利与是否发生跨区销售行为相结合，使返利不仅成为一种奖励手段，而且成为一种警示工具。同时，对所窜货物价值，可累计到被侵入地区的业务员和客户已完成的销售额中，作为奖励基数，并从窜货地区的业务员和客户已完成的销售额中，扣减等值销售额。

（5）货运监管制度化。在运货单上，标明发货时间、到达地点、接受客户、行走路线、签发负责人、公司负责销售人员等，并及时将该车的信息通知沿途不同地区销售人员或经销商，以便进行监督。

（6）管理区域化。首先，要划分经销商业务地区，依据所在地区的行政地图，将所在地区根据道路、人口、经济水平、业务人员数量，划分成若干分区。依据城市地图，按照街道分区，将终端零售店全部标记出来。根据两张地图，将自己所负责的业务地区细化为若干个分区，然后通过与竞争对手的比较分析，发挥自己的竞争优势，以此找准突破点，以点带面。

其次，对价格进行管理。作为内部业务管理制度，所在分区必须实行价格统一。实际上，对客户来讲，保证或增加赢利的最重要的措施，并不是价格高低，而是保持地区价格稳定。为了保持地区价格稳定，要在销售网络内部实行严格的级差价格体系。制定级差价格体系在确保销售网络内部各个层次、各个环节的经销商都能获得相应利润的前提下，根据经销商的出货对象规定严格的价格，以防止经销商跨越其中的某些环节，进行窜货活动。

最后，还要在人员管理方面下工夫。加强销售人员管理，对销售人员建立奖惩制度，控制窜货发生。

**5. 渠道冲突的解决**

制造商对于渠道成员通过敌对行为表现出来的冲突要能及时加以处理。解决冲突的方法很多，主要有以下几种。

（1）加强交流。对于那些渠道的垂直性冲突，有一种较为有效的处理方法：可以让两个或两个以上的渠道层次上的人员实行互换。如让制造商的销售主管到经销商处去工作一段时间，让经销商的经理到制造商处去工作一段时间。经过双方人员的对流，可以提供一个设身处地为对方考虑问题的机会。以化解双方存在的误解，便于重新去制定共同的目标。同时双方还可以开一些信息交流会，以让双方有更多的了解，促进双方更好地沟通，以便以后减少冲突，实现有效的合作。

（2）谈判。在展开谈判时我们的目的是停止成员间的冲突。其中，妥协也许会暂时避免发生冲突，可是解决不了冲突的根本问题。谈判为双方的讨价还价还提供了一个机会，在谈判过程中还要渠道成员间很好地沟通，各自说明自己的观点。但要想使谈判有一个双方都满意的结果，就要渠道成员都做出让步，以达到一个双赢的结果。

（3）仲裁。在渠道成员的冲突僵持不下，但双方都有停战的愿望时，需要第三方加入，利用仲裁来解决问题，仲裁方会站在一个公正的立场上提出解决方案。这种方法的使用较为普遍。

（4）法律的手段。冲突有时要诉诸法律。这种方法意味着渠道的领导力已不起作用，劝说、谈判都没有办法。

（5）退出。这是解决渠道冲突的最后一种方法。在双方的冲突已到无法沟通的地步，双方已没有共同的利益和目标时，只能单方退出该渠道。

## 9.3.3 渠道竞争

渠道竞争是指为同一目标市场服务的同一系统的不同企业之间或不同系统之间展开的竞争，包括两个层次：一是本企业的营销渠道中同一级别渠道成员之间的竞争。如百货公司、专营商店、超市同为某产品的零售商，它们为从同一目标市场抢占更高的市场份额、获得更多的利润收入而展开的激烈竞争；二是本企业与竞争企业同一级别渠道对象，在相同目标市场销售同类产品的竞争。渠道竞争对消费者来说是有利的，为消费者提供了更多的选择产品、价格、质量和服务的机会。

## 9.3.4 渠道成员的选择、激励、评估与调整

企业在进行渠道设计之后就需要对中间商进行选择，在营销渠道投入运行后还涉及对中间商的激励、评估以及对渠道系统进行调整等问题。

### 1. 选择渠道成员

生产者在招募中间商时经常出现两种情况：一是毫不费力地找到愿意加入渠道系统的中间商；二是必须费尽心思才能找到期望数量的中间商。不论遇到哪一种情况，生产者都必须在明确有关中间商的优劣特性的基础上，根据营销渠道的设计要求对中间商做出选择。一般来讲，生产者在选择渠道成员的过程中，要了解中间商经营时间的长短、成长记录、人员的素质与数量、目前的销售能力、财务实力、清偿能力、合作态度、经销的其他产品大类的数量与性质、对顾客的服务水平、商店的地理位置、运输和储存条件、经常光顾的顾客类型、市场形象与声

望、经营管理能力、未来发展潜力等情况。

要了解中间商的上述情况，企业必须搜集大量的相关信息。如果必要的话，企业还要对被选中的中间商进行实地调查。

**2. 激励渠道成员**

尽管促使中间商加入渠道的因素和条件已构成部分激励因素，但在营销渠道的运行过程中生产者仍需通过不断地监督、指导与鼓励，以使中间商尽职尽责。由于进入营销渠道的中间商类型多种多样、运营方式各异、与生产者之间的经销关系不完全相同，因而监督、指导与激励中间商的工作非常复杂。

在生产企业激励渠道成员以及试图与经销商建立长期、稳定、协调的合作关系时，应注意以下四个问题。

（1）了解各个中间商的心理状态与行为特征是激励中间商的基础。中间商是独立的经营者，有其自身特定的目标、利益和策略，他们一般不重视某些特定品牌的销售，缺乏有关产品的知识，不能认真使用供应商的广告资料，时常忽略制造商认为重要的顾客，不能准确地保存销售记录。从中间商的角度看，这些问题是很容易理解的：①中间商并不专属于某一个制造商，而是一个独立的市场营销机构，逐渐形成了以实现自己目标为最高职能的一套行之有效的方法，能自己制定政策而不受他人干涉。②中间商主要执行顾客购买代理商的职能，其次才是执行供应商销售代理的职能，他感兴趣的产品是顾客愿意购买的产品，而不一定是生产者委托他卖的产品。③中间商总是努力将他所经营的所有产品进行货色搭配，然后卖给顾客，其销售努力主要用于取得一整套货色搭配的订单，而不是单一货色的订单。④生产者若不给中间商特别奖励，中间商绝不会保存所销售的各种品牌的记录。那些有关产品开发、定价、包装和激励规划的有用信息，常常保留在中间商很不系统、很不标准、很不准确的记录中，有时甚至故意对供应商隐瞒不报。

所以，生产企业激励渠道成员的首要问题是站在对方的角度了解现状，设身处地地为对方着想，而不应仅从自己的观点出发看待问题，这样无助于问题的解决。

（2）生产者应尽量避免激励过分与激励不足两种情况。当生产者给予中间商的优惠条件超过取得合作与努力水平所需条件时，就会出现激励过分的情况，其结果是销售量提高而利润下降。当生产者给予中间商的条件过于苛刻以致不能激励中间商努力工作时，则会出现激励不足的情况，其结果是销售量降低、利润减少。所以，生产者必须确定采用何种方式以及花费多少力量来鼓励中间商。

一般来讲，生产者对中间商的基本激励水平应以现有交易关系组合为基础，如果对中间商仍激励不足，则可以考虑采取相应的措施：一是提高中间商可得的毛利率，放宽条件或改变交易关系组合使之更有利于中间商；二是采取人为的方法来刺激中间商使之付出更大努力，如挑剔中间商迫使他们创造更有效的销售机制，举办中间商销售竞赛以提高其销售积极性，单独或与经销商联手开展广告与宣传活动调动中间商的积极性等。

　　不论上述做法与交易关系组合存在着怎样的关系，生产者都必须小心观察中间商如何从自身利益出发来看待，拥有控制权的制造商很容易无意识地伤害到中间商。

　　（3）生产者也可以依靠某些权力来赢得中间商的合作。这里所说的权力涉及以下几个方面：①胁迫权。胁迫权是指生产者在中间商没有很好合作时威胁撤回某种资源或中止关系。如果中间商对生产者依赖程度较高，这种权力的影响是相当大的。但使用这种权力将导致中间商的不满并要求赔偿。从短期来看胁迫权可能十分有用，但从长期来看胁迫权的影响力量是最弱的。②付酬权。付酬权是指生产者在中间商遵照其要求执行特殊任务而给以额外报酬的权力。虽然使用付酬权比使用胁迫权的效果好，但其本身也存在着潜在的副作用。由于中间商遵照生产者的希望做事，并不是出于固有的信念，而是能够得到额外的报酬。因而，每当生产者再次要求中间商执行某项任务时，中间商往往提出更高的报酬要求，如果报酬被撤销或报酬不能满足中间商的要求便会产生消极后果。③法定权。法定权是指生产者凭借上下级关系或合同条款要求中间商执行某项任务。只有中间商把生产者看做法定的领导者或者当中间商认为生产者有权要求自己承担某项义务时法定权才会产生。④专家权。当中间商认为生产者具有自己不具备的某种专业知识时专家权才会产生。专家权是一种有效的权力，因为中间商如果不从生产者那里得到这方面的帮助他的经营就很难成功。⑤声誉权。如果中间商对生产者产生敬意，并希望成为其中的一员，声誉权就生产了。一般情况下，生产者应注意使用声誉权、专家权、法定权以及付酬权，避免使用胁迫权，这样会收到较好的效果。

　　（4）生产者可以通过分销规划与经销商建立长期、稳定、协调的使用关系。所谓分销规划，指的就是建立一个有计划的、实行专业化管理的垂直渠道系统，以便把生产者的需要与经销商的需要更为紧密地结合起来。在建立管理型垂直渠道系统的过程中，制造商应在市场营销部门下专设一个分销关系规划处，负责确认经销商的需要，制定交易计划以及有关方案，帮助经销商以最佳方式经营。该部门应与经销商合作确定交易目标、存货水平、商品陈列计划、销售人员训练要求、广告与销售促进计划等。建立管理型垂直渠道系统，将大大提高分销系统的运行效率，生产者、经销商以及消费者都可以从中受益。

### 3. 评估渠道成员

　　生产者除了选择和激励渠道成员外，还必须核定一定的标准评估其渠道成员的绩效或优劣。

（1）评估的内容。对渠道成员进行的评估主要包括以下内容：该中间商经营时间长短、增长纪录、偿还能力、意愿及声望、销售密度及涵盖程度、平均存货水平、顾客商品送达时间、损坏的处理、对企业促销及训练方案的合作、中间商应为顾客服务的范围等。如果某一渠道成员的绩效低于既定标准就要找出原因并考虑可能的补救方法。

（2）测量中间商绩效的方法。测量中间商绩效的方法主要有以下两种：一是将每一中间商的本期销售绩效与上期销售绩效进行比较，同时将每一中间商的本期销售绩效与整个群体的平均销售绩效进行比较。二是将各中间商的绩效与根据对该地区销售潜量分析而设立的销售定额相比较，然后将各中间商按先后排名。中间商的销售绩效低于群体平均水平或未达到既定比率而排名偏后，可能是主观原因所致，也可能是一些客观原因造成的，如当地经济衰退、某些顾客不可避免地流失、主力推销员的丧失或退休等。因此，制造商应根据具体情况采取有针对性的措施来加以扭转。

**4. 调整渠道系统**

生产者在设计了一个良好的营销渠道系统后，不能放任其自由运行而不采取任何纠正措施。事实上，为了适应市场需要的变化，整个渠道系统或部分渠道成员必须随时加以调整。

营销渠道的调整可以从三个层次上来考虑：从经营的具体层次看，可能涉及增减某些渠道成员；从特定市场规划的层次看，可能涉及增减某些特定分销渠道；在企业系统计划阶段，可能涉及整个分销系统构建的新思路。

（1）调整的条件。对营销渠道成员的调整一般是在以下情况下进行的：①合同到期。合同到期是一个重要的时刻，是否续签、是否变更合同、是否中断合作等都是应该认真权衡的问题。一般来说，没有找到合适的替代者之前，生产者不应该草率终止合作，而是要更加尽力地保留该中间商。②合同变更和解除。合同的变更指合同没有履行或没有完全履行前，按照法定条件和程序，由当事人双方协商或由享有变更权的一方当事人对原合同条款进行修改或补充。合同的解除是指在合同没有履行或没有完全履行前，按照法定条件和程序，由当事人双方协商或由享有解除权的一方当事人提前终止合同效力。③营销环境发生变化。生产者在市场环境发生变化时，可能会发现自己原来所建立起的分销渠道网络有缺陷，这时必须对成员进行调整。

（2）调整的内容。为了适应多变的市场需求，确保渠道的畅通和高效率，进行渠道必要的调整是必需的，其主要内容是：①增减某些渠道成员。在营销渠道的管理与改进活动中，最常见的就是增减某些中间商的问题。企业在进行这方面决策时，应注意渠道上成员之间业务上的相对关系与交互影响，要着重弄清增减某些渠道成员后企业的销售量、成本与利润将如何变化。只有这些方面都朝着有利的方向变化时调整才是可行的。②增减某些营销渠道。随着市场需求、环境条件以及自身生产经营活动的不断变化，企业的某些营销渠道可能会失去作用，同时又需要新的营销渠道进入新的市场部分。因而，企业在营销渠道的管理活动中应注意营销渠道的增减调整。③调整整个营销渠道系统。对生产企业来说最困难的渠道变化决策就是调整整个营销渠道系统，因为这种决策不仅涉及渠道系统本身，而且涉及营销组合等一系列市场营销政策的相应调整，因此必须慎重对待。

## 思考题

1. 简述建设营销渠道的重要意义。
2. 什么是多渠道营销系统？企业在采用多渠道营销系统时必须注意哪些问题？
3. 与其他行销方式相比，直销有哪些优缺点？
4. 影响企业营销渠道模式的因素主要有哪些？请简述之。
5. 渠道冲突产生的原因是什么？请分别予以简要说明。

## 案例讨论

### 格力空调：离开国美，走自己的路

珠海格力集团公司是珠海市目前规模最大、实力最强的企业之一。集团拥有的"格力"、"罗西尼"两大品牌于 1999 年 1 月和 2004 年 2 月被国家工商总局认定为中国驰名商标。2003 年，格力集团共实现营业收入 198.42 亿元，位列中国企业 500 强第 88 名。集团下属的珠海格力电器股份有限公司是中国目前规模最大的空调生产基地，现有固定资产 7.6 亿元，拥有年产空调器 250 万台（套）的能力。经过多年的发展，格力空调已奠定了国内空调市场的领导者地位，格力品牌在消费者中享有较高的声誉。据国家轻工业局、央视调查中心的统计数据，从 1996 年起，格力空调连续数年产销量、市场占有率均居行业第一。现在，格力空调产品覆盖全国并远销世界 100 多个国家和地区。

多年以来，格力空调一直采取的是厂家——经销商/代理商——零售商的渠道策略，并在这种渠道模式下取得了较高的市场占有率。然而近年来，一批优秀的渠道商经过多年发展，已经成长为市场上的一支非常重要的力量。其中，尤以北京国美、山东三联、南京苏宁为代表的大型专业家电连锁企业的表现最为抢眼。这些超级终端浮出水面，甚至公开和制造企业"叫板"。自2000年以来，这些大型专业连锁企业开始在全国各大、中城市攻城略地，在整个家电市场中的销量份额大幅度提高，其地位也直线上升。

2004年2月，成都国美为启动淡季空调市场，在相关媒体上刊发广告，把格力两款畅销空调的价格大幅度下降，零售价原为1680元的1P挂机被降为1000元，零售价原为3650元的2P柜机被降为2650元。格力认为，国美电器在未经自己同意的情况下擅自降低了格力空调的价格，破坏了格力空调在市场中长期稳定、统一的价格体系，导致其他众多经销商的强烈不满，并有损于其一线品牌的良好形象，因此要求国美立即终止低价销售行为。格力在交涉未果后，决定正式停止向国美供货，并要求国美电器给个说法。"格力拒供国美"事件传出，不由让人联想起2003年7月份发生在南京家乐福的春兰空调大幅降价事件，二者如出一辙，都是商家擅自将厂家的产品进行"低价倾销"，引起厂家的抗议。

2004年3月10日，四川格力开始将产品全线撤出成都国美6大卖场。四川格力表示，这是一次全国统一行动，格力在全国有20多家销售分公司，其中有5家公司与国美有合作，产品直接在国美销售，导致这次撤柜的主要原因是与国美在2004年度的空调销售政策上未能达成共识。3月11日，国美北京总部向全国分公司下达通知，要求各门店清理格力空调库存。通知称，格力代理商模式、价格等已经不能满足国美的市场经营需求，要求国美各地分公司做好将格力空调撤场的准备。

面对国美的"封杀令"，格力并没有退让。格力空调北京销售公司副总经理金杰表示："国美不是格力的关键渠道，格力在北京有400多个专卖性质的分销点，他们才是核心。谁抛弃谁，消费者说了算。"格力空调珠海总部新闻发言人黄芳华表示，在渠道策略上，格力不会随大流。格力空调连续数年全国销量第一，渠道模式好与坏，市场是最好的检验。格力电器公司总经理董明珠接受《广州日报》记者采访时表示，格力只与国美的少数分店有合作，此事对格力空调的销售几乎没有什么影响，自己的销售方式也不会为此做出改变。对一个企业来说，对任何经销商都应该是一个态度，不能以大欺小，格力对不同的经销商价格都是一样的。格力在各地设立自己的销售公司，主要是为了在各个区域进行市场规范管理，保持自己的品牌形象，而销售公司靠服务取得合理利润，价格一直贴近市场，格力空调去年500万台的销量就证明了这一点，因此格力不会改变这种销售方式。对于今后能否与国美继续合作，格力坚持厂商之间的合作必须建立在平等、公正的基础上，违背这种合作原则，只能一拍两散。

事实上，在国美、苏宁等全国性专业连锁企业势力逐渐强盛的今天，格力电器依然坚持以依靠自身经销网点为主要销售渠道。格力是从 2001 年下半年才开始进入国美、苏宁等大型家电卖场中的。与一些家电企业完全或很大程度地依赖家电卖场渠道不同的是，格力只是把这些卖场当做自己的普通经销网点，与其他众多经销商一视同仁，因此在对国美的供货价格上也与其他经销商一样，这是格力电器在全国的推广模式，也是保障各级经销商利益的方式。以北京地区为例，格力拥有着 1200 多家经销商。2003 年度格力在北京的总销售额为 3 亿元，而通过国美等大卖场的销售额不过 10%。由于零售业市场格局的变化，格力的确已经意识到原来单纯依靠自己的经销网络已经不适应市场的发展，因此从 2001 年开始进入大卖场，但格力以自有营销网络作为主体的战略并没有改变。

而在国美方面，国美电器销售中心副总经理何阳青认为，格力目前奉行的股份制区域性销售公司的"渠道模式"在经营思路以及实际操作上与国美的渠道理念是相抵触的。国美表示，格力的营销模式是通过中间商的代理，然后国美再从中间商那里购货。这种模式中间增加了一道代理商，它必定是要增加销售成本的，因为代理商也要有它的利润。格力的这种营销模式直接导致了空调销售价格的抬高，同品质的空调，格力要比其他品牌贵 150 元左右，这与国美一直推行的厂家直接供货、薄利多销的大卖场模式相去甚远。国美与制造商一般是签订全国性的销售合同，而由于现在格力采取的是股份制区域性销售公司的经营模式，与格力合作时就不得不采取区域合作的方式，这与国美的经营模式也是不相符合的。

## 【问题】

1. 格力空调和国美电器之间的渠道冲突反映了新时期厂商和渠道商之间新型的博弈关系，你认为现在厂商和渠道商之间的力量对比如何？二者之间的关系应当如何处理？

2. 格力空调现在所采取的渠道策略正确吗？你认为可以从什么方面加以改进？

资料来源：邓丽明主编：《新编市场营销案例与分析》，江西高校出版社，2007 年 8 月第 1 版。

# 第 *10* 章

# 中 间 商

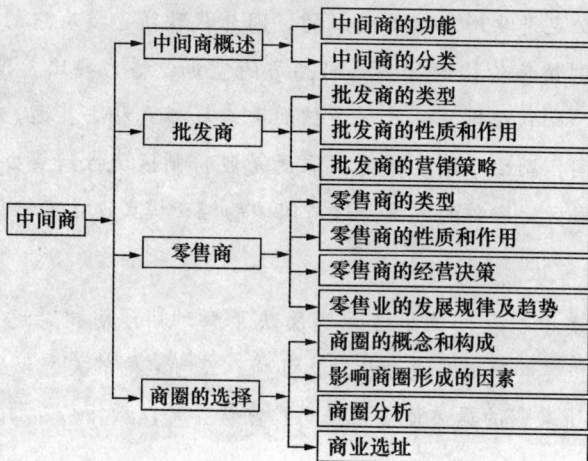

中间商是生产者向消费者或用户销售产品时的中介环节。按照销售对象的不同，中间商分为批发商和零售商；按照中间商是否拥有商品所有权，可将其划分为经销商和代理商。目前，在企业营销实践中，纯粹意义上的代理商已不存在，称其为有一定代理权的经销商更为合适。因此，我们主要以批发商和代理商为分析对象。本章首先对中间商的功能与分类进行简要分析，然后阐述批发商和零售商的分类、性质、职能以及各自的经营活动特点，最后重点分析批发商和零售商的营销策略，并对"商圈"的概念、分类、分析目的以及确定方法进行了较为深入的探讨。

# 沃尔玛败走韩国

从美国阿肯色小镇发迹的雄心勃勃的沃尔玛，使低价仓储式经营模式在全球零售业所向披靡的沃尔玛，从服务到后勤管理、压缩成本，每一个细节上均孜孜以求而让其竞争对手凯玛特节节败退的沃尔玛，在韩国的败笔，恰恰是由于其太过执著于某些成功经验，而忽略了另一些细节。

沃尔玛 1998 年闯入韩国市场，也将它标志性的低价仓储经营模式和盘带入，在开出 16 家卖场后，一跃成为韩国第五大零售商。但在初尝胜果的同时，这个巨人却忽略了另一些东西。比如，它的货价过高，选址较偏，这不太受韩国人的欢迎；还比如，它忽略了韩国消费者消费心理上的细微差别——韩国消费者一般并不习惯一次性大量购买，更喜欢精挑细选的他们对价格反而不太敏感，而作为超市购物主力的韩国女性也更喜欢如百货店那样舒适的购物环境……但这一次，沃尔玛没有采取行动，而是期待它的顾客慢慢改变习惯，这恰好让它的韩国对手找到了机会。从 2004 年开始，沃尔玛出现亏损，到了 2005 年，它的亏损额更是达到 104 亿韩元（1 美元等于 953 韩元）。

家乐福的情况也十分类似，过分迷信法国式管理的家乐福，直接从法国本土招募总经理和营销人员，这就很难让它理解和掌握韩国消费者消费心理上的细枝末节。

如此观之，家乐福和沃尔玛先后败走韩国，就不再是一种巧合，而是再次印证了颠扑不破的道理——细节决定成败。老子说："天下大事必做于细。"欧洲也有谚语称："魔鬼存在于细节之中。"所谓"魔鬼"与"细节"的亲戚关系，就是指那些具有颠覆性的破坏力量往往隐含于不经意的小事之间，说得再重点，就颇有中国成语"千里之堤，溃于蚁穴"的意思。

的确，细节制败或制胜的例子可谓举不胜举。而今天零售业巨头在韩国的教训也再次提醒人们，在市场竞争越来越激烈的今天，市场的选择有时并不取决于你的规模和实力，更不取决于你的固有经验，而是你能否就细节问题进行应变的能力。任何对细节的忽视，都有可能导致一场"滑铁卢"。

资料来源：杨立群，http：//news. xinhuanet. com/world/2006 – 05/24/content – 4592787，有删减。

# 10.1  中间商概述

因多种条件所限，企业经营过程中的绝大部分产品或服务无法由制造商直接提供给消费者，而需要通过各种类型的中间商来实现。因此，中间商在市场营销体系中具有十分重要的地位，中间商的选择成败在很大程度上决定了企业的营销命运。

## 10.1.1  中间商的功能

中间商是指在生产者和消费者之间，参与商品交易业务，促使买卖行为发生和实现的、具有法人资格的经济组织和个人，是生产者向消费者或用户销售产品时的中介环节。

中间商是社会分工和商品经济发展的产物，它存在的必要性在于生产和消费之间在数量、品种、时间、地点等方面存在矛盾，为解决这些矛盾并节约社会劳动，就需要经过中间环节。因此，中间商的存在不仅仅是社会上部分人追逐利润的结果，而且还有其存在的客观必要性。

（1）减少交易次数，节省时间和人力，降低交易成本。图 10－1 表明了使用中间商的经济效益。10－1A 表示 4 个生产商采取直接营销渠道方式为 4 个顾客服务，需要进行 16 次交易；10－1B 假定 4 个生产商共同通过一个中间商为 4 个顾客服务，仅需要进行 8 次交易。当然，现实生活中生产者和消费者之间的交易，比上述假定要复杂得多。

（2）中间商在执行某些市场营销职能上具有制造商不具备的独特优势。一般情况下，中间商信息灵通，联系范围广，熟悉专业化市场。在执行市场调查、广告策划、雇佣销售人员、实体分配、提供服务等市场营销职能时，较制造商具有许多优势，并为制造商提供许多便利。同时，借助中间商的市场营销经验和规模化经营，制造商的产品营销工作将更有成效。

（3）解决制造商直接从事销售活动财力不足、身份不合、利益不多和效率不高的矛盾。一方面，大部分企业由于没有足够的财力资源从事直接销售活动，不可能把本企业的产品直接送达最终消费者；另一方面，即使那些有足够财力建立营销网络的制造商，也会发现这种投资所取得的收益往往很低。而中间商的存在，有利于制造商节省资金占用，提高营销效率和投资收益率。另外，部分特殊商品必须经过中间商才能进入市场的国家法律法规规定，也为部分中间商的存在提供了基础。

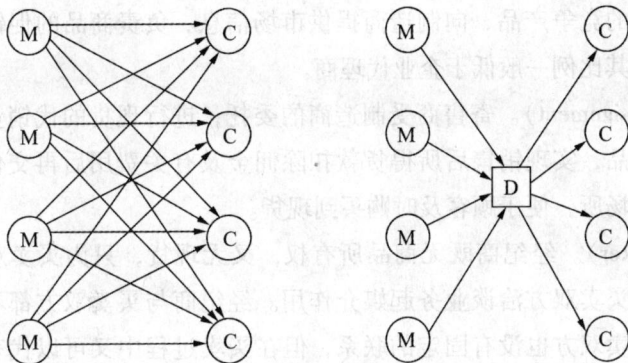

A. 交易次数 = M × C = 4 × 4 = 16 次    B. 交易次数 = M + C = 4 + 4 = 8 次

**图 10 - 1　使用中间商前后的经济效果图**

## 10.1.2　中间商的分类

中间商为数众多，一般可按照不同的标准进行分类。

**1. 按中间商是否拥有商品所有权，可以分为经销商和代理商**

（1）经销商。经销商是指参加商品流通业务，并对商品拥有所有权的批发商和零售商，其收益来源于批零差价。其主要特点是：①拥有商品所有权和经营权，独立地开展商品购销活动，独立核算，自负盈亏；②一般都有一定的营业场所和相应的经营措施；③有足够的流动资金购买商品；④自行承担商品经营的全部风险。

（2）代理商。代理商是指接受委托，从事商品销售业务，但对商品不拥有所有权的中间商，其收益来源于佣金或手续费。代理商主要有以下几种形式：

1）企业代理商（corporation agent）。企业代理商是指受制造商的委托，根据双方的协议在一定区域内负责代销制造商生产的产品的中间商。产品实现销售后，制造商按照销售额的一定比例付给其佣金作为报酬。企业代理商与制造商是委托代销关系，负责推销产品，履行销售业务手续，本身不必设立仓库，由顾客直接向制造商提货，它实际上是类似于制造商的推销人员。制造商可以同时委托若干个企业代理商，分别在不同的区域代销其产品，制造商本身也可以同时参与某一地区的直接销售活动。

2）销售代理商（sales agent）。销售代理商是一种独立的中间商，受制造商委托负责代销其全部产品，不受地区限制，并拥有一定的售价决定权。一个制造商在同一时期只能委托一家销售代理商，本身也不能直接进行销售活动，可见销售代理商实际上是制造商产品销售的全权独家代理商。因此，销售代理商要对制造商承担较多的义务，如一定时期内的销售数量要求、不得同时代理其他企业的竞争产品、向制造商提供市场信息、负责商品的促销活动等。销售代理商也实行佣金制，但其比例一般低于企业代理商。

3）寄售商（consignment）。寄售商受制造商的委托，进行现货的代销业务。根据协议，制造商向寄售商交付产品，实现销售后所得货款扣除佣金及有关费用后再交付制造商。寄售商一般要自设仓库和营业场所，便于顾客及时购买到现货。

4）经纪商（broker）。经纪商既无商品所有权，又无现货，只为买卖双方提供产品、价格及一般市场信息，为买卖双方洽谈业务起媒介作用。经纪商与买卖双方都不签订任何合同，不承担任何义务，与买卖双方也没有固定的联系，但在买卖过程中又可以代表任何一方，商品成交后，它从中提取一部分佣金，但其比例一般较低。

**2. 按中间商在商品流通中的作用不同，可分为批发商和零售商**

批发商（wholesaler）是指向制造商或经销单位购进商品，供给零售商或其他单位进行转卖或供给其他制造商进行加工制造产品的中间商。在商品流转过程中，批发商不直接服务于最终消费者，只是实现商品在空间上、时间上的转移，达到再销售的目的。

零售商（retailer）是指把商品直接销售给最终消费者，以供应消费者个人或家庭消费的中间商。在市场上，由零售商服务于最终消费者，而且为最终消费者提供的商品，几乎都是由零售商承担销售任务的。

批发商和零售商既相互依存，但又有所区别，主要表现为以下几点。

（1）从出售商品的经济用途看，批发商出售的商品是供零售商转卖或供给企业作为生产加工之用；零售商出售的商品，一般是供个人直接消费的商品。

（2）从交易对象看，批发商的买卖活动一般是在企业之间进行的；而零售商一般是从批发商或制造商那里购进货物，再卖给个人消费者。批发交易结束后，产品仍然处于流通领域；而零售交易结束后，产品即脱离流通过程，进入消费领域，零售是商品流通过程的终点。

（3）从交易数量看，批发商交易的数量一般比较大，而零售商每次销售产品的数量比较少。

（4）从交易的频率看，批发商交易的频率一般较低，而零售商销售产品的频率较高。因此，批发商设立的销售点较少，而零售网点较多。

# 10.2 批 发 商

批发商是营销渠道中的重要成员，是商品从生产领域向消费领域流通的中间环节，为最终销售做准备，在开发市场方面具有重要作用。但随着市场发展以及营销渠道扩张和扁平化的趋势，批发商的经营面临着巨大的挑战，认识批发商是企业营销战略目标实现的基础工作之一。

## 10.2.1 批发商的类型

菲利普·科特勒在其《市场营销管理》一书中将批发定义为："批发包含一切将货物或服务销售给为了转卖或者商业用途而进行购买的人的活动。"从事批发业务的人或部门称为批发商，是批发这一行为的执行者，按照不同的标准，可以将批发商分为不同的类型。

(1) 按营销商品种类的多少，可分为一般批发商和专业批发商。一般批发商的特点是经营的商品种类繁多，如百货批发站；专业批发商则是经营某一类或某几类商品，如五金电器批发公司等。

(2) 按服务地区范围大小，可分为全国批发商、区域批发商和地方批发商。担负全国性的商品批发业务的叫全国批发商，我国商业部门的一级采购供应站就起着这种作用。区域批发商是指承担一个省、区范围的批发业务和供应相邻省、区某些业务的批发商，我国商业部门的二级供应站就属这种类型。只担负某一市、县或某一贸易区批发业务的叫地方批发商，如我国商业部门的三级采购供应站（即一般市、县公司下属的批发部或批发商店），它是批发商业的基层单位。

(3) 按是否拥有商品所有权，可分为经销批发商和代理批发商。经销批发商是指拥有商品所有权的批发商，它们从制造商购进商品，再转卖给工业用户、中小批发商或零售商；代理批发商是指不拥有商品所有权的批发商，很少为买方提供信贷支付、运输等方面的条件，如制造商代理商、销售代理商、采购代理商、佣金商（或称商行）等。经销批发商是独立的经营者，其利润来自商品的购销差价；后者的利润来源于佣金。

(4) 按服务的内容，可分为综合服务批发商和专业服务批发商。综合服务批发商的特点是对生产者、零售商或用户提供市场经营的各种服务；专业服务批发商又可分为三种：①承运批发商，其特点是根据零售商或用户的订单，从生产企业取得货物后直接运送给购买者，它设有营业所，不设仓库。②货车贩运批发商，它把生产企业批发来的商品尽快承包运送给零售商或用户。③现货自运批发商，其特点是用低价现金售货，但商品由购买者自行运输。

在我国，批发商存在的形式多种多样，主要有以下几类：商业批发企业、工业自设批发机构、工业品贸易中心、农工商联合企业、集体商业的固定联购分销机构、小产品批发市场、信托公司、贸易货栈、专业市场、农副产品批发市场、农副产品贸易中心等。

## 10.2.2 批发商的性质和作用

### 1. 批发商的特点

(1) 批发商处于流通领域的中间环节，为了转卖或加工而购买商品。适应这一特点，批发商的选址一般在租金较经济的地段，店堂的装饰费用较低。

（2）批发商的服务对象是零售商，政府部门对批发商和零售商实行不同的政策。

（3）批发商从事的是大宗买卖活动，批发交易额一般大于零售交易额，并且市场覆盖面宽。因此，'批发从业人员除了熟悉交易业务外，还应具有储存、编配、运输等方面的业务知识。

**2. 批发商的重要性**

批发商的存在具有非常重要的意义，主要表现在以下几个方面。

（1）有利于一些规模较小的制造商在资金有限、无力发展直接销售组织的情况下进行销售活动。

（2）有利于制造商将资金投入到可以带来更高投资回报的生产领域。

（3）批发商具有专门的技术，与零售商具有广泛的接触，经营规模大，可以实现较高的商业效益。

（4）零售商可以从批发商处一次性购进多种商品，有利于提高零售商的采购效益。

（5）可以缩短产品再生产过程流通的时间，随着流通时间的缩短，流通过程中必须占用的产品或资金会相对地减少，同时有利于节省流通费用。

**3. 批发商的渠道职能**

（1）销售与促销。批发商提供的销售力量使制造商能够以较小的成本接触更多的中小客户。在这方面，由于批发商的接触面比较广，常常比制造商更多地得到买方的信任。

（2）采购和配置商品。批发商通过广泛地接触不同的制造商，可以高效率地采购、配置多种产品，提高顾客的采购效率。

（3）存货保证。批发商备有相当数量的库存，减少了制造商和零售商的仓储成本与风险。

（4）运输保证。批发商为顾客提供货物的编配，由于批发商备有充分的库存，可以迅速发货，并提供相关的运输服务保证。

（5）资金融通。批发商还可以为顾客提供便利的财务条件。比如，准许赊销，还可以为供货商提供供货等方面的资金融通。

（6）承担风险。批发商从厂商购进商品，拥有商品所有权，承担经济风险。

（7）市场信息。批发商向供应商和顾客提供有关竞争者的产品、服务及价格变化等方面的信息。

（8）管理服务和建议。批发商经常帮助零售商改进经营管理。比如，培训销售人员，帮助零售商建立会计和存货控制系统等。

## 10.2.3 批发商的营销策略

一方面，随着制造商实力增加，其控制渠道的愿望上升，大制造商越过批发商自设分销机构或直接面对最终消费者；另一方面，随着零售商连锁店、仓储俱乐部、折扣店等替代性渠道的出现和发展，大零售商开始直接与供应商打交道。因此，批发商正面临着前所未有的严重冲击，而且渐成没落之势，他们不得不制定合适的战略决策。

### 1. 批发商的营销战略

鉴于以上原因，批发商面对日益激烈的竞争，其地位在一定程度上有所削弱。最近，随着世界经济一体化和知识经济的来临，世界批发业正在不断革新，许多批发商已经为自己的业务注入新的活力，成为更加富有竞争力的渠道成员。其采取的主要策略有专业化和一体化，并采用先进技术，增加服务项目。

（1）专业化，即实施聚焦战略。一些批发商重新评估自己的战略目标，放弃一些边缘项目，而将经营重心集中于某一个细分市场，或在一个公司内从事集中专业化的批发业务，其中每一种业务都面向自身具备一定竞争优势的市场。

（2）一体化，包括前向一体化和后向一体化。许多批发商开始自设零售商店，有的还向上发展进入生产领域，可以得到受其控制或为其经营的买方或卖方。通过把一部分市场交易内部化来提高经营利润。

（3）采用先进技术，加强技术装备。现代高科技的发展同样吸引着批发商，被他们视为发展的重要动力。如条形码、扫描仪、EDI 等现代信息处理技术以及现代交通运输工具的运用等等，降低了其经营成本，提高了生产力，改善了客户服务和营销。

（4）增加服务项目。特别值得一提的是，批发商意识到自己的主要目标是帮助供应商和客户制定有效的营销方案，开始支持供应商或客户的活动，以使整个营销渠道更富效率和效益。

### 2. 目标市场决策

批发商的目标市场决策主要集中在两个方面：一是在选择经营商品基础上确定服务对象，二是确定服务的地区范围。

（1）确定目标顾客群。批发商经营商品的产品线的多少、商品的性质等，在很大程度上决定了其目标顾客群的范围。一般来说，经营多条产品线的综合批发商需要选择较宽的市场范围，而专业批发商的目标顾客群则比较集中。批发商可根据服务对象的组织规模、客户类型、服务需求特征等标准，选择确定适合自己的目标顾客群。

（2）确定服务的地域范围。批发商一般要依据自身实力、网点布局情况、市场潜力等因素进行综合分析，确定批发服务的市场覆盖面。

**3. 批发商的营销组合**

在批发商的营销组合策略中，必须在产品与服务组合、地点、价格、促销等方面予以改进。

（1）产品与服务组合。一方面，批发商要根据自己的实力来研究和决定自己合理的产品和服务组合，过宽的产品线和服务项目往往是导致经营失败的一个重要原因；另一方面，批发商对产品的决策既要保证向客户提供的产品或服务品种的完整，要考虑每种产品或服务的赢利性，还要考虑特定顾客对特定产品或服务的要求。实际上，产品组合的宽窄和服务项目的多少，一定要适应目标市场的要求。

（2）地点。包括批发商所设定的业务地区及其特定地点。一方面，一些批发商通常选址在地价较低的社区，以降低经营成本；另一方面，为便于客户到达和采购，一些批发商将办公地点、业务网点、货仓等设在人口高度密集的地区，如美国几乎有一半的批发商集中在 15 个最大的标准大城市区域内。另外，还有一些批发商借助一些专业批发市场的知名度和美誉度，把批发网点设在大的批发市场中，也是很好的选择。

（3）价格。过去，批发商的价格一般是在制造商或供应商的售价上加一定数量的批发费用和利润而得的。随着批发市场竞争的加剧，批发商正在尝试一些新的价格策略，如进一步强化差别定价，拉大不同批量、合作深度之间的价格差异，削减批发毛利率，以求销售总额的增长，从而赢得更多利润，即薄利多销，也是一些批发商常用的价格策略。

（4）促销。许多批发商已开始意识到依靠过去用推销员促销的方法已经不够了，而要制定整体促销组合策略，使人员推销、营业推广、公共关系、广告等促销手段有机结合，以求促销策略达到最佳效果。

# 10.3 零 售 商

零售商是营销渠道中的另一类重要成员，是商品从生产领域向消费领域流通的最终环节，零售商功能的有效发挥，对提高营销渠道的服务产出水平具有重要的意义。因此，我们必须认识零售商的相关业务知识。

## 10.3.1 零售商的类型

零售是指将商品或服务直接销售给最终消费者，以供个人或家庭的非商业性用途的活动。

零售商是指以零售活动为其主营业务的机构和个人，是相对于制造商和批发商而言的，其类型更为繁多。

**1. 按经营商品类别的不同，可分为六类**

（1）专业商店（specialty store）。专业商店是专门经营某一类商品的零售店，经营产品的花色、品种、规格、款式各不相同，分别以经营的主要商品类别和服务对象命名。按商品类别命名的，比家具店、灯具店、书店、建材商店等；按服务对象命名的，如儿童商店、妇女用品商店等。专业商店还包括各种特制品商店，其经营的绝大部分商品是高档商品，面向较高收入层次的消费者群。比如服装行业的特制品商店，大多出售质地优良、款式流行、做工精良的流行时装，受到市场的青睐。特制品商店还经营某些特殊牌号规格的商品。

专业商店在 20 世纪 60 年代迅速发展，适应了当时经济发展、人均收入提高、消费者追求个性化及差别化的市场需求。

（2）百货商店（department store）。百货商店是经营多种商品的零售店，通常规模较大，经营范围较宽，包括服装、鞋帽、家用电器等若干产品线。每条产品线或相关的几条产品线作为一个部门，相对独立经营，为顾客提供优质产品和优良服务。

百货商店起源于 1852 年在巴黎开设的"好市场"（The BonMarket），它被认为是世界上第一家百货商店。当时，这家商店开创性地提出了若干颇具创新性的原则，包括商品的明码标价、薄利多销、在不给予消费者任何压力和没有购买义务的情况下鼓励顾客观看商品等。以后，世界各国纷纷效仿，百货商店层出不穷，成为占主导地位的商业零售形式。到 20 世纪 30 年代，百货商店发展到顶峰。第二次世界大战以后，百货商店的规模和销售额虽还在增长，但在社会商品零售总额中所占的比重和赢利率却有所下降。主要原因是百货商店之间的竞争日益加剧，经营管理费用不断提高，达到销售额的 35% 左右，加之来自折扣商店、连锁商店和仓储零售商店等新型零售方式的激烈竞争，使百货商店的吸引力有所下降。

针对以上情况，百货商店为了在竞争中求得生存与发展，采取了许多新的竞争手段。比如，在新住宅区开设分店，建造良好的停车场，灵活地采用电话购物、电视购物、邮购和增设廉价商品销售门市部等经营措施，有效地提高了百货商店的竞争能力，在一定程度上保持了稳定增长的势头。

（3）超级市场（supermarket）。超级市场是采用自动售货、自助服务的销售方式和实行薄利多销的大型零售组织。在超级市场销售的商品，实行定量包装，明码标价，顾客自选自取，在出口结算货款。超级市场的最大优点是自助服务，大大减少了营业人员，降低了成本与售价。超级市场最初是以出售食品为主，以后经营范围不断扩大到一些大众化的日用消费品。

1912 年，超级市场首创于美国，但真正流行发展起来是在 20 世纪 30 年代资本主义经济萧条时期。1930 年 8 月，美国零售商库仑（Kullen）在纽约开设了第一家超级市场，实行薄利多销获得了成功，以后超级市场在美国得到了迅速发展。1930～1935 年，短短几年内，建立了数百家超级市场。20 世纪 30 年代中期，超级市场进入欧洲和日本，普遍获得成功。但近些年来，随着零售业竞争的加剧，超级市场的经营费用呈上升趋势，使超级市场的价格竞争力有所下降，特别是折扣商店、廉价商店及仓储商店的兴起与发展，对超级市场形成了一定的威胁和挑战。

（4）超大型商店、综合商店和巨型超级市场。这是在超级市场基础上发展起来的三种新型、大规模的零售组织。超级商店比一般的超级市场规模大得多，营业面积在 3 万～5 万平方英尺，满足消费者日常购买食品、饮料、洗涤、储蓄等生活方面的全部需要。巨型超级市场比超级商店还要大，营业面积一般在 8 万～22 万平方英尺，融合超级市场、折扣商店和储蓄销售的零售原则，经营品种已超过一般的家庭常用物品，包括家具、照相设备、服装、鞋帽、家用电器等。巨型超级市场于 20 世纪 60 年代初期在巴黎首先推出，而后扩展到前西德、美国、加拿大等国家。

这三种商业零售组织，都是在超级市场的基础上发展起来的，主要特点是：将折扣商店、货仓销售及超级市场等零售特点融为一体，成为更具竞争力的商业组织。

---

**阅读材料 10 – 1**　　　　零售业巨头沃尔玛的成功之道

早在 1985 年，沃尔玛公司的创始人和董事长山姆·沃顿就被《福布斯》杂志称为"全美第一富豪"。2001 年，沃尔玛公司现任总裁罗布森·沃顿一度超过比尔·盖茨，身价 453 亿英镑，成为世界首富。而沃尔玛公司领导核心沃顿家族五人包揽了《福布斯》全球富翁榜的第 7～11 位。五人的资产总额达到 931 亿美元，成为世界上最富有的家族。2002 年度，沃尔玛在《财富》杂志 500 强企业排行第一。

人们不禁会问，这家成为首富的公司和产生了首富总裁的沃尔玛公司是怎样的一家企业？它的总裁经营魅力何在？特别是，当人们知道沃尔玛 40 年前还是美国阿肯色州一个小镇上名不见经传的杂货店时，就更为它今天的成就而惊叹不已。

沃尔玛是国际著名的大型零售企业。这家企业的历史并不悠久，但发展迅速。公司成立 20 年后，它就成为美国最大的折扣百货店；30 年后，成为世界最大的零售企业；40 年后，成为全球按销售额排名排行第一的公司。

沃尔玛的成功首先要归功于它的创始人山姆·沃顿多年的苦心经营。1945 年，山姆在小镇本顿维尔初涉零售业，经过 40 余年锲而不舍的奋斗，终于建立了世界最大的零售业王国。因为他卓越的企业家精神和对零售行业的特殊贡献，美国总统布什于 1991 年向山姆颁发了"总统自由勋章"，这是美国公民的最高荣誉。

一家企业能够获得如此大的成功，必然有其先进的管理手段、准确的市场定位、强大的技术力量和和睦的企业文化。沃尔玛正具备这四大成功要素。

沃尔玛创造了零售供货的新模式，直接从工厂进货，使流通环节大为减少。为此，沃尔玛在全美建立了 30 多个分销中心，设计并完善了与之配套的物流管理系统。这一高效的管理系统可以确保产品由分销中心运到各分店的时间不会超过一天。而沃尔玛的零售分店从在计算机上开出订单到货物上架的平均时间只有两天，其他竞争者大约需要五天的时间。高效的分销管理大大降低了沃尔玛的运输成本，也确保了沃尔玛的低价优势。

在沃尔玛创业初期，大型公司多在大中城市从事零售业，而对小城镇置之不理。山姆·沃顿却盯住这一市场空白，选定小镇为其服务的细分市场，采取了"农村包围城市"的战略，逐渐做大。沃尔玛的具体策略是以州为单位，一县一县的设店，直到整个州市场饱和，再向另一个州扩展。由一个县到一个州，由一个州到一个地区，再由一个地区到全美国，再从美国扩展到全世界，沃尔玛稳扎稳打，逐渐做大。这家企业定位准确，成功地利用了小城镇这个被他人所遗忘的细分市场。待其他零售商发觉时，沃尔玛的连锁店已经占据了一大块市场份额，在美国零售业中站稳了脚跟。

沃尔玛公司将战后几十年的信息技术运用于分销系统和存货管理。可以说，没有发达的信息技术，就不可能有今天这个零售业的庞然大物。为了迅速传输大量数据，沃尔玛投入 7 亿美元巨资建立了一个卫星交互式通讯系统。借助该系统，公司总部得以同数千家连锁店和几十家分销中心进行即时联络。总部的会议情况和决策都可以通过卫星传送到各分店，也可以进行新产品演示。沃尔玛拥有世界上最大的民用数据库，比美国电话电报公司的还要大。高科技的硬件系统是沃尔玛得以维持控制和发展壮大的必要条件，强大的技术力量造就了沃尔玛。

在沃尔玛，员工并不被当做"雇员"看待，而被称为"合伙人"。公司要求经理对下属一律称"同事"而不称"雇员"。山姆·沃顿认为，"关心自己的同事，他们就会关心你"。公司对员工利益的关心落实在一套详细而具体的实施方案中，包括利润分享计划等薪酬福利方案。在企业决策上，沃尔玛也发扬民主参与的精神，广泛吸取一线员工的意见。星期六晨会是这种企业文化的具体体现，其基本目的是交流信息，减轻每个人的思想负担，团结队伍。在会议上，经理和员工们可以畅所欲言，提出创见，指陈弊端。此外，公司经常举行员工联谊活动，喊口号、做游戏，以此减轻员工们的压力，使员工身心愉悦，同时也增强了凝聚力。团结活泼的企业文化与沃尔玛紧张高效的管理体制相适应，共同营建了一支优秀的零售团队。

资料来源：田方萌：《说不尽沃尔玛：首富公司与首富总裁的成功之道》，载于 http://news.xinhuanet.com/employment/2003-02/28/content_750340.htm。

（5）方便商店。方便商店是指靠近居民区的小型商店。多设在居民区附近，营业时间长，有的 24 小时营业；商品范围有限，一般出售家庭常用的商品，如香烟、小百货等；方便商店多以连锁店形式出现，产品线可多可少，多为日用易耗品，主要为了方便消费者的"补充"式采购，周转率高，满足消费者"方便"的需求。方便商店一般规模较小，价格偏高，往往是夫妻商店，靠家族劳动，有的也雇佣极少量职工，服务水平较低，但与顾客的关系较密切。这种零售商形式，以日本最为普遍，在我国主要是个体零售商。

有些方便商店从事服务行业，不出售商品，只提供劳务。服务范围很广，如旅行社、航空公司、电影院、茶馆、饭店、各种俱乐部、修理店、理发店、美容店、干洗店等。

（6）购物中心。购物中心是第二次世界大战以后流行和发展起来的，它的出现适应了人口增加、新的城郊住宅区不断出现的趋势。购物中心按规模大小不同，分为地区、街区、邻里三种。

地区购物中心多位于城郊，规模很大，它将地理位置、经营规模和商店类型上相互关联的零售企业组建成一个商业中心，并进行统筹规划。中心拥有统一的管理服务组织，配备与商店的规模和类型相适应的停车场。通常，购物中心的规模大小不一，一个地区购物中心就像一个小城市的商业中心，一般包括 40～100 家商店，地区购物中心与 10～100 万人口规模相适应。早期的地区购物中心主要是分设在林阴道两旁的一组实力较强的百货商店和专业商店，这种商店的布局有利于刺激顾客进行比较性购买和消费。近年来，购物中心增加了购物与服务兼容的一些新型商业形式。目前，国外地区购物中心一般拥有 200～300 家商店，商业区内交通便利，所有的商店都可以一览无余。

街区购物中心一般包括 15～50 家商店，为 2 万～10 万居民服务，其中 90% 的人居住在中心区四周 1～2 英里范围内。街区购物中心一般包括一个超级市场、几家方便商店和银行等。

邻里购物中心包括 5～10 家商店，服务对象一般为 2 万人左右，顾客步行或驾车到中心购物非常方便。邻里购物中心通常未经事先规划，是自然形成的商业区。

**2. 按价格形象或价格竞争方式的不同，可分为三类**

（1）折扣商店。折扣商店是第二次世界大战以后发展起来的新型零售业态。这类商店以家具、家用电器等产品为主，同时经营食品、医药等。总之，折扣商店选择的商品大多为中低档商品，是一种大众化的商业零售形式。折扣商店一般具有以下五个特征：以低于市场通行的价格出售商品；强调统一的品牌效应，因此，低价并不意味着低质量；自助服务，尽可能减少设备的使用，以降低成本；店铺设在租金较低的地段；店铺装饰简单，以实用为主。

近年来，折扣商店之间、折扣商店与百货商店之间竞争激烈。为了应对竞争，许多折扣商店也经营一些高档商品，搞一些店铺装饰，并加强了退换货等服务保证。这一方面提高了折扣商店的竞争能力，另一方面则导致营业成本上升，在某种程度上使折扣商店已经失去了原来的优势，加之百货商店也经常降价与其竞争，因此，这两种零售形式愈来愈模糊，以致双方都不同程度地失去了自身的竞争优势。

当然，也有一些折扣商店非常成功。这些商店关键就在于坚持了以往折扣商店的市场定位，为顾客提供了质优价廉的产品。

（2）仓库商店。这是一种不重形式、价格低廉且服务有限的零售形式。它出售的商品，大多是顾客需要选择的大型笨重的家用设备，如家具、冰箱等。商店设在房租比较低廉的地段，一部分存货，另一部分供展销商品之用。顾客选中货物，付清货款，即可在仓库后部门前取货，自行运走。这种商店也是旨在降低营业费用，因此价格比一般商店便宜。

（3）样品售货商店。它主要出售毛利高、周转快的品牌商品。商店印有彩色样本，除实物照片外，还标有货号、价格及折扣数，顾客可凭样本打电话订货，由商店送货上门，收取货款及运费。这种售货方式最早是美国在 20 世纪 60 年代开始实施的。

**3. 按营业场所不同，可分为四类**

（1）邮购和电话订货零售（mail and telephone order）。邮购商店在 20 世纪 30 年代最流行，后来逐渐衰退，近年来又有了新的发展。邮购商店以商品目录从事业务经营，不设门市部，但备有大量的库存和配货场地。从事邮购业务的商店定期向顾客发放商品目录，并标明商品规格、型号、价格及编号，顾客将选中的商品编号填写在订货单上，即可收到商店邮寄的商品。具体形式有样本邮购、广告邮购、电话邮购等。譬如，美国最大的零售商西尔斯公司，每年发放 100 多万册样本。近年来，广告邮购发展很快，零售商也可通过电视、广播等媒体，说明商品的规格、款式、价格，供顾客来函订货。

邮购商店之所以得到新的发展，有以下原因：顾客可以节省购物时间；邮购商店一般十分重视产品质量；为顾客提供优质服务，并且送货上门，如果发生差错，电话随叫随到；支付货款灵活性较强，可以在订货时邮寄支票，也可以在收到商品时付款，还可以分期付款。

（2）自动售货机（automatic vending）。在第二次世界大战后兴起，且发展很快。自动售货机出售的商品已由香烟、软饮料、熟食、糖果、报纸等，扩大到袜子、化妆品、唱片、摄影胶卷、圆领衫等。自动售货机的优点是灵活方便，缺陷是费用高、商品价格稍贵且商品品种很有限。

（3）购物服务（buying service）。它是一种专门受某些顾客委托而进行的零售业务。一些大型单位，如学校、医院或政府部门等可让一名采购人员参加一个购物服务组织，这个组织与许多零售商订有契约，凡该组织人员向这些零售商购物，均可享受一定的价格折扣。

（4）流动售货（door-to-door retailing）。串街走巷，本是古老的推销形式，近年来流动售货又有了新的内容，如推销员登门拜访推销商品；接受顾客电话，再派推销员走访顾客，当面介绍商品；使用大型汽车流动售货等。流动售货在欧美国家比较流行，我国亦有推销员登门推销商品和各种型号的机动车辆售货。

**4. 按组织形态和管理系统的不同，可分为五类**

（1）独立店是零售商店所有权拥有的主要形态。独立店是一种独立零售商，是由个人或合伙人所拥有，本身不隶属于任何大的零售机构。它独立经营，自负盈亏，如地区性的花店、鞋店、食品店等。

（2）连锁商店（corporate chain）。连锁商店是 20 世纪 80 年代前后发展起来的最重要的零售形式之一。连锁店是两个或两个以上的商店同属一个所有者所有和管理，经营相同类别的产品，遵循相同的经营原则，店堂的装潢与设计也完全采用统一的基调与风格，以树立统一的企业形象，加强竞争。公司连锁在食品、药品、服装、鞋帽、妇女儿童用品等领域获得了巨大成功。

公司连锁的巨大成功在于这种商业零售形式。通常来说，这种形式具有绝对的成本优势，它可以通过大量采购和赢取较低的毛利，获得一般商店所无法实现的成本优势。具体来说，连锁组织可以通过以下途径提高经济效益：一是通过大规模的采购，获得最大的数量折扣，并降低运输成本；二是连锁组织可以聘用优秀的管理人才，在市场预测、存货控制、促销等领域实现科学管理；三是连锁组织可以兼备批发和零售的功能；四是连锁组织的广告可以塑造统一的形象，使所有的下属商店得到好处，并使成本分摊到销售量中；五是连锁组织给予其成员一定的自主权，以满足当地市场上消费者的不同偏好和竞争条件。

（3）零售商合作组织（retailer cooperative）。零售商合作组织是由若干家零售商自愿组织起来，成立一个做批发业务的仓储公司，为成员商店的批量进货和仓储提供服务，组织成员们保持自己的经营管理制度。

（4）特许专营组织（franchise organization）。特许专营组织是一种与连锁商店类似的零售组织，是近 30 年来兴起的与连锁商店竞争最剧烈的一种零售商店。它是由一个特许人（制造商、批发商或服务组织）为一方，若干家特许专营（若干批发商和零售商）为另一方，以契约形式固定下来，独立经营，自负盈亏。基本上有三种形式，第一种形式是制造商筹组的零售商特许专营组织；第二种形式是制造商筹组的批发商特许专营组织；第三种形式是服务性行业筹组的零售商特许专营组织。

特许专营组织的主要好处是大型生产或服务性企业不用自己开设许多零售店就可以大量销售自己的产品和劳务，特许专营的特许专营人也可以用小本钱做大生意，因而这种组织形式广泛流行于美国、西欧、日本和东南亚各地。

（5）消费合作社（consumer cooperative）。消费合作社是由广大消费者投股创办的自助组织，其目的是不受商人剥削，保护消费者利益。它虽然也经营零售业务，但从性质上看，并不是以赢利为目的。

（6）零售商业联合集团（merchandising conglomerate）。零售商业联合集团是一种商业垄断组织，通常是多角化经营，在一个控股公司专控下包括各行业的若干商店。

**5. 其他类型的零售组织**

除了上述各种零售组织外，还有委托商店、旧百货店、小商小贩、独立的流动售货商等零售组织。

自20世纪80年代以来，一些工业发达国家，随着消费者生活方式、购买习惯的不断变化，消费者利益运动日益兴起。随着电脑记账、自动化售货等新技术的日益普及，营销渠道也发生了一些变革，出现了纵向联合和横向联合销售的趋势。在我国，为适应商品经济的发展，少数组织也发生了很大的变化，各种形式的横向经济联合组织如工商联营、商商联营、农工商联营以及各种企业群体、企业团体的销售组织，对我国商品经济的发展起了很大的推动作用，对日益完善的经济体制和人们不断提高的消费需要也起到了积极的作用。同时，随着我国流通体制的改革，逐渐打破了国营商业独家经营的沉闷局面，多种经济成分、多种经营方式的商业体系已经形成。集体的、个人的各种零售形式对于搞活经济、方便人民生活起了很大的作用；与外资合营、合资的各种商店形式、酒楼等也相继出现，对繁荣我国经济产生了积极的影响。

## 10.3.2　零售商的性质和作用

**1. 零售商的特点**

（1）零售商提供的是终端服务，顾客每次购买数量少，而且要求花色品种齐全、价廉物美。所以，零售商必须控制进货批量，加快销售过程，提高资金周转率。这就形成了零售商小批量进货、低库存和重视现场促销的经营特点。

（2）为缓解扩大销售与品种齐全、购买量小、控制库存之间的矛盾，适应不同消费者群体的需求，零售商的经营方式呈现多元化的特点，零售商类型繁多。

（3）与批发商不同，零售商服务的地域范围较小，顾客主要是附近的居民和流动人口。因此，零售商经营地点的选择就成为决定经营成败的一个关键。

（4）与其他行业相比，零售商之间的竞争显得更为激烈。如为了适应顾客的随意性购买及零售市场竞争，零售店必须利用销售场所及外部周边环境进行整体商店设置，进行形象宣传；为了吸引并留住顾客，零售店必须考虑有关商店位置、交通设备、营业时间、花色品种、停车场所、广告宣传、促销手段等各种因素，进行策划。

**2. 零售商的渠道职能**

零售商将产品和服务出售给消费者，进而使产品和服务的价值得以实现，其渠道功能可概括为以下五个方面。

（1）直接为最终消费者服务，销售商品。零售商的销售活动主要是通过营业员与消费者直接接触，在单独分散的状态下完成的。零售商不是商品的制造者，它购进的商品也不是为自己使用，而是为了再卖出。零售商也只有顺畅地卖出商品，才能实现经营的良性循环。

（2）最终实现产品的价值。通过零售交易，产品最终从流通领域进入消费领域，从而实现其价值，制造商的劳动消耗才在真正意义上得到补偿，社会再生产过程才能顺利进行。

（3）分装、整理、仓储、保管商品。一方面，制造商在向零售商发运所采购的商品时，为降低运输成本，总是以整箱、整包或整盒的形式交付，零售商一般要予以拆开、分装、整理或安装后出售给消费者；另外，零售商一般向制造商或批发商批量采购商品，而销售时则是零散的，为了保证消费者随时能买到商品，零售商一般要存储一定数量的商品。

（4）制造商和消费者沟通的重要纽带。由于零售商直接接触最终消费者，对消费者的需求及消费倾向最为了解，反应也最为迅速。制造商通过零售商，一方面可以不断地向消费者传递产品信息；另一方面也可以及时反馈消费者的相关信息，以便制造商更好地组织生产经营活动，适应市场需要。

（5）提供综合服务。一方面，零售现场营业员的周到服务、温馨舒适的购物环境等能给顾客以享受；另一方面，零售商也在努力增加服务项目、提高服务质量，以迎合消费者的需求，如主动导购、送货上门、用户回访、售后服务等，有的零售场所还设有公用电话、中介、家政、餐饮、娱乐等设施和项目。

## 10.3.3 零售商的经营决策

**1. 目标市场及市场定位决策**

零售商最重要的是确定目标市场。许多零售商没有明确的目标市场，或者想满足的市场太多，结果一个也没能满足。零售商还应该定期进行市场营销调研，以检查其是否满足目标顾客。

（1）了解消费者。要对消费者的社会阶层、购买能力、需求特点及变化情况等予以研究，并根据顾客的偏好、对品种的编配深度和购买方便要求等选择目标市场。

（2）市场定位。了解了消费者，才能给自己的零售店定位，才能决定商品是高档、中档还是低档；服务水平是高还是一般；是经营方便店、专业店，还是百货商店等。

目标市场的确定，除了要了解消费者外，还要考虑面临的市场竞争状况和自己的实力，一定要量力而行，且要留有余地。只有在恰当的市场目标与科学的市场定位的前提下，零售商才能对商品的编配、服务、定价、广告制作、店面装潢、企业形象、组织机构和其他一些支持商店地位的问题做出正确的决策。

**2. 零售商的营销组合**

（1）产品品种和服务决策。在产品品种的配置上，零售商所经营的产品品种必须与目标顾客可能购买的商品相一致，以满足目标顾客的购物期望。具体而言，就是零售商要决定经营产品的范围和档次、产品质量以及产品品种组合的宽度和深度。

在服务组合上，零售商应根据其主要消费群进行构建。许多消费者除购买商品本身外，还希望得到较好的服务，有的消费者甚至把服务看得比商品本身还重要，零售商直接面对最终消费者，除应具备良好的服务态度外，在店堂咨询、送货上门、售后服务、用户回访等方面也应予以重视。目前，零售商所提供的服务组合已经是零售商之间非价格竞争的主要武器。

此外，商店气氛也是零售商提供的一种服务或产品，包括店面装饰、店堂陈设、卫生与人文气氛。现代商店越来越注重商店气氛，特别是人文气氛的营造。

（2）价格决策。价格是零售交易不可或缺的因素，也是零售商之间的竞争武器。采取何种价格策略更为有利，一般要从消费者、竞争状况和成本情况三个方面分析研究，根据研究结果，可以选择采用需求导向定价法、竞争定价法或成本定价法来定价。在竞争激烈的市场环境中，零售商倾向于薄利多销，一般采取低价格策略，通过降低某些商品的价格以招徕顾客。

过去，定价技巧和价格调整策略也是零售商定价策略的重要组成部分。目前，明码标价、价格真实正成为市场管理的主要内容，零售商利用价格欺诈损害消费者利益的现象引起了社会各界的重视。

（3）促销决策。零售商促销是一种主动出击、拓展市场的有效方法。促销决策主要涉及促销对象、促销范围、促销强度以及促销方法等问题。

目前，零售商常用的促销方法主要有广告促销、销售促进、公共关系和个人推销。广告促销包括广告设计、广告媒介选择、店内 POP 广告等；销售促进主要通过举办展览、抽彩、奖品、赠券、优惠券、品尝、送礼、竞赛等活动达成促销目的；公共关系包括组织新闻发布会、赈灾义卖、讲演、公益活动、开张及庆典仪式、特殊纪念日活动，刊发业务通讯、杂志、传单及公众服务活动等；个人推销包括售货员、导购员和上门推销员对顾客直接促销。随着信息技术的发展和应用，零售商会进一步加强与顾客的信息沟通，进行更直接、更有力的促销。

（4）销售地点和场所决策。地点决策即零售商店的店址选择，是零售商的战略性决策，一般以接近目标市场、方便目标顾客购物为原则，在下一节内容中将予以详细的阐述。

场所决策包括焦点广告设计、橱窗设计、商品陈列展示、店面布局等内容。大量研究表明，音乐、颜色、光线和气味会影响顾客的感觉和店内行为，所以，视觉、听觉、嗅觉、触觉如今都被用来营造营业场所的适宜氛围。

## 10.3.4 零售业的发展规律及趋势

目前，西方有许多有关零售业发展的理论框架可解释零售业发展的历史和未来趋势。尽管没有一个单独的理论能够解释所有规律，但也能揭示零售业发展的某一方面的规律。下面简单介绍其中的三种，即车轮理论、生命周期理论、综合化与专业化循环理论。

### 1. 车轮理论

零售业态发展的车轮理论是由哈佛商学院的零售学权威麦克内尔教授首先提出来的。这一理论认为：创新型零售商在开始进入市场时总是以低价格、低毛利和低定位为特点和优势，从而在与业内原有零售商的竞争中取得优势。而随着这一业态的进一步发展，它们会不断购进新的昂贵设备，不断增加新的服务，从而不断提高其经营成本，逐步转化为高成本、高价格和高毛利的传统零售商，并最终发展为衰退型的零售商，同时又为新的零售业态留下了生存和发展的空间，而新的业态也以同样的模式发展。

对于这一模式，最常见的例子就是百货业的发展。百货公司刚出现时，由于它的低价格和高度便利性而备受消费者欢迎，从而在与小型零售商的竞争中占得先机，成为几十年来占统治地位的业态。而时至今日，百货商店却在与超级市场的折扣商店的较量中处于下风。

### 2. 生命周期理论

这一理论认为，零售业态具有像人一样的生命现象，即存在一个从产生到消亡的过程，而在每一不同阶段，零售业态表现出不同的特征。生命周期理论将零售业态的发展分为以下四个阶段。

（1）创新阶段。在此阶段，出现新型的零售业态，由于新型的零售业态的许多特点都与传统的零售业态不同，因此，新型业态具有差别优势。企业的投资回报率、销售增长率和市场占有率都迅速提高。

（2）加速发展阶段。由于新型的零售商在竞争中获得优势，因此有大批模仿者开始效法，而最早进入市场的新型零售商也开始进行地区扩张。市场竞争异常激烈，市场占有率和收益率达到最高水平。

（3）成熟阶段。在此阶段，更新型的零售业态进入市场，原有业态失去朝气和生命力，市场占有率和收益率降低。成熟期可能持续很长时间，处于此阶段的业态可以进行创新以维持中等赢利水平，从而避免被市场淘汰。

（4）衰退阶段。市场范围明显萎缩，反应迟钝，最终退出市场。

### 3. 综合化与专业化循环理论

这一理论认为，在零售业态的发展过程中，存在着商品种类由综合化到专业化，再到综合化的循环往复的过程。也就是说，零售商经营商品的系列是从注重深度，再到注重宽度的循环往复过程。每一次循环不是过去的重复，而是被赋予了新的内涵，从而出现了不同的零售业态。按照这一理论，可以将美国的零售业发展分为五个阶段：杂货店时期——综合化阶段；专业店时期——专业化阶段；百货店时期——综合化阶段；方便店时期——专业化阶段；商业街、购物中心时期——综合化阶段。从世界零售业总的发展趋势来看，20世纪60年代，零售业界采取综合型营运，因此，百货公司、大型综合零售势力高涨；70年代，零售业则进入专门化的发展阶段，专门店、连锁店、超市、便利店、自助家庭用品中心、DIY等业态相继发展；进入80年代，大型购物中心等在世界范围内兴起；而90年代，则朝着细分化发展，单品店、生活题材馆、无店铺销售、郊外大型专门店、产地直销及家庭购物等纷纷兴起。因此，世界范围内零售业的发展轨迹也表明了这种综合化与专业化的循环趋势。

# 10.4　商圈的选择

在零售商的营销组合策略中，地点决策是战略性决策。选址决策过程虽然复杂，但其中最重要的是商圈的选择。

## 10.4.1　商圈的概念和构成

### 1. 商圈的定义

任何一家零售商店的销售活动都受一定地理条件的制约，这一地理限制就是以商店所在地点为中心，沿着一定方向朝四周扩展而形成的辐射范围，即所谓商圈。换句话说，商圈是指一定零售店的顾客分布的地区范围，它是维持一定销售额的顾客存在的地域范围。由于受消费习惯、市场传统、交通条件、城市规划等因素的影响，特定区域的市场往往形成特定的商圈。零售商必须对商圈的构成、特点、范围以及影响商圈规模变化的情况进行实地调查和分析，为选择店址和调整经营策略提供依据。

**2. 商圈的构成**

商圈一般由核心商圈、次级商圈和边缘商圈三个部分构成。

核心商圈，也称主要商圈。核心商圈的辐射半径在1公里左右，是最接近商店并拥有高度密集顾客群的区域。通常，商店55%~70%的顾客来自核心商圈，该商圈的顾客在人口中占的密度最高，而且与其他商店的商圈很少发生重叠。

次级商圈是位于核心商圈之外，顾客密集度较稀的区域，约包含了商店顾客总数的15%~25%。其辐射的半径在3~4公里。对一般的日用消费品来讲，很少能辐射到该商圈的人口，关键是取决于经营业态。

边缘商圈，又称辐射商圈，指位于次要商圈以外的区域，辐射的半径在7公里范围。在此商圈内，顾客的分布最稀少，商店吸引力较弱。一般情况下只有大型百货商场、专业店具备这样的辐射能力，规模较小的商店在此区域内几乎没有顾客。

真正的商圈不是绝对的同心圆模式，其规模和形状是由各种各样的因素决定的，并且常常随着经营业态、商店规模、竞争者的位置、交通条件等商店内外部环境因素的变化而变化。事实上，商圈表现为各种不规则的多角形，但为便于分析研究，一般将商圈视为同心圆形。

## 10.4.2 影响商圈形成的因素

影响商圈形成的因素包括以下七种。

（1）商店规模。商店规模越大，其市场吸引力越强，从而有利于扩大其销售商圈。这是因为商店规模大，可以为顾客提供品种更齐全的选择性商品，服务项目也随之增多，吸引顾客的范围也就越大。

（2）经营商品的种类。对于日用品，一般顾客要求方便，所以一般商圈较小。而如果是购买贵重、大宗商品，顾客有时候会不考虑距离远近，所以商圈范围也相应较大。

（3）商店经营水平及信誉。一个经营水平高、信誉好的商店，由于具有颇高的知名度和信誉度，吸引许多慕名而来的顾客，因而可以扩大自己的商圈。

（4）促销策略。可通过广告宣传、推销方法、服务方式、公共关系等各种促销手段赢得顾客，如优惠酬宾、有奖销售、礼品券、各种顾客俱乐部等方式，都可能扩大商圈的边际范围。

（5）家庭与人口因素。商店所处外部环境的人口密度、收入水平、职业构成、性别、年龄结构、家庭构成、生活习惯、消费水平，以及流动人口数量及构成等，对于商圈的形成具有决定的意义。

（6）竞争对手的位置。竞争对手的位置对商圈的大小也有影响。如果两家竞争的商店相距有一段路程，而潜在顾客又居于其间，则两家商店的商圈都会缩小；相反，如果同业商店相邻而设，由于"售的群体效应"，顾客会因有更多的选择机会而被吸引前来，则商圈可能因竞争而扩大。

（7）交通状况。交通地理条件也影响着商圈的大小，交通条件便利会扩大商圈的范围，反之则会缩小商圈的范围。

## 10.4.3 商圈分析

商圈分析，是指对网点商圈的构成情况、特点、范围以及引起商圈规模变化的因素进行实地调查研究、分析划定，为网点选址提供科学依据。

**1. 商圈分析的意义**

进行商圈分析的目的有：明确该商业区或商店的商圈范围，了解商圈的人口分布状况及生活结构，在此基础上进行经济效益的预测。如计划开超市，根据周边居民的人口规模、收入水平和竞争对手情况等指标，就可以基本计算出该店可能达到的营业额。

**2. 商圈分析的内容**

商圈分析包括以下具体内容。

（1）人口规划及特征分析：包括人口总量和密度、年龄分布、平均教育水平、居住条件、总的可支配收入、人均可支配收入、职业分布、人口变化趋势、消费习惯等。人口数量是衡量商圈内需求大小的重要参数。网点的顾客可分为居住人口、工作人口、路过人口，这三部分人口的消费特点各有不同。了解商圈内不同顾客的年龄分布特点、教育水平、收入支配情况、职业分布，可使连锁企业掌握消费者的惠顾倾向，安排设立适应这些惠顾倾向的连锁分店，以得到最好的布局效益。另外，根据商圈内居民的消费倾向和生活习惯，可以预测特定商业行为对现有市场引力的大小。

（2）经济状况分析：包括主导产业、产业多角化程度、消除季节性经济波动的自由度等。企业需要掌握商圈内是否存在主导产业、是什么产业以及会给商圈带来什么影响。若商圈内居民多从事与主导产业相关的工作，那么该主导产业的前景就会直接影响商圈内居民的收入和消费水平，进而影响商圈的市场容量；如果商圈内产业多角化，则消费市场一般不会因某产业市场需求的变化而发生大的波动；如果商圈内居民从事的工作行业分散，则居民购买力总体水平的波动就不明显，对连锁店营业额的影响相对也就较小。

（3）竞争状况分析：包括现有竞争者的数目与规模、不同竞争者的优势与弱势、竞争的短期和长期变动趋势、市场饱和程度等。除要注意竞争者外，还要掌握商圈内商店群的构成，衡量商业相对集中区里的各个网点的相容性。其评价工具是商店间顾客交换率。

（4）网点地址的可获性分析：包括地域类型与数目、交通网络状况、区位规划限制等。开设连锁分店时，一般首先需要分析商圈内有哪些商务区。通常，商务区可分已规划商务区和未规划商务区，已规划的商务区一般有区域规划限制。商圈内交通的顺畅程度，公交车的路线安排、站位设置、道路过往限制等，均会影响客流量大小，此外税收、执照、营业限制、劳动力保障等也是影响网点生存的重要条件。

根据以上分析内容，连锁企业可决定是否在商圈内设置分销网点。

**3. 商圈分析的方法**

商圈分析的方法有许多种，如零售吸引力法则（又称里利法则）、商业饱和理论、康维斯"新零售引力法则"和哈夫的"概率模型"等。

（1）零售吸引力法则。零售吸引力法则从确定商圈人口和距离两个变量进行分析，商圈规模的大小是由人口的多少和距离商店的远近决定的，商店的吸引力是由最临近商圈的人口和里程距离共同发挥作用。

（2）商业饱和理论。商业饱和理论是通过计算零售商业市场饱和系数，测定特定商圈内某类商品销售的饱和系数程度，通过计算了解该区域内同行业是过多还是不足来进行分析。

（3）康维斯"新零售引力法则"。康维斯"新零售引力法则"与里利法则的不同在于，前者表示在一个城市中间地带两个商业区或商店的竞争关系，后者表示在相互间有明确竞争关系的两个城市间其商业经营的比率关系。

（4）哈夫的"概率模型"。哈夫的"概率模型"完全从消费者的立场出发，认为消费者利用某一商业设施的概率，取决于表现商品丰富性的营业面积，以及为购物所消耗的时间及商业设施的规模实力。

以上各种分析方法研究的角度不同，所用的市场变量不同，达到的分析目的也不一样，在具体商圈分析过程中还是要结合具体实际情况有选择的运用。由于我国目前市场变量采集困难，很难单纯用一种方法解决我们的分析问题，所以一般采取的办法是将定性和定量研究方法相结合运用。以上介绍的只是必需的调查内容，仍有许多数据需要针对具体的项目进行调查，如人流量、车流量等，关键弄清楚市场调查是为市场定位服务或者验证市场定位，市场调查只是手段，不是最终的目的。

## 10.4.4　商业选址

**1. 商店选址的原则**

（1）方便消费者购买。商店地址一般应选择在交通便利的地点，尤其是食品和日用品为经营内容的普通超级市场应选择居民区设店，应以附近稳定的居民或上下班的职工为目标顾客，满足消费者就近购买的要求，且地理位置要方便消费者的进出。

（2）方便货品运送。连锁商店经营要达到规模效应的关键是统一配送，在进行网点设置时要考虑是否有利于货品的合理运送，降低运输成本，既要保证及时组织所缺货物的供给，又要能与连锁店相互调剂、平衡。

（3）有利于竞争。连锁商店的网点选择有利于发挥企业的特色和优势，形成综合服务功能，获取最大的经济效益。大型百货商店可以设在区域性的商业中心，提高市场覆盖率；而小型便利店越接近居民点越佳，避免与大中型超市进行正面竞争。

（4）有利于网点扩充。连锁商店要取得成功，必须不断地在新的区域开拓新的网点，在网点布置时要尽量避免商圈重叠，在同一区域重复建设，否则势必造成自己内部的相互竞争，影响各自的营业额，最终影响总店的发展。

**2. 商店选址应考虑的事项**

（1）客流规律。

1）客流性质。客流是商店经营成败的关键因素，一家商店若要获得成功，必须有足够的顾客来源。一般来说，任何一家商店的客流可分为三种类型：分享客流、派生客流、本身客流。分享客流是指从邻近其他商店形成的客流中获得的，而不是本身产生的客流，这种客流往往在大型商店与小商店之间，或同类商店之间产生。派生客流是指顾客到某地并不是专程购买商品，而是因其他目的顺路进店所形成的客流，如设在火车站旁边的商店，顾客来火车站的目的主要是为了乘车，在候车时间顺便到商店看看。本身客流是指专程到此商店购买而形成的客流，大中型商店的客流大部分均属于这种客流。本身客流的形成和发展是零售企业获得经营成功的重要因素。

2）潜在固定顾客。所有的人都是消费者，很自然的也是商店的潜在顾客。要了解商店的客流规律，必须分析当地的人口总数、人口密度、人口分布及年龄构成等。人口最多的区域产生最多的潜在顾客，未来人口成长趋势决定着商店的发展规模，商圈内人口的增长情况、新婚家庭的增加、人口年龄结构等都是开设新商店必须事先了解的。

3）过往行人特点。过往行人也是商店客流来源的一个重要组成部分，其流动规律同样不能忽视。首先要了解行人的年龄结构，因为有些过路者未必是顾客；其次要了解行人来往的尖峰时间和稀薄时间；再次要了解行人来往的目的以及停留时间。在商业集中的繁华地段，行人的目的一般以购买商品为主和与购买商品有联系的浏览，为以后购买做准备，这些人多表现为速度缓慢、停留时间长，希望获得比较各种商品的价格、品质和式样的最大满足，这对商店最为有利，也是许多商店愿意设在商业中心的原因。另外，有些地点虽然拥有相当多的过往行人，但行人的目的并不是购物，如车站、码头等交通枢纽，机关、工厂、学校、公园附近、车辆通行干道等，行人的目的不在购物，只是顺便或临时冲动购买一些商品，这类客流一般停留时间短、流动速度快，是商店的派生顾客，只有进行一些特殊宣传才能吸引他们的目光。

（2）交通地理条件。

1）分析交通便利性。方便的交通要道，如接近公共汽车的停车站、地铁出站口等地，由于来往行人较多，具有设店的价值。交叉路口的街角，由于公路四通八达，能见度高，也是设店的好位置。但是，在有些地方，其道路中间隔了一条很长的中央分向带或栏杆，限制行人、车辆穿越，则会影响设店的价值。

2）分析街道特点。由于交通条件、公共场所设施、行人方向习惯、居住区范围及照明条件等影响，一条街道的两侧客流往往并不均衡，或者同一条街道也可能因地段不同而客流量不同，因此在选择店址时要分析街道客流的特点，选在客流较多的街道一侧或地段。

3）分析地形特点。新商店通常应设在能见度好的地方，如两面或三面临街的路口、公共场所的迎面处等，其能见度较好，还可通过尽量扩充橱窗面积、增开出入口等方法提高可见度。此外，还应研究该地点过去的情况，是否曾有商店？其经营状况如何？有无失败记录？失败原因如何？虽然过去商店的成败并不能意味着新设商店的失败，但研究这些资料可为新设商店选择地址提供参考的依据。

（3）其他因素。

1）城市规划。城市规划也会对商店经营产生重大影响，有些地点从近期来看，可能是店址的最佳选择，但是可能随着城市的改造和发展将会出现新的变化而不适宜设店，相反，如果从近期看可能并不理想，但是从规划前景看可能很有前途。

2）周围环境。店址周围的环境如何将对零售经营的成功与否产生巨大影响，任何一家新建商店即使规模大得足以支配其环境，也必须对店址周围环境如建筑、治安、卫生等情况进行仔细分析。比如，地点附近有许多空建筑、烂尾楼，会令人感到颓废衰落和不愿涉足；某些地区被传闻治安状况欠佳，无论是否属实，都会妨碍顾客前来；还有其他如不良气味、噪音、灰尘多、破旧及走道不好的环境，都会影响设店的价值。此外，当地居民的教育、宗教、经济状况、年龄等都对人们的购买习惯有影响，在选择店址时，必须予以注意。

3）物业成本。商店的租赁和购买成本，对零售商的决策具有决定意义。如果物业成本与销售潜力不相上下，就不值得去开发。并且物业面积和形状也要与零售商的设计思路吻合。

### 3. 影响商业区优劣的一些因素

（1）商业区所属的城市状况。主要包括城市规模的大小、人口的多少、城市的特征、城市商业状况、城市的影响力、城市对附近区域的辐射状况等。这些因素是在决定店铺规模、卖哪种类型和档次的商品时要着重考虑的，一定要适合大众需要，要与此城市的特征相符。

（2）商业区所处城市的位置。主要包括商业区的交通、通讯状况、其他服务业的设置情况、人流的集中状态和购买圈人们的消费水平等情况。

（3）商业区的内部状况。要考察竞争对手的情况，主要有该商业区的店铺数量、形状特点、道路性质、从业种类、市场规模及市场占有率，这一点尤其重要。同时，该商业区商业精神状态是否同心协力，是否唯利是图，是否有长远的战略发展眼光等也都是极为重要的。

## 思考题

1. 什么是批发商？什么是零售商？请简述二者之间的区别。
2. 面对日益激烈的市场竞争，批发商应制定什么样的营销战略？
3. 请简述零售商的渠道职能。
4. 什么是商圈？影响商圈形成的因素有哪些？
5. 请简要阐述商圈分析的具体内容和基本方法。
6. 假设你欲开设一家某品牌服装的加盟店，请问你该如何选择店址？

## 案例讨论

### 家乐福在中国市场的经营策略

作为具有中国特色的社会主义市场经济的重要组成部分，中国的零售市场当然也具有鲜明的中国特色。特别是目前仍属于发展的初级阶段，相关的政策、渠道的构成、消费者心理等因素相比于发达国家成熟的市场而言，何止是有特色，简直是奇特。在这样一个奇特的市场里，没有一点奇门异术是无法超越对手，赢得胜利的。而家乐福正是掌握了这门技艺，才能在中国市场大获全胜。

**1. 拜师学艺，沙场练兵**

中国作为全球人口最多的国家，市场的巨大早在20世纪80年代就足以令世界各大零售业者垂涎三尺。但由于政策壁垒，令众人不得其门而入，只能等待开放的时机。然而家乐福没有消极地等待，它预感到中国市场的奇特性足以令人无所适从，所以有必要在等待的时候做点什么，那就是学习。而这学习不是市场调查，不是专家研究，而是沙场练兵。中国有港、澳、台三个地方可以作为练兵之地，而家乐福更明智地选择了台湾地区市场作为学习与练兵之所，不只是因为台湾地区市场更大些，而是台湾地区的社会环境、渠道的构成、消费者心理等因素更为接近大陆市场，在那里学习和练兵将更为有效。

**2. 激流勇进，硬拼硬闯**

在中国政府开放零售市场之初，对外资零售企业的审批是很慎重的。直至2000年底，经国家正式批准的中外合资零售业企业才不过28家，但实际进入的不下300家。而这其中的佼佼者非家乐福莫属。

家乐福不是没有被相关部门处理过。早期它在北京的几家分店都有问题，主要是这几家没有一家是以家乐福名义注册的，都是其他名称。然而它能在激流中坚持下来，靠硬拼硬闯，并充分利用空子，打下了一个又一个的根据地，并作为已经成为"既定"的事实使其在市场上占有了先机。

**3. 炮制曲线战略，极具中国特色**

家乐福在开拓新店的过程中，采取了曲线挺进的战略。

第一步，组建多个子公司。家乐福在当时与中资的中创商业公司合资注册了家创商业管理公司，而后，中创商业公司又注册了一家名为创益佳商城的商业公司。作为中创商业公司的全资子公司，创益佳商城又把一切业务全部托管给了合资的家创商业管理公司，作为家创商业管理公司大股东的家乐福，就自然而然地介入到创益佳商城在国展中心旁的超市连锁店的业务中了，并且打出了家乐福的招牌。

第二步，输出管理绕过规定。在当时，合资的商业管理公司是允许的，按照有关规定，商业管理公司只能做咨询管理，而不能投资。也就是说，家乐福只能做商业管理的输出，而不能真正注资连锁企业的经营业务，创益佳商城则可不受任何政策限制进行商业经营活动。通过商城业务的托管，家乐福顺理成章地介入到企业的经营中，进入了广阔无边的中国零售业市场。

## 4. 超乎彻底的本土化

2005年5月，家乐福原来的"中国区总部-7个区域-门店"的三级管理架构调整为"中国区总部-4个大区-10个区域-门店"的四级管理架构。新增的4个大区——东区、中西区、南区、北区的管理机构分别设在上海、成都、广州、北京，这4个大区相比以前的7个区域拥有较大的独立性和自主权，80%的事情都由上述大区主管自行决定。家乐福中国区总裁施荣乐对此深有体会："中国各地气候、文化、生活方式、消费习惯差别很大，设立4个管理大区更加方便管理。"

这次管理构架的调整，实际上就是家乐福本土化策略的进一步彻底化，延伸到了区域性本土化的层面。比如，考虑到中国内地物流运输方面的局限性，非集中采购可以节省费用和成本。家乐福的生鲜产品都在当地采购，60%的日杂货物也靠当地供应商或者全国供应商在当地的分支机构提供。在产品采购上不仅关注中国制造，更是细化到了城市制造，城市区域性产品受到家乐福格外的关注和支持。

## 5. 以门店为中心的管理导向

与其他零售企业把门店简单看成一个销售中心相比，家乐福把门店看做是它的利润中心。它赋予了门店很大的权力。家乐福的采购与运营等主要经营权限很大程度上由各个门店和区域自行掌握，这充分地调动了各地门店的积极性，使区域性本土管理能力得以加强，从而成为提升销售业绩的重要途径。相应的，家乐福门店经理们的权力也很大，主要体现在两个方面：一是商品管理权力，包括商品选择、定价、促销谈判、订货、商品陈列等，二是人事行政权，包括人员配置、资产统筹等。商品管理权可以使门店经理快速响应当地市场和顾客需求，适应本土的零售市场。

## 6. 细节制胜的管理规范

零售业是个很讲求细节的行业，从商品陈列、POP广告、收银台设置直到停车位的设计等，都需要以顾客为导向。而家乐福在运营管理中的细致不仅体现于日常工作中，而且在门店的营运流程设计、工作内容设计、组织结构设计、工作模式等各方面都有所体现。比如，一般零售企业最多是月底大盘，但家乐福细化到了每天盘点，通过对每个小分类进行分析，做好分品类的周期盘点计划。讲求细节会在管理上增加难度，因为零售业从业人员的素质普遍都不高，所以需要很强的执行力。家乐福的门店管理则是提倡快速执行，而不要过多讨论和提建议，先去做，如果错了，再去调整。

## 7. 不遗余力的市场调查

家乐福每年都会对全球的每家门店做三个固定的顾客调查，由专门服务于家乐福的一家法国咨询公司承担，调查包括三个内容：门店市场占有率及顾客购买行为调查、门店形象调查和商品形象调查，然后形成三个分析报告并提交给各门店经理，门店经理们可以清晰了解在上一年度门店经营中出现的问题，并制定相应的对策。另外，家乐福有快速反应的竞争调查系统，家乐福内部采用的价格政策，实际上是一个系统的竞争反应流程。针对不同城市的竞争程度和消费习惯，家乐福制定了不同的价格弹性指数，以及敏感商品分类标准，并根据不同的商品敏感分类制定不同的竞争调查频率，进而保证了门店在商圈内超低的价格形象。

【问题】

1. 家乐福在华成功的主要经验有哪些？
2. 家乐福在华经营面临的主要风险和挑战是什么？

资料来源：艾育荣，《家乐福为何能在中国市场领先沃尔玛》，http：//finance. sina. com. cn 2005 年 11 月 29 日。有删改。

# 第 *11* 章

## 促销策略

**知识结构图**

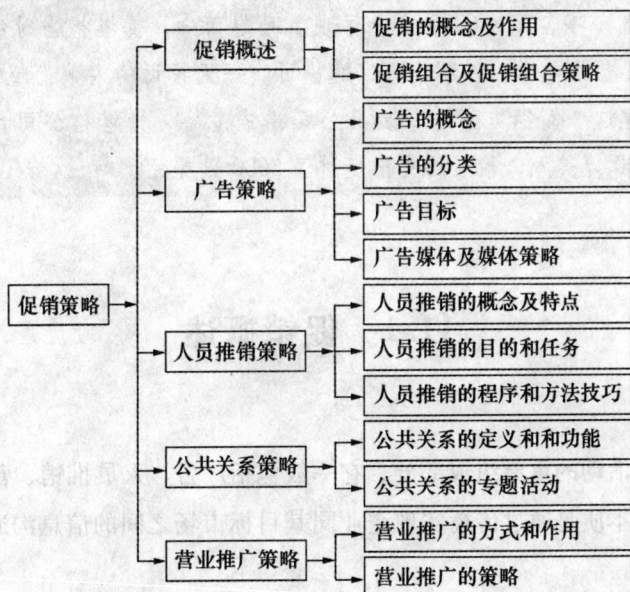

**本章导读**

促销是营销组合中的重要组成部分，主要包括广告、人员推销、公共关系及营业推广四个部分。每种促销方式都有其自身的特点，虽然最终目的都是为了促进产品销售，但促销的策略和手段有很大不同。本章主要学习促销的基本概念、作用和促销组合策略，重点分析了四大促销手段的策略和运用。

## 梅塔格公司失败的促销计划

梅塔格公司是一家有着100多年历史的洗衣机公司。多年来，梅塔格的洗衣机一直处于市场的主导地位。1980年，梅塔格的净销售额是4.09亿美元。为了促销产品，1992年8月，梅塔格在英国的胡佛公司推出了一项极具诱人的促销计划：凡在1993年1月底以前购买梅塔格公司的产品价值超过100英镑者，可以享受两次免费欧洲旅行；购买超过200英镑者，可享受两次免费去纽约或奥兰多的旅行机会。

受这一巨大诱惑的驱使，当地人立即兴起了一阵购物热潮。从表面上来看，他们的促销计划应该是成功了，但公司的经理忧心忡忡。因为他们从未想到会有这么多人参加，他们原以为有资格参加旅游的人数至多不超出5万人，但事实上竟有20多万人响应，而且均有资格参加免费旅游。最终梅塔格只对6000人兑了现。可想而知，梅塔格当时经受了怎样的压力，公司甚至专门开通了热线电话，以解决大家的投诉。每天投诉的人数都超过2000人，他们都要求赔偿。为了避免这一促销方案进一步给公司造成危害，梅塔格公司付出了惨重的代价，第一季度就损失3000万美元，最后的支出超过了5000万美元。

# 11.1   促销概述

促销是企业营销活动的重要组成部分，它一般包括广告、人员推销、营业推广和公共关系等具体活动。促销的本质是通过传播实现企业同其目标市场之间的信息沟通，最终达到促进销售的目的。

## 11.1.1   促销的概念及作用

促销是指企业将有关产品或服务的信息通过各种方式传递给目标消费者，从而促进目标受众了解、信赖并采取行动购买本企业的产品，以达到增加销售的目的。促销实质上是一种沟通活动，即企业（信息提供者或发送者）发出刺激消费的各种信息，以影响目标受众（即信息接受者，如听众、观众、读者、消费者或用户等）的态度和行为。常用的促销手段有广告、人员推销、营业推广和公共关系。当然，企业也可以根据实际情况及市场、产品等因素选择一种或多种促销手段的组合。

促销的最终目的是为了扩大销售，其重要作用主要体现在以下几个方面。

第一，促销可以缩短产品入市的进程，激励消费者初次购买。使用促销手段，可以快速调动消费者的购买热情，培养顾客的兴趣和使用爱好，使顾客尽快地了解产品。出于对购买风险的顾虑，消费者大都对新产品有一些抗拒心理。促销可以让消费者降低这种风险意识，降低初次消费成本，从而接受新产品。

第二，促销可以激励消费者重复购买，建立消费习惯。消费者在习惯使用某品牌商品后，除非不满意，一般不会轻易改变品牌，这主要是为了避免转换风险。企业通过持续的促销活动，促使消费者重复购买，进而形成习惯性消费。

第三，促销能够帮助企业提高销售业绩。促销可以改变一些消费者的使用习惯及品牌忠诚。受利益驱动，经销商和消费者都可能大量进货与购买。因此，在促销阶段，常常会增加消费，提高销售量。

第四，促销可以帮助企业树立竞争优势。毫无疑问，所有企业都希望能占有更多的市场份额，但市场毕竟是有限的，一家企业的获得也就意味着其他商家的失去。企业运用促销手段，可以强化市场渗透，加速市场占有，从而在市场竞争中获得优势地位。

第五，促销可以带动相关产品的销售。许多产品必须配合使用，如汽车与汽油、VCD 与光盘、手电筒与电池等。很显然，对茶叶的促销，可以推动茶具的销售；当卖出更多汽车的时候，轮胎的销售就会增加。在 20 世纪 30 年代的上海，美国石油公司向消费者免费赠送煤油灯，使得其煤油的销量大增。

第六，促销可以提升企业形象，提高产品的知名度与美誉度。通过广告、人员推销、营业推广以及公共关系等活动，可以帮助企业树立形象，为企业营造有利的经营环境，并使企业与消费者建立良好的关系。

## 11. 1. 2 促销组合及促销组合策略

### 1. 促销组合

促销组合是指企业将广告、人员推销、公关宣传和营业推广这四种基本促销方式组合成一个策略系统，使企业的所有促销活动互相配合、协调一致，最大限度地发挥整体效果，从而顺利实现企业目标。

促销组合体现了现代市场营销理论的核心思想——整体营销。促销组合是一种系统化的整体策略，广告、人员推销、公关宣传和营业推广则构成了这一整体策略的四个子系统。每个子系统都包含了一些可变因素，即具体的促销手段或工具，某一因素的改变意味着组合关系的变化，也就意味着一种新的促销策略。

## 2. 促销组合策略[①]

促销组合策略是根据产品特点和经营目标的要求，有计划地综合运用各种有效的促销手段所形成的一种整体的促销措施。企业的促销组合，实际上就是对上述促销方式的具体运用。在选择采取哪一种或几种促销方式时，要确定合理的促销策略，实现促销手段的最佳结合，必须注意把握影响促销策略的各种因素。

在实践中，促销方式有很多种，大体可分为两类：人员促销和非人员促销。具体说来又可以分为四种方式：人员推销、广告、公关、销售促进。

在实际促销活动中，企业是采用一种促销方式，还是采用两种或两种以上的促销方式，这就需要选择。如果选择两种或两种以上的方式，就要涉及以哪种方式为主、以哪几种方式为辅的问题。

经过促销组合所形成的某种可实施的对策，叫做促销策略，也叫促销组合策略。也就是说，促销组合策略是促销组合的某种结果或具体表现形式。

在实践中，如果促销组合所形成的促销组合策略是以人员推销为主，配合公关等其他促销方式，则这样形成的促销组合策略叫推式策略。推式策略主要适合于生产资料的促销，即生产者市场的促销活动。

另外一种方式，就是以广告为主，配合其他的促销方式，这样形成的促销组合策略叫拉式策略。也就是说，用广告拉动最终用户和激发消费者的购买欲望。

实践中，通常是推拉结合，有推有拉。也就是说，一方面要用广告来拉动最终用户，刺激最终用户产生购买欲望，另一方面要用人员推销的方式向中间商推荐，使中间商乐于经销或代理自己的商品，形成有效的分销链。当然，在进行促销组合的过程中，还要考虑产品的性质，并参照促销预算等有关因素进行组合。

---

① 张欣瑞等编著：《市场营销管理》，清华大学出版社、北方交通大学出版社，2005 年版。

# 11.2　广告策略

广告是企业营销活动的重要组成部分，也是一门带有浓郁商业性质的综合艺术。在现代商业社会里，广告扮演着越来越重要的角色。很难想象一家没有广告投入的企业会拥有家喻户晓的知名品牌。正因为如此，便有"企业如果不做广告，就如同在黑夜中向情人暗送秋波"的形象比喻。

## 11.2.1　广告的概念

"广告"一词用英语表达为"Advertising"。"Advertising"来源于拉丁文"Adverture"，其原意是"吸引人注意、诱导和披露"。"广告"一词在我国古汉语中并不存在，《康熙字典》和《辞源》中都查不到"广告"这个词语。直到 20 世纪初期，"广告"一词才被引入我国。所以"广告"一词也可以认为是个"舶来品"。

广告现象的普遍性及其作用的广泛性，使得人们从不同的角度来探索广告的含义，并由此形成了关于广告概念的多种不同认识与理解。

从市场营销学的角度来看，广告具有强调产品、服务等促销或销售的特点。也就是说，广告不仅传递信息，而且广告的最终目的在于促销或销售。相反，从传播学的角度来看，广告作为一种传播手段，其主要目的在于传递信息或劝说。

综上所述，广告可以定义为：可确认的广告主为促进交换，主要以付费的方式，通过各种媒体所进行的单向或双向的营销传播活动。

从上述定义中，我们可明确以下几点。

（1）广告的目的是促进交换。交换（exchange）是交换双方之间的一切行为。交换不仅包括交易（transaction）行为，而且还包括向社会捐赠从而得到荣誉感等的非营利性行为。如果广告不促进交换，结果不能说广告就完全起到其作用。也就是说，广告主体无论是营利机构还是非营利机构，广告主和广告受众之间最终必须形成交换行为。当然，广告传递信息，具有传播的功能，但广告的最终目的还是促进交换的。

（2）广告是可确认广告主的活动。在广告里，广告主不能用歪曲的方式表示自己的身份，广告主的身份必须是确定的。

（3）广告一般是以付费的方式进行的，但并非所有的广告都要付费进行。例如，企业在自己的网站上发布广告，并不需要支付媒体的使用费。

（4）广告是通过各种媒体以单向或双向的方式进行的。大部分广告定义所指的广告媒体是大众媒体，广告主利用大众媒体单向地传递信息。但现在多媒体等新媒体也成为广告的重要媒介手段。特别是多媒体具有双向传播的特点，不仅广告主传递信息，而且广告受众也搜寻自己所需要的广告信息，所以出现双向传播的广告现象。

（5）广告是营销传播活动。广告作为营销传播活动，与社会学、文化人类学、心理学、统计学、传播学等学科密切相关。广告是营销的科学性和适用各种艺术表现方法的艺术性融为一体的一种有意义的活动。

## 11.2.2　广告的分类

广告的分类方法很多，可以从多个角度对其进行划分。掌握广告的不同类型，有利于更好地了解和把握广告的特点，便于正确地选择和使用广告媒介。广告的具体分类大致有以下几种。

### 1. 根据广告媒体进行分类

根据媒体对广告进行分类是最一般的广告分类方法，不同的媒体采用不同形态的广告。

（1）电波广告。它是指主要通过电波手段来表现广告信息的广告形式，主要包括电视广告和广播广告，它们均属于传统的四大广告媒体。电视广告是以电视为媒介传播的广告，它具有形象、直观、传播范围广、传播迅速等特点，近年来一直是广告发布的第一大媒体。广播广告是运用无线或有线广播传播的广告，它是一种大众化的广告。此外，电影和幻灯播放的广告亦属于电波广告。

（2）印刷品广告。它是指主要通过印刷品传递广告信息的广告形式，包括报纸、杂志、招贴、函件、册子、台历、产品目录、传单等广告，其中的报纸和杂志属于四大广告媒体。

（3）户外广告。它是指通过存放于开放空间的媒体而发布的广告。户外媒体主要有交通类和建筑类两种。其发布媒体具体包括户外的电子显示屏、悬挂在建筑物上的大型广告牌、霓虹灯、专门设置在公路旁及重要交通路口的路牌、流动广告车，以及车体、船体内外装饰等。

（4）新媒体广告。所谓新媒体广告，是指利用因特网、PC 通讯（个人电脑）、手机等新媒体来传播广告信息的广告形式。由于新媒体广告自身具有传统媒体所不具备的诸多优势，目前正在以令人惊讶的速度发展，并且已经对传统的广告媒体产生了巨大的冲击。仅以手机短信为例，2003 年春节期间，中国移动发送的短信量为 60 亿条，彩信发送量达 100 万条，我国手机短信的发送量每月增长率为 10%～20%，短信广告的发展前景诱人。

（5）直接邮递广告（direct mail advertising，DM）。它是指直接将印刷品广告、录像带、影碟甚至实物等寄送给广告对象的广告。在国外，直接邮寄广告是一种常见的广告形式，但在我国这种广告形式还不为大多数商家所采用。

（6）售点广告（point of purchase advertising，POP）。售点广告是指在销售现场所做的广告，它是购物场所内外一切悬挂、设置的广告的总称。从建筑物外悬挂的巨幅旗帜，到商店内外的橱窗广告、商品陈列、商品的价目表以及展销会等，都属于售点广告的范畴。

此外，还有许多利用其他媒体发布广告信息的广告形式。如利用飞机等飞行物悬浮标语，甚至喷洒烟雾组成特定图案的空中广告，以及利用包装物和手提袋传播广告信息的包装广告等。这些丰富了广告媒体的形式，也发挥了较好的广告效果。

**2. 根据广告主进行分类**

根据传递广告信息的主体即广告主，可以将广告分为以下三种。

（1）制造商广告（manufacturer's advertising），即直接生产或制作产品的广告主所作的广告。

（2）中间商广告（retailer's advertising），是商业批发企业或零售商所作的广告。

（3）合作广告（cooperative advertising），是分销商做广告，但制造商承担部分广告费的广告。

**3. 根据广告受众对象进行分类**

广告有不同的对象，不同对象所处的地位不同，购买目的、购买习惯、消费方式等也有所不同。广告对象可分为消费者和企业。

（1）消费者广告（consumer advertising）。此类广告直接指向最终消费者，是以消费者为对象所做的广告。消费者广告一般利用大众媒体。此类广告占广告的大部分。

（2）商务广告（business advertising）是以企业为对象的广告。商务广告又分为以购买原材料、设备等产业用品的企业为对象做广告的产业广告、针对批发商和零售商等中间商为对象所做的商业广告、以购买农业生产资料的农民为对象所做的农业广告等。商务广告一般利用专业媒体。

**4. 根据广告内容分类**

按照广告传递信息的内容不同，可以将其分为产品广告和非产品广告。

（1）产品广告（product advertising）。此类广告的目的是使目标受众了解产品的性能、特点，知晓产品的商标，并产生好感，进而在选购该类产品时给予特别注意的广告形式。产品广告占据着所有广告的绝大多数，几乎所有广告主都十分重视产品广告。

（2）非产品广告（nonproduct advertising）。此类广告的目的是扩大企业的知名度和影响力，建立及提升企业形象。因而，在广告中一般并不直接介绍产品和宣传产品的性能、特点等方面的优点，而更多的是表现企业的精神、理念及象征等，这类广告也称为形象广告。

**5. 根据广告目的分类**

在不同的时期和具体的环境下，企业的广告目的会有所不同。从经济效益的角度，可以将广告的目的分为营利性广告和非营利性广告。

（1）营利性广告（commercial advertising）是以获取营利为目的的广告，也叫经济广告。企业所做的大部分广告就是营利性广告。

（2）非营利性广告（noncommercial advertising）。此类广告的目的并不是获取营利，而是企业或社会团体表明其对社会的功能和责任，表明自己追求的不仅仅是从经营中获取营利，而是过问和参与如何解决社会问题和环境问题。此类广告也叫公益广告（public advertising）。

**6. 根据产品的生命周期分类**

根据产品的生命周期，广告可分为认知性广告、竞争性广告和提醒性广告。

（1）认知性广告（awareness advertising），通过向消费者介绍产品的性质、性能、用途、价格等，促使消费者对产品的认知，产生初步需求。

（2）竞争性广告（competitive advertising），是一种以说服为目的的广告，使消费者对某种品牌的产品加深印象，刺激选择性需求。

（3）提醒性广告（remind advertising），是指对消费者已有使用习惯和购买习惯的产品，提醒他们不要忘记这个产品，刺激重复购买，也叫备忘性广告。

**7. 根据广告诉求分类**

广告诉求是指通过广告传播来促使消费者的认知和行动，也就是广告诉说有关内容，要求消费者按广告内容指示去购买。

（1）感性（情感）广告（emotional advertising）。感性广告是指广告内容的选择主要是从感性的角度出发，寻求产品特色与目标受众情感之间的一种和谐或共鸣。感性诉求可分为两种：一种是愉悦感性广告。这类广告着重运用富有人情味的诉求，为获得美满感去购买广告的商品。多数消费品均用这种方式，如温暖广告、幽默广告等。另一种是恐惧感性广告。这类广告强调不幸情景，为预防或阻止其出现而购买。药品、保险等广告会用这种方式，如严重性广告、恐惧广告等。

（2）理性广告。理性广告是指广告内容的选择主要从理性的角度出发，直接陈述商品的好处或给消费者能带来的物质利益，从而促使消费者产生理智性购买，主要有产品提示性广告、比较广告等。

#### 8. 根据广告传播范围分类

按照广告传播的范围，广告可分为以下三种。

（1）全国性广告。选择全国性的媒体，如全国性的报纸、杂志、电视、电台等所进行的广告活动形式。这类广告是以全国市场为目标市场的，所以是根据全国性市场的特点进行设计与制作的。对于同质性较强的产品以及在全国范围内销售的品牌产品而言，可能会更多地采用这类广告形式。

（2）区域性广告。这是选择区域性的媒体所进行的广告活动形式。由于我国幅员辽阔，各地区之间经济发展不平衡，消费水平也有较大的差距，因而许多商品并不是以全国市场为目标市场的，而是在区域市场内销售。这样，大量的此类广告是针对此类市场的特点进行设计与制作的。区域性广告与全国性广告相辅相成，各具特色，从而提高了总体广告效果。

（3）国际广告。这是选择国外的广告媒体所进行的广告活动形式。国际广告又可分为标准化（standardization）国际广告、当地化（localization）国际广告。标准化国际广告是把同样的广告信息和宣传主体传递给各国市场的广告形式，这种广告要求忽视各国的市场个性，而强调各国市场需求的一致性。当地化国际广告是指通过向不同的国家和地区传递不同的信息，强调各国市场的差异性。采取哪种国际广告形式，实际上是国际广告策略的选择问题。

## 11.2.3　广告目标

#### 1. 广告目标的特点

广告是实现企业经营策略的工具之一。成功的广告策略必须有明确的目标：是短时期内推销产品还是树立良好的企业形象；是扩大市场区域还是要提高市场占有率；是极力保护巩固现有市场还是向竞争对手发动进攻，进一步抢夺对手的市场。这些问题在广告策划中必须首先明确，只有这样，制定的广告策略才能有的放矢。一般来讲，广告目标就是广告主希望广告活动所能达到的预期目的。

广告目标的确定不是随机的，而应当是建立在对当前市场营销情况透彻分析的基础上，以企业的目标市场、市场定位、市场营销组合等重要决策为依据而确立的。

广告目标与促销目标都是为了扩大商品销售，但与促销目标相比，广告目标又有以下特点。

（1）促销数额的不确定性。促销目标可以用销售额或利润额的完成情况来确定，而广告目标很难准确确定它到底完成了多少销售额或利润。例如，一个企业的促销目标可以确定为一年内把销售额增长到20%，但广告目标却很难如此确定，因为影响企业销售额的因素除了广告之外，还受其他因素的影响，如企业产品的价格、包装、流通、营业推广以及消费者偏好的变化等（图11－1）。

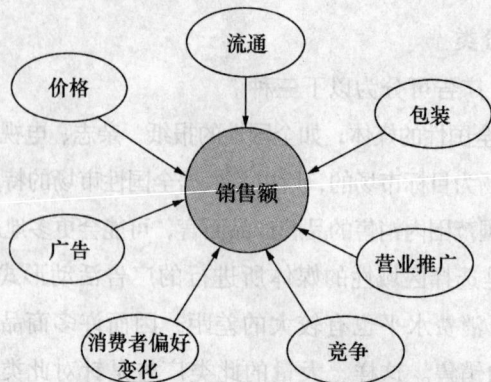

图 11-1 影响企业销售额的因素

（2）期间的不确定性。促销目标一般以一定的期间为衡量标准，而广告的促销目标很难以一定的期间为标准进行准确衡量，广告效果具有迟效性，其效果要在广告刊播以后持续一段时间才表现出来。例如，某一家化妆品公司在电视上做了化妆品广告，但消费者并不一定看了广告以后马上就去购买，而要经过一系列的心理活动过程或认知过程以后再做出购买决策。

（3）广告目标的多元性。促销目标一般是单一的，就是为了扩大销售额，而广告目标除扩大销售额之外，还有如提高产品及企业的知名度、改变消费者态度等目标。

**2. 广告目标的类型**

广告虽然以促进销售为最终的目标，但不同的企业在不同的时期、不同的广告对象和营销策略要求下，广告的目标是有所不同的。由于市场经济的复杂性，企业市场营销策略的多样性，使得企业的广告目标也具有多样性，我们可以从几个不同的角度来对其进行分类。

（1）根据市场营销策略划分。

1）创牌广告目标。此类广告的目的在于开发新产品和开拓新市场。它通过对产品的性能、特点和用途的宣传介绍，提高消费者对产品的认识程度，其中着重要求提高消费者对新产品的知名度、理解度和品牌标记的记忆度。

2）保牌广告目标。此类广告的目的在于巩固已有市场阵地，并在此基础上深入开发潜在市场和刺激购买需求。它主要通过连续广告的形式，加深目标受众对已有商品的认识，使消费者养成消费习惯，潜在消费者产生兴趣和购买欲望。广告诉求的重点在于保持消费者对广告产品的好感、偏好和信心。

3）竞争广告目标。此类广告的目的在于加强产品的宣传竞争，提高市场竞争能力。广告诉求重点是宣传本产品比之同类其他产品的优异之处，使消费者认知本产品能给他们带来什么好处，以增强偏好度并指明选购。

（2）根据广告的目的进行划分。

1）信息性广告目标。此类广告目标的作用在某些产品开拓阶段极为突出，因为消费者对产品的性能、品质和特点有所认识，才能对产品产生基本需求。如对某种保健营养饮料，应首先把该产品的营养价值及其多种功效的信息传递给消费者。

2）说服性广告目标。广告产品处于成长或成熟期阶段，市场上同类产品多了，替代品也不断出现，市场竞争也日趋激烈，消费者购买选择余地大。这时，企业为了某一品牌培植选择性需求，在激烈的竞争中处于不败之地，多采用说服性广告，通过说服或具体比较从而建立某一品牌的优势。

3）提醒性广告目标。当产品处于成熟期阶段，虽然产品已有一定的知名度，消费者已有一定的消费习惯，但由于新产品不断涌现，同类产品选择余地大，所以提醒性广告不仅起"提醒"作用，更重要的是起"强化"作用。其目的在于使现有的购买者确信他们做了正确的选择，从而加强重复购买与使用的信心。

以上三种广告目标的具体运用见表 11 - 1。

表 11 - 1　　　　　　　　　不同广告目标的诉求目的

| 类　型 | 诉求目的 |
| --- | --- |
| 信息性广告目标 | ·介绍有关新产品信息<br>·推介产品的新用途<br>·价格变动的信息<br>·宣传产品的制造过程<br>·描述可提供的服务<br>·改正错误的印象<br>·减少消费者的顾虑<br>·树立企业的形象 |
| 说服性广告目标 | ·培养品牌偏好<br>·鼓励顾客改用本企业的品牌<br>·改变顾客对产品特性的感知<br>·说服顾客现在就购买 |
| 提醒性广告目标 | ·维持最高的知晓度<br>·提醒人们在何处购买<br>·提醒顾客近期可能需要此产品<br>·淡季时保持产品在人们心目中的印象 |

（3）根据广告的信息处理过程进行划分。

从广告信息处理模型来看，消费者接触广告以后首先认知广告，然后认知品牌的属性，或产生对广告的态度，形成购买意图，最后在这些购买意图的驱使下去购买产品（见图 11 –2）。

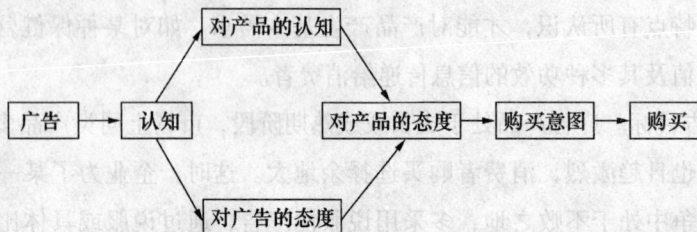

**图 11 –2　广告信息处理模型**

从广告信息处理模型来看，消费者接触广告以后，受各中介因素的影响，对广告的反应结果也是不一样的。图 11 –3 概括了消费者对广告反应的中介因素与行为/结果因素。

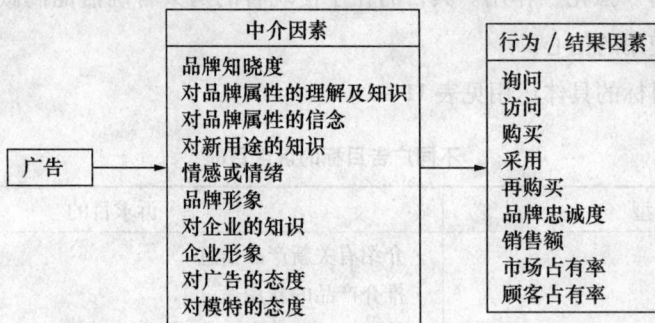

**图 11 –3　中介因素与行为/结果因素**

### 3. 确定广告目标时应遵循的原则

广告目标是广告策划活动所要运作的方向和实现的目标，也是评定广告效果的标准。广告目标的确定是否得当，关系到广告计划的制定和实施，关系到广告效果的好坏，也直接影响到企业的经济效益。因此，广告目标的确定要遵循科学的原则，要注意以下几种。

（1）要符合企业的营销目标。广告是企业营销活动的一种促销手段，广告目标是企业营销目标在广告活动中的具体化。广告目标应服从、服务于企业的营销目标，否则，广告活动就失去了意义。

（2）广告目标要切实可行。在确定广告目标时，要考虑到目标实现的可行性，要从实际出发，全面分析，研究企业内外条件的影响和制约因素，既不要降低标准，也不要脱离实际盲目求高，力求使目标恰当、合理，切实可行。

（3）广告目标要明确具体。广告目标不能含含糊糊、模棱两可，不能笼统地确定为开拓市场、扩大市场份额、促进商品销售等。广告目标应当尽可能的量化，确定衡量的标准，如产品知名度、市场占有率、产品销售增长率等。广告目标应具体明确，这样，既有利于广告计划的制定和实施，也有利于最后对广告效果进行测定和客观评价。

（4）广告目标应单一。在某一次具体的广告活动中，切忌追求多目标，多目标实际上是主次不分，力量也容易分散，中心不突出，难以收到应有的广告效果。

（5）广告目标要有一定的弹性。广告在实施过程中，企业内外环境可能发生较大的变化，这些变化在制定广告目标时是难以预测的。广告活动为了适应这种变化，配合企业整体营销的进行，需要做适当的调整。这种调整，不是彻底地变换广告目标，而是在广告目标所能容许的限度内，增强广告目标的适应性。

（6）广告目标要有协调性。广告活动是企业整体营销中的一个组成部分。为了配合企业的整体营销活动，在确定广告目标时，既要考虑到它与企业的其他促销手段的协调，又要考虑到与企业其他部门的活动相协调，以利于实现企业的营销目标。

（7）广告目标要考虑公益性。尽量将企业利益同社会利益结合起来，使两者相互促进，建立起符合社会利益的企业形象，这也是企业广告目标的最终目标。

## 11.2.4　广告媒体及媒体策略

媒体，又称媒介（media），就是指将信息传递给社会大众的工具。广告媒体是指借以实现广告主与广告对象之间联系的物质或工具。凡是能刊载、播映、播放广告作品，在广告宣传中起传播广告信息作用的物质都可称为广告媒体。例如，大众传播媒体（包括电视、广播、报纸、杂志）、路牌、交通工具、互联网、霓虹灯、商品陈列、橱窗、包装物以及产品说明书、企业名录等。

### 1. 广告媒体的基本功能

广告和媒体相互依存。在大众传媒经营活动中，大众传媒提供各种信息服务，需要一定的资金支持，而广告收入则是其主要的收入来源。作为一种信息服务，广告传播需要依存于节目、版面中，凭借公众对大众传媒的信任和好感而达到一定的效果。这种相互依存的关系促进双方的共同发展。具体而言，广告媒体在广告活动中具有以下基本功能。

（1）传递功能。美国著名传播学家施拉姆在《传播学概论》中写道："媒体就是在传播过程中，用以扩大并延伸信息的传播工具。"可见，广告媒体具有筛选、加工、扩散信息的功能。由于广告媒体不受时空的限制，它所传播的范围和对象具有广泛性和渗透性，不论受众在什么地方，广告媒体都会发生作用。

由于广告媒体具有传播信息的功能，本身具有实用性，可以为广告主或媒体受众带来一定的经济效益和社会效益。因此，无论对广告主还是对广大受众，广告媒体都具有一定的吸引力。

（2）服务功能。广告媒体可以根据自身的特点，为广告主、广告经营机构、媒体受众提供有用的、真实的信息，满足不同层次的需要。对广告主来说，可以将企业的经营特色、产品等方面的信息提供给目标市场；广告经营机构可以通过广告媒体发布供求双方的信息；广大受众可以通过广告媒体了解各种品牌产品的信息，为他们的购买决策提供依据。

由于广告媒体具有上述功能，使其成为现代企业开展市场营销活动的重要手段或工具。广告策划者应当根据广告主的实际需求以及各种广告媒体的特点，选择适当的媒体形式，发布广告信息，取得理想的广告效果。

**2. 广告媒体的分类**

广告媒体根据受众规模的不同，把传统媒体分为大众传播媒体和小众传播媒体两大类。随着科学技术的进步，新媒体崛起后成为传播广告信息的一支生力军，我们把它们归为一类。下面就各种广告媒体的特点分别进行介绍。

（1）大众传播媒体。大众传播媒体主要是指报纸、杂志、广播、电视、网络、电影等媒体。特别是前四种，是广告传播活动中最为经常运用的媒体，通常被称为四大广告媒体，但近年来网络媒体异军突起，大有后来居上之势。

1）电视媒体。电视是运用电波把声音、图像（包括文字符号）同时传送和接受的视、听结合的先进的传播工具，是一种具有多种功能的大众传播媒体。自 20 世纪 30 年代问世以来，电视不断以新的面貌面向广大观众，已经深入千家万户，在传播领域中产生了越来越大的影响，也是传播广告信息的主要媒体之一。

电视广告不但可以向媒体受众介绍广告产品的性能和特征，而且可以形象、直观地将广告产品的款式、色泽、包装等特点展现在媒体受众面前，从而最大限度地诱使媒体受众产生购买欲望。

与其他媒体广告相比较，电视广告具有以下优缺点。

电视广告的优点：①直观性强，具有视听效果的综合性。电视节目既能看，又能听，可以让媒体受众看到表情、动作变化的动态画面，生动活泼，因而对观众有广泛的吸引力。特别是电视可以突出广告产品的品牌个性，如外观、工艺水平、文化附加值等。电视集声音、图像、色彩、活动于一体，可以直观地、真实地、生动地反映商品的特性，不必更多说明也能使消费者了解商品，给观众留下深刻印象。②传播范围广，信息传播迅速。电视具有极高的普及率，收视对象层次广泛，能在节目覆盖的地域范围内迅速传递信息，易于配合广告商家新产品上市、销售等促销活动。③有较强的视觉冲击力和感染力。电视是唯一能够进行动态演示的感性型媒体，因此电视广告的冲击力、感染力特别强。因为电视媒介是用忠实地记录手段再现信息的形态，即用声波和光波信号直接刺激人们的感官和心理，以取得受众感知经验上的认同，使受众感觉特别真实，因此电视广告对受众的冲击力和感染力很强，容易引起受众的关注。④利于说服广告受众，增加消费者购买的信心和决心。由于电视广告形象逼真，就像一位上门推销员一样，把商品展示在每个家庭成员面前，使人们耳闻目睹，对广告的商品容易产生好感，引发购买兴趣和欲望。同时，观众在欣赏电视广告中，有意或无意地对广告商品进行比较和评论，通过引起注意，激发兴趣，统一购买思想，这就有利于增强购买信心，做出购买决定。特别是选择性强的日用消费品、流行的生活用品、新投入市场的商品，运用电视广告，容易使受众注目并激发对商品的购买兴趣与欲望。⑤注意率高、影响面广。在日常生活中，多数人们在看电视的时候相对比较专心，所以电视广告的被注意率较高。对多数人来说，电视是一种娱乐形式、教育途径，是重要的信息来源，是生活中的重要组成部分。

电视广告的缺点：①针对性不强、诉求对象不准确。电视媒体传播信息的广泛性是相对的。从世界范围来看，电视传播所到之处，就是广告所到之处。但就某一个具体的电视台或某一则具体的电视广告而言，其传播范围又是相对狭窄的。电视媒体传播信息范围的广泛性同时也就衍生出传播受众构成的复杂性。不论年龄、性别、职业、民族、受教育程度等，只要看电视就成为电视媒体的诉求对象，但不可能全部成为广告产品的购买者。因此，电视媒体具有针对性不强、诉求对象不准确的缺点。②受众被动接受，缺乏选择性。绝大多数观众看电视节目的目的是为了娱乐、接受教育和获取新闻资讯，而不是为了接受电视广告传播的信息。受众在看电视时往往会被动地接受信息，缺乏选择性，不像报纸、杂志那样有较大的选择性。③一次性传播，无法保存。电视媒体在传播信息时，一次传播，过而不返。不论看清、听清与否，在单位时间内都无法让其重返。因此，电视媒体的广告宣传具有一次性，稍纵即逝，不可逆转。大多数电视广告都是重复播出的，以弥补一次性不易记忆的不足，起到加强印象的作用。④费用高昂，一般企业无法承受。广告片的设计涉及面甚广，模特、道具、场景安排等都得花一大笔投资，摄制费用也不低，尤其是媒体的投放费用更是高昂。因此，大多数中小型企业无力负担。⑤受时间所限，不利于深入传递广告信息。电视广告制作费用高昂，黄金播放时间收费最贵。电视广告时间长度多在 5~45 秒之间。要在很短的时间内，连续播出各种画面，闪动很快，不能做过多的解说，影响人们对广告商品的深入理解。⑥电视台播放广告过多，观众容易产生抗拒情绪。为了追求更大的经济利益，大多数电视台极尽所能来插播广告，正常的电视节目因此常常被广告所打断，容易引起观众的不满和抵触。

2）广播媒体。广播媒体包括有限电台和无限广播网。广播媒体是通过运用语言、音像、音乐来表达广告产品或企业的信息。广播媒体的特点可以概括为：采用电声音频技术，按时传播声音节目，专门诉诸媒体受众的听觉。

广播广告的优点：①覆盖面广，受众多。目前广播基本上不受时间和空间的限制。从电波所及的范围看，可以覆盖整个国土，不论城市、乡村，都可以听到广播节目。广播媒体的受众也非常广泛，只要有一定的听力，就是广播广告的需求对象。②以声带响，亲切动听。广播媒体是声音的艺术。广播广告最突出的特点就是用语言解释来弥补无视觉性形象的不足。运用人的语言，通过绘声绘色的描述，可以造成由听到视的联想，从而达到创造视觉形象的目的。③制作容易，传播迅速。广播广告是通过播音员的叙述，有时加上音像效果、背景音乐来播放的，有时则以文艺节目的形式出现，因此制作起来简便灵活。与电视媒体、报刊媒体相比较，广播广告的制作工序比较简单。广播广告是通过电声传播信息的，而电声传播的速度非常快，只要写好广告词，就可以马上播出去，听众就能立即听到。④重复广播，不觉其烦。重复广播是广播媒体的一条规律。广播是通过声音来传播节目，而声音又具有转瞬即逝的特点，听众听了一遍之后，留下的音像往往不深。为了加深印象，广告节目可以多次重复播放。⑤经济实惠，收听方便。广播媒体与其他媒体相比较，节目制作成本低廉，一般广告主都能承担。

广播广告的缺点：①缺乏视觉感受。与其他媒体相比，广播广告有声无形，只能用声音诉诸听众，缺少视觉形象，看不到商品的外观，受众印象比较浅薄。有些必须展示和观赏的产品不适合做广播广告。②时效短、易被疏忽。广播广告是听觉媒体，听觉信息转瞬而逝，无法存查。广播广告的信息传递具有不可重复性，时效较短，广告的遗忘度大，难以吸引听众，更难以让广告受众留下深刻的印象。③受新兴媒体的冲击巨大，广播媒体的影响力在逐渐下降，广播广告的受众越来越少，并且收听效果难以准确把握和测定。④听众被动接受，选择性不强。广播广告很少被听众主动接受，听众一听到广告往往很快换台，转而收听其他节目。

3）报纸媒体。报纸是传统的四大媒体之一。报纸运用文字、图像等印刷符号，定期、连续地主要向公众传递新闻、时事评论等信息，同时传播知识、提供娱乐或生活服务。报纸一般以散页的形式发行，版数具有一定的伸缩性，刊载信息容量较大。报纸是较早面向公众（消费者）传播广告信息的载体，现在依然是最重要的广告媒体之一。

报纸广告的优点：①覆盖面广，发行量大。除一些专业性很强的报纸以外，一般公开发行的报纸，都可以不同程度地渗透到社会各个领域。尤其是全国发行的报纸，可以覆盖全国的各个层次、各个地方。②广告信息传播迅速。报纸大多是当日发行，出版频率高，读者通常可以阅读到当天的报纸，对于时效性要求高的产品宣传，不会发生延误的情况。③选择性强，读者阅读时比较主动。广告主可以根据各种报纸的覆盖范围、发行量、知名度、读者群等情况，灵活地选择某种或几种报纸进行广告宣传。由于报纸的可读性强，读者阅读时可以自由选择喜爱的栏目。④读者广泛而稳定。报纸能满足各阶层媒体受众的共同需要。因此，它有极广泛的读者群。不同的读者群，其兴趣、偏好各不相同，在一定时期，兴趣、偏好是不易改变的，这就使得报纸的目标市场具有相对的稳定性。⑤表现方式灵活多样。报纸传播信息的方式多种多样，或图文并茂，或单纯文字，或诉诸理性，或诉诸情感。⑥信息易于保存，便于查找。报纸媒体不同于电视和广播媒体，读者不受时间限制，可随时阅读或重复阅读。时间长了，读者还可以查找所需要的信息资料。⑦可以凭借报纸的信誉加深广告效果。由于报纸是以报道新闻为主的，所传递的信息容易使读者产生信赖和关心，并影响到对报纸所刊载广告的感觉。⑧广告费用相对较低。这是报纸媒体与电视媒体的主要区别之一。对大多数中小型广告主来说，是有能力承担的，并且广告投资风险也相对较小。

报纸广告的缺点：①有效时间短。报纸出版率高，每天一份。绝大多数媒体受众只读当天的报纸，很少有人读隔日的报纸，因此报纸的有效期较短。它的有效期也只是报纸出版后读者阅读的那一段时间。对于广告策划者来说，特别重视广告定位以及广告诉求点的准确把握，即精心思考"说什么"与"怎么说"，尽可能在有限的时间内给媒体受众明确清楚和印象深刻的重点信息。②广告注目率低。通常，报纸广告不会占据最优版面，读者阅读报纸时往往倾向于新闻报道和感兴趣的栏目，如无预定目标，或者广告本身表现形式不佳，读者往往忽略广告，即便看了几眼，也会视而不见。③印刷不够精美。由于纸张材料和技术的局限，更重要的是发行者出于对报纸成本的控制，不少报纸广告的印刷常常显得粗制滥造。特别是图片摄影，其粗糙和模糊的印刷使媒体受众在潜意识中产生一种不信任感，往往产生副作用。因此，对图片的印制要尽可能精致些。④报纸广告表现形式单一，无听觉与动态视觉刺激，广告吸引力不强。⑤广告相互干扰，降低受众对单个广告的关注度。报纸的售价一般很低，大都是靠广告收入来维持的，所以，很多报纸以多条信息在同一版面并置形式排列广告版面。如果管理不当、专业不精，显得杂乱不堪，过量的信息削弱了单个广告的作用。

4）杂志媒体。杂志是一种具有一定间隔周期、定期发行的具有小册子形式的出版物，一般分为周刊、半月刊、月刊、双月刊和季刊等。杂志与报纸相比，具有更强的专业性，往往是针对特定的受众群体。在大众化的广告媒体中，杂志媒体不同于报纸、电视和广播那样具有很强的新闻性。杂志媒体具有延伸性、持续性和知晓性等特点。与其他媒体的广告相比，杂志广告具有以下优缺点。

杂志广告的优点：①针对性强，目标受众明确，具有明显的读者选择性。与报纸的地区选择性不同，杂志的读者有很强的选择性。杂志媒体的这一特点可以通过读者的类型、年龄、收入情况表现出来。这有助于广告策划者根据广告主的自身情况和产品的特点，选择最合适刊载的广告信息、最能将广告信息传递给目标受众的杂志类型。②信息的生命周期较长，传阅率高。杂志由于装订成册、便于携带和收藏，读者多为固定订户，阅读时比较专心。实际阅读率高，由于杂志被保存的时间长，反复阅读率高，而且传阅性好，所以能扩大和延续广告的传播效果。杂志是所有广告媒体中生命周期最长的媒体。③印刷质量较好，广告表现力较强。杂志的纸张质量较好，印刷设备性能优良，因而广告制作与印刷质量远远高于报纸，其中最具优势的是彩色广告。印刷精美的杂志广告能够产生较强的视觉刺激，使媒体受众感到真实，并留下深刻的印象。④编排整洁、灵活性强。杂志媒体版面小，每页编排较为整洁，不像报纸那样内容繁杂，因此，每则广告都显得醒目；同时杂志广告可承载的信息较多，可以比较自由地运用文字、图片、色彩等手段表现广告内容。杂志还可以做连页或折页来延展版面空间，运用一些特殊形式来表现广告商品，造成画面的震撼效果。⑤面向的人群比较特定，杂志广告的效果较一般媒体容易测定。

杂志广告的缺点：①时效性差。由于杂志出版周期长，出版频率低，因而不像报纸媒体那样能够迅速及时地反映市场变化，不适合于做时间性要求强的产品广告，也不适合于营造声势大的营销活动。杂志广告的功效是延缓而非及时的，不易很快使媒体受众产生购买欲望。②影响面窄。由于杂志媒体的读者相对少，专业性强，因而接触对象不广泛，影响面相对狭小。③广告费用较高。杂志上刊登广告需要较多的广告制作费和刊物费用，加之杂志的专业性强，影响面窄，一般广告主会认为付出大量的广告费用而得不偿失。

5）网络媒体。被誉为"第四媒体"的互联网的兴起与迅猛发展，为广告业提供了一种全新的媒介和一次全新的机遇。它所创造的信息平台为广告市场提供了一个巨大的潜在传播渠道，它的发展带来了传媒生态的新变化。互联网通过一系列互相连接的计算机，在全球范围内实现信息交换和传播，不仅具有广播、电视、报纸、杂志等传统媒体的一般功能，而且具有传统媒体无可比拟的独特优势。当然，正在发展中的网络媒体也有不尽完善的地方，对于网络广告的评价也是众说纷纭。

6）电影媒体。电影虽然属于大众传播媒体，但相对其他媒体而言，其影响力要小得多。但电影广告有自己的优势，主要表现在：电影银幕面积大，声音效果好，真实感强，不受时间限制，诉诸观众的信息密集，诉求重点明确。电影广告一般在正片之前放映，观众接受广告信息时环境较舒适，心情较松弛，对广告较少排斥心理，注意力较集中，因而能收到比较好的广告效果。随着我国广告业的发展，电影广告逐渐受到重视，已被不断开发和利用。

电影广告的缺点也很突出，表现在电影广告受放映时间和场地的限制，传播范围有限，且电影广告片拍摄费用也比较高，因而广告界对电影广告的重视程度不及其他媒体高。

（2）小众传播媒体。相对于大众传播媒体而言，还有很多用来传播广告信息的媒体，传播范围较小，受众群体有限，故称为小众传播媒体。这些媒体往往可以直接影响消费者的购买行为，促进销售，是对大众媒体广告有益的补充。小众传播媒体有时也被称为促销媒体。

小众传播媒体广告主要有销售点广告（POP 广告）、邮政或函件广告（DM 广告）、户外广告和交通广告，前面已有介绍。

**3. 广告媒体的选择**

广告媒体是传播广告信息的手段和工具，离开了广告媒体，广告信息就无法传播。在广告活动中，选择的广告媒体不同，广告策划的内容、广告费用以及广告效果等也就不同。

广告媒体选择是指根据广告目标的要求，以最少的成本选择合适的传播媒体，把广告信息传达给预定的目标消费者，并保障接触者的数量和接触的次数。其中心任务就是比较广告目标与媒体之间的差距，并根据广告目标的要求选择广告媒体。

（1）确定广告信息传播的数量指标。选择广告媒体时，必须首先确定广告信息传播的数量指标。常用的数量指标主要有以下几种：

1）视听率。视听率（rating）是指在一定时间内收看（收听）某一节目的人数占电视观众（广播听众）总人数的百分比。视听率是广播电视媒体最重要的数量指标。广告主和广告公司根据该指标购买广播节目和电视节目，以判断他们的广告信息将能达到多少人，计算这些人将会多少次暴露于广告信息之中。国外的广播电视经营者常用该指标来评价节目的普及情况。如果某一节目的收视率高，该节目就可继续播放。反之，就有可能被停播。视听率也是广播电视经营者确定广告刊播收费率的标准之一。

2）开机率。开机率（homes using TV，HUT）是指在一天中的某一特定时间内，拥有电视机的家庭中收看节目的户数占总户数的比例。开机率的高低，因季节、一天中的时段、地理区域以及目标市场的不同而不同。这些变化反应了目标市场上消费者的生活习惯和工作形态。早晨因人们去工作而开机率低；傍晚当消费者回家时则开机率高；深夜人们逐渐入睡，开机率又降了下来。

3）节目视听众占有率。节目视听众占有率是指在一定时间内，收看或收听某一特定节目的消费者家庭数目占总开机家庭数的百分比。

视听率、开机率与节目视听众占有率有密切的关系，它们的计算公式如下：

视听率 = 开机率 × 节目视听众占有率

4）总视听率。总视听率（gross rating points，GRPs）是指在一定时期内某一特定的广告媒体所刊播的某广告的视听总数。例如，一个媒体或媒体节目的视听率为30%，广告刊播5次，则总视听率为$30\% \times 5 = 150\%$。表 12 - 1 为通过 4 个插播 13 次广告的具体情况，说明送达的总收视率为 200。

5）视听众暴露度。视听众暴露度（impressions）是指特定时期内收看（收听）某一媒体或某一媒体特定节目的人次数总和。视听众暴露度以个人数目（或家庭数目）来表示，而不是用百分数来表示。计算方法是：

$$视听众暴露度 = 视听总数 \times 视听率 \times 发布次数$$

6）到达率。到达率是指传播活动所传达的信息接受人群占所有传播对象的百分比。到达率为非重复性计算数值，即在特定期间内暴露一次或以上的人口或家庭占总数的比例。期间可以根据需要定为一周、四周或几个月等。计算到达率时，一位观众不论他暴露于特定广告信息多少次，都只能计算一次。到达率适用于一切广告媒体，唯一不同之处是表示到达率的时间周期长短各异。一般而言，电视、广播媒体到达率的周期是4周，这是因为收集、整理电视、广播媒体有关资料要花费大约4周的时间。

7）暴露频次。暴露频次（frequency）是指一定时期内，消费者个人或家庭暴露于广告信息中的平均次数。暴露频次与到达率指标一样，在所有广告媒体中都可以使用。需要强调的是，暴露频次指标是指平均暴露频次。

8）每千人成本（Cost Per thousand Method，CPM）。每千人成本是指对指定人口送达1000个视听众产生暴露度的成本。期计算公式如下：

$$CPM = \frac{广告费（元）}{视听众暴露度或人数（以千为单位）}$$

9）有效到达率（effective reach）。有效到达率也称有效暴露频次，是指在一特定广告暴露频次范围内，有多少媒体受众知道该广告信息并了解其内容。

产品的有效到达率是由多种因素决定的，主要包括产品的购买周期、广告信息的复杂程度、产品的市场地位、品牌的知晓度以及广告媒体的传播特性等。

（2）确定广告媒体时应考虑的因素。

1）目标消费者的媒体接触情况。不同的广告受众通常会接触特定的媒体。有针对性地选择目标受众易于接收的媒体，是增强广告促销效果的有效方法。例如，一则针对IT人士的广告，在专业杂志上发布无疑要比在大众娱乐类报纸上发布效果要好。

2）广告商品的特性。选择广告媒体，应当依据广告商品的特性而定。因为不同媒体在展示、解释、可信度、注意力与吸引力等方面具有不同的特点。工业品与消费品，技术性能较高的复杂产品与较普通的产品，应采用不同的媒体进行广告宣传。

3）市场竞争的状况。企业在选用广告媒体时，要结合市场竞争情况选择适当媒体。

4）广告内容。广告媒体选择受到广告信息内容的制约。如果广告内容是宣布即将进行的大型促销活动，一般会选择时效性强的报纸、电视、广播等媒体进行广告发布；而如果广告信息中有大量的技术资料，则专业杂志是一种理想的媒体选择。

5）广告传播区域。选择广告媒体，必须将媒体所能触及的影响区域与企业所要求的信息传播范围相适应。如果企业的目标市场为全国市场，则宜在全国性报纸或电视台、广播电台发布广告。

6）相关法律、法规。选择广告媒体时应遵守国家或地方的相关法律、法规。例如，我国《广告法》中明确规定，"禁止利用广播、电影、电视、报纸、期刊发布烟草广告"，"禁止在各类等候室、影剧院、会议厅堂、体育比赛场馆等公共场所设置烟草广告"，"烟草广告中必须标明'吸烟危害健康'"等。因此，烟草广告的发布必须遵守上述相关规定，否则将涉嫌违法，有可能招致相应的惩罚。

7）媒体成本。媒体使用成本是选择广告媒体的重要考虑因素。依据成本选择广告媒体时，最重要的不是看绝对成本的数字差异，而是媒体成本与广告接收者之间的相对关系，即每千人成本。在比较每千人成本的基础上，再考虑媒体的传播速度、传播范围、记忆率等因素之后择优确定广告媒体，可以收到较好的效果。

8）广告预算。企业发布广告必须量力而行，应在广告预算的限定下依据自身的财力来合理地选择广告媒体。

**4. 广告媒体的策略**

（1）广告媒体策略的含义。广告媒体策略是指广告策划者根据广告对象（企业或产品）的特点制定广告媒体目标，并确定实现这些目标的途径。它是广告策划者运用各种媒体进行广告宣传活动的指导方针。

根据上述定义可知，广告媒体策略的主要内容包括：①确定广告媒体目的；②确定实现该目的的具体途径，如确定广告发布媒体、确定不同媒体的发布次数、制定媒体的广告发布预算以及确定广告刊发的时间表等。

广告策划者在制定媒体策略时，需要对媒体特性有深入的了解，必须清楚如何使用媒体才能产生理想的广告效果。

（2）制定广告媒体的目的。广告媒体的目的是指广告主在一定的时期内、在既定的广告预算限定下，期望通过广告发布来实现的预定成果。通常情况下，广告媒体的目的包含如下内容。

1）目标视听众目的。广告商品潜在的顾客一般以他们的社会经济特性（如年龄、性别、收入、教育、种族、家庭规模以及职业、社会阶层等）来加以确定。另外两种确定目标视听众的方法是以广告产品的购买者、使用者和消费者的心理特征、生活方式的特性为标准来确定。如果确定一种以上的目标视听众，就要明确指出相对于该广告媒体而言，目标视听众的重要程度。例如，广告策划者已确定该产品的目标视听众是公司白领职员，其中白领男士占 60%，白领女士占40%，在选择广告媒体时，就要落实这一比例。

2）媒体信息的目的。通过广告媒体向目标视听众传播有关企业或产品的信息的目的是：①提高产品（或劳务）品牌的知晓度；②促使消费者改变不利于本品牌产品的某种态度；③向消费者介绍一种新产品；④加强广告主的促销推广活动；⑤提醒老顾客，以建立他们对该品牌的忠诚感；⑥与一种新上市的产品展开竞争；⑦鼓励该产品的推销人员。

3）广告何时出现。媒体目的中应包括广告在特定媒体上出现的时间，常见的广告出现时间有以下几种：①在产品销售旺季之前出现；②在一年内平均出现，以顺应每月的产品销售；③在企业开展促销活动时出现，以支援企业的产品推广活动；④当竞争产品进行广告宣传时出现；⑤在新产品上市前出现；⑥当季节变化、节假日来临之际，在媒体上刊播广告。

4）广告在何地出现。在广告媒体开支的大小与产品销售额的高低、配销状况等密切相关，因此要确立在不同地区广告出现的先后顺序。在决定广告出现的地域时，要考虑以下问题：全国性、区域性与地方性的广告相互配合；人口密度；产品在不同地区的销售状况；产品销售种类的特性；各个地区市场上同类产品的竞争状况。

5）应安排多少广告。企业的营销目的、媒体目的、市场地位与竞争压力、品牌的市场地位等都会影响广告宣传中所需要的到达率与平均频次的标准。表11-2是强调到达率和平均频次的情况。

表11-2　　　　　　　　　　强调到达率和平均频次的情况

| | |
|---|---|
| | 新产品 |
| | 扩展中的类别 |
| 强调到达率的情况 | 副品牌（flaker brand） |
| | 竞争力强的品牌的加盟 |
| | 广泛的目标市场 |
| | 不经常购买的产品 |
| | 竞争者强大时 |
| | 产品信息复杂时 |
| 强调平均频次的情况 | 经常购买的产品 |
| | 品牌忠诚度低 |
| | 目标市场狭窄时 |
| | 消费者对品牌或类别抗拒时 |

（3）广告媒体使用的策略。广告媒体使用策略是实现媒体目的的途径，用以说明媒体目的

是如何实现的。广告媒体使用策略主要包括广告媒体地区上的分配策略和时间上的分配策略。

1）地区上的分配策略。广告媒体使用的地区分配策略主要有三种类型：广告预算完全投入到全国性媒体上；全国性媒体与地方性媒体结合使用；只使用地方性媒体，或者在国内相当大的部分使用地方性媒体。为了正确地选择媒体地区分配策略，广告策划者要对品牌销售和产品类别销售的情况进行分析。

2）时间上的分配策略。广告媒体使用的时间安排策略可以划分为长期安排策略和短期安排策略。广告的长期安排策略是指广告策划者基于对市场的判断及产品的季节性特征而做出的时间周期为 1 年的广告安排。假如某产品销量的 70% 集中于 5 ~ 10 月的温暖月份，则广告策划者可有三种选择：一是随着季节的变化调整广告支出；二是按产品季节变化的相反方向来安排广告支出；三是全年平均使用广告预算。

与上述三种选择相适应，常用的确定广告媒体使用进度的方法有先多后少法、滚雪球式渐次加强法和水平指出法三种。

先多后少法（big - early，little late method）是指先投入较多的广告媒体费用，在一个时期内展开强烈的广告攻势。当产品（或服务）在市场上有一定的知名度以后，再逐渐缩减广告媒体开支。

滚雪球式渐次加强法（snow balling method）是指在广告投入伊始，采用探测性的方法，先在某一特定市场范围内运用几种易于接近目标市场的媒体，将产品的特点逐一、渐次进行广告诉求，以加强消费者对某品牌产品市场竞争能力及其与同类产品的差异性有所了解。在深入了解目标消费者的消费需求之后，逐渐扩大广告媒体的发布范围，并且使用媒体的次数逐渐增多，使广告信息的影响范围越来越大，声势越来越大，直至产品随着需求量与日俱增，产品从单一品种生产发展到系列化产品生产，市场由国内市场扩展到国际市场。

水平支出法（level - expenditure method）是指采用这种方法选择广告媒体，每次广告活动所投入的广告费用都基本相同。例如，日常生活用品广告，除节假日可能增加一些费用，采用多种媒体展开广泛的广告活动外，一般在一定年度、季节内，每月用于某种媒体的广告费用都基本不变，其广告传播信息的特点是只起"提醒"注意的作用。

短期安排策略是指将一组广告展露分配在一段时间内，以达到最大效果。短期安排必须考虑以下因素：①购买者频率，指新的购买者在市场上出现的频率。该频率越高，则广告接触这些新顾客的次数就应更加连续。②购买频率，指在一定时间内，一般购买者购买某产品的次数。购买频率越高，则广告也更加连续。③遗忘率，指购买者忘记此品牌的速度。遗忘率越高，则广告就应更加连续。

# 11.3 人员推销策略

很多消费者对推销人员没有什么好感，甚至可以说是有些厌恶，唯恐避之不及。但事实上，推销人员的存在不仅仅是商家的需要，同时对于买方来说也至关重要。人员推销是促销活动的重要组成部分，对于某些商品而言，人员推销这种销售方式无可替代。

## 11.3.1 人员推销的概念及特点

人员推销是指企业推销人员与潜在客户直接接触，帮助和说服顾客购买某种商品或劳务的过程。人员推销是一种独特的促销手段，它有许多区别于其他促销手段的特点，可完成许多其他促销手段所无法实现的目标。对于某些商品和服务来说，人员推销的效果是极其显著的，如工业品、原材料、保险产品等的销售，主要是使用人员推销的方式。

与其他促销方式相比，人员推销具有如下显著的特点。

### 1. 针对性强

人员推销可满足推销员和潜在顾客的特定需要。针对不同类型的顾客，推销人员可以根据客户的不同反应，即时调整策略，从而避免许多无效劳动。

### 2. 亲和力强

推销人员通过与客户面对面的直接沟通，易于联络与客户的感情，建立良好的人际关系。而且推销人员与客户的直接交往，也有利于买卖双方的沟通、信任和理解，为最终销售的达成和以后的进一步合作奠定坚实的基础。

### 3. 信息反馈及时

推销人员可直接从目标客户那里获得反馈信息，诸如客户对推销人员的态度、对推销品和企业的看法和要求等。推销人员可以将获得的相关信息迅速反馈给企业，以指导企业经营，使产品和服务更符合消费者的需要。同时，人员推销还易于提供售后服务，可以及时发现并解决产品在售后和客户使用时出现的问题

### 4. 易于指导消费

人员推销可以给客户提供直接的消费指导，这是其他所有促销方式所没有的特点。在推销

过程中，推销人员能够直接给客户提供咨询和技术服务，向客户展示产品特点，演示产品的使用方法，随时解答客户的疑问，从而打消客户的购买顾虑。对于那些价值较高、使用复杂、购买风险较高以及需要完善售后服务的产品，人员推销最能发挥这一优势。

### 5. 成本较高

与其他销售方式相比，人员推销的成本较高，企业需要投入较大的人力、物力和财力资源。同时，优秀的推销人员也是一种稀缺资源，不易获得。

### 6. 适用范围有限

对于那些价值较低、消费者习惯购买的商品，使用人员推销的方式效果不佳，且由于成本所限而不适于采用。还有，在某些特殊条件和环境下人员推销不宜使用，如许多医院都明令禁止医药代表进入推销药品。另外，许多消费者对推销人员的印象不佳，往往会本能地拒绝推销人员的销售行为，这也限制了企业推销业务的开展。

## 11.3.2　人员推销的目的和任务

### 1. 人员推销的目的

将产品销售出去是人员推销的最终目的，但不是唯一目的。企业开展人员推销活动，可以进一步分解为以下几个方面。

（1）了解顾客对本企业产品信息的接收情况以及市场需求情况，确定可成为产品购买者的顾客类型。了解目标市场和顾客对企业及其产品的反应及态度，准确选择和确定潜在顾客。

（2）收集、整理、分析信息，并尽可能消除潜在顾客对产品、对推销员的疑虑，说服他们采取购买行动，成为产品真正的购买者。

（3）促使潜在顾客成为现实购买者，维持和提高顾客对企业、产品及推销员的满意程度。因此，为了进行成功的重复推销，推销员必须努力维持和不断提高顾客对企业、产品及推销员本人的满意程度。

### 2. 人员推销的任务

人员推销的主要任务是销售商品，但若认为人员推销的任务仅仅就是销售，则未免过于片面。作为企业和客户之间相互联系的桥梁，人员推销肩负着多方面的任务，主要包括以下方面。

（1）销售产品，提高市场占有率，传播公司美誉。人员推销的主要任务是销售商品和开拓市场。推销人员需要在复杂的市场中寻找新的、尚未满足的消费需求。他们不仅要说服顾客购买产品，沟通与老顾客的关系，而且还要善于培养和挖掘新顾客，并根据顾客的不同需求，实施不同的推销策略，以便不断扩大市场领域，促进公司生产的发展，同时在推销过程中传播公司的美誉。

（2）获取市场信息，为公司制定经营决策提供依据。推销人员在销售过程中不仅向目标客户传递企业经营状况、经营目标、产品性能、用途、特点、使用、维修、价格等诸方面的信息，而且还能获悉客户的需求特点和变化趋势、竞争对手的经营情况，以及顾客的购后感觉、意见和看法等等，从而为企业制订相关经营决策提供客观的依据。

（3）推销商品，满足顾客需求，实现商品价值转移。推销人员在向顾客推销产品时，必须明确推销的不是产品本身，而是对客户的一种服务，即告诉顾客，通过购买产品，他能得到某些方面的满足。同时，要掌握顾客心理，善于应用推销技巧，对不同顾客使用不同的策略。

（4）提供高品质的服务。销售产品不是人员推销的终点，推销人员在推销过程中，应积极向顾客提供多种服务，如业务咨询、技术咨询、信息咨询以及使用方法和维修等多种售前、售中、售后服务，帮助客户解决问题，从而获得客户对企业及其产品的好感和信赖。

---

**阅读材料 11 -1**　　　　　　　　　　　推销人员的素质要求

首先，推销员必须对所代表的公司有一个全面的了解，熟悉公司发展史，对公司历年财务、人员状况、领导状况及技术设备都了如指掌。因为这些知识都有助于增强顾客对推销员的信任感。推销员还必须掌握公司的经营目标和营销策略，并能够灵活运用和解释它们。同时，还应该学会巧妙地运用统计资料来说明公司的地位，力争在顾客心目中树立起良好的公司形象。

其次，推销员应该是产品专家，应全面了解从产品设计到生产的全过程，熟悉产品性能、特点、使用、维修，熟知产品成本、费用、出厂价格。还应全面掌握产品种类、设备状况、服务项目、定价原则、交货方式、付款方式、库存、运输条件等。另外，还必须了解竞争产品情况。

第三，推销员一方面需要了解顾客购买的可能性及希望从中得到的利益，另一方面还需要了解顾客的购买决策依据，顾客购买决策权在谁手中，谁是购买者，谁是使用者和消费者；了解顾客的购买条件、方式和时间，深入分析不同顾客的心理、习惯、爱好和要求。

第四，推销员还要掌握的相关知识，主要包括营销策略、市场供求情况、潜在顾客数量和分布、购买动机、购买能力、有关法规等。

第五，优秀的推销员还应具备良好的文化素质。对推销员来说，同行竞争的焦点往往是文化素质的差异。在文化素质方面，要求推销员具有一定的专业知识，如经济学、市场学、心理学、经济法、社会学等，除此之外，还应在文学、艺术、地理、历史、哲学、自然科学、国际时事、外语等方面充实自己。博学多才是推销员成功的重要因素。

第六，推销员也应具备相应的法律素质，工作中要有强烈的法律意识和丰富的法律知识。推销工作是一种复杂的社会活动，受到一定的法律法规制约。推销过程中，推销员应注意衡量自己的言行是否合法，以及会给社会带来什么后果。

最后，人员推销实际上是一种交际活动。推销员是公司的"外交官"，所以要求他们讲究必要的推销礼仪。

资料来源：http：//baike. baidu. com/view/177976. htm。

## 11.3.3　人员推销的程序和方法技巧

### 1. 人员推销的程序

人员推销有多种形式，如上门推销、柜台推销和会议推销等。其中，上门推销被认为是最典型的人员推销方式，其具体程序如下。

第一步，寻找目标客户。这一阶段的任务是寻找那些需要本企业产品又有支付能力和购买决策权的潜在购买者。寻找顾客的方法很多，如推销人员自行观察、访问、查阅资料，或通过他人介绍、广告吸引、会议招引等，推销员可根据产品和推销环境的特点灵活选用。

第二步，拜访前准备。在正式约见客户之前，推销人员必须做好推销准备工作。首先是掌握信息，尽可能充分了解清楚拜访对象、自身产品以及竞争对手产品的情况，做到知己知彼。其次是做好计划，确定好拜访的主题和程序，选择好恰当的推销方式和策略，设计好自身的形象并做好心理上的准备。

第三步，正式拜访客户。与推销对象开始正式接触时，推销人员要注意自己的态度表情和言行举止，首先给顾客留下一个好的印象，使其对自己和推销的产品产生兴趣，为顺利进行推销洽谈创造良好条件。在正式拜访客户的过程中，推销人员要运用提示和演示的方法，如利用语言艺术来传递推销信息，出示文字或图片，播放声音和图像，展示产品，操作产品等，有的放矢地向顾客介绍企业及企业的产品，使顾客能较好地认识产品。

第四步，处理异议。在推销过程中，客户难免会对推销人员所做的推销说明提出不同的看法，推销人员必须认真分析和恰当处理这些意见，力争破解成交的障碍。

第五步，促成交易。在推销说服过程中，各个阶段都可能达成交易。推销人员要善于识别和捕捉顾客发出的成交信号，当机立断地采取适当方法，促使顾客立即采取购买行动。成交越早，推销成功的可能性越大，效率也就越高。

最后一步，事后跟踪。产品成功销售出去并不意味着推销工作的终结。推销人员还应认真履行订单中所保证的条款，如交货期、安装、维修等各项承诺。推销人员需要进行持续的事后跟踪，以便了解客户是否对自己的选择感到满意，发掘可能产生的各种问题，表示推销员的诚意和关心，以确保顾客满意并能够在今后重复购买。

**2. 人员推销的方法与技巧①**

推销人员面对的是一个个个性、心理、需求状态各异的推销对象，只有充分注意个体的特殊性，灵活选用推销方法，善于运用推销技巧，才能赢得顾客，促成交易。但富有个性的推销功夫并不仅在于临场时的一闪念，它总是以一些带有共性的基本认识为基础的。

（1）顺应顾客的需要。推销人员要推销自己的产品，首先应立足于满足顾客的需要，要想顾客之所想，为顾客当好参谋，倾情说明产品功能与顾客需要的一致性，促使顾客购买其"最需要的东西"。

（2）重视形象的推销。面对顾客，推销人员要展现自身良好的形象。在当今卖方市场条件下，富有亲和力是顾客接受产品、乐于购买某种产品的重要因素。要让顾客信赖你，"爱屋及乌"，方能接受你所推销的产品。

（3）熟悉自己的产品。推销人员对自己所推销的产品必须了如指掌，熟知其特性和优点、用户的反馈及目前的产销情况，这样才能在洽谈中有针对性地进行推销说明，有效地处理异议，促使顾客采取购买行动。

（4）突出推介的重点。推销说服时，首先要重点把产品的功能及其优异特色、价格及其折扣等介绍清楚，使顾客对主要情况有深入的了解。要重点介绍顾客最感兴趣的东西，以刺激顾客的购买欲望。

（5）促进顾客的体验。让顾客动手操作和试用产品，使其获得比听口头介绍深刻得多的亲身体验，可以大大增强推销的说服力。在推销时应尽可能让顾客亲自动手操作或试用产品，让其摸一摸、尝一尝、用一用。

（6）把握顾客的心理。推销活动中的面谈是一个"刺激——观察——再刺激——再观察"的过程，推销人员在面谈中要注意把握顾客心理，运用能引起顾客兴趣、刺激顾客购买欲望的推销语言，进行因势利导的宣传介绍。

（7）倾听顾客的意见。认真倾听顾客的意见，可以使顾客感受到你对他的尊重，并可以从顾客的谈话中获得有价值的行动提示。倾听顾客谈话时要聚精会神，注意把握顾客谈话的要领。

---

① 资料来源：http://bnxf1907.cn/jpkc/jwc/2010jpkc/mldzjs/file/kechengjianggao/9.doc。

（8）捕捉成交的时机。在推销人员的诱导下，顾客的意向一般是朝着"认识——欲望——行动"的方向发展的，但中途因其他因素使顾客转念的事例也屡见不鲜。善于捕捉时机，不失时机，及时成交，这是推销成功的关键所在。

# 11.4　公共关系策略

"公共关系"一词来源于英文 Public Relations，其本意是指一个组织与公众之间的关系。在现代企业营销实践中，公共关系也已成为一种重要的促销工具，它是企业自身为塑造组织形象而通过某种手段与企业的利益相关者，如股东、顾客、供应商、政府、雇员、社会团体等建立良好的合作关系，从而为企业经营管理营造良好的内、外部环境的一种有效的途径。随着企业与外界的联系越来越密切，企业良好的自身形象、对社会的责任感以及强大的沟通能力，已经成为消费者选择企业商品的重要参考因素之一。

## 11.4.1　公共关系的定义和功能

**1. 公共关系的定义**

公共关系是促销组合的另一个重要组成部分。关于公共关系的定义，众说纷纭，学术界尚未有统一认识。从市场营销的角度，我们倾向于美国西北大学教授菲利普·科特勒所下的定义：公共关系是指通过赢得有利宣传与有关公众建立良好的关系，树立良好的公司形象，处理不利的谣言、传闻和事件。

由此可见，公共关系是企业化解危机、改善组织和公众关系而采取的一种手段，是在不同的公众中树立或维持积极、肯定形象的活动。

**2. 公共关系的功能**

随着市场竞争的不断加剧，企业公共关系活动的重要性也在日益突现。在处理与新闻界关系、树立企业形象、建立和维持社区关系以及宣传企业产品等诸多方面，公共关系活动都在扮演着重要的角色。我们可以从以下几个方面进一步了解公共关系的功能。

（1）公共关系可以帮助企业塑造有效的企业形象，树立良好的企业信誉并帮助企业化解形象危机。在企业公共关系的各种功能中，这是最为重要的一项。在当今激烈的市场竞争环境下，企业与企业之间不仅仅是人、财、物的竞争，而且还表现在企业信誉和形象方面的竞争。在媒介极度发达的今天，消息传播极为迅速，一篇关于企业形象及信誉的负面宣传报道，就会使企业遭受难以估量的损失。2005 年的肯德基苏丹红事件以及雀巢奶粉事件，使我们进一步见证了企业公共关系活动的重要性。

---

**阅读材料 11-2**　　　　　　　给"巩俐阿姨"的信

在 2000 年哈药集团众多的电视广告中，有这样一则：一名希望小学的学生在念一封给巩俐阿姨的感谢信，起因是巩俐阿姨得知孩子们由于生活困难营养不良严重缺钙时，便从哈尔滨制药六厂购得"盖中盖"口服液捐给他们，并细心嘱咐说要按时服食。孩子们感激不尽，通过广告的旁白：巩俐阿姨，您寄给我们希望小学的盖中盖口服液，现在同学们都在喝……巩俐阿姨读完感谢信后激动地说："盖中盖口服液，真的不错。"

广告播出后不久，就有人揭露广告内容是虚假的。一时间媒体做了大量的报道，其中不少是对影星巩俐的斥责。中国青少年发展基金会认为，这则广告侵害了希望工程的名誉，对中国青少年发展基金会造成了不良影响，随即对哈尔滨制药六厂进行投诉，一时之间，"巩俐阿姨广告事件"在社会上引起了强烈的反响。

面对这一突发事件，哈尔滨制药六厂紧急做出反应，与其广告代理商——海润国际广告公司立即展开公关斡旋，迅速处理这一危机事件。在海润国际广告公司和哈尔滨制药六厂的努力之下，事发 8 天后，中国青少年基金会秘书长徐永光与哈尔滨制药六厂厂长握手宣布：经过友好协商，双方之间的纠纷得以迅速化解。基金会秘书长还高度评价哈尔滨制药六厂对该广告纠纷所采取的积极态度。

"巩俐阿姨广告事件"得以迅速了结，与企业和广告公司超强的危及公关能力是分不开的。事发后，倘若不迅速处理或处理不当，将对哈尔滨制药六厂"盖中盖"的品牌形象产生负面的影响，后果不堪设想。应该说，哈尔滨制药六厂超强的危及公共处理能力是值得我们研究和学习的。

---

资料来源：寇非著：《广告·中国》，中国工商出版社，2003 年，第 222~223 页。

（2）开展公共关系活动可以帮助企业监察环境、收集信息，为企业的管理决策提供依据。企业公共关系是现代管理的重要组成部分，企业公关人员通过公共关系调查，随时注意企业所处的宏观环境和微观环境的变化，了解社会公众对企业的态度，收集有关信息，可以及时发现企业经营管理中存在的各种问题，进而通过一定的反馈机制，及时汇报给企业相应管理人员或管理部门，为企业制定和调整管理决策提供依据。

（3）良好的公共关系活动有助于建立和维持与立法者及政府官员的良好关系，为企业营造有利的生存、发展空间。

---

**阅读材料 11 - 3** 　　　　　　　　克莱斯勒公司的公关活动

　　1978 年 12 月，李·艾柯卡走马上任，成了濒临破产的克莱斯勒汽车公司的总裁。当时，克莱斯勒虽为美国的第三大汽车公司，但在外国汽车强有力的挑战下一败涂地。为了挽救克莱斯勒，艾柯卡开始与一些著名的厂商和外国资本家协商，希望能够达成合作意向，但对方都被公司的严重困境吓倒，没有人愿意拣一个包袱。后来，艾柯卡又去游说银行家，希望凭借自己在汽车业的声望获得贷款，仍然没有成功。最后，艾柯卡想到了美国政府。艾柯卡向美国政府求助，要求美国政府提供 12 亿美元的紧急贷款，帮助公司渡过难关。艾柯卡的做法在当时引起了很大的争议，因为美国政府一向标榜自由、平等竞争，盈利和亏损、发展和破产都被视为正常的市场行为，政府帮助某个企业，必然会有违市场经济的公平原则。但是，面对种种困难，艾柯卡没有退缩，他使出浑身解数，在政府部门和议员之间周旋。艾柯卡指出，如果克莱斯勒垮台倒闭，政府为此付出的失业救济金将远远高于政府提供的贷款数额；另外，如果听任克莱斯勒破产，那无疑会帮助日本汽车扩大市场，削弱美国汽车业的实力。在艾柯卡出色的公关努力下，美国国会参众两院终于投票通过了借款提案。圣诞节前夜，美国政府做出决定，有条件贷款给克莱斯勒公司，克莱斯勒公司也因此获得了新生的机会。

---

## 11.4.2　公共关系专题活动

　　公共关系专题活动是一种常见的公关活动，它是组织以公共关系为主题，有计划、有步骤地开展的各种有特定目的和内容的社会活动。组织在建立、发展和壮大过程中，如果条件允许，一般都要定期或不定期地举办一些专题活动来宣传自己、协调关系、塑造形象、争取公众。富有新鲜感和纪念意义的专题活动，能使参与者在融洽和谐的气氛中感受到活动组织者的各种意图，接受各种信息，增强对组织者的亲善感，达到提高组织知名度和美誉度的目的。

### 1. 专题活动概述

　　社会组织在自身的运行、发展中所开展的公共关系专题活动，每次都有一个明确的目标，并围绕这一目标策划和安排出一系列特定的活动。这些活动或者加强组织与某一部分公众的联系，或者促进公众对组织某一部分和某一个侧面的了解，从而使专题活动的参加者在特定的气氛中更真切地感受到组织的特点，感受到组织的作用。

　　公共关系专题活动的种类很多，较常见的有新闻发布会、展览会、赞助活动、庆典活动、联谊活动、参观活动等。社会组织在开展这些公共关系专题活动时，必须根据公共关系专题活动的基本特点和要求，采取恰当的工作方法，确保公共关系专题活动取得良好效果。

公共关系专题活动涉及面广、工作量大，所以，社会组织在开展专题活动时需要周密筹备。

**2. 专题活动的主要种类**

（1）新闻发布会。新闻发布会又称记者招待会，是指特定的社会组织或个人把有关新闻单位的记者邀请在一起，宣布有关消息或介绍情况，让记者就此提问，由专人回答问题的一种特殊会议形式。新闻发布会是传播信息、谋求新闻界对企业关注并积极报道的行之有效的手段，也是企业搞好与新闻界关系的最重要方式之一。

举行新闻发布会必须具有吸引媒体记者前来予以报道的新闻价值，并选择好举行新闻发布会的最佳时机。如国家领导人来企业视察、新产品试制成功、新的重大发展规划、新生产基地建成投产、成功开拓国际市场、企业兼并重组、合并转产、出现先进典型人物、重大庆祝日或纪念日等，都可能是促成新闻记者进行报道的恰当理由。举办新闻发布会的目的是迅速及时地把企业重要信息传播给社会公众，提升企业的知名度。

（2）展览会。展览会是企业通过实物的展示和文字、图表等的示范表演来配合宣传企业形象和推广产品的专题活动。展览会所运用的实物、图表、动人的解说、优美的音乐和造型艺术相结合的方式，比一般的文字和口头宣传更有效，更引人入胜，更能产生吸引力，不仅能加深公众的印象，而且能提高企业和产品在公众心目中的可信度。

---

**阅读材料 11-4　　　　欢迎试坐：奥迪厂家有魄力**

1996 年夏天，国内外近千家厂商参展的第四届北京国际汽车展览会，气氛火爆异常。展厅里，一辆辆靓车光彩夺目，引得满场人潮涌动。更为精彩的是，各参展厂商公关高招迭出：法拉利跑车旁有"法拉利小姐"的狂歌劲舞和歌星签名；绅宝车前有异国淑女迷人的微笑；福特公司则让金发碧眼的姑娘与活泼可爱的中国儿童同台演出……所有这些，令观众耳目一新。

强中更有强中手，奥迪厂家破天荒地使出了绝招——所有奥迪展车，欢迎观众试坐。只见一个个试坐的观众喜形于色，乐不可支：打方向，踩刹车，点油门，揉离合，俨然就是车主，实实在在地过了一把车瘾。更多的围观者则看得眼热心跳，跃跃欲试。一时间，观众对奥迪厂家的做法赞美有加，纷纷前去试坐，奥迪车展台前成了展览的新闻热点，各路记者纷至沓来，奥迪车随之声名鹊起。

---

（3）庆典活动。庆典活动是社会组织围绕重要节日或自身重大事件举行庆祝的一种公共关

系专题活动。组织庆典活动总的要求是气氛喜庆、场面隆重、情绪热烈、形式灵活，需要有较高的规范性和礼宾要求。喜庆的气氛，是由庆典活动的性质决定的，庆典活动体现着吉祥、和美、欢乐之意，要求组织者应突出欢喜吉庆的基调。隆重的场面要求活动的组织者在开展活动的环境和规格上需要下大工夫，通过邀请重量级嘉宾和营造隆重的场面，以增加媒体及社会公众的注意，扩大企业的社会影响。如深圳赛格集团开业典礼由深圳市市长主持剪彩的计划，修正药业请国务院领导人出席并主持剪彩，由本地区的新闻消息升格到国家级新闻媒介争相报道的消息，扩大了受众面，提高了宣传效应。

**3. 社会公益赞助**

赞助活动是企业通过资助一定的实物或者承担全部或部分费用，赞助灾区建设、兴办文化、体育、社会福利事业和市政建设等，向社会表示其承担的责任和义务，以扩大企业影响，提高知名度和美誉度的公共关系活动形式。

公益赞助的类型包括赞助灾区重建、赞助体育运动、赞助文化生活、赞助教育事业、赞助社会福利事业、赞助社会公益事业、赞助学术理论活动、赞助公共节日庆典活动、赞助建立职业性奖励基金等。此外，还有公共宣传用品的制作、社会竞赛活动的开展等，公关人员都应认真研究，不断开发，以增强赞助活动的效果。

**阅读材料 11 – 5　　　　王老吉：一个亿捐款背后的逻辑**

公益营销背后确实隐藏了很多机会。但这么多的机会有大有小，有难有易，投身公益营销回报大不大，不在于出的钱多不多，而在于是不是能够抓住最关键的核心机会。只有这个机会，才能催化公益营销的效应，产生四两拨千斤的效果。

"王老吉，你够狠！捐一个亿！为了整治这个嚣张的企业，买光超市的王老吉！上一罐买一罐！"这段话来自一篇题为《让王老吉从中国的货架上消失！封杀它！》的帖子。虽然只有短短40多个字，但其中的巨大"杀伤力"，可抵十万雄兵。

这就是王老吉。在不同人眼中，王老吉有很多面，有人说王老吉粗俗得可以，把中国人民当白痴，雇佣网络营销团队到处注册新址，自编、自导、自演了一出"独角戏"。无论是发帖还是跟帖，据说80%都来自于一家号称月收费38万元的网络推广公司；也有人说，王老吉有爱心，大灾当前充当了一个大爱的角色，是中国人身上那股子向上的力量；还有人说，虽然王老吉炒作痕迹明显，但1个亿是不折不扣的真金白银，瑕不掩瑜，就算有炒作的成分，但作为中国食品业界的"第一捐"，王老吉仍然值得敬重。

尽管在汶川地震中，捐赠超过1个亿，或者和王老吉一样多的企业为数不少，譬如央视赈灾晚会当天，王老吉旁边的"日照钢铁"也捐了1个亿，但是很明显，几天之后几乎没几个人记住这家日照钢铁公司，但王老吉却成了中国人民特别是中国网民心目中的"品牌英雄"。之所以出现如此之大的天壤之别，背后的故事发人深省。

这是一个营销的时代，每个品牌、每家企业都在不遗余力的跟消费者进行沟通，一遍又一遍地诉说着自己如何如何的好，希望能够有效地扒开消费者的钱包；这也是一个不幸的时代，每天发生在地球上的天灾人祸层出不穷，大到国家、企业，小到个人，都必须经历一个又一个的突发事件。当企业面对汶川地震这样的突发事件时，企业可以做些什么，又应该做些什么，企业要怎么做才能既符合商业利益，又兼顾社会责任，这是个大课题，所有企业都希望能够参透这个课题。王老吉虽然捐赠了1个亿，超常规的履行了一家企业的社会责任，但王老吉同时也收获了社会给予的丰厚回馈——王老吉第二天开始全国市场的全线飘红点燃了一波巨大的营销旋风。原本一直在北方市场徘徊不前的状态一朝之间风云变幻，开始为北方所尝试接受。还有那些原本进入不了的渠道，王老吉也成功地借助这次公益营销得以入驻，所有这些都是王老吉此番义捐的现实收益；而那些改编的广告语"要捐就捐一个亿，要喝就喝王老吉"、"今年过节不收礼，收礼只收王老吉"，还有几亿中国网友的相互传播，可以说是王老吉的品牌潜在收益了。

王老吉捐赠1个亿所引起的种种讨论和争议，重新让食品行业思考一个老问题——公益营销，如何才能做到"赢"销。

资料来源：http://chuangye.236z.com/69/2010/09/10/117708.html。

## 11.5 营业推广策略

营业推广又称销售促进（sales promotion），是企业在某一段时期内采用特殊的手段对消费者实行强烈的刺激，以促进企业销售迅速增长的一种策略。营业推广与其他促销方式的不同之处在于：它除了以强烈的呈现和特殊的优惠为特征，给消费者以不同寻常的刺激，从而激发起他们的购买欲望之外，还对中间商和销售人员进行激励，促使他们更加努力。

因受资源所限，营业推广不能作为企业一种经常的促销手段来加以使用，但在某一个特定时期内，对于促进销售的迅速增长则是十分有效。

## 11.5.1　营业推广的方式和作用

### 1. 营业推广的方式

营业推广的方式按激励的对象不同,可以分为三种主要类型:面向消费者的营业推广、面向中间商的营业推广和面向企业销售人员的推广。

(1) 面向消费者的营业推广方式。这有以下几种。

1) 赠送促销。企业向消费者赠送样品或试用品,使其试尝、试用、试穿等。赠送样品是介绍新产品最有效的方法,但是费用较高。赠品可以选择在商店或闹市区散发,或在其他产品中附送,也可以公开广告赠送,或入户派送。

2) 优惠券。企业向目标消费者发放的优惠券,消费者在购买某种商品时,可以折价购买到促销商品。折价券可以通过广告、直接发放或邮寄的方式发送。

3) 现场演示。企业派促销员在销售现场演示本企业的产品,向消费者介绍产品的特点、用途和使用方法等。

4) 合作推广。企业与零售商联合促销,将一些能显示企业优势和特征的产品在商场集中陈列,边展销边销售。

5) 参与促销。通过消费者参与各种促销活动,如技能竞赛、产品知识比赛等活动,以获取企业的奖励。

6) 会议促销。企业在各类展销会、博览会、业务洽谈会期间进行各种现场产品介绍、推广和销售活动。

7) 包装促销。以较优惠的价格提供组合包装和搭配包装的产品。

8) 抽奖促销。消费者在购买一定的产品之后可获得抽奖券,凭券进行抽奖获得奖品或奖金。

(2) 面向中间商的营业推广方式。这有以下几种。

1) 商业补贴。生产商使用商业补贴来鼓励零售商和批发商支持其产品销售,该补贴也称为商业优惠。商业补贴的目的是促使中间商尽可能多地购进厂商的产品。商业补贴的形式主要有商业折扣、回款补贴和市场开拓补贴三种形式。

2) 销售竞赛。厂商根据中间商销售本企业产品的实绩,分别给优胜者以不同的奖励,如现金奖、实物奖、免费旅游、度假奖等,以起到激励的作用。

3) 扶持零售商。生产商对零售商专柜的装修予以资助,提供 POP 广告,以强化零售网络,促使销售额增加;可派遣厂方信息员或代培销售人员。生产商这样做的目的是提高中间商推销本企业产品的积极性和能力。

4）商品订货会。厂商通过开展商品订货会吸引中间商参会，并在订货会上推出一些优惠政策，促使经销商做出订货决策。

5）合作广告。厂商对中间商提供广告经费支持，中间商发布的广告由厂商来承担部分广告费用，以帮助中间商开展销售工作。

（3）面向内部员工的营业推广方式。企业主要针对内部销售人员推出激励措施，鼓励他们努力销售产品或处理某些老产品，或促使他们积极开拓新市场。常用的方法主要有销售竞赛、免费提供人员培训、技术指导等形式。

### 2. 营业推广的主要作用

（1）企业可利用各种营业推广手段来吸引新顾客和新用户。营业推广对消费者的刺激比较强烈，很有可能吸引一部分新顾客的注意，使他们因追求某些利益方面的优惠而转向购买和使用本企业的产品。

（2）企业可利用各种营业推广手段来报答那些忠诚于本企业品牌产品的顾客，因为如"赠券"、"奖售"等手段所体现的利益让渡，受惠者大多是企业的品牌忠诚者，这就有可能增加这部分顾客的"回头率"，稳定企业的市场份额。

（3）企业可利用各种营业推广手段来补充和配合广告等其他促销策略，实现企业的营销目标。因为广告等手段的促销效应是长期的，从消费者接受广告信息到采取购买行为往往有一段时间。在这期间，广告的促销效果可能减弱，也可能增强；而营业推广的促销效果则是即时的，反应较快。营业推广和广告同时使用，就有可能强化广告的促销效果，促使消费者尽早采取购买行为。

## 11.5.2　营业推广的策略[①]

如果说广告主要是为了建立消费者的品牌忠诚性，促使消费者指名购买企业产品的话，营业推广则在很大程度上是为了打破消费者对于其他企业产品的品牌忠诚性，以特殊的手段来扩大企业产品的消费市场。在大多数情况下，品牌声誉不高的产品采用营业推广的手段比较多。而名牌产品若过多地采用营业推广的手段，则有可能降低其品牌声誉，所以企业在运用营业推广策略时必须慎重。由于营业推广一般都表现为企业对购买者在利益上的让渡，所以对于价格弹性较大的产品来讲比较适用，而价格弹性小、品质要求高的产品则不宜过多采用。

---

① 晁钢令主编：《市场营销学》（第三版），上海财经大学出版社 2008 年版，第 321～322 页。

## 阅读材料 11-6　　　　　　8 毛钱烧鸡促销事件

（2002 年 11 月）爆发的天河北超市"价格战火"烧到昨日（11 月 10 日），已进入白热化阶段。"战况"之惨烈竟至于此：烤鸡 0.8 元/只，鸡蛋 0.1 元/斤，白鲫鱼 0.6 元/条……低价引来抢购狂澜。据粗略统计，2002 年 11 月 8 日~10 日 3 天时间，市民共在"两佳"超市（万佳、百佳）掷金逾千万元抢购低价货品！

### 1. "双佳"火并持续 3 天

2002 年 11 月 8 日上午，万佳在华标广场的开业典礼一结束，激烈的价格火并拉开帷幕。首先是万佳的自制烤鸡打出了 5.9 元/只的"开业特价"；很快，百佳将同类烤鸡价格由 6.8 元/只降到 5.8 元。临近当日中午，万佳将烤鸡价格猛降到 4.9 元/只，百佳则于当日下午 4 点，把烤鸡价降至 4.8 元/只……至 9 日、10 日双休日，双方愈战愈勇，"战火"从烤鸡蔓延开来，生鲜、副食品、日化、家电等大批商品齐齐上演多回合你来我往的"拉锯战"。到记者发稿时止，鸡蛋价格已降至 0.1 元/斤，而"始作俑者"——烤鸡价格，已降至 0.8 元/只！

### 2. 热卖"累趴"四台烤炉

价格战的不断升级，引来购者如潮。据悉，万佳超市的收银机连续 3 天工作到晚上 12 时；而百佳的烤炉已"累趴"了 4 台，还有 4 台满负荷运转，为里三层外三层的消费者烤出真正"超低价"的烤鸡。记者在两家超市看到，得到消息的市民蜂拥而至，许多人满载而归，乐得眉开眼笑，一位姓徐的阿姨说："这么便宜，质量也有保证，当然要多买些回家，还要帮亲戚朋友都捎带一些！"也有的消费者满肚子的不高兴，家住穗园小区的王小姐说："人太多了，购物环境差了许多，我宁愿不凑这个热闹。"

### 3. 别样滋味在心头

"捡了便宜"的消费者当然眉开眼笑，与此同时，参战商家尽管"斗志旺盛"，却是"别有一番滋味在心头"。华润万佳广州店负责人在接受记者采访时称，万佳在天河北刚开业 3 天，每天都有 10 万客流进场，除价格因素外，万佳在购物环境、服务质量方面也有吸引力。这位负责人强调，这种低价格只是开业期间的短期促销手段，最终目的是让广大的消费者受益。百佳超市有关负责人则表示，百佳历来苦心经营"平价"形象，这几天之所以"被迫参战"，最终目的也是向广州消费者传递一个信息，就是百佳始终不渝地走"平价"路线。有意思的是，参战双方均表示，不希望看到同行之间有恶性竞争的现象发生。

### 4. 价格战难以持久

广东省连锁经营协会会长孙洪认为，"两佳之战"现象十分不正常。因为，作为连锁企业最终的核心竞争力是品牌和服务，而非价格。"超低价格策略"在短时期内制造一下气氛是可以的，但长期下去对谁都没有好处；商家应该多在品牌和服务上下工夫，真正地为广大的消费者服务，才能真正赢得市场。广州市物价检查分局局长吴林波认为，像这样低于成本价出售商品的现象是市场激烈竞争的奇特产物，是阶段性的，势必不能持久，物价部门一般不会进行干预。

资料来源：谭亦芳：《一只烧鸡8毛钱似时光倒流》，《南方日报》，2002年11月11日。

　　近年来，我国某些企业利用营业推广的手段来推销一些伪劣产品，给营业推广蒙上了不良的阴影，但这并不能排除营业推广应成为我国发展商品经济中搞活企业经营的重要手段。应在加强市场管理的同时，积极利用各种营业推广的手段，搞活企业经营。

　　企业的利用营业推广手段时，首先应根据企业的营销目标来确定营业推广的目标，例如或是争取新顾客，扩大市场份额；或是鼓励消费者多购，扩大产品销量。营业推广目标一旦确定，企业就应选择适当的营业推广手段来实现既定目标。营业推广手段选定后，企业应进一步制定具体的实施方案，如刺激的规模、刺激的对象、实施的途径、实施的时间、实施的时机和实施的总体预算等。若有需要，在实施营业推广方案之前还应对营业推广的做法在小范围内进行预试，在实施过程中也应随时掌握情况，不断调整对营业推广的全过程的控制；在一项营业推广活动结束后，还应及时总结，对实施的效果进行评估，并注意同其他促销策略之间的配合情况。

　　企业对于各种营业推广策略的选择，应当根据其营销目标，根据其产品的特性，根据目标市场的顾客类型以及当时当地的有利时机灵活地加以选用。但任何营业推广的前提是产品必须能够达到规定的质量标准或具有明显的优势，而绝不能利用营业推广来推销损害消费者利益的假冒伪劣产品。

## 思考题

1. 促销的目的和作用是什么？如何走出促销误区？
2. 简述四大广告媒体的特点并分析媒体使用策略。
3. 何谓人员推销？其主要特点是什么？
4. 公共关系的目的是什么？企业如何开展公共关系活动？
5. 营业推广的主要方式有哪些？如何正确使用营业推广策略？

# 蒙牛的促销策略

蒙牛，3年时间从千名之外跻身行业四强；3年时间打造"中国驰名商标"；3年时间完成销售额19.5倍的增长，成为《当代经理人》2002中国成长企业百强冠军。

蒙牛从进入群雄逐鹿的乳业战场的第一天起，就一直快而不乱的推行其"空—地"营销策略：用广告实施空中打击，夺取制空权；用促销实行地面推进，逐一清除地面堡垒。"空—地"联动，立体攻击，短短3年，便实实在在地打造了一个中国乳业的奇迹。

## 1. 蒙牛广告

1999年6月，刚刚成立的蒙牛乳业首次投入35万元包揽了央视6套两个月的阶段广告。当年蒙牛销售额为4300万元，尝到甜头的蒙牛迅速加大广告投入，2002年蒙牛的广告花销为6000万元左右，其销售额已突破21亿元。据蒙牛乳业营销企划监察中心主任孙先红介绍，蒙牛的广告投放量基本以年销售额3%的速度递增。2003年初，刚刚和摩根斯坦利等国际著名的风险投资联姻的蒙牛放出豪言：2006年销售额100亿元，以蒙牛3%的广告投入拉动年销售额250%的增长来看，如果蒙牛牛气依旧，2006年达到年销售额100亿元的目标不无可能。

(1) 澄清敌我，彰显个性。为确保出师名正言顺，为避免战场腹背受敌，1999年的乳业场上，蒙牛一出手便打出了第一块广告牌：蒙牛向伊利学习，做内蒙古第二品牌。在其产品包装上，蒙牛也信誓旦旦：为民族工业争光，向伊利学习。从此，人们知道了在内蒙古的千里草原上，除了品质卓越的"百分百好牛，百分百好奶"的伊利，还奔腾着一头谦虚上进的蒙牛。蒙牛采取的是比附定位，它与伊利品牌是紧密联系在一起的，共存共荣，共同发展。

蒙牛的广告策划非常大胆，2001年北京申奥，蒙牛第一个站起来，"我们捐赠1000万"。语惊中华。待群情稍稍平覆，蒙牛策划进一步深入，"一厘钱精神，千万元奉献"，即在每根雪糕、每袋牛奶的销售收入各提取1厘钱，7年延期付清，"真情"流露一目了然；2003年，"非典"肆虐，截止到5月6日，蒙牛累计捐款物资1160万元，包括860万元人民币和价值300万元的蒙牛纯牛奶，"真诚"之心溢于言表。这种品牌形象的集中传播，使得蒙牛得以以最小的资本投入，以最快的速度获得与伊利"能力"品牌个性相辉印的鲜明品牌形象。

(2) 阶段推进，更换主题。细心的人会看到，随着蒙牛的逐步壮大，蒙牛广告也牛气起来，伊利已走向全国，蒙牛也该走出内蒙了。2001年6月，蒙牛以"我们共同的品牌——中国乳都呼和浩特"为主题，在呼和浩特的主要街道高密度投放灯箱广告，与此同时的另一个广告版本是"为内蒙古喝彩，千里草原腾起伊利集团、兴发集团、蒙牛乳业；塞外明珠辉照宁成集团、仕奇集团；河套峥嵘蒙古王、高原独秀鄂尔多斯、内部娇子兆君羊绒……我们为内蒙古喝彩，让内蒙古腾飞。"

（3）精确打击，集中传播。"忽如一夜春风来，千树万树梨花开"，以此形容蒙牛广告攻势并不为过。在蒙牛草创初期，为迅速打开市场，蒙牛投入35万元包揽了央视6套两个月的阶段广告，夺取了制空权，同时投资300多万元在呼和浩特进行广告宣传，因为呼和浩特城市并不大，300多万元足以造成铺天盖地的广告效果。于是，电视、报纸、路牌、车体、墙板……只要能够利用的广告媒体，蒙牛尽量利用，一时间，蒙牛在呼和浩特几乎是家喻户晓，人尽皆知。

**2. 蒙牛促销**

现在企业做市场有两种方式，一种是巨量广告狂轰滥炸，终端促销蜻蜓点水；一种是倡行广告和促销结合的深度行销，两种方式在不同的市场有不同的效果，但在乳业，蒙牛选择的是后者，尽管会加大企业产品拓市成本。蒙牛终端促销周密细致，一如草原牧歌般款款情深。

（1）渠道促销：定位制导。根据各类终端的性质，蒙牛对不同的终端进行了相应的价值定位，量身打造渠道个性促销策略。

①大卖场——扩大影响力，做销量。因为大卖场商品品种齐、价格低、吸客力强，顾客云集，不仅去大卖场的次数多，而且每次都是大量采购。蒙牛的促销策略是增加卖场的生动化展示，包括扩大货架陈列面，做整箱堆头陈列；派驻促销兼理货员；举办免费品尝活动；在周日及节日期间举办卖赠促销活动；整箱购买优惠；在适当时间做大卖场的上刊特价商品等。

②连锁超市——做好产品与消费者的见面工作，支持品牌形象，方便消费者购买。因为连锁超市门店众多，信誉度较高。蒙牛的促销策略是理货为主，陈列要求容易让顾客看得见、买得到，陈列标准是让产品进冷风柜，摆放冷风柜第一至三层，且贴近光明产品，全品上架，不断货；选择居民居住集中的门店举办免费品尝活动；举办捆绑促销。

③送奶到户渠道——锁定顾客，增加现金流。通过服务来锁定顾客，培养顾客忠诚度。蒙牛的促销策略是制定上午订下午取，下午订隔天上午送，客户投诉24小时解决等服务措施；建立顾客资料库；推出集点优惠促销；不同数量整箱订购坎级促销；向居民信箱大量投放DM广告；在新社区举办免费品尝活动；在电话账单上刊登产品广告及促销信息广告等。

（2）市场促销：迎合需求。2003年3月26日，蒙牛乳业在全国范围内一下子推出了20多个新品冰激凌，与同类竞争品相比，蒙牛在产品数量上可谓一枝独秀。因为冰激凌市场经过几年的发展已渐趋成熟，相比于价格和宣传，消费者对产品品种的花样、口味更趋重视，蒙牛所做的只是投其所好，顺水推舟。在进行异域市场开拓时，蒙牛策略依旧。蒙牛始终相信，最好的促销来自消费者需求的个性化设计。如开拓上海时，蒙牛发现，上海消费者的购物习惯正悄然改变，他们开始追求购物的方便和享受。于是，蒙牛应势选择了舒适和文化层次作为市场细分变量。面对整个纯鲜牛奶市场，它以产品包装形态的特殊性（保质期30~45天的利乐枕）专门满足图方便的消费群体，扮演市场补缺者，而在这个图方便的细分市场中，它又是一个市场领导者。战略目标确定之后，蒙牛特别设计了借助电子商务网和家庭饮用水配送网的销售网络，并根据网络端点的特性进行价值定位，以打造个性化的促销策略。

（3）合势促销：秉承主题。"来自大草原，香浓好感受"、"深深草原情，浓浓草原心"、天蓝色布衬、乳白色牛奶、大草原风情……蒙牛的每一次露天促销，这些都是不变的元素。

广告更多的是一种承诺，而促销则是要将这种承诺清晰地展现在消费者眼前。在蒙牛的市场运作中，广告和促销是一体的。他们知道，如果广告和促销的设计和执行孤立，对彼此的效果都会有所伤害。因为促销过甚，无疑会弱化品牌形象，而促销不足，又无法对品牌承诺进行有利支撑。因此在度的把握上，蒙牛表现得一向很谨慎，但尽管如此，蒙牛仍是屡屡碰壁。

蒙牛刚进入上海时，采用买赠活动促销，但促销力度过大，几乎在原价基础上折价25%，这与蒙牛中高档品牌形象定位无疑是背道而驰。因为它的促销价位吸引了相当一部分非目标顾客群体，一旦促销结束，他们便又回到了各自的市场中。

进军重庆市场，蒙牛近乎重蹈上海覆辙。蒙牛进入重庆市场两年以来，未进行过统一的市场促销活动，也未在当地媒体上发布过广告，更未搞过任何公关活动，消费者对蒙牛充其量只是通过零星而遥远的央视广告，通过零售终端产品陈列来了解。品牌知名度的低下，使得蒙牛在重庆市场一直萎靡不振。

【问题】

1. 结合本案例谈谈广告促销和营业推广的作用有什么不同？

2. 蒙牛运用了哪些促销手段，各有何特色？

资料来源：http://jpkc. yncs. edu. cn/include/htmleditor/uploadfile/20090509171008720。

# 第 *12* 章

# 服务营销

■ 知识结构图

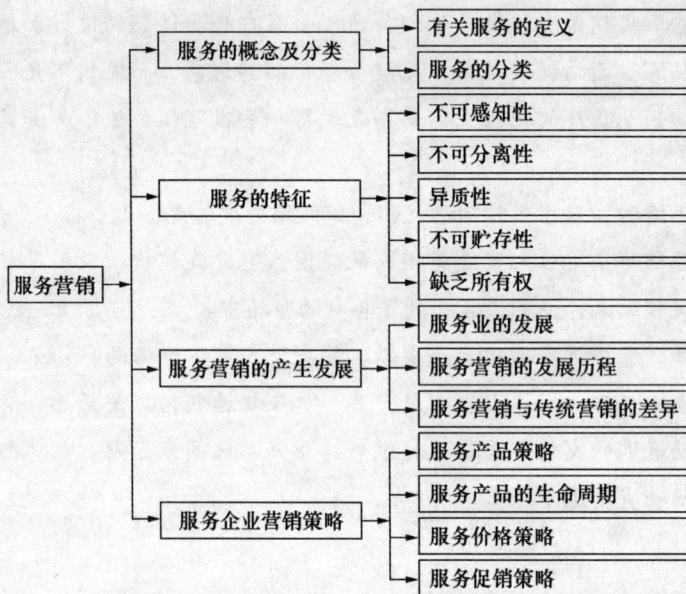

■ 本章导读

从 20 世纪末开始，全球已经步入了服务经济时代，实行服务营销已成为企业在激烈市场竞争中取得优势的关键。服务必将取代技术和价格，成为决定企业生存和发展的关键因素，只有满足顾客各层次需求的服务营销策略才能最终赢得顾客。本章主要学习服务的概念及分类、服务的特征、服务营销的产生和发展、服务企业营销策略等内容，重点是要掌握服务营销的策略。

开篇案例

# 善于营造欢乐氛围的迪斯尼

迪斯尼乐园不只是游乐场，更是现实的"乌托邦"。通过一系列游戏设施和表演，游客在早已预设的轨迹和效果中，与各种人物一同历险。最后在迪斯尼世界固有而唯一的规律下，游客所感受到的是一段既惊险，又安全，却又充满快乐的旅程。这种旅程的欢乐氛围是由员工与游客一起营造的。其中，员工起着主导作用。主导作用具体表现在对游客的服务行为表示上。这种行为包括微笑、眼神交流、令人愉悦的行为、特定角色的表演以及与顾客接触的每一细节。

引导游客参与是营造欢乐氛围的另一重要方式。游客们能同艺术家同台舞蹈，参与电影配音、制作小型电视片，通过计算机影像合成成为动画片中的主角，亲身参与升空、跳楼、攀登绝壁等各种绝技的拍摄制作等等。

在迪斯尼乐园中，员工们得到的不仅是一项工作，而且是一种角色。员工们身着的不是制服，而是演出服装。他们仿佛不是为顾客表演，而是在热情招待自己家的客人。

# 12.1　服务的概念及分类

## 12.1.1　有关服务的定义

市场营销学界对服务概念的研究开始于二十世纪五六十年代。1960 年，美国市场营销学会最先把服务界定为"用于出售或者是同产品连在一起进行出售的活动、利益或满足感"。这一定义虽然在相当长的一段时间内被广泛采用，但是其缺点也是显而易见的。因为这一定义无法将有形产品同无形的服务产品完全区别开来，有形产品的销售也可以使购买者获得利益和满足感。

除了美国市场营销学会的定义之外，其他的学者也从不同角度阐述了服务的概念。Earl Sasser（1978）认为，对于商品或服务的精确定义必须根据它们的特征来区别它们。商品是有形的实物对象或产品，它能够创造和传递；它是一种超越时间的存在，因此能够在以后制造和使用。服务具有无形性和易逝性，它是一种其形成和使用同时或者几乎同时发生的事件或流程，不能在产出以后保留实际的服务，但是服务的结果是可以保持的。James Brian Quinn（1987）认为服务部门包括所有的产出不是实物产品或建筑的经济活动，它通常在生产的同时进行消费，并且以某种形式提供附加价值（如便利性、娱乐性、时效性、舒适或健康），它特别强调与顾客相关的无形性。

以上是近年来一些学者对于服务的定义。不过，营销学界普遍认为美国市场营销学会在1960年定义的基础上进一步补充完善后的定义基本抓住了服务的本质，比较全面。该定义认为服务是"可被区分界定，主要为不可感知却可使欲望获得满足的活动，而这种活动并不需要与其他产品或服务的出售联系在一起。生产服务时可能会或不会需要利用实物，而且即使需要借助某些实物协助生产服务，这些实物的所有权将不涉及转移的问题"。这一定义较原先的定义有很大的扩展，将有形产品同无形的服务产品清楚地区别开来。

上述的定义中有很多都强调服务的无形性以及生产和消费的同时进行。但是这些定义也都有一定的局限性，它们往往过于强调某些方面而忽视了其他方面。这一现象的原因是多方面的：首先，服务看不见摸不着，虽然大多数的服务都以有形产品为载体，但是服务的本质是无形的，很难被人们感知、评价和研究。其次，当前世界各国都认识到了服务业对国民经济发展的重要促进作用，随着服务业地位的提升，服务业的从业人员和经营范围越来越宽泛，使得学术界很难对服务的定义给予完整的概括。

学术界对于服务定义的讨论虽然没有达成共识，但是他们的研究毕竟揭示了服务的一些共同特点，对服务营销学的发展无疑做出了重要的贡献。

## 12.1.2 服务的分类

对特定的概念进行分类在营销理论中具有重要的地位。虽然不同的分类方法难免会有一定的局限性，但是通过分类无疑对研究人员和实业界人士都有很大的启发。一个最著名的例子就是 Copeland（1963）对商品的分类法。他把商品分为便利商品（convenience goods）、选购商品（shopping goods）和专项商品（specialty goods）三大类，这种分类是依据消费者购买商品的频率与他们准备为替代产品和寻找适合他们需要的商品付出努力的程度。这种分类不仅可以帮助管理人员更好地了解消费者的需要与行为，还可以揭示出零售分销系统的管理过程。对于服务产品而言，由于服务的内容非常广泛，因此对服务进行有效的分类就显得很困难。尽管如此，很多学者依然提出了许多极其有价值的分类方案。下面我们着重介绍几种比较流行的分类方案。

为了阐明服务业普遍存在的管理问题，Roger Schmenner 设计了一个服务过程矩阵，如图12-1所示。他根据影响服务传递过程性质的两个维度，即劳动力密集程度和与客户之间的相互作用及定制程度，对服务进行了分类。劳动力密集程度是垂直维度，是指劳动力成本与资本成本的比率。根据劳动力密集程度的高低，可以把服务分为资本密集型服务和劳动力密集型服务。

资本密集型服务的资本支出大大高于其劳动力支出，如航空公司；劳动密集型服务的劳动力消耗高于其资本需求，如学校。

服务企业与客户之间的相互作用及定制程度是水平维度。定制（customization）指顾客个人影响要传递的服务性质的能力。如果服务是标准化而不是定制化的，顾客与服务提供者之间就不需要很多的交互。例如去快餐店就餐，顾客吃的都是制成品，不能按照自己的意愿要求快餐店提供个性化的产品，定制程度就很低，顾客与服务提供者之间的交互很少。相反，顾客去裁缝店做衣服，会和裁缝就服装的款式、风格等进行充分的讨论后才能获得满意的结果。顾客希望得到个性化的服务，得到与自己需要相符的服装。然而，需要指出的是，高度定制化服务所需要的交互给服务传递过程的管理带来了潜在的问题。

Roger Schmenner 为服务过程矩阵的四个象限都赋予了不同的名称："服务工厂"提供标准化服务，具有较高的资本投资；"服务作坊"（service shop）允许有较多的定制服务，但它们是在高资本环境下经营的；"大众化服务"是在劳动密集环境下为顾客提供无差别服务；"专业化服务"则是由经过特殊训练的专家为顾客提供个性化服务。

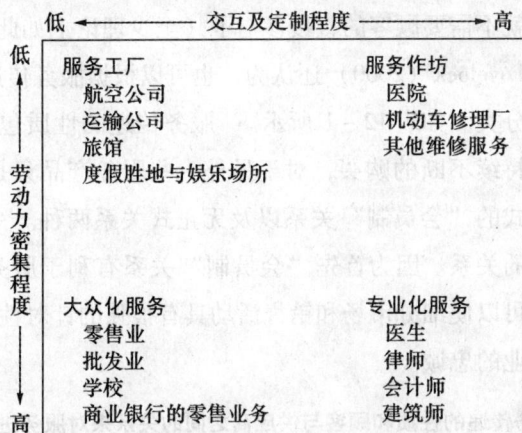

**图 12 - 1　服务过程矩阵**

资料来源：引自"How Can Service Businesses Survive and Prosper?" by Roger W. Schmenner, Sloan Management Review, vol. 27, no. 3, Spring 1986, P. 25.

科特勒（1980）从四个方面对服务进行了分类。一是根据提供服务的工具不同，将服务划分为以机器设备为基础的服务（如自动售货机）和以人为基础的服务（如咨询服务）。其中，以人为基础的服务又可以分为非技术性、技术性和专业性服务等。二是根据顾客在服务现场出现的必要性大小进行划分，有的服务要求顾客必须在现场才能进行，如住宿服务，有的服务则不需要顾客亲临现场也可以进行，如儿童看护。三是服务会因个人需要和企业需要不同而有分别。四是根据服务组织的目的与所有制分为营利性和非营利性服务以及私人服务和公共服务。

Christopher H. Lovelock（2000）把服务描述为"行动、行为或表演"。由此产生的两个基本问题是：这种行动是针对谁（或什么）的？这种行动是有形的还是无形的？根据对这两个问题的回答，Christopher H. Lovelock 把服务分为以下四大类。

（1）针对人的身体的有形行为，如航空运输、医疗保健、美容院、餐馆酒吧等（人体处理）。在传递这类服务的过程中，顾客需要进入服务系统，即在现场接受服务以获得预期的效益。

（2）针对商品或其他实物的有形行为，如货物运输、维修、干洗等（物体处理）。在这种情况下，被处理的物体必须在场，而顾客本人不必一定在现场。

（3）针对人的思想的无形行为，如广告、娱乐、管理咨询、教育等（脑刺激处理）。在这种情况下，顾客的意识必须在，但是顾客本人则可以身处某个服务设施内，或者在其他地方通过广播信号或电子通信方式接受服务。例如，学生不必一定去学校上课，可以自己在家中通过因特网听老师授课，只要认真听讲，就可以获得和在学校中学习一样的效果。

（4）针对无形资产的无形行为，如会计、保险、证券投资等（信息处理）。对于这种服务，一旦服务开始实施，可能就不需要顾客的直接参与了（至少理论上如此）。[①]

另外，Christopher H. Lovelock（2000）还认为，也可以根据服务传递的性质和顾客与供应商之间的关系来对服务进行分类。如表 12 - 1 所示。[②] 服务传递的性质包括持续性和分散性两种。顾客对于有些服务产品会持续不断的购买，对于另外一些服务产品只是间断性的购买。顾客与供应商之间的关系包括正式的"会员制"关系以及无正式关系两种。一般而言，服务企业希望同顾客建立正式的、持久的关系。因为首先"会员制"关系有利于服务企业方便搜集、记录和分析有关顾客的信息，这可以使细分市场和销售活动具有很强的针对性；其次，"会员制"关系有助于建立顾客对服务企业的忠诚。

表 12 - 1　　　根据服务传递的性质和顾客与供应商之间的关系来对服务进行分类

| 服务传递的特征 | 服务组织和它的顾客之间的关系的类型 | |
| --- | --- | --- |
| | "会员制"关系 | 没有正式的关系 |
| 持续的服务传递 | 保险<br>有线电视用户<br>大学招生<br>银行 | 电台<br>警察维护治安<br>灯塔<br>公共高速公路 |

---

① ［美］克里斯托弗·H. 洛弗洛克著，陆雄文、庄莉主译：《服务营销》，中国人民大学出版社 2001 年版，第 26 页。
② ［美］克里斯托弗·H. 洛弗洛克著，陆雄文、庄莉主译：《服务营销》，中国人民大学出版社 2001 年版，第 35 页。

续表

| 服务传递的特征 | 服务组织和它的顾客之间的关系的类型 | |
| :---: | :---: | :---: |
| | "会员制"关系 | 没有正式的关系 |
| 分散的交易 | 长途电话用户<br>剧院套票订购<br>月票往返旅行<br>保用期内的修理<br>为 HMO 成员提供的健康治疗 | 汽车租赁<br>邮递服务<br>高速公路收费<br>收费电话<br>电影院<br>公共交通<br>餐馆 |

# 12.2　服务的特征

服务是无形的商品，为了将其同有形商品区分开来，我们必须从服务特征的角度来探讨服务的本质。大多数的服务都具有不可感知性、不可分离性、异质性、不可储存性和缺乏所有权等五种特征。市场营销学界的很多知名学者都认为这是服务的共同特征，因此下面我们具体研究一下这些特征。

## 1. 不可感知性

不可感知性（intangibility）是服务最显著的一个特征，也是最主要的特征。它可以从三个不同的层次来理解。首先，与有形产品相比较，服务的特质及组成服务的元素看不见、摸不着，无形无质。其次，顾客在购买服务之前，往往不能肯定他将要得到的是什么样的服务，因为大多数服务都非常抽象，很难描述。第三，服务不仅特质是无形的，而且有的时候顾客在接受服务后所获得的利益也是很难察觉，或是要等一段时间后才能感受到"利益"的存在，因此顾客也就难以对服务质量做出客观的评价。例如，汽车出现故障，车主将车交由汽车修理服务公司处理，但车主在取回车子时，对汽车维修服务的特点及经修理后的汽车部件是否全部恢复正常，都是难以察觉并做出判断的。服务的无形性使得顾客无法在购买服务之前去尝、触、听、嗅、看、感觉到"服务"。

然而，真正完全无形的服务产品是极少的。反之，很多服务需要服务提供者利用有形的实物，才能真正提供及完成服务程序。例如，在餐饮业的服务中，不仅有厨师的烹调服务过程，还有菜肴的物质加工过程。另一方面，很多消费品或工业品是与附加的顾客服务一起出售的，而且在多数情况下，顾客之所以购买某些有形商品如影碟，只不过因为它们是一种载体，对顾客而言，他们真正购买的是附加于这些载体上的服务或者效用。由此看来，"不可感知性"并非纯粹是服务产品所独有的特征。

不过，服务市场学者进一步强调，从传统的产品概念出发，附加的顾客服务并非有形的消费品或工业品的"核心组成部分"，所以顾客服务也就不是独立的服务产品。此外，"不可感知性"也并不是要求所有的服务产品都必须完完全全是不可感知的，它的意义在于提供了一个视角将服务产品同有形的消费品和工业品区分开来。萧斯塔克曾提出"可感知性——不可感知性差异序列图"，举例说明有形产品与无形产品的区分，并强调服务产品愈是接近"不可感知性"的，则愈需要营销人员运用 4P 之外的技巧，才能有效地在市场竞争中确保顾客获得最大的满足感。

西斯姆在此基础上于 1981 年提出了"不同类型产品评估差异序列理论"，首次全面、系统地研究"不可感知性"对消费者行为的影响及其对制定服务产品营销战略的特殊含义。根据西斯姆的分析，大部分消费品及工业品都属于可感知性比较强的产品，对于这类产品，顾客很容易对之进行评估从而做出购买决策。相反，大部分服务产品则属于不可感知性产品，顾客对它们的特质很难评估。

### 2. 不可分离性

服务的不可分离性（inseparability）的特征其实是指服务的生产过程与消费过程同时进行。也就是说，服务人员为顾客提供服务的同时，也正是顾客消费服务的时候，两者在时间上不可分离。生产的过程也就是消费的过程，顾客必须亲自参加到服务生产过程中，才能最终消费到服务。例如，老师的教学效果在很大程度上取决于学生自身的努力和参与。当然顾客在服务过程中可以发挥积极的作用，快餐业的成功证明了这一点。快餐店减少了服务人员的数量，顾客必须自己点菜、取菜，他们承担了一部分原本由服务人员承担的工作。当然，去快餐店就餐的顾客需要的是快捷的服务、便宜的食品，这些利益补偿了他们付出的劳动。顾客不再是被动的购买者，而是变成了价值的创造者。

顾客对服务过程的参与要求服务企业必须要注重为顾客提供服务的物质环境。这一点与有形产品不同。无论有形产品生产的环境多么恶劣，但顾客是不会看到的；而服务是顾客在一定物质环境中的一种体验。如果环境的设计符合顾客的需要，那么就可以提高消费者心目中的服务质量。环境的装饰、陈设、布局、噪声、颜色等都能影响顾客对服务的感知。例如，我们可以设想一下，顾客在现代化的、干净整洁的机场候机大厅和在脏乱、嘈杂的机场候机大厅里候机时的感觉当然截然不同。

顾客对生产过程的直接参与及其在这一过程同服务人员的沟通和互动行为无疑对传统的产品质量管理及营销理论提出了挑战。首先，传统的产品生产管理完全排除了顾客的参与，管理的对象是企业的员工而非顾客。而在服务行业内，顾客参与生产过程使得服务企业的管理人员正视如何有效地引导顾客正确扮演他们的角色，如何鼓励和支持他们参与生产过程，如何确保他们获得足够的服务知识达成生产和消费过程的和谐进行。其次，服务员工与顾客的互动行为也严重影响着服务的质量及企业和顾客的关系。由于服务产品必须按顾客要求即时生产出来，这就使过去在生产车间进行质量管理的方法变得过时。

### 3. 异质性

异质性是指由于服务的无形性以及顾客对服务过程的参与，导致了服务的构成成分及其质量水平经常变化，每个顾客接受的服务都各不相同。这是由三方面原因造成的。第一，由于服务人员的原因，如心理状态、服务技能、努力程度等，即使同一服务人员提供的服务在质量上也可能会有差异。第二，由于顾客的原因，如知识水平、爱好等，也直接影响服务的质量和效果。比如，同是去旅游，有人乐而忘返，有人败兴而归；同听一堂课，有人津津有味，有人昏昏欲睡。这正如福克斯所言，消费者的知识、经验、诚实和动机，影响着服务业的生产力。第三，由于服务人员与顾客间相互作用的原因，在服务的不同次数的购买和消费过程中，即使是同一服务人员向同一顾客提供的服务，也可能会存在差异。

顾客与员工的直接接触对于服务业有着重要的意义。服务企业的员工一旦对公司不满，会比制造企业的员工给公司带来更大的损失，因为他们是企业与顾客接触的唯一媒介。因此，对于服务业的管理者而言，他们必须要清楚地了解员工的想法和态度。Marriott 连锁饭店的创始人J·威拉德·马里奥特曾经说过，"在服务业，没有满意的员工，就不会有满意的顾客"。只有真正的了解员工，为他们提供富有吸引力的培训、工作、福利，服务企业的目标才会实现。

### 4. 不可储存性

由于服务产品具有不可感知性以及服务的生产与消费同时进行，使得服务产品不可能像有形产品一样生产出来之后被库存起来，以备未来出售；而且消费者在大多数情况下，也不可能将服务携带回家。当然，提供服务的各种设备可能会提前准备好，但生产出来的服务如果没有当时被消费掉，就会造成损失（例如，饭店的客房如果当天没有销售出去，那么客房当天的价值就会永远消失，不能弥补）。当然，这种损失不像有形产品损失那样明显，它只是表现为机会的丧失和折旧的发生。不可储存性的特征使得服务企业面临着充分利用服务能力这一巨大的挑战。因为，顾客需求变化大，但是无法利用库存适应需求的波动。面对需求的变化和服务能力的不可储存,管理人员有以下三种基本选择。

(1) 稳定需求。这是通过采取预约的方式、采用价格诱因(例如,晚间和周末打电话打折)、对高峰期间反营销(例如,登广告提醒人们提早购物,避开圣诞高峰)等手段实现的。

(2) 调整服务能力。这是通过在高峰期使用临时工、根据需要安排工作班次(例如,电信公司根据电话需求安排接线员)、增加顾客自我服务的部分来实现的。

(3) 让顾客等候。这种方法会对服务过程产生消极作用,有可能使不满意的顾客转向竞争者,但它有助于更充分地利用服务能力。①

**5. 缺乏所有权**

缺乏所有权是指在服务的生产和消费过程中不涉及任何所有权的转移。由于服务的无形性和不可储存性,使得消费者实际上并没有拥有服务产品。例如,一位乘客乘火车从天津去北京,他的手里除了车票(而车票是顾客在上火车之前就买到的)之外,他不拥有任何东西,同时铁路系统也没有把任何东西的所有权转让给旅客。缺乏所有权会使消费者在购买服务时感受到较大的风险,营销管理人员所要面对的一个重要问题就是帮助消费者克服这种消费心理,促进服务销售。目前,在西方很多服务产业发达的国家,服务企业都采用"会员制度"的方法维持企业与顾客的关系。当顾客成为企业的会员后,他们可享受某些特殊优惠,让他们从心理上感觉到就某种意义而言他们确实拥有企业提供的服务。

# 12.3 服务营销的产生和发展

服务业在过去的几十年中发展迅速,随之产生的是服务业之间更加激烈的竞争。这种新的形势要求理论界必须跳出传统的 4P 框架来发展服务的市场营销理论与技巧。这样,市场营销学的一个分支——服务市场营销学就逐步产生和发展起来了。

## 12.3.1 服务业的发展

现代经济发展的一个显著特征就是服务业的迅速发展,其在国民经济中的地位愈来愈重要。一方面,经济与技术的发展推动着世界产业结构的变化。服务业产值占世界各国国民生产总值

---

① (美)詹姆斯·A·菲茨西蒙斯,莫娜·J·菲茨西蒙斯著,张金成、范秀成译:《服务管理——运作、战略与信息技术》,机械工业出版社 2000 年版,第 22 页。

的比重越来越大，在很多发达国家，这一比重都超过了 50%，在美国，服务部门从业人员占总就业人数的比例超过 80%。发达国家迎来了真正的"服务经济"或"服务社会"。表 12 - 2 为部分工业化国家按服务业从业人口比例的排序。另一方面，服务业吸纳了大量的社会富余劳动力，创造了很多就业机会。尤其是在经济衰退时期，这一作用就更为明显。

表 12 - 2　　　　　　　　　　　　部分工业化国家服务业就业比例　　　　　　　　　　单位:%

| 国　　家 | 1980 年 | 1987 年 | 1993 年 | 1999 年 |
|---|---|---|---|---|
| 美　国 | 67.1 | 71.0 | 74.3 | 80.4 |
| 加拿大 | 67.2 | 70.8 | 74.8 | 73.9 |
| 日　本 | 54.5 | 58.1 | 59.9 | 72.4 |
| 法　国 | 56.9 | 63.6 | 66.4 | 70.8 |
| 以色列 | 63.3 | 66.0 | 68.0 | 70.7 |
| 意大利 | 48.7 | 57.7 | 60.2 | 61.1 |
| 中　国 | 13.1 | 17.8 | 21.2 | 26.4 |

资料来源：1999 Statistical Yearbook, Department of International Economic and Social Affairs Statistical Office, United Nations, New York, 1999.

服务业是经济发展的源泉。在过去的 30 年中，服务业提供了超过 4400 万个新的就业机会，弥补了制造业就业机会的不足。消费者对汽车或饮食的需求有限，但是对服务业的需求，尤其是对新兴服务业的需求仍未得到满足。需求较大的服务主要体现在人口老年化方面，如老年保健。另外，服务业的发展缓和了国民经济的周期性。美国在过去的 4 次经济衰退中，服务业的就业机会实际是在增长的，而制造业的就业机会在减少。这一情况表明，消费者有推迟商品购买的倾向，但不愿减少对基本服务的需求，比如教育、保健、金融等公共服务。

服务业具有抵御衰退的特点，主要有以下几方面的原因：首先是由于服务的本质，服务的生产和消费是同时进行的，所以消费者对服务的需求比较稳定。即使是经济衰退时期，许多服务业能够继续存在。其次，在衰退过程中，消费者和公司都推迟了资本项下的支出，对现存设备加以维修使用。这样服务业的就业机会就保留下来了。

随着服务市场的日益扩大与成熟，服务业的竞争也日趋激烈，迫切要求有专门的知识针对服务业的特点对其生产经营活动予以指导。但服务业的市场营销实践已经表明，服务企业如果一成不变地使用传统的市场营销技巧，往往会步入"管理陷阱"。这是因为一方面服务产品与传统的有形产品存在很大差别，服务有其自身的特点，针对有形产品的传统营销理论必然不能完全应用于服务业。另一方面，随着市场竞争的激烈，服务企业提供的服务内容日益丰富，企业同顾客之间的接触范围不断扩大，服务融入了企业经营管理的各个环节。

## 12.3.2 服务营销的发展历程

纵观西方服务市场营销学过去几十年来的发展历程，大体上可以分为以下四个阶段。

第一阶段的研究主要是探讨服务同有形产品的特征，并试图界定大多数服务所共有的特征。在 1977 ~ 1980 年期间，理论界对服务的研究主要集中于对服务特征的分析。贝特森、萧斯塔克、贝瑞、拉夫罗克、朗基尔德等学者纷纷提出经典性论述，于是，不可感知性、不可分离性、差异性、不可储存性以及缺乏所有权被归纳为服务不同于有形产品的五大特征。

第二阶段的研究主要探讨服务的特征如何影响消费者的购买行为，尤其是消费者对服务的特质、潜在风险的评估。其中，以西姆斯（Valaire Zeithaml）于 1981 年在美国市场营销协会学术会议上发表的《顾客评估服务如何有别于评估有形产品》一文为代表。此外，学者们还探讨了服务的特性对服务业市场营销战略的制定和实施是否具有特别的影响。他们试图回答这样一个问题，即服务市场营销学是否同消费品或工业品市场营销学有本质的区别。在这一阶段，美国在亚利桑那州州立大学成立了"第一跨洲服务市场营销学研究中心"（The first Interstate Center of Services Marketing），成为北欧诺迪克学派之后又一个服务市场营销学研究中心，它标志着美国市场营销学者已经开始重视服务市场学的研究。

第三阶段研究的重点在于明确传统的市场营销 4P 组合对于服务的推广是否足够，如果不够的话，需要增加哪些新的变量。学者们逐渐确定了"人"的因素在服务生产及推广过程中的重要作用，并由此衍生出关系营销学（relationship marketing）和服务系统设计（service system design）两大领域的研究。另外，这一阶段最重要的研究在于"服务质量"（service quality）和"服务接触"（service encounter）两个方面。与前两个阶段概念层面的论述不同，这一阶段学者们开始使用实证研究的方法，搜集实际数据支持所提出的理论。

第四阶段的研究对传统的市场营销 4P 组合进行了扩展，即在产品、价格、分销、促销之外，又增加了"有形展示"（physical evidence）、"人"（people）、"服务过程"（process），从而达到 7P 组合。这一阶段的研究除了对前一阶段提出的理论进行补充和发展之外，学者们开始了各种各样的、与 7P 有直接或间接关系的研究，如内部营销（internal marketing）、部分员工理论（theory of partial employee）、全面质量管理（TQM）等。

## 12.3.3 服务营销与传统营销的差异

服务营销与传统营销有着本质的差异，具体表现为以下几个方面。

（1）产品的本质不同。服务与有形产品不同，它更多地表现为一种行为、绩效或努力。虽然服务经常包括有形的要素，如餐厅的座位、装潢，理发师的剪刀等，但是服务工作本身基本是无形的，顾客很难直接判断其质量和效果，而是更多的根据服务设施和环境来衡量。

（2）顾客参与生产过程。顾客在服务产品的生产过程中会有不同程度的参与，如在快餐店自助服务，在旅店同服务人员的合作等。因此，如何对顾客进行管理以使服务过程顺利进行成为服务营销管理的重要内容。

（3）人是产品的一部分。服务的生产过程是顾客与服务提供者广泛接触的过程，甚至在一些高度接触的服务业中，顾客不仅同服务人员发生接触，还会同其他顾客发生联系（如在高峰时间乘坐公共汽车）。服务质量的高低不仅取决于服务提供者的素质，也与顾客的行为密切相关。因此，人也是服务产品的一部分。

（4）质量控制问题。有形产品的质量可以用统一的质量标准来衡量，而服务生产出来的同时就被消费了，这样缺点和错误就很难掩盖。并且服务生产过程中人的因素的存在就引入了更大的可变性，这些因素都使得服务企业很难控制产品的质量以及生产始终如一的产品。

（5）顾客评价更困难。有形产品的识别性品质（search quality）比较高，如颜色、式样、形状等，有利于顾客做出购买决策。而服务产品的经验性品质（experience quality）比较高，也就是说，只有在购买后或消费过程中才能识别其质量。因此，顾客在购买和使用之前对服务产品的评价很困难。

（6）产品无法储存。虽然生产服务的设备以实物形态存在，但是它们只代表一种生产能力而不是服务本身。如果顾客不需要服务，那么就意味着生产能力的浪费。如果顾客对服务的需求超过了服务的供给，那么会因为缺乏存货使顾客失望。因此，服务营销管理的一个重要目标就是找到平衡供求的方法，以适应服务的供应能力。

（7）时间因素的重要性。很多服务是实时传递的，顾客必须在现场接受企业的服务，如理发师、航空公司的服务等。因此，服务的传递必须迅速、及时，以缩短顾客等待的时间。

（8）不同的分销渠道。有形产品的生产企业通过代理商、批发商、零售商等物流渠道把产品从工厂运送到顾客手中。而服务企业是利用电子渠道（如广播或电子资金转移），或把生产、零售、消费地点连在一起来销售商品。这些渠道基本上附属于企业的生产过程，而不是表现为独立的形式。

# 12.4 服务企业营销策略

服务企业和生产型企业一样，面临着制定营销组合策略的问题。有形产品营销组合制定的方法并非完全适用于服务企业。因此在本节中，我们将专门研究服务企业的产品策略、价格策略、促销策略和分销策略。

## 12.4.1 服务产品策略

### 1. 服务组合

在有形产品的营销过程中，产品的概念比较容易把握。因为产品是有形的实体，形状、款式、功能等都是由企业事先设计好的。而服务产品的无形性和不可感知性使得消费者购买服务的过程实际上就是感知服务的过程，这就意味着企业提供给顾客的服务同顾客自己感知到的服务可能存在一些差别，甚至是完全不同的。参照 Theodore Levitt 对"整体产品概念"的界定，我们把服务产品分为三个层次，即核心服务（core service）、便利服务（facilitating service）和辅助服务（supporting service）。

核心服务是企业提供给顾客的最基本的利益，是顾客购买服务的最本质的原因。例如，餐厅提供饭菜，航空公司提供运输等。当然，一个企业可以提供很多核心服务。例如，航空公司既可以提供短距离旅游服务，也可以提供长途货运服务。

便利服务是为了顾客能够获得核心服务而必须提供的。之所以称之为便利服务，是因为它们具有方便核心服务的作用。没有便利服务，顾客就无法使用核心服务。例如，医院要有挂号服务，航空公司要有订票服务等。

辅助服务并不是顾客使用核心服务所必需的。也就是说，即使不存在辅助服务，顾客同样可以顺利享用企业提供的服务产品。辅助服务的存在只是为了使服务增值或者使企业的服务同其他竞争对手的产品区别开来。例如，餐厅提供的餐巾纸、饭店客房内为顾客提供的牙刷、牙膏等。

### 2. 服务产品的生命周期

虽然产品生命周期理论产生于有形产品的营销研究，但是它同样适用于服务营销。典型的服务产品生命周期也包括四个阶段，即投入期、成长期、成熟期、衰退期，如图 12-2 所示。

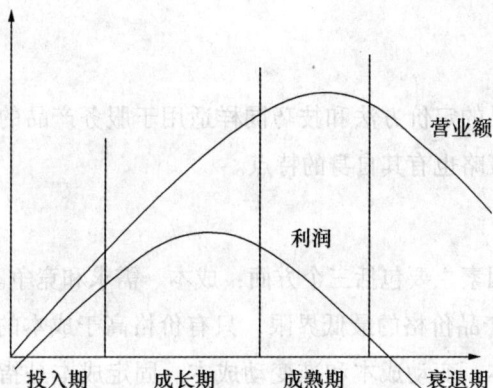

**图 12 - 2　典型服务产品的生命周期**

拉斯摩明确指出，服务产品同有形产品一样具有生命周期。他认为，电讯、医疗保健、租赁、户外娱乐等服务业正处于成长期，而电影、家庭服务等行业发展已经过了顶峰阶段。生命周期理论在行业性服务营销中的适应性已经被学者们证实。内勒认为它基本适用于金融服务业，科特勒认为它适用于非营利组织的市场营销，拉克尼客则特别指出它在艺术领域的适应性。

在这一领域最重要的研究，要数萨瑟等人把生命周期理论应用于多地点服务企业（multisite service firm）。这些学者通过对麦当劳、假日饭店等多地点企业的考察，认为这些企业的增长经历了五个阶段，即创业阶段、多地点合理化阶段、增长阶段、成熟阶段和衰落或再生阶段。在生命周期的每一个阶段，学者们都从财务或控制职能、经营职能、市场营销职能、开发职能和行政管理职能等服务企业的五个主要职能进行详细的分析。经过分析研究之后，萨瑟等人认为，一个多地点服务企业的成功增长，取决于其主管的管理及控制现在与未来的能力。在服务企业生命周期的各个阶段，下列的六项管理措施是非常必要的。

（1）管理阶层必须了解管理的四项基本功能，即新服务的开发、业务、营销和观念发展。

（2）必须建立管理团队，或者必须争取经营更大企业的能力。

（3）管理激励必须维持。

（4）应避免散漫无规则的增长。

（5）公司必须改变已成熟的观念。

（6）公司不应过分多样化，沟通管道必须保持通畅。

当然，在将产品生命周期理论应用于服务营销时应该非常慎重，因为目前关于产品生命周期的实证研究报告大多是针对有形产品的，而有关服务业的研究资料比较匮乏。因此，在服务营销中尽量不要过度使用产品生命周期的观念。

## 12.4.2　服务价格策略

在价格方面，有形产品的定价方法和技巧同样适用于服务产品的定价。当然，由于服务产品特征的影响，服务定价策略也有其自身的特点。

### 1. 服务定价的依据

影响服务企业定价的因素主要包括三个方面：成本、需求和竞争。

（1）成本决定着服务产品价格的最低界限，只有价格高于成本的时候，企业才会赢利。服务产品的成本包括固定成本、变动成本和准变动成本。固定成本是指不随产量变化而变化的成本，如厂房、机器设备等；变动成本是指随产量变化而变化的成本，如电费、运输费等；准变动成本是指介于固定成本同变动成本之间的那部分成本，它们既同顾客的数量有关，也同服务产品的数量有关，如清洁服务地点的费用。在很多服务行业，固定成本所占的比重较大。

（2）服务企业在制定价格政策目标时，应考虑需求弹性的影响。需求的价格弹性是指价格变动而相应引起的需求变动比率，它反映了需求变动对价格变动的敏感程度。现代营销学的寻找理论有助于对需求的价格弹性的理解。该理论认为，顾客对价格的敏感度取决于购买时选择余地的大小。顾客可选择余地越大，需求弹性就越大；反之，可选择余地越小，需求就越缺乏弹性。也就是说，价格变化对需求的影响不大。

（3）市场竞争状况对服务企业的定价存在着直接影响。在市场竞争比较激烈、产品差异性不大的情况下，企业在价格方面的自主权就相对较小。制定价格策略时，必须要参照竞争对手的价格策略。当然，服务企业除了要从竞争对手处获得对方的价格信息之外，还要了解他们的成本状况，从而综合分析竞争对手在价格方面的竞争能力。

### 2. 服务的特征对定价的影响

制定服务价格时，除了考虑成本、需求和竞争等三个基本因素之外，还必须要考虑服务的特征。

（1）服务的不可感知性，使得消费者很难客观、准确地判断无形无质的服务的质量是否与其价格相符。他们在判断价格合理与否时，更多的是依据服务产品中实体要素的影响，在心里形成一个"价值"概念，并将这个价值同价格进行比较，从而判断服务是否物有所值。因此，服务企业定价时要考虑顾客对产品价值的认识，一般而言服务中实物的比例越高，越倾向于使用成本导向定价法；实物比例越低，越倾向于使用顾客导向定价法。

（2）服务的不可储存性，使得服务企业可以而且必须使用价格优惠或降价的方式，以便充分利用剩余的生产能力。

（3）服务的不可分离性，使消费者只能在一定的时间和区域内才能接受服务，这一限制加剧了企业之间的竞争，直接影响到其定价水平。

### 3. 服务定价方法

服务企业常用的定价方法有成本导向定价法和市场导向定价法两种。成本导向定价法是以产品的成本为基础，加上一个合理的利润水平来制定价格。当然，如果市场竞争比较激烈或者进入市场存在严格的限制，那么定价时就会重点考虑顾客的支付能力和支付意愿，对成本的考虑就不那么重要了。市场导向定价法可以根据此种服务的市场通行价格来作为本企业的价格，也可以着眼于消费者的态度和行为来制定合理的价格，当然成本因素也会作为一个考虑的方面，因为售价毕竟不能低于成本。

## 12.4.3 服务促销策略

服务促销的功能有三种：告知顾客有关服务及企业的信息；说服顾客某一种服务恰能满足他的要求；提醒顾客产品的获取途径并推动他们采取行动。

### 1. 服务促销的目标

服务促销的目标与产品营销大致是相同的，主要包括以下五点。

（1）建立对该服务产品及服务公司的认知及兴趣。

（2）使服务内容和服务公司本身与竞争者产生差异。

（3）沟通并描述所提供服务的种种利益。

（4）建立并维持服务公司的整体形象和信誉。

（5）说服顾客购买或使用该项服务。

### 2. 具体的服务促销策略

（1）广告。服务业利用广告这种促销手段已经非常普遍，在娱乐、交通、保险等行业，多年来一直在使用广告。以前使用广告较少的服务业，如银行业、建筑业、旅游业等近来在广告方面投入的资金也越来越多。服务业对于广告这种促销手段的认识比从前有了很大的进步。与有形产品的广告相比，服务广告更应该重视下面几点。

1）在广告中应该尽量提供有形线索，才能增强促销的效果，为顾客对服务质量、价格的判断提供强有力的证据。知名人物和物体经常可以用来为服务提供服务本身无法提供的"有形展示"。

2）要对员工做广告。员工对于服务业的意义比有形产品生产企业更为重要。因为服务业的很多员工是直接和顾客接触，为他们提供服务的。员工的服务技能、服务热情直接关系到服务质量的高低，尤其对那些人员密集型服务业以及必须由员工与顾客互动才能满足顾客需要的服务业而言，更是如此。因此，服务业的员工也是广告的潜在对象，服务企业应该通过广告这一促销方式激励员工积极表现，热情为顾客服务。

3）建立顾客口碑效应。口碑效应是顾客进行购买决策时的非商业信息来源，它比广告等商业信息源更为顾客所信任。口碑效应虽然不是服务企业所能直接支配的，但是也要积极地加以利用。例如，服务企业可以通过广告等促销方式建立起对自身有利的口碑效应：如针对意见领袖进行直接的广告宣传活动；制作一些关于企业或服务产品的资料送给顾客；说服满意的顾客请他们向其周围人传播他们的满意感。

（2）人员推销。服务业人员推销的原则、方法等与制造企业大致相同。当然，由于服务业以及服务本身特征的影响，服务业的人员推销也有其自身特点。例如，由于服务生产和消费的不可分离性，使得服务企业有时必须要聘请专门技术人员而不是专业推销员来推销其服务。曾经有一项关于人寿保险业服务销售的调查，就显示出服务的推销比产品推销更加困难，如表12-3所示。

表12-3 推销产品和服务的差异

| 消费者对服务采购的看法调查发现 | 顾客对服务的采购行为调查发现 | 服务的人员销售调查发现 |
|---|---|---|
| 服务业比制造业缺乏一致的质量 | 顾客对于服务不太做价格比较 | 在购买服务时，顾客本身的参与程度很高 |
| 采购服务比采购产品的风险高 | 顾客对服务的某一特定卖主寄予更多关注 | 推销员往往需要花很多时间说服顾客购买 |
| 采购服务似乎总有比较不愉快的购买经验 | 顾客受广告的影响较小，受别人介绍的影响较大 | — |
| 服务的购买主要是针对某一特定卖主为考虑对象 | — | — |
| 决定购买一项服务的时候，对该服务公司的了解程度是一个重要因素 | — | — |

资料来源：William R. George, and T. A. myers, "Life Underwriters Perceptions of Differences in Selling Goods and Services", CLU Journal, April 1981, PP. 44

这项调查报告虽然是关于人寿保险业的，但是其调查结果与其他服务行业已经发布的调查报告相同。人员销售以及人的接触已成为服务营销中最被重视的因素。服务业的人员销售应该更加重视与顾客建立个人联系，同时采用专业化的程序、方法向顾客销售。

（3）公共关系。服务和有形产品的公共关系基本上是相同的，当然公共关系的目标、公共关系工作对两个行业的重要性可能有一些差别，但是公共关系的内容和诉求都是相同的。公共关系工作的三个重点决策是：建立各种目标；选择公关的信息与工具；评估效果。这三个重点决策对所有服务业公司都是必要的。很多服务企业都很重视公关工作，因为公共关系是建立市场知名度和顾客偏好的有力工具。

（4）营业推广。很多服务营销学者对于营业推广这种促销方式不是很重视，因为某些营业推广的方式与某些服务的利用和采购无法配合，而且服务业的一些特殊因素使得对营业推广的使用有些复杂。例如，服务产品不可储存，所以在营业推广措施的使用上，必须谨慎，如使用高峰折扣定价技巧、平衡服务产品的需求数量。当然，近年来服务市场的营业推广活动在不断增加，因为无论从需求、顾客、中间商、竞争对手还是服务产品本身来看，营业推广这种促销方式的使用都是必要的。

## 12.4.4　服务分销策略

服务分销渠道是指服务从生产者向消费者转移的过程中所涉及的一系列公司厂商。在服务业，直销的形式是非常普遍的，但是也有很多服务业的分销渠道是间接的，即包括一个或一个以上的中介机构。直销通常是因为服务和服务提供者不可分割，或者为获得某些特殊的营销优势而采用的，如对服务进行更好的控制、提供差异化服务等。当然，服务业最常使用的分销渠道还是间接渠道，通过代理、经纪人、批发商、零售商等销售。

服务分销渠道的发展大多数是独立服务渠道和结合型服务渠道两种形式。独立服务渠道是指某种服务的销售不需要与其他的产品或服务相关联，当然独立服务公司也可以利用其他的中介机构。结合型服务渠道是指服务结合在某种产品或服务的渠道之中进行销售。结合型服务渠道通常是通过收购、租用或合同的形式产生的。

---

**思考题**

1. 何谓服务过程矩阵？你是如何理解的？
2. 与实体产品相比，服务的特征有哪些？简述服务营销和传统营销的差异。
3. 服务促销的功能和目标是什么？简述具体的服务促销策略。

4. 服务企业营销策略主要有哪些？试为本地一家服务企业制定合适的服务营销策略。

5. 如何理解服务产品的生命周期理论？

# 星巴克——浓浓的咖啡香

星巴克，提起这个名字，就仿佛闻到了浓浓的香味，品尝到了细腻的卡普蒂诺，这种感觉是不是很小资？"小资"这个词已经从中国最繁华的城市流俗到边远地区——用得太多了。但是用"小资"形容星巴克应当是准确的，因为按照它的老板舒尔茨的设想，在 2002 财年，星巴克要新开张 1200 家，中国作为全世界最具活力的地区，当然也要新开多家。新开张的星巴克会迎来更多的饮者，届时它在中国将不再作为情调、品味、身份的另一张名片，而成为中国人"生活的一部分"。

## 1. 星巴克的历史

1971 年，痴迷烘焙咖啡豆的美国人杰拉德·鲍德温和戈登·波克在美国华盛顿州西雅图的露天农贸市场开设了第一家咖啡豆和香料的专卖店星巴克（Starbucks）公司。1982 年，星巴克现任总裁霍华德·舒尔茨毛遂自荐后被任命为零售运营与市场营销部主管，从此他与星巴克结下了不解之缘。

一年后，舒尔茨来到意大利度假，他发现意大利人到咖啡店喝咖啡已成为他们生活中不可缺少的一部分。他们中的很多人把咖啡店作为朋友聚会、消磨时光的最好场所。舒尔茨决心扩大星巴克小店原有的营业范围，把它建成一个人们消闲娱乐的场所。回到西雅图后，他把自己的计划告诉了波德温和波克，但两人拒绝采纳他的建议。

1986 年，舒尔茨离开星巴克，开设了自己的第一家咖啡店，他努力为顾客营造舒适的氛围，坚持把服务当做一门艺术来做，这使他的小店远近闻名。不久，波德温和波克想出售"星巴克"，舒尔茨用从投资商手里借来的钱买下了 4 家小店，开始打造他的"星巴克"航母。

1992 年 6 月 26 日，在施洛德（Wertheim Schroder）和艾力克斯·布朗（Alex. Brown&Sons）两家投资银行的帮助下，转型后的星巴克在美国号称高科技公司摇篮的纳斯达克上市成功（股票简称 SBUX）。有了资本后盾的星巴克发展神速，以每天新开一家分店的速度不知疲倦地冲刺，加拿大、英国、新加坡等国家都成了星巴克信马驰骋的疆场。

1996 年 8 月，为了寻求更广阔的海外发展，霍华德·舒尔茨亲自飞到日本东京，为在银座开的第一家店督阵。之后，星巴克大力开拓亚洲市场，进入中国台湾和中国内地。

至今，星巴克已经发展成在32个国家拥有6000多家（至2003年6月）全球连锁店的国际最著名的咖啡零售品牌，2002年被《商业周刊》列入全球100个最知名的品牌。

**2. 品牌与文化的交融**

舒尔茨最常说的一句话就是：服务是一门艺术。他相信友好、高效率的服务一定会促进销售。星巴克致力于为顾客创造迷人的气氛，吸引大家走进来，使人们在繁忙的生活中也能感受片刻浪漫和新奇。

（1）用环境塑造品牌。为了吸引客流和打造精品品牌，星巴克的每家店几乎都开在了租金极高的昂贵地段。比如，星巴克在北京的店主要分布在国贸、中粮广场、东方广场、嘉里中心、丰联广场、百盛商场、赛特大厦、贵友大厦、友谊商店、当代商城、新东安商场、建威大厦等地；在上海，则主要分布在人民广场、淮海路、南京路、徐家汇、新天地等最繁华的商圈。星巴克选择在黄金地段开店，被有些人看做是在"圈地"。从上海淮海中路"东方美莎"到"中环广场"，短短1000米的距离，星巴克就圈了四家店。业内人士估计，这个地段每平方米每天的租金应在2美元左右，再加上每家店固定30万美元的装潢费用，星巴克简直是在"烧钱"。但是，这种做法是星巴克刻意推行的，它延续了星巴克集团一贯的大兵团作战方法。

（2）不靠广告维护品牌。星巴克给品牌市场营销的传统理念带来的冲击同星巴克的高速扩张一样引人注目。在各种产品与服务风起云涌的时代，星巴克公司却把一种世界上最古老的商品发展成为与众不同、持久的、高附加值的品牌。然而，星巴克并没有使用其他品牌市场战略中的传统手段，如铺天盖地的广告宣传和巨额的促销预算。

"我们的店就是最好的广告"，星巴克的经营者们这样说。据了解，星巴克从未在大众媒体上花过一分钱的广告费。但是，他们仍然非常善于营销。因为根据在美国和中国台湾的经验，大众媒体泛滥后，其广告也逐渐失去公信力，为了避免资源的浪费，星巴克故意不打广告。这种启发来自欧洲那些名店名品的推广策略，它们并不依靠在大众媒体上做广告，而每一家好的门店就是最好的广告。

星巴克认为，在服务业，最重要的营销渠道是分店本身，而不是广告。如果店里的产品与服务不够好，做再多的广告吸引客人来，也只能让他们看到负面的形象。星巴克不愿花费庞大的资金做广告与促销，但坚持每一位员工都拥有最专业的知识与服务热忱。他们的员工犹如咖啡迷一般，可以对顾客详细解说每一种咖啡产品的特性。只有通过一对一的方式，才能赢得信任与口碑。这是既经济又实惠的做法，也是星巴克的独到之处！

另外，星巴克的创始人霍华德·舒尔茨意识到员工在品牌传播中的重要性，他另辟蹊径开创了自己的品牌管理方法，将本来用于广告的支出用于员工的福利和培训，使员工的流动性很小。这对星巴克"口口相传"的品牌经营起到了重要作用。

（3）用文化来提升品牌。为什么文化在咖啡的经营中发挥的作用如此显著？究其原因，因为品饮咖啡，如同中国人品茶一般，代表一种生活的方式和文化的气息，于是星巴克独特的文化营销能够取得成功也就是理所当然的了。星巴克公司塑造品牌，突出自身独有的文化品位。它的价值主张之一是，星巴克出售的不是咖啡，而是人们对咖啡的体验。

星巴克人认为自己的咖啡只是一种载体，通过这种载体，星巴克把一种独特的格调传送给顾客。这种格调就是"浪漫"。星巴克努力把顾客在店内的体验化做一种内心的体验——让咖啡豆浪漫化，让顾客浪漫化，让所有感觉都浪漫化……舒尔茨相信，最强大、最持久的品牌是在顾客和合伙人心中建立的。品牌说到底是公司内外（合伙人之间、合伙人与顾客之间）形成的一种精神联邦和荣辱与共的利益共同体。这种品牌的基础相当稳固，因为它们是靠精神和情感，而不是靠广告宣传建立起来的。星巴克人从未着手打造传统意义上的品牌。他们的目标是建设一家伟大的公司，一家象征着某种东西的公司，一家高度重视产品的价值和高度重视员工激情价值的公司。舒尔茨说："管理品牌是一项终生的事业。品牌其实是很脆弱的。你不得不承认，星巴克或任何一种品牌的成功不是一种一次性授予的封号和爵位，它必须以每一天的努力来保持和维护。"

星巴克认为他们的产品不单是咖啡，而且是咖啡店的体验。研究表明：2/3 成功企业的首要目标就是满足客户的需求和保持长久的客户关系。星巴克的一个主要竞争战略就是在咖啡店中同客户进行交流，特别重视与客户之间的沟通。每一个服务员都要接受一系列培训，如基本销售技巧、咖啡基本知识、咖啡的制作技巧等。要求每一位服务员都能够预感客户的需求。注重当下体验的观念，倡导"以顾客为本"，"认真对待每一位顾客，一次只烹调顾客那一杯咖啡"这句取材自意大利老咖啡馆工艺精神的企业理念，贯穿了星巴克快速崛起的秘诀，强调在每天工作、生活及休闲娱乐中，用心经营"当下"这一次的生活体验。

另外，星巴克更擅长咖啡之外的"体验"，如气氛管理、个性化的店内设计、暖色灯光、柔和音乐等。就像麦当劳一直倡导售卖欢乐一样，星巴克把美式文化逐步分解成可以体验的东西。星巴克还极力强调美国式的消费文化，顾客可以随意谈笑，甚至挪动桌椅，随意组合。这样的体验也是星巴克营销风格的一部分。

**3. 发展之路**

有统计数据表明，目前中国咖啡的年人均消耗量只有 0.01 公斤，咖啡市场正在以每年 30% 的速度增长。从理论上来说，中国的咖啡市场还有巨大的增值空间。星巴克在以绿茶为主要饮料的国家的初步成功，也说明它的理念可以被不同文化背景所接受。但是，咖啡市场不但是一个成熟的市场，也是一个比较单一的市场，现实和潜在的竞争者众多。中国内地市场已有的台湾上岛咖啡、日本真锅咖啡，以及后来进入的加拿大百诒咖啡等无不把星巴克作为其最大的竞争对手，"咖啡大战"的上演已经不可避免。

面对这样的竞争，让习惯喝茶的中国人来普遍地喝咖啡还有很长的路要走。无疑，星巴克需要延伸和扩展这种品牌与文化的组合营销模式，并紧随与引导时代的潮流，赋予时尚以品位和高贵，赋予生活以自然和舒适，让人们在体验中得到享受与放松、快乐与满足。沿着这样的道路走下去，星巴克的辉煌将会在中国重新上演，但是这条路有多远，我们还不能有一个的明确的时间界限，但这是一个方向，是星巴克开拓市场的方向，也是中国人改变生活方式的方向。能否占有这个世界最大的市场，品牌与文化的组合营销策略任重道远。

【问题】

1. 结合案例分析星巴克的营销七要素。

2. 星巴克为什么对环境如此重视？

3. 星巴克的定位是什么？它是如何传播其定位的？

4. 如何理解"星巴克销售的不单是咖啡，而且是咖啡店的体验"？

资料来源：http：//jpkc. mju. edu. cn/admin/webeditor/UploadFile/200841655348639. doc。

# 参考文献

[ 1 ] 菲利普·科特勒著. 赵平，王霞等译. 市场营销管理（第9版）. 北京：清华大学出版社，2003

[ 2 ] 王迎军，柳茂平编著. 战略管理. 天津：南开大学出版社，2003

[ 3 ] 菲利普·科特勒，加里·阿姆斯特朗著. 俞利君译. 市场营销. 北京：华夏出版社，2003

[ 4 ] 晁钢令主编. 市场营销学（第3版）. 上海：上海财经大学出版社出版，2008

[ 5 ] 菲利普·科特勒著. 梅汝和等译. 营销管理. 北京：中国人民大学出版社，2001

[ 6 ] 周颖主编. 市场营销学（第2版）. 北京：北京师范大学出版社，2011

[ 7 ] 马绝尘编著. 本土市场营销. 北京：企业管理出版社，2003

[ 8 ] 卫军英，任中锋. 品牌营销. 北京：首都经济贸易大学出版社. 2009

[ 9 ] 李东进等著. 消费者行为学（中国版）. 北京：电子工业出版社. 2007

[10] 克里斯廷·格罗鲁斯. 服务管理与营销（第2版）. 北京：电子工业出版社，2002

[11] 李东进编著. 消费者行为学. 北京：机械工业出版社. 2008

[12] 吕一林，李蕾主编. 市场营销学. 北京：中国人民大学出版社. 2000

[13] 范明明主编. 市场营销学. 北京：科学出版社，2004

[14] 符国群主编. 消费者行为学. 北京：高等教育出版社，2002

[15] 菲利普·科特勒著. 市场营销. 北京：中国国际广播出版社，2001

[16] 郭国庆主编. 市场营销学通论（第4版）. 北京：中国人民大学出版社，2009

[17] 李先国主编. 营销管理. 大连：东北财经大学出版社，2002

[18] 万后芬主编. 市场营销教程. 北京：高等教育出版社，2003

[19] 李东进，秦勇主编. 管理学原理. 北京：中国发展出版社，2011

[20] 卢泰宏，杨晓燕编著. 促销基础. 北京：清华大学出版社，2007

[21] 范明明. 市场营销学. 北京：科学出版社，2004

[22] 王方华，奚俊芳编著. 营销渠道. 上海：上海交通大学出版社，2005

［23］方光罗编著. 市场营销学. 大连：东北财经大学出版社，2004

［24］刘宝成. 现代营销学. 北京：对外经济贸易大学出版社，2004

［25］杨国祥，黄文馨编著. 现代市场营销学. 厦门：厦门大学出版社，2003

［26］卜妙金主编. 分销渠道决策与管理. 大连：东北财经大学出版社，2001

［27］理查德·威尔逊等著. 方海萍等译. 战略市场营销管理. 北京：电子工业出版社，2003

［28］林建煌. 营销管理. 上海：复旦大学大学出版社，2003

［29］吴涛主编. 市场营销管理. 北京：中国发展出版社，2005

［30］纪宝成主编. 市场营销学教程. 北京：中国人民大学出版社，2002

［31］何永祺，张传忠，蔡新春主编. 市场营销学. 大连：东北财经大学出版社，2001

［32］陈守则，王竞梅，戴秀英主编. 市场营销学. 北京：机械工业出版社，2005

［33］菲利普 R·凯特奥拉，约翰 L·格雷厄姆著. 周祖城，赵银德，张璘译. 国际市场营销学. 北京：机械工业出版社，2005

［34］吴健安主编. 市场营销学. 北京：高等教育出版社. 2000

［35］梅清豪，林新法，陈洁光编著. 市场营销学原理. 北京：电子工业出版社，2002

［36］李东进，秦勇. 现代广告学. 北京：中国发展出版社，2011

［37］迈克尔·R·所罗门著. 张莹等译. 消费者行为. 北京：经济科学出版社，1999

［38］Ravi S. Achrol, Philip Kotler, "Marketing in the Network Economy", Journal of Marketing, Special Issue 1999.

［39］J. Paul Peter, James H. Donnelly (1999), Marketing Management Knowledge and Skills, Fifth Edition, South-Western College Publishing.

［40］Stephen S. Tax and Stephen W. Brown, "Recovering and Learning from Service Failure", Sloan Management Review, fall 1998.

［41］Randall, C. 《Trade Marketing Strategies》, Butterworth Heinemann, Oxford , 1994.

［42］Susan Keaveney, "Customer Switching Behavior in Service Industries：An Exploratory Study", Journal of Marketing, Vol. 59, April 1995.

［43］Ravi S. Achrol, Philip Kotler, "Marketing in the Network Economy", Journal of Marketing, Special Issue 1999.